JIMI HENDRIX

Os últimos ajustes deste livro foram realizados em julho de 2023. De certo modo, também é possível dizer que os "últimos ajustes" da pré-história de James Marshall Hendrix tiveram início há 60 anos, em 1963, quando ele ingressou pra valer no Chitlin' Circuit, a rede de clubes que recebia artistas negros durante o período da segregação racial nos Estados Unidos. Em 1966, ele foi descoberto por Linda Keith e, pouco depois, levado à Inglaterra por Chas Chandler. Em um curto período de quatro anos, Hendrix escreveu de maneira avassaladora sua história. Tudo aconteceu nesse intervalo: os discos (*Are You Experienced, Axis: Bold as Love* e *Electric Ladyland*, que, aliás, completa 55 anos em 2023); os festivais (Monterey, Woodstock, Isle of Wight); as turnês; as performances lendárias; os amores; a fama mundial; e, infelizmente, sua trágica e misteriosa morte. Originalmente, *Wild Thing* foi lançado em 2020, no Reino Unido, por ocasião dos 50 anos da passagem do genial guitarrista. Como diz o subtítulo, a breve e fantástica vida de Jimi Hendrix está registrada nestas páginas. Que possamos honrar a sua memória.

WILD THING

A BREVE E FANTÁSTICA VIDA DE

JIMI HENDRIX

PHILIP NORMAN

Tradução
Fernando Scoczynski Filho

Belas Letras

Este livro é o resultado de um trabalho feito com muito amor, diversão e gente finice pelas seguintes pessoas:

Gustavo Guertler (*publisher*), Germano Weirich (coordenação editorial), Marcelo Viegas (edição), Celso Orlandin Jr. (capa, projeto gráfico e diagramação), Fernando Scoczynski Filho (tradução), Tanara de Araújo (preparação) e Lucas Mendes Kater (revisão).

Obrigado, amigos.

Imagem da capa: Midjourney

2023
Todos os direitos desta edição reservados à
Editora Belas Letras Ltda.
Rua Visconde de Mauá, 473/301 – Bairro São Pelegrino
CEP 95010-070 – Caxias do Sul – RS
www.belasletras.com.br

Dados Internacionais de Catalogação na Fonte (CIP)
Biblioteca Pública Municipal Dr. Demetrio Niederauer
Caxias do Sul, RS

N843w Norman, Philip
Wild Thing: a breve e fantástica vida de Jimi Hendrix / Philip Norman; tradução de Fernando Scoczynski Filho. - Caxias do Sul, RS: Belas Letras, 2023.
384 p. il.

ISBN: 978-65-5537-229-8
ISBN 978-65-5537-230-4
Tradução de: Wild Thing: The Short, Spellbinding Life of Jimi Hendrix

1. Hendrix, Jimi – Guitarrista americano.
2. Música norteamericana. 3. Rock americano.
I. Título. II. Scoczynski Filho, Fernando.

23/22 CDU 784.4(73)

Catalogação elaborada por Rose Elga Beber, CRB-10/1369

“JIMI TRABALHAVA COM A LUZ. ELE USAVA A LUZ PARA DERRUBAR PAREDES.”

Carlos Santana

SUMÁRIO

PRÓLOGO

"ELE ERA UM CARA MUITO AGRADÁVEL"

Todos os nomes históricos do rock começaram tocando versões *cover* de músicas de outros artistas, geralmente réplicas básicas, as quais foram descartadas assim que o intérprete encontrou seu próprio som. A grande exceção foi Jimi Hendrix, que, durante o breve tempo em que foi famoso, continuou tocando *covers* que iam além de meras cópias, muitas vezes reconstruindo a canção de maneira radical. A extravagante "Sgt. Pepper's Lonely Hearts Club Band", dos Beatles, por exemplo, foi transformada por Jimi em um ataque violento de heavy metal. Paul McCartney – familiarizado com homenagens – a considerou uma das maiores honras de sua vida.

Todo mundo que teve uma canção interpretada por Jimi se sentia da mesma forma: nenhuma mágoa com a desconstrução de seu trabalho (que, muitas vezes, já tinha vendido milhões de cópias), mas uma admiração pelas novas dimensões para as quais a obra foi transportada. De fato, é amplamente aceito que o ápice de seu gênio, ao invés de composições originais como "Purple Haze" ou "Voodoo Child", é sua versão de "All Along the Watchtower", originalmente composta por Bob Dylan. A primeira vez que a faixa apareceu foi no álbum *John Wesley Harding*, de Dylan, em 1966; como de costume, era um reflexo de suas leituras, não de sua vida. O título veio de uma passagem do Antigo Testamento, do Livro de Isaías – que também continha a frase "*Go set a watchman*" ["Vá, coloque um vigia"], que a escritora Harper Lee pegou emprestada para um rascunho do que viria a ser *O sol é para todos*. Dylan situou a canção em tempos medievais por meio da sensibilidade de um poeta vitoriano, como Alfred Lord Tennyson, sua grande paixão à época.

O resultado parecia mais um retorno ao seu passado folk do que uma afirmação da sua recente conversão ao rock: uma voz solitária, tocando o violão de forma repetitiva, uma gaita com tons agudos demais para ter seu típico impacto e nenhum rastro de sua musa poética vitoriana, nenhuma Sad-eyed Lady of Shalott. Apesar de geralmente ser recebida como uma consolidação do milagre de Dylan, ela recebeu críticas de alguns colegas por ser exuberante demais e não trazer uma conclusão. Seu antigo mentor do folk, Dave Van Ronk, até criticou a sintaxe, chamando-a de "um erro do título até o fim. Uma torre de vigia não é uma estrada ou uma muralha, então não há como percorrê-la".

A *cover* de Jimi apareceu em *Electric Ladyland*, seu terceiro álbum após ter se mudado de Nova York para Londres e se unido a dois britânicos brancos, o baterista Mitch Mitchell e o baixista Noel Redding, formando a Jimi Hendrix Experience. Ao mesmo tempo, é a quintessência do hard rock primitivo e um lembrete de que, qualquer que seja o meio, a genialidade verdadeira exige *expertise* e energia sem igual, além de disciplina e humildade.

Nas mãos de Jimi, o galope sem rumo da versão de Dylan tem sua velocidade reduzida por uma sequência introdutória de acordes, simples o suficiente em sua forma, mas ainda com uma qualidade fresca e fervente que sugere a imagem de um litoral indômito com ondas raivosas batendo nas pedras, gaivotas gritando, algas reluzindo e nuvens escuras no céu. Toda a desolação Tennysoniana e o melodrama que Dylan tinha deixado de fora aparecem por um momento.

A letra começa como um diálogo entre duas pessoas, o "Joker" – o tradicional "curinga" das cartas de baralho, com seu chapéu listrado de três pontas – e o "Thief", um ladrão, planejando escapar de algum tipo de encarceramento. Enquanto todas as sílabas de Dylan estavam repletas de ironia e ambiguidade, o barítono aveludado de Jimi conta a história de forma literal, talvez com uma leve ênfase em "*There's too much confusion*" ["Há confusão demais"] e "*I can't get no relief*" ["Não consigo me aliviar"], que expressavam, aliás, o que ele já sentia a respeito de sua nova vida na Inglaterra.

Sua voz carrega a mesma convicção absoluta na contraproposta incoerentemente moralizante do ladrão. Mas sua guitarra ainda se contém; nem B.B. King conseguia ser tão frugal com um *riff*.

Finalmente, logo após "*the hour is getting late*" ["começa a ficar tarde"], um sucinto "*Hey!*" anuncia uma mudança que, para mim, supera qualquer outra já gravada desde que alguém decidiu pegar um violão e passar fios elétricos pelo meio dele, como se estivesse fazendo uma cirurgia por um buraco de fechadura, além de acrescentar captadores de metal, potenciômetros e alavancas, perfurando o instrumento como faria um dentista. Esqueça Eric Clapton em "Crossroads", do Cream; ou Jimmy Page em "Stairway to Heaven", do Led Zeppelin; ou James Burton em "My Babe", de Ricky Nelson; ou Mark Knopfler em "Sultans of Swing", do Dire Straits; ou Scotty Moore em "Heartbreak Hotel", do Elvis; ou até Chuck Berry em "Johnny B. Goode"; vai, Jimi, vai.

Tudo acontece em quatro momentos distintos, dos quais apenas o primeiro é um solo convencional, com notas criteriosamente selecionadas e *bends* tocados com tanta elegância quanto B.B. faria em seus melhores momentos. O segundo é tocado com um *slide* de metal ao longo do braço da guitarra, algo que, vindo de Elmore James ou Howlin' Wolf, soaria acidentado e furioso, mas, com Jimi, parece um passeio eletrizante por uma paisagem urbana extraterrestre, cada rajada do *slide* agindo como um elevador brilhante, sibilantemente subindo ou descendo. Desce um, depois sobe outro, e outro ainda mais alto, até quase parecer que está dançando com o ritmo.

Depois, um trecho mais extenso com o pedal wah wah (na verdade, mais um "*thwacka-thwacka*") substitui aqueles mecanismos suaves com uma voz quase humana, como se a guitarra estivesse rindo sozinha, lembrando de uma piada que só ela entende. Como não há outra forma de superar tudo o que já foi feito, o final é um trio surpreendentemente melódico de acordes agudos em uma ordem previsível com notas graciosas tocadas com o dedo mínimo, como o chef de um restaurante com três estrelas Michelin faria para mostrar suas habilidades em um prato singelo; um frango assado básico, digamos, ou ovos pochês absolutamente perfeitos.

De volta à canção, uma torre de vigia finalmente se materializa, mas agora não é uma medida de segurança – é um ninho num lugar elevado, onde "*princes kept the view*" ["príncipes ficavam de olho"]. Um drama Arturiano parece ser prometido com "*two riders were approaching*" ["dois cavaleiros se aproximavam"], e uma conclusão apocalíptica é profetizada com "*and the wind began to howl*" ["e o vento começou a uivar"].

No entanto, antes de qualquer explicação a respeito dos dois cavaleiros, quando a guitarra de Jimi começa a uivar mais alto que qualquer "furacão" a atormentar o Rei Lear, tudo começa a se dissipar. Esse é o fim da música.

Toda vez que eu escuto isso, eu penso a mesma coisa: *não se vá.*

"Possivelmente o melhor instrumentista na história do rock", diz a citação do Rock & Roll Hall of Fame. Entretanto, na competição de super-heróis da guitarra que surgiram nos anos 1960 – Eric Clapton, Jeff Beck, Keith Richards, George Harrison, Jimmy Page, David Gilmour, Peter Green, Robbie Robertson, Duane Allman e Jerry Garcia –, nunca houve o que se discutir. Cada um deles só precisou ouvir Jimi uma vez para metaforicamente jogar fora suas palhetas e levantar suas mãos em rendição.

Meio século depois, James Marshall Hendrix continua sendo único, pois foi um afro-americano que rompeu com os tradicionais gêneros "negros", como blues, R&B e soul, para tocar um rock branco e pesado para um público predominantemente branco. Quase que por conta própria, criou o que ficou mais conhecido como heavy metal. Músicos como Billy Gibbons, do ZZ Top; Slash, do Guns N' Roses; e Kirk Hammett, do Metallica, admitem abertamente que suas carreiras não existiriam se não fosse por Jimi. Ainda assim, ele ia muito além de participar de um nicho musical que, com o passar dos anos, se tornou cada vez mais cacofônico e uma paródia de si mesmo. Da mesma forma que é possível amar Bob Marley sem gostar de reggae, não é necessário gostar de heavy metal para amar Jimi.

Ele é um símbolo eterno da genialidade tragicamente interrompida: morreu de uma suposta *overdose* com barbitúricos aos 27 anos. Vários outros talentos de primeira classe se foram com a mesma idade devido a drogas, bebidas ou outros perigos associados à vida do rock 'n' roll – o "Clube dos 27", cujos membros (todos brancos, exceto Jimi) incluem Brian Jones, dos Rolling Stones; Jim Morrison, do The Doors; Janis Joplin; e, mais recentemente, Kurt Cobain, do Nirvana, e Amy Winehouse. De fato, essas mortes prematuras – e invariavelmente solitárias, apesar de todos os assistentes e serviçais que trabalhavam para os respectivos músicos – são amplamente reconhecidas como a mais certeira forma de se entrar no Valhalla do rock. Jimi, cuja morte teve todos esses elementos sombrios e outros mais, é o eterno presidente do Clube dos 27.

Ele era um jovem de beleza espetacular, com seu cabelo afro que parecia uma nuvem de cogumelo, além de um rosto delicado que, sem seu bigode ferradura, facilmente poderia ter adornado algum grupo de cantoras da mesma época, como as Supremes ou as Ronettes. Com a extravagante moda masculina dos anos 1960, as casacas militares vitorianas com tranças, os coletes brocados, as blusas com babados, cachecóis de chiffon, chapéus de cowboy e bandanas Apache, ele criou um estilo "vagabundo chique" para astros do rock, que muitos ainda insistem em preservar até hoje, mesmo após a terceira idade. Como Little Richard nos seus anos doidos do rock da década de 1950, havia algo em Jimi que não era bem deste mundo; um crítico da época escreveu que ele "tirou o blues do delta do Mississippi e o enviou a Marte".

Até aquele momento, um maestro da guitarra não precisava de nenhuma "atuação" além de uma pose estática de criatividade torturada.

Mas Jimi combinou o canto e a feitiçaria que fazia na guitarra, simultaneamente, com uma presença de palco que ampliava os limites do gênero, mais do que Mick Jagger fez com os Stones ou Jim Morrison fez com o The Doors. Ele tocava sua Fender Stratocaster atrás de sua cabeça, ou com seus dentes, ou com sua língua serpentina e aparentemente imune a choques elétricos, tudo sem errar uma nota sequer. Após extrair todos os decibéis mágicos possíveis do instrumento, ele o sujeitava à tortura e ao ataque sexual ritualístico, o colocando sobre o chão e flexionando sua pélvis sobre ele, depois o cobrindo de gasolina, ateando fogo nele e o destruindo. Esse vandalismo pornográfico com toques de vodu era completamente distinto de seu caráter fora dos palcos, que era humilde e fundamentalmente inseguro, apesar das filas de mulheres do lado de fora de seu quarto, que faziam Jagger e Morrison parecerem virgens.

Sua promiscuidade épica pode parecer pouco agradável no século XXI, quando roqueiros antigos são frequentemente chamados de "agressores sexuais" pelas orgias que faziam cinco décadas atrás com fãs cujas idades eles raramente, ou nunca, se importavam em saber. Porém, nos "permissivos" anos 1960, era algo considerado normal, um dos benefícios mais invejados do trabalho. E Jimi não era um predador; ele não precisava ser. "Não dava para chamar ele de mulherengo, dizer que era viciado em mulher", comenta seu amigo e colega da indústria musical, Robert Wyatt. "Eram as mulheres que eram viciadas no Hendrix".

A cada ano, ele vende mais discos do que em qualquer outro período que esteve vivo, mas isso é apenas uma parte de sua presença duradoura. Ele se tornou inseparável da iconografia dos anos 1960, a chamada "década que nunca morre".

Qualquer exibição ou livro de um de seus muitos extraordinários fotógrafos, como Terence Donovan ou Gered Mankowitz, quase certamente incluirá uma foto de Jimi em sua casaca ao estilo hussardo com tranças douradas, que se tornou sua marca registrada. Ele é um ícone no sentido exato dessa palavra tão usada. O fã de rock mais jovem de qualquer lugar provavelmente tem uma camiseta com seu rosto estampado, ao mesmo tempo tímido e sem vergonha, sob aquela auréola de cachos, como um Jesus negro da América do Sul ou um Santo Sudário produzido em massa.

Embora fosse 100% americano – de ancestrais africanos e originários da América do Norte –, ele sempre será associado a Londres durante a época mais glamourosa de sua história. Apesar de todo o seu dom prodigioso, aos 23 anos ainda era desconhecido em sua terra natal, graças ao racismo que restringia quase todos os artistas negros (com exceção dos mais famosos) ao "Chitlin' Circuit", um circuito de teatros e clubes segregados.

Em 1966, ele foi descoberto em Nova York pela namorada de Keith Richards, dos Rolling Stones, e foi levado a Londres por Chas Chandler, baixista dos Animals, em sua primeira atividade como empresário. Foi a recém-nomeada "Style Capital of Europe" ["Capital do Estilo da Europa"] que finalmente fez sua genialidade florescer. O povo da Inglaterra, influenciado sobretudo pelos Beatles e pelos Stones, ia em massa para vê-lo tocar – e se encantar – em clubes, como o St. James e o Speakeasy.

Tendo formado a Jimi Hendrix Experience com dois músicos brancos ao seu lado, Redding e Mitchell, ele obteve um sucesso imediato e massivo com uma série de *singles* populares e três álbuns instantaneamente reconhecidos como clássicos. Como uma represália pela Invasão Britânica que aconteceu nas paradas de sucesso dos EUA, encabeçada pelos Beatles, ele representava o contra-ataque americano de um homem só. Ao mesmo tempo, alegremente se aclimatizou à sua cultura adotada, aceitando instituições britânicas como a cerveja quente, o *fish and chips*, as histórias do Ursinho Pooh criadas por A. A. Milne e a novela *Coronation Street*.

A partir de Londres, ele trilhou a Europa, voltando depois à América para roubar o show com sua guitarra em chamas no primeiro grande festival pop, em Monterey, em 1967. No ano seguinte, quando o país foi despedaçado por motins raciais e pelas brutais represálias do governo, saiu em turnê como um homem negro liderando dois brancos – um golpe em prol da integração tão corajoso quanto qualquer movimento dos Direitos Civis. Em 1969, o enorme festival Woodstock foi galvanizado pela sua performance solo e instrumental de "The Star-Spangled Banner", o hino nacional dos EUA, num protesto implícito contra o caos provocado no Vietnã pelas forças armadas norte-americanas, as quais ele já tinha orgulhosamente servido.

Esse sucesso estrondoso chegou a um fim trágico após apenas quatro anos, quando novos capítulos de conquistas estavam se abrindo na mesma capital, a Swinging London efervescente que tinha lançado sua carreira. Em setembro de 1970, ele teve uma morte solitária e sórdida num hotel no oeste de Londres, criando assim o maior mistério não resolvido da música pop. Rumores de motivos torpes para sua morte circulam até hoje: que ele foi assassinado por seu sinistro empresário, Mike Jeffery, ou pela máfia, ou até por um paranoico governo americano ao entender que sua música desprezava as barreiras raciais de forma a causar uma ameaça para a segurança nacional.

Eu nunca conheci Jimi, apesar de estar no epicentro da Swinging London, trabalhando como redator da chiquérrima revista em cores do *Sunday Times*, com a liberdade de entrevistar quem eu quisesse e com mesas reservadas para mim nos clubes em que ele tocava. Eu estava ocupado demais tentando conseguir uma viagem para a América para falar com estrelas mais reconhecidas da música negra da época, como James Brown, Stevie Wonder e Diana Ross.

No fim de 1969, a revista do *Sunday Times* publicou meu perfil de Eric Clapton, cujos fãs chamavam de "Deus" antes de Jimi aparecer. Quando surgiu a notícia da morte de Jimi, um ano depois, o *New York Times* pediu para entrevistar Clapton, falando sobre o nêmesis que acabou virando um amigo querido. Clapton concordou, sob a condição de que eu conduziria a entrevista. Eu recusei a proposta, pois estava prestes a partir para Detroit e Los Angeles para escrever sobre a organização Motown e conhecer o vocalista de 11 anos do grupo que, supostamente, era "os Beatles negros" – o Jackson 5. Eu sempre me arrependi de não ter adiado meu voo.

Por que embarcar então em um livro sobre Jimi, especialmente após a exaustão da minha biografia de Eric Clapton, quando, como de costume, senti que nunca mais queria escrever outra palavra sobre música ou músicos? A resposta é que, alheio aos meus sentimentos, o livro pareceu ir em frente e se montar por conta própria.

Em 2018, meu excepcional colaborador de pesquisa, Peter Trollope, me alertou para o fato de que setembro de 2020 marcaria o 50º aniversário da morte de Jimi, ainda sem uma perspectiva de explicação satisfatória de como ela teria ocorrido. Durante os anos 1980, Peter atuou como produtor em uma famosa série documental da TV britânica, *World in Action*, e tinha trabalhado numa investigação sobre o caso, que nunca foi ao ar. Todos os seus arquivos não utilizados, incluindo detalhes de testemunhas cruciais nunca chamadas durante o inquérito, poderiam estar ao meu dispor.

Então, do nada, recebi um e-mail de Sharon Lawrence, uma antiga repórter da agência de notícias UPI que se tornou amiga próxima (e platônica) de Jimi após seu triunfal retorno à América. Sharon havia sido uma rica fonte para minha biografia de Elton John no começo dos anos 1990, mas depois perdemos o contato. Embora ela mesma seja autora de um livro de memórias intimistas sobre Jimi, generosamente concordou em ser consultora para qualquer coisa que eu quisesse escrever.

Percebi então que ainda tinha o número de telefone de Ray Foulk. Junto com seus irmãos Ronnie e Bill, ele foi o homem que organizou o Isle of Wight Pop Festival em 1970, no qual Jimi foi uma das atrações principais, ao lado do The Doors, apenas duas semanas antes de sua morte (e um ano antes da morte de Jim Morrison). Eu me lembrava de que a última vez que vi Ray tinha sido na festa de lançamento de seu livro sobre os três festivais Isle of Wight organizados pelos irmãos, nos quais pude trabalhar como auxiliar, uma vez que morava na ilha quando jovem. O local da festa era a casa na Brook Street, Mayfair, considerada hoje um santuário musical, pois é a antiga residência de Jimi e de outro grande músico imigrante, dois séculos antes, Georg Friedrich Händel.

E por sorte, era a mesma época da "Scribblers, Pluckers, Thumpers and Squawkers Lunch", reunião semestral com antigas estrelas do rock e os escritores que registraram suas vidas, realizada num pub à margem do rio, em Barnes, oeste Londrino. Lá, sentei-me ao lado de Keith Altham, o jornalista da *New Musical Express* que havia sugerido ao primeiro empresário de Jimi, Chas Chandler, que uma boa forma de superar a destruição de instrumentos que o Who fazia no palco seria atear fogo em sua guitarra. Keith não tinha a intenção de ser levado a sério. Na mesa ao lado, estava Zoot Money, veterano músico de R&B que foi a primeira pessoa que Jimi visitou em Londres.

Depois disso, meu leiteiro no norte londrino, Ron Pluckrose, por acaso comentou que, em sua antiga carreira de pintor e decorador, ele e seu irmão tinham trabalhado num apartamento perto do Marble Arch, que Jimi alugava dos irmãos Walker. "Ele queria que fosse pintado todo de preto, até o lindo guarda-roupa de nogueira no quarto. O carpete era amarelo, os lençóis eram laranja e ele tinha cartas de fãs espalhadas por todo o chão do banheiro, além de um armário cheio de discos de ouro que nós pregamos na parede para ele. Ele era um cara muito agradável..."

Então eu escutei "All Along the Watchtower" mais uma vez e parei de resistir.

1

“ELE OUVIA A MÚSICA, MAS NÃO TINHA UM INSTRUMENTO PARA TRAZÊ-LA À TERRA”

O local onde Jimi nasceu fez parte da minha infância, ainda que apenas de forma indireta. Quando William, o marinheiro casado com minha avó Norman, foi morto no último ano da Primeira Guerra Mundial (o navio do qual ele era capitão foi afundado por um torpedo alemão no Mar da Irlanda), ela emigrou para Seattle para se juntar a sua irmã, Gwen, que já tinha se estabelecido lá. Ela levou consigo meu pai, Clive, que então tinha quatro anos; seu irmão de seis anos, Phil; e dois filhos adolescentes do casamento anterior de William – um garoto, Calver, e uma garota, Iris. Eles atravessaram o oceano num transatlântico americano, cujo menu de café da manhã, como minha avó adorava relembrar, oferecia “quantas ameixas você quisesse comer por apenas 10 centavos”.

Suas descrições de Seattle em meados de 1918 faziam o lugar parecer uma espécie de fronteira selvagem. Não muito longe dos limites da cidade estavam as florestas, nas quais ursos saqueavam cestas de piquenique, igual a Zé Colmeia e Catatau no desenho da Hanna-Barbera. (“Costumávamos apenas ficar no carro e observá-los.”) Ela e as crianças chegaram a visitar uma reserva de povos indígenas norte-americanos – cuja tribo ela não se lembrava exatamente qual era, para minha decepção – e compraram jaquetas de couro de cervo, com franjas e bordados de contas brancas e azuis, as quais vovó ainda preserva, junto às relíquias da carreira naval do meu avô. Da cidade em si, sua memória principal era de colinas tão íngremes que os típicos carros Ford Model T, conhecidos como "Tin Lizzies", tinham de usar marcha à ré, a mais potente dos veículos, para dar conta da subida.

Durante meus anos como correspondente do *Sunday Times*, atravessei os EUA, mas visitei Seattle apenas uma vez, em 1973, enquanto estava em turnê com a diva do soul Roberta Flack. Só então me ocorreu que "Seattle, Washington" não se referia a uma rua próxima da Casa Branca, mas ao *estado* de Washington, no extremo noroeste do país, logo abaixo da fronteira com o Canadá. Eu fiquei lá só por uma noite, o que não foi tempo suficiente para ver qualquer lugar da cidade além do monotrilho do centro, que, a essa altura, já passava com tranquilidade por aquelas ruas cheias de colinas e seus Fords Model T zunindo em ré. Eu me lembro do contraste entre os programas de notícia dos EUA e do Canadá na TV do hotel – os americanos sempre à beira da histeria, enquanto os canadenses preservavam a calma e a dignidade comedidas, fazendo jus à herança britânica do país.

Bing Crosby, um dos cantores mais populares do século XX (junto de Sinatra e Presley), nasceu em Tacoma, cidade-satélite de Seattle. Além disso, ela é conhecida como uma das cidades mais chuvosas da América do Norte, a primeira sede da empresa de aeronaves Boeing, o local em que a série televisiva *Frasier* se passava, a cidade natal de Bill Gates, fundador da Microsoft, e o berço da franquia Starbucks. Para deixar claro, os poucos artistas do pop que vieram de lá – os Ventures, Judy Collins, a banda Heart – podem ser classificados como brancos de pouco renome.

Geralmente, imagina-se que Seattle teve um papel pequeno na história da música negra dos EUA; que essa dádiva inestimável para a humanidade foi apenas produzida por Nova Orleans, Memphis, Chicago ou pelos cruéis campos de plantio de algodão no delta do Mississippi.

Mas essas pessoas estão se esquecendo de Jimi.

Foi nessa época dos Tin Lizzies e dos piqueniques entre os ursos que passou por Seattle um show de *vaudeville* interpretado apenas por negros, chamado Great Dixieland Spectacle. Mesmo no mundo fictício de "Dixieland", o negro não poderia ser negro *demais*; as dançarinas femininas do espetáculo eram selecionadas pelo quão claras eram suas peles, que precisavam ter um tom igual a um cartão postal que era colocado ao lado de seus rostos. Entre essas dançarinas estava a avó paterna de Jimi, Zenora Hendricks, cuja pigmentação mais clara era parcialmente herança da sua bisavó, uma indígena Cherokee da América do Norte.

O marido de Zenora, que trabalhava na companhia como assistente de palco, também tinha a pela clara, mas por um motivo que era melhor deixar no escuro: ele era filho ilegítimo de uma ex-escrava e de seu proprietário, um mercador branco. Esses relacionamentos interraciais, conhecidos desde a Guerra Civil como "miscigenação", continuavam sendo um crime na maioria dos estados americanos, do norte ao sul.

Após a passagem do Great Dixieland Spectacle por Seattle, Bertran e Zenora decidiram sair da estrada, achar um lugar para morar na cidade e ter filhos. No entanto, após apenas um verão, eles se mudaram outra vez, atravessando a fronteira do Canadá em direção a Vancouver. Na época, era um lugar esmagadoramente "branco", sem vagas para dançarinas ou auxiliares de palco negros. O showbusiness parecia não ter utilidade para essa família, que agora escrevia seu sobrenome como "Hendrix".

O mais jovem de seus quatro filhos, James Allen – conhecido como Al – chegou em 1919, forte e saudável, mas com um dedo extra em cada mão. Na época, tais deformidades infantis eram amplamente consideradas como marcas do Demônio; alguns anos antes, a criança azarada seria silenciosamente sufocada. No entanto, o infanticídio não era mais praticado em casos assim, abrindo caminho para a amputação caseira: aconselharam Zenora a amarrar os dedos supérfluos com cordas de seda para bloquear os vasos sanguíneos até que simplesmente caíssem. De fato, caíram, mas cresceram de volta, como miniaturas enrugadas, incluindo pequenas unhas.

Al era baixo, musculoso e agressivo, totalmente diferente de seu futuro filho, que viria a ser alto, esguio e gentil. Com um talento para a dança desde cedo – no único holofote que brilhou sobre ele antes de seu filho ficar famoso –, certa vez foi fotografado por um jornal agitando num show de Duke Ellington. Sua constituição física e sua natureza belicosa inevitavelmente o levaram para os ringues de boxe: teve algumas lutas na categoria de peso meio-médio, mas nunca ganhou o suficiente para fazer a dor valer a pena. Incapaz de conseguir um emprego na rede ferroviária canadense, como desejava, e ansioso para ter algum tipo de ação, ele logo atravessou a fronteira para a cidade americana onde seus pais tinham brevemente vivido.

No auge dos anos 1940, Seattle tinha poucos vestígios da discriminação racial violenta que acontecia no Sul de Jim Crow[1]. A população afro-americana vivia principalmente nos 10 km² do Central District, que não era um gueto monocromático, mas uma comunidade poliglota que também incluía judeus, filipinos e japoneses. Era uma versão menor e mais úmida do Harlem, de Nova York, com seus próprios jornais e restaurantes, além de uma fileira de clubes musicais na Jackson Street, incluindo o famoso Rocking Chair, onde o jovem Ray Charles posteriormente seria descoberto após encontrar seu caminho da Flórida até lá. A discriminação, no entanto, operava de maneiras mais sutis: os residentes negros do Central District habitavam as moradias de pior qualidade e, da mesma forma que ocorria no resto do país, suas oportunidades de emprego eram limitadas a trabalhos manuais ou servis.

Em 1940, Al tinha 21 anos e trabalhava com fundição de ferro quando conheceu uma estudante do primeiro ano do ensino médio estonteantemente linda, chamada Lucille Jeter, num show de Fats Weller. Eles tinham muito em comum – ela também tinha ancestrais escravos e Cherokees – mas, acima de tudo, compartilhavam uma paixão por dançar que logo os levou para a cama.

---

1 As Leis de Jim Crow foram um conjunto de medidas segregacionistas, impostas especialmente nos estados do sul dos Estados Unidos, entre 1877 e 1964, promovendo a separação racial no país. (N. do T.)

Em dezembro de 1941, o Japão lançou seu bombardeio surpresa sobre Pearl Harbor, inserindo os EUA na Segunda Guerra Mundial. Al, que passava seu tempo jogando sinuca, percebeu que logo seria convocado e, com Lucille já grávida, decidiu que eles deveriam se casar o quanto antes. O casamento ocorreu em março de 1942; três dias depois, Al entrou para o exército, que imediatamente o levou embora, enquanto sua jovem noiva voltava para o ensino médio.

Durante os 12 meses seguintes, nenhum dos pagamentos do exército para Al chegou até Lucille, forçando-a a largar a escola e buscar trabalho nos clubes e bares da Jackson Street, às vezes cantando – pois ela tinha uma boa voz –, outras vezes como garçonete, até sua gestação estar bem avançada. A garota não era mais inocente e desenvolveu um gosto pelo álcool que logo se transformou em uma necessidade.

Em 27 de novembro de 1942, ela deu à luz um menino no hospital público Harborview, em Seattle. Al, que estava servindo no Fort Rucker, no Alabama, não conseguiu uma licença especial para ver seu bebê e foi colocado na penitenciária militar para evitar que desertasse. Logo depois disso, seu regimento foi enviado para o Oceano Pacífico; Al já estava em Fiji antes de uma foto de seu primogênito chegar até ele.

Ele reclamou que Lucille mal lhe escreveu cartas enquanto ele estava lutando por seu país (apesar de nunca ter sido colocado em nenhuma zona de perigo sério). Na realidade, ela andava tendo problemas que iam muito além de ser uma mãe na adolescência. Seu pai havia morrido, provocando a recorrência dos problemas psiquiátricos que sempre atormentaram sua mãe, e a casa da família tinha sofrido um incêndio, que destruiu tudo nela. Com a guerra, houve um aumento considerável na população masculina negra de Seattle para servir nas bases militares, criadas na expectativa de um ataque marítimo do Japão, ou para trabalhar nos estaleiros do estuário de Puget. Sem o dinheiro do exército de Al e sem o apoio dos pais, que desaprovavam sua vida noturna em Jackson Street, Lucille foi forçada a recorrer a outros homens para obter ajuda financeira e, consequentemente, pagar o custo inevitável disso.

Não levou muito tempo até Al começar a receber cartas anônimas, que diziam "Querido John", assinadas apenas por "Um Amigo", informando-lhe sobre as infidelidades de sua esposa e de seu fracasso enquanto mãe, algo aparentemente tão sério que outro casal estava tentando adotar seu filho. O explosivo Al não fez nenhuma tentativa de descobrir se as cartas diziam a verdade, mas, do outro lado do Pacífico, imediatamente iniciou o processo de divórcio.

Quando ele voltou a Seattle, o bebê já tinha três anos e havia sido entregue – permanentemente, ao que parece – para uma mulher chamada Sra. Champ, que morava em Berkeley, Califórnia, quase 1,3 mil km ao sul. Al imediatamente tentou reivindicá-lo, nunca considerando que, para uma criança de três anos, ser repentinamente tirada de uma amorosa mãe adotiva e levada por um homem desconhecido seria um acontecimento inexplicável e assustador.

Nem mesmo a longa jornada de trem de volta a Seattle gerou empatia entre o pai perdido há tempos e seu filho desnorteado. "Eu dei [a ele] suas primeiras palmadas naquele trem", Al relembraria, quase que com orgulho, em sua autobiografia que, na época, não tinha ideia de que algum dia precisaria escrever.

O próprio nome da chorosa criança já tinha iniciado o relacionamento deles com o pé esquerdo. Sem consultar Al, Lucille tinha decidido chamá-lo de Johnny Allen, mas tentou ocultar esse fato pelo maior tempo possível: a única foto do bebê que chegou até ele em Fiji trazia apenas os dizeres "Baby Hendrix".

Ela não poderia ter sido mais precisa para encher de raiva o ciumento Al, pois John Page era o nome de um estivador e aspirante a cafetão com quem ela havia se envolvido – e quem ele meio que suspeitava ser o pai de verdade do bebê. Após retornarem a Seattle, Al refez o registro de Johnny

Allen para James Marshall, seu primeiro nome oficial e nome do meio do seu irmão mais velho, Leon, já falecido.

Para seu aborrecimento, entretanto, aquele menino gentil e tranquilo simplesmente se recusava a responder como James ou Jimmy. Insistia em ser chamado de Buster, por causa de Buster Crabbe, o ator de cinema que tinha interpretado Tarzan e Flash Gordon. No fim das contas, Al desistiu de fazer o novo nome pegar e aceitou chamá-lo de Buster.

Muito mais séria foi a descoberta de que o filho era canhoto, o que muitas pessoas ainda consideravam algo não muito distante do toque satânico de se ter dedos extras. Aquele estigma do garoto acrescentado aos seus próprios dedos anões aterrorizava Al, que logo buscou corrigir os modos do filho da única forma que conhecia. Se Buster fosse pego usando a mão "errada", poderia esperar um bom tabefe na cabeça.

Deixando de lado a questão do nome e o problema com John Page, Al e Lucille decidiram tentar fazer as pazes e retomar seu casamento. Mas tanto o soldado recentemente desmobilizado quanto a antiga frequentadora da Jackson Street tinham pouco gosto pela domesticidade comum. A vida em casa logo se tornou uma série contínua de festas regadas a álcool que frequentemente acabavam em discussões aos gritos entre os dois e o sumiço de Lucille, às vezes por horas, outras vezes por dias ou semanas. Tendo em vista a circunstância dessa união degradada, "Buster" parecia ser um nome alegre demais para uma criança tão tímida e ansiosa.

Ele deixou uma espécie de autobiografia, o documentário para a Netflix chamado *Voodoo Child*, compilado a partir de cenas de palco e TV, além de entrevistas feitas em seus últimos e tumultuados quatro anos. Nesse filme, ele é dublado por Bootsy Collins, o baixista virtuoso que tocava na banda de James Brown e que tem não só a aparência, como uma voz suave, similar à de Jimi.

Em nenhuma parte desse documentário há qualquer crítica em relação ao seu pai ou à forma como ele foi criado, embora muita coisa possa ser lida nas entrelinhas.

"Meu pai era muito rigoroso e ponderado, já minha mãe gostava de se vestir bem e se divertir. Ela costumava beber bastante e não cuidava de si própria, mas era uma mãe divertida... Quem mais cuidava de mim era o meu pai. Ele me ensinou que eu deveria sempre respeitar os mais velhos. Eu não podia falar a não ser que um adulto falasse comigo primeiro. Então sempre fui quieto. Mas eu via muitas coisas. Um peixe nunca se mete em encrenca se ficar de boca fechada.

"Eu me lembro de quando eu tinha apenas quatro anos e fiz xixi nas calças... Fiquei na chuva por horas só para me molhar inteiro e minha mãe não descobrir."

Em 1948, Lucille teve um segundo filho, incontroversamente chamado de Leon, em homenagem ao irmão de Al. Tanto no físico quanto em temperamento, claramente Leon não lembrava o filho de um estivador, mas sim seu pai, então recebeu um nível de complacência que Buster nunca teve, nem teria. "Ele sempre foi um bom garoto, quieto, nunca respondia, calmo", Leon recordou. "Era eu quem questionava a autoridade. 'Ousado' era a palavra que meu pai usava comigo." No entanto, ambos os rapazes sabiam que ir contra a vontade de Al resultava em apanhar – uma "surra", como eles chamavam – com seu grosso cinto de couro.

Lucille continuou a ter bebês, mas ela sumia para lugares desconhecidos com tanta frequência e por tanto tempo, que Al negou a paternidade de todos eles. E, apesar de Buster e Leon terem nascido saudáveis, uma espécie de maldição parecia ter surgido. O terceiro filho, Joseph, que chegou um ano depois de Leon, nasceu com uma fenda palatina, um pé torto, pernas de comprimentos diferentes e uma dupla fileira de dentes. Uma menina, Kathy, nasceu prematura em 1950, pesando apenas 450 gramas e cega. Precisando de cuidados muito além do poder ou dos meios de seus pais, ela foi imediatamente levada a um órgão estadual.

Conforme todo esse caos angustiante passava por eles, Buster se tornou a única estabilidade e escudo de Leon. Muitas vezes, ele assumia a culpa de alguma travessura de seu irmão mais novo e levava a surra em seu lugar. Durante as brigas movidas a álcool de seus pais, eles se escondiam num armário, onde Buster colocava seus braços ao redor de Leon para protegê-lo. "Ele absorvia a negatividade, dia após dia", Leon recorda, "e, como não tinha ninguém para pedir ajuda, aprendia a trancafiar seus sentimentos em algum lugar profundo".

Al e Lucille se divorciaram em 1951, deixando para Al a custódia de Buster, Leon e do desafortunado Joe. Mas ela voltava ocasionalmente e crianças continuaram vindo – Al negou a paternidade em todos os casos, nos quais a aparente maldição não arredava. Uma segunda menina, Pamela, nasceu no ano do divórcio, também com defeitos congênitos, menos sérios que de seus predecessores, mas que ainda exigiam cuidados institucionais, assim como outro menino, Al Junior, nascido em 1953. Nessa época, as necessidades especiais de Joe tinham se tornado um fardo financeiro pesado demais, de modo que ele teve de seguir seus outros três irmãos – foi levado a um órgão estadual. A diferença era que, dessa vez, Buster e Leon presenciaram de perto seu irmão ser retirado da família.

Al teve dificuldades para manter seus dois filhos restantes com o trabalho majoritariamente braçal que exercia – carregar carcaças de animais num açougue, varrer uma usina siderúrgica, abastecer veículos –, que raramente rendia mais que 90 dólares por mês. Ainda assim, ele esperava se tornar um eletricista, estudando para o ofício graças à "G.I. Bill", uma lei de reajustamento para militares que fornecia educação a veteranos desmobilizados. Os três viviam com vários parentes e amigos ou em pensões baratas e apartamentos a curto prazo nas sombrias habitações sociais do Central District, geralmente se mudando após apenas algumas semanas; de acordo com Leon Hendrix, era "como se fosse uma constante viagem de acampamento".

Quando Al não estava trabalhando, geralmente estava bebendo, atrás de mulheres ou apostando – às vezes perdia todo o pagamento de uma semana em um lance de dados – enquanto os meninos eram deixados por conta própria. Se ele tinha dinheiro, contratava alguém para cozinhar e cuidar deles, mas, na maior parte do tempo, os dois dependiam da caridade de vizinhos. "As senhoras negras e judias do Central District meio que nos adotaram", Leon disse. "A Sra. Weinstein nos fazia sopa de bolinhas de matze, a Sra. Jackson fritava frango com purê de batata para nós e a Sra. Wilson, que tinha uma lojinha lá, lavava nossas roupas e nos fazia tomar banho."

Lucille ainda retornava periodicamente para Al, criando a breve ilusão de uma família reunida. Ela costumava chegar durante a noite, e Buster e Leon acordavam com o cheiro de fritura – bacon ou então a especialidade dela, ovos com miolos. Apesar do tanto que bebia, ela sempre foi doce e amável com ambos, na mesma medida, e eles sentiam uma falta desesperada dela.

Leon seguia seu irmão por toda parte, em uma existência sem supervisão ou limites. Uma vez, enquanto brincavam numa linha férrea, o cadarço de seu calçado ficou preso no trilho no momento em que o trem estava chegando, Buster então o tirou dali com apenas alguns segundos de folga. "Ele também me salvou de um afogamento quando caí no rio Green. Enquanto eu me debatia na água, lembro que um porco morto passou flutuando ao meu lado. Aí meu irmão mergulhou, me resgatou e me levou até a margem."

As mudanças contínuas de Al pela cidade significavam que Buster precisava mudar de escola com frequência, sem tempo para criar laços em qualquer uma. Consequentemente, suas notas nunca foram além da mediocridade, apesar de sua habilidade de absorver conhecimento como uma esponja. "Eu nunca o vi lendo um livro", Leon recorda, "mas ele podia te falar sobre todos os planetas do universo." Com talento para desenhar, passava horas rabiscando cavaleiros medievais, carros de corrida, jogadores de futebol e caricaturas (sempre cuidando para que Al não o visse usando "a mão errada"). Sem saber, estava seguindo a mesma trajetória de garotos britânicos naturalmente criativos, porém sem disciplina, como John Lennon, Keith Richards e Eric Clapton. No entanto, ao contrário deles, Buster não tinha um professor compassivo que percebesse suas habilidades e o recomendasse a estudar arte.

Desde sua juventude, ele já demonstrava ser um atleta natural, capaz de correr em velocidades extraordinárias e tão bom tanto no beisebol quanto no futebol americano – e tudo isso sem deixar de ficar de olho em Leon nos jogos da Liga Infantil que ocorriam no mesmo campo. Suas fotos de infância mais felizes o mostram sorrindo de dentro de um capacete de futebol americano. Mas ele sempre estava dolorosamente consciente das más condições de suas roupas e equipamentos esportivos de segunda-mão, além dos cortes de cabelo rudimentares, feitos por Al, que lhe renderam o apelido de "Slick Bean" ["Feijão Liso"] na escola.

Como a maioria das crianças solitárias, ele adorava animais e sempre trazia para casa cães perdidos que o seguiam na rua, implorando para que seu pai o deixasse ficar com eles. Al não queria alimentar mais uma boca, e, de qualquer forma, suas habitações temporárias geralmente tornariam a adoção impossível, mas, finalmente, um feliz vira-lata que ele chamou de "Prince Buster" conseguiu ficar. Criaturas selvagens o fascinavam, especialmente os cervos que ele ocasionalmente via nos gigantescos parques nacionais de Washington e British Columbia e com os quais sentia uma conexão quase espiritual, como algo que tocava seus genes indígenas americanos. Os sonhos vívidos que ele tinha todas as noites, sempre com cores brilhantes, incluíam uma sequência recorrente e misteriosa de números – 1, 9 e dois 6, o que dava a ele "a estranha sensação de que eu estava aqui para algo e teria uma chance de ser ouvido".

Naquele estado de visível negligência, ele e Leon inevitavelmente chamaram a atenção das autoridades de assistência social de Seattle. Graças aos duros alertas de Al, os dois viviam com medo de ter o mesmo destino de seus outros irmãos num instituto, onde inevitavelmente seriam separados. "Sempre estávamos nos escondendo e nos desviando dos oficiais da assistência social", lembra Leon. "Quando estávamos sozinhos em casa, deixávamos as cortinas fechadas, as luzes apagadas e nunca atendíamos quando alguém batia à porta."

Apesar de nunca terem passado fome, eles não tinham como se dar ao luxo de preferir ou não certos tipos de comida, ao contrário dos outros garotos da sua idade. "Costumávamos comer hambúrgueres de carne de cavalo, porque só custavam cinco centavos cada. Como Buster trabalhava varrendo um açougue, um dia o dono da loja deu uma língua inteira para ele levar para casa."

A vida chegou ao seu ponto menos estressante e mais normal quando os rapazes foram levados ao norte da fronteira com o Canadá para morar com sua avó, Zenora, em Vancouver. Rigorosa com Buster, ela lhe dava surras por molhar a cama, sem pensar no estado emocional que isso causaria. Mas também deu ao neto uma jaqueta mexicana com franjas, que ele adorava, e contava histórias da época em que trabalhava nos shows de menestrel, além de outras sobre sua bisavó, que era escrava, e sua trisavó, que era Cherokee. Anos depois, um dos mitos que ele contou sobre si próprio era que Zenora era Cherokee e que ele costumava ficar com ela numa reserva indígena.

"Mesmo antes de ele tocar música, era óbvio que ela já estava dentro dele", Leon disse. "Ele contava à sua avó que tinha todos aqueles sons esquisitos na sua cabeça, e ela limpava seus ouvidos com óleo para bebê. Ele ouvia a música, mas não tinha um instrumento para trazê-la à Terra."

Por volta dos 12 anos, ele começou a "tocar" com um cabo de vassoura enquanto ouvia música no rádio. "Ele tocava *air guitar* antes de qualquer pessoa saber o que aquilo era", disse seu irmão. "Tenho certeza de que, se ele ganhasse um piano antes de uma guitarra, ele teria sido igualmente bom naquele instrumento."

Al já estava trabalhando por conta própria como jardineiro paisagista, função que também incluía remover itens inutilizados e vendê-los por qualquer valor que conseguisse. Ele arrastava seus filhos para ajudá-lo no trabalho; um dia, em uma pilha de lixo, Buster encontrou um ukulele acabado, com apenas uma corda solta. A primeira ideia de Al foi que ele poderia conseguir uns dois dólares com aquilo, mas Buster implorou para poder ficar com o instrumento. Ele ficou intrigado ao descobrir que, se girasse uma daquelas tarraxas na extremidade do ukulele, a corda podia ser tensionada para ser tocada e produzir uma nota musical. Como Leon recorda, o resultado foi tão interessante que ele começou a experimentar a mesma técnica em tudo que imaginava, de elásticos a pedaços de barbante amarrados entre dois pés da cama.

Em 1955, ele completou 13 anos, deixando assim de ser uma preocupação para as autoridades de assistência social de Seattle. Leon, no entanto, ainda tinha oito e foi finalmente capturado, aos berros, e tirado de seu pai e seu irmão para ser colocado no programa de acolhimento familiar. Mas ele se mostrou impossível de ser domado, fugindo de uma série de lares adotivos ou sendo expulso deles, sempre achando seu caminho de volta até o mais recente domicílio de Al e Buster.

O ano de 1955 também foi aquele em que, por acaso, Elvis Presley causou ultraje na América como o primeiro vocalista branco a se apresentar com a desinibição dos músicos negros. E o R&B, reformulado como rock 'n' roll, despertou a população adolescente branca para o frenesi em massa.

O racismo revidou com todas as armas irrestritas que estavam à sua disposição. Presley foi condenado e ridicularizado por propagar a "música da selva", tão segregada até então quanto banheiros, balcões de lanchonetes e bebedouros, sendo suscetível, portanto, a corromper e desmoralizar os jovens brancos como já fazia com os negros.

No entanto, como não havia como ignorar suas oportunidades comerciais, músicas de R&B como "Shake, Rattle and Roll", de Ivory Joe Hunter, "Good Rocking Tonight", de Roy Brown, e "Tutti Frutti", de Little Richard, com seu humor sexual (no caso de Richard, também homossexual) levemente disfarçado, receberam versões *cover* aguadas, gravadas por artistas brancos como Pat Boone e Ricky Nelson, algumas das quais entrando nas paradas de discos mais tocados. A antiga tradição de roubar dos músicos negros tinha se elevado a um novo patamar.

Buster ficou fascinado por Presley: suas roupas extravagantes, emprestadas da música country; seus movimentos corporais supostamente "obscenos"; e o violão que era uma parte tão essencial do pacote explosivo. Esquecendo os esportistas e os carros de corrida, ele desenhou um retrato elaborado de Presley, cercado pelos títulos de suas músicas, como "Blue Suede Shoes", "Don't Be Cruel" e "Parilized" [sic]. O "Pelvis" deixava um rastro de histeria com seus shows, um dos quais foi realizado no estádio de beisebol Sick's, em Seattle, mas o preço do ingresso, de um dólar e meio, era além do que Buster podia pagar – então teve de assistir ao show da colina próxima ao estádio, de onde Elvis parecia apenas um pontinho hiperativo. "Ele costumava cantar canções do Elvis para me ajudar a dormir", Leon recorda. "Minha favorita era 'Love Me Tender'."

Durante os meses seguintes, a sorte de Al Hendrix teve mais uma de suas frequentes baixas. Após juntar dinheiro suficiente para começar a financiar uma pequena casa, ele não conseguiu pagar as prestações; o imóvel foi reapropriado, e ele e Buster foram morar em uma pensão, mantida pela Sra. McKay. Foi lá que, numa sala dos fundos, Buster encontrou um antigo violão Kay, que tinha sido comprado para o filho paraplégico da proprietária e que ela estava disposta a vender por cinco dólares.

Ele implorou para que seu pai o comprasse, mas Al, com pouco dinheiro, se recusou a financiar algo que parecia totalmente irrelevante. Os pedidos de Buster foram apoiados pela irmã de sua mãe, Ernestine, uma mulher perceptiva que tinha notado os efeitos transformadores do ukulele de uma corda sobre o menino. Quando o pai se posicionou de forma inflexível, a tia Ernestine lhe deu o dinheiro.

A partir daquele momento, como Leon Hendrix recorda, ele esqueceu os esportes por completo e começou a viver apenas para o violão. "Ele nunca se separava dele. Tinha um filme naquela época chamado *Johnny Guitar*, onde um cara interpretado por Sterling Hayden ia a todo lugar carregando seu violão nas costas. Meu irmão fazia o mesmo. Ele o tocava na cama, pegava no sono com ele sobre seu peito, depois voltava a tocar assim que acordava. Para me deixar quieto enquanto ele aprendia a tocar, ele amarrava um lápis no meu punho, me forçando a desenhar ou fazer meu dever de casa. Para mim, foi tão bom quanto frequentar uma universidade."

Não havia nem como cogitar ter um professor formal ou alguém que pudesse lhe mostrar como afinar um violão; o máximo que ele podia fazer era ir até a loja de instrumentos musicais e sorrateiramente tocar nas cordas dos instrumentos expostos até que conseguisse reproduzir os sons de cada um. Após isso, seu único tutor foi o rádio, nas suas duas esferas ainda segregadas: as estações negras, que tocavam R&B e blues, e as brancas, que tocavam o rock 'n' roll aguado. Como Chuck Berry, ele tinha dedos excepcionalmente longos e finos que se estendiam pelo braço do instrumento com tranquilidade, suplementados por um polegar que conseguia cobrir quase metade de sua extensão pelo outro lado. Uma das primeiras demonstrações de seu talento para o palco veio quando ele parecia perder seu domínio do braço da guitarra e fingia agarrá-lo. Ele repetiria esse truque em todos os shows, nunca percebendo que a única coisa de que sua performance não precisava era de comédia.

Das festas agitadas de seus pais também viria o som do blues arrojado de músicos como Muddy Waters, Elmore James e Howlin' Wolf, cuja técnica de *slide* com gargalos de garrafas era frequentemente a precursora de garrafas se quebrando por outros motivos. "Gostava de Muddy quando ele tinha só duas guitarras, gaita e bumbo", ele recordou. "Coisas como 'Rollin' and Tumblin'... o som bem primitivo de guitarra."

Uma das principais acusações do movimento anti-rock era que Presley e outros ídolos brancos com violões que vieram depois dele utilizavam seus instrumentos apenas como adereços, sendo acusados de fraude, além da indecência pública. Na verdade, vários outros, como Buddy Holly, Eddie Cochran e Charlie Gracie, tocavam seus instrumentos de cordas brilhantemente, e seus *riffs* ainda podiam ser reproduzidos pelos mais básicos dos músicos principiantes. Então, enquanto o jovem Eric Clapton, numa vila inglesa distante, aprendia o blues e o R&B dos negros, Buster aprendia dos músicos brancos do pop – ambos, coincidentemente, usando violões Kay.

Ele era canhoto como guitarrista da mesma forma que era com todas as outras coisas, então sofria o risco de tomar pancadas na cabeça de seu pai enquanto praticava. Então, sempre que Al aparecia, Buster virava o violão para o outro lado e o tocava com o braço apontando para sua esquerda (truque que outro canhoto contemporâneo seu, Paul McCartney, também usava quando precisava tocar o violão de destro de John Lennon). Nessas ocasiões, ao invés da surra, ele recebia um sermão sobre fazer algo útil com sua vida, sendo que Al, quase um artesão com seus niveladores de grama e tesouras de poda, só podia estar se referindo a "trabalho braçal".

"Não que eu ligasse para isso, mas... bem, ele é meu pai", disse a voz infinitamente misericordiosa no documentário *Voodoo Child*. "Acho que meu pai nunca pensou que eu conseguiria obter sucesso. Eu era o jovem que não fazia as coisas certas."

Fossem negros ou brancos, os sons mais excitantes vinham das guitarras elétricas, sendo as mais baratas ainda exorbitantemente caras para Buster. No entanto, se um modelo elétrico de fábrica estava fora de alcance, um acústico poderia ser eletrificado por um captador de metal anexado debaixo da base do braço, com um *jack* de entrada exposto que poderia ser ligado a um amplificador. Ele guardou dinheiro suficiente para o captador, mas é claro que não tinha um amplificador: a única forma de produzir um efeito similar era conectando o cabo ao protegido toca-discos de seu pai, do qual ele tinha muito ciúme.

Funcionava contanto que Leon segurasse a conexão com o dedo, o que ele fez fielmente, mesmo levando um choque. A energia fora do comum levou o alto-falante do toca-discos a estalar e chiar. "Além de termos uma guitarra elétrica funcionando, tínhamos *distorção*", ele recorda.

Sem raízes e com os pais que tinham, os rapazes raramente entravam em igrejas. Portanto, Buster foi privado da base musical que quase todos os artistas afro-americanos receberam, incluindo os músicos de rock (tanto negros quanto brancos) que estavam sendo denunciados como agentes do demônio. O fato de ele nunca ter participado de um coro gospel explicava por que, quando ele finalmente começou a tocar, soava diferente de qualquer outra pessoa no blues, R&B ou soul.

Ainda assim, ele teria um débito com a igreja pelo seu primeiro vislumbre de uma figura que teria grande impacto na sua futura carreira. Certo dia, Leon chegou em casa muito animado, relatando ter visto Little Richard no centro da cidade, saindo de uma enorme limusine preta.

Richard, que costumava macerar seus pianos, não era particularmente pequeno, apesar de seu nome, e tinha uma quantidade enorme de fãs brancos graças à sua mistura de grito primitivo com uma performance repleta de rímel (seus maiores sucessos foram produzidos por Robert "Bumps" Blackwell, nascido em Seattle). Pouco tempo antes daquilo, seus fãs nos EUA e na Europa ficaram chocados com o anúncio de que ele largaria o showbusiness e entraria para o sacerdócio.

Por acaso, Richard tinha uma tia que morava no Central District e que participava de cultos na igreja batista pentecostal[2]. Ele tinha ido até lá para pregar, como um aquecimento para sua nova carreira. "Buster e eu fomos ouvir o sermão dele duas vezes", Leon lembra. "Vestimos nossas melhores roupas, que eram camisas brancas que já estavam cinza, meias que não combinavam e sapatos com cadarços remendados."

Leon segue: "A igreja inteira ficou ouvindo suas palavras, conforme ele se remexia no púlpito, gritando sobre o poder supremo do Senhor. Ele explicou que recentemente teve um sonho vívido, no qual voava em um avião coberto de diamantes que caiu... Ele disse que ficou claro que Deus estava lhe dizendo que precisava se tornar um pregador". Enquanto isso, Buster recebia sua primeira aula de como se comportar no palco.

Nessa época, os rapazes já estavam sem ver a mãe há vários meses. Lucille tinha se casado uma segunda vez, com um estivador chamado William Mitchell, 30 anos mais velho que ela, e seus anos de bebida e negligência com o próprio corpo estavam ficando aparentes. Em 1957, ela foi hospitalizada duas vezes devido a uma cirrose hepática. Al raramente a men-

2 Apesar de o autor mencionar a igreja pelo nome Baptist Pentecostal Church, não foram encontradas referências históricas sobre uma igreja que fosse, simultaneamente, batista e pentecostal. É sabido que a família de Little Richard frequentava uma igreja chamada "New Hope", e existem tanto igrejas pentecostais quanto batistas com essa denominação, o que talvez tenha gerado a confusão. (N. do T.)

cionava e, quando o fazia, sempre era com algum comentário negativo. Buster odiava ouvir alguém falar mal dela, mas sempre mordia sua língua.

No começo de 1958, ficaram sabendo que ela estava de volta ao hospital, com hepatite, após ser encontrada caída em um beco ao lado de uma taverna. Quando eles foram visitá-la no Harborview – onde Buster tinha nascido –, descobriram que ela não foi considerada merecedora de um quarto e estava em uma maca no corredor. “Eles a puseram numa cadeira de rodas”, Leon recordou, “e ela parecia estar branca, brilhando, como se estivesse flutuando”.

Foi a última vez que os filhos a viram. Alguns dias depois, ela morreu de uma ruptura no baço, aos 32 anos. Para seu filho mais velho, parecia a consumação de um sonho que ele teve quando era bem jovem, no qual tinha de ficar parado, observando-a ser carregada por um comboio de camelos. “Era uma grande caravana e você podia ver as sombras das folhas sobre seu rosto. Você sabe como o sol brilha através de uma árvore. Bem, mas essas eram sombras verdes e amarelas. E ela dizia: ‘Bem, acho que agora não vou te ver mais tanto’.”

Lucille foi sepultada no Greenwood Memorial Park, num túmulo simples com o sobrenome de seu marido, Mitchell. Al levaria Buster e Leon até a cerimônia em sua caminhonete de jardinagem, mas ficou bêbado e errou o caminho, de forma que chegaram lá seis horas atrasados. Para consolar os meninos, decidiu dar a cada um deles um gole de uísque; depois, ele terminou a garrafa.

Como sempre, Buster ocultou seus sentimentos, apesar de sua tia Delores às vezes ouvir ele chorando na sua varanda. Anos depois, em sua outra vida, inimaginável até então, ele comporia uma canção chamada “Castles Made of Sand” sobre “*a young girl whose heart was a frown*” [“uma jovem cujo coração estava tristonho”], que “*drew her wheelchair to the seashore*” [“levou sua cadeira de rodas até o litoral”] e “*to her legs smiled, ‘You won’t hurt me anymore’*” [“sorriu para suas pernas, ‘Vocês não vão mais me machucar’”].

“Ele sempre ficou ressentido com nosso pai”, Leon Hendrix disse, “por não ter cuidado melhor da mamãe”.

2

"JIMMY ERA UM HIPPIE ANTES DE ALGUÉM SEQUER SABER O QUE UM HIPPIE ERA"

Ele não foi o primeiro *rock star* para quem a música, em particular a guitarra, providencialmente preencheu o vácuo de perder a mãe na adolescência – uma tragédia apenas um pouco menor do que passar por isso na infância.

Em Liverpool, dois anos antes, Paul McCartney, de 14 anos, tinha perdido sua mãe para o câncer de mama, encontrando consolo ao entrar em um grupo de skiffle formado por John Lennon, então com 16 anos (e cuja mãe morreria num acidente de trânsito poucas semanas depois). Do outro lado da Inglaterra, em Ripley, Surrrey, o jovem Eric Clapton, com 13 anos, não passou pela morte de sua mãe, mas por algo talvez até pior: ela o abandonou para ser cuidado por sua avó, depois o fez fingir que ela era sua irmã mais velha, criando assim uma ferida emocional que apenas uma guitarra Kay poderia curar, junto às vozes cinzentas e doídas que acompanhavam os cantores negros do blues americano.

No entanto, para um garoto pobre de 15 anos em Seattle, ainda conhecido como Buster Hendrix, havia outro motivo para o eterno treino com o rádio como seu professor. Contra todas as perspectivas, ele continuava esperando que aquela seria uma forma de deixar seu pai orgulhoso. A sua voz adulta no documentário *Voodoo Child* articula o pensamento que ele nunca ousou expressar naquele tempo. "Oh, papai! Um dia desses, vou ser grande e famoso. Vou conseguir, cara."

Naquela época, vários de seus amigos já tinham guitarras completamente elétricas, com corpos lisos e headstocks pontiagudos, que faziam sua amada Kay parecer tão ultrapassada quanto um Ford Model T e reduzida ao silêncio se tentasse competir com esses outros instrumentos. De fato, ele tinha praticado por tanto tempo que ela estava literalmente caindo aos pedaços. Novamente, sua tia Ernestine chegou para ajudar, falando para seu cunhado sempre que podia: "Você *precisa* comprar uma guitarra elétrica para aquele garoto".

Al finalmente concordou em levá-lo até a loja Myers Music, mas, quando se deparou com o mostruário de guitarras que ocupava uma parede, voltou dizendo que todas eram caras demais. Essa cena se repetiu diversas vezes até que, quando parecia não haver mais esperança, ele concordou em pagar uma entrada para uma outra Kay, muito superior, uma Supro Ozark de 15 dólares, cujo corpo maravilhosamente sólido tinha um acabamento na cor "champagne" (ou "off-white").

Sempre imprevisível, Al também decidiu comprar um saxofone e tentar aprender a tocá-lo por conta própria, de ouvido, como seu filho havia feito com a guitarra. Mas logo ficou claro que ele não possuía nada daquela musicalidade inata. "Ele só conseguia tocar uma nota", Leon Hendrix recorda. "Costumávamos ouvi-lo tocando a mesma coisa durante boa parte da noite: '*Da-a-ah... Da-a-ah... Da-a-ahh!*'"

Para um músico canhoto, a Supro Ozark, feita para destros, só tinha um defeito. Buster podia adequar a ordem das cordas para sua orientação, mas o painel preto em formato de língua que continha os ajustes de volume e de tom era fixo, então ele precisava ficar visivelmente acima, ao invés de abaixo, de sua mão que tocava as cordas. Não havia dinheiro de sobra para ele comprar um *case*, então teve de usar uma sacola de lavanderia, consolando-se com a imagem descrita em "Johnny B. Goode", de Chuck Berry, cujo personagem "*carried his guitar in a gunny [burlap] sack*" ["carregava sua guitarra em um saco de juta"].

Em setembro de 1959, pouco antes de seu 17º aniversário, ele se matriculou na James A. Garfield High School, escola de ensino médio em Seattle, e se livrou do apelido de moleque que sempre foi tão desconfortável para ele, se tornando conhecido por todos pelos cinco anos seguintes como Jimmy Hendrix.

Embora situada no núcleo do Central District, a Garfield High era a maior e mais integrada instituição educacional da cidade, cujo corpo discente era 50% branco, 30% afro-americano e 20% asiático. Jimmy estava alguns anos atrás de outro estudante negro, de um histórico igualmente relacionado à escravidão, à falta de recursos e à ausência de uma mãe, destinado a competir com ele pelo status de aluno mais célebre da escola. Era Quincy Jones, que posteriormente ganhou uma bolsa de estudos na Seattle University, tocou trompete na banda de Lionel Hampton e acabou produzindo o disco mais vendido da história, *Thriller*, de Michael Jackson.

Outros garotos adolescentes (incluindo aqueles que viviam em Liverpool e Surrey, também sem mãe) estavam descobrindo que possuir uma guitarra podia massivamente aumentar seu apelo para o sexo oposto. Mas Jimmy nunca precisou desse afrodisíaco de seis cordas, nem teve sua vida amorosa afetada pela cor de sua pele ou sua pobreza. “Ele namorava todas as meninas mais bonitas de classe média da escola”, Leon Hendrix disse. “Ele me levava junto quando as visitávamos nos subúrbios. Eu esperava do lado de fora, nos arbustos, enquanto ele entrava pela janela.”

De acordo com seu próprio relato – nem sempre o mais confiável –, a primeira vez que Jimmy subiu em um palco foi no arsenal da National Guard, e ele ficou tão assustado que tentou se esconder atrás das cortinas. No entanto, a primeira aparição de fato ocorreu no porão de uma sinagoga, o Temple De Hirsch Sinai, na Boylston Avenue, onde bailes eram comuns. Ele foi apenas fazer um teste para ver se era bom o suficiente para entrar para a banda em questão.

Ele tocou na primeira parte do show, mas foi demitido durante o intervalo, antes da segunda. Os outros músicos reclamaram que a forma como ele tocava era "selvagem" demais, o que impedia as pessoas de dançar. O mesmo problema viria a se repetir no futuro, várias vezes, mas as demissões nunca mais aconteceriam tão subitamente.

Ele teve mais sucesso em seu teste com alguns amigos da escola, cujo grupo se chamava Velvetones. Eles eram uma banda no sentido clássico, com instrumentos de sopro, saxofones, e não faziam apenas um show, mas uma apresentação completa, um *revue*, com coreografias ao estilo James Brown. O repertório mesclava R&B com instrumentais pop de músicos brancos, como "Rebel Rouser", de Duane Eddy, e a música-tema da série *Peter Gunn*. Conseguiram diversos trabalhos, incluindo uma apresentação semanal no popular clube Birdland, na 22nd Avenue. O primeiro destaque de Jimmy foi o *riff* de baixo de quatro notas em "Honky Tonk", de Bill Doggett.

Leon tinha acabado de ser capturado pelas autoridades de assistência social mais uma vez e enviado para um lar adotivo, enquanto Al e Jimmy dividiam um apartamento na First Hill, naquela época um dos lugares mais complicados do Central District, com prostitutas trabalhando pela rua e um centro de detenção juvenil logo em frente. O apartamento era imundo e empesteado, tornado ainda menos atraente pelo fato de Al utilizá-lo como um depósito para seus equipamentos de jardinagem, incluindo não só pesados artigos de hortícola, mas inseticidas químicos e tóxicos.

Também não era um lugar de ensaio adequado para os Velvetones, já que Al continuava implacavelmente hostil com a guitarra de Jimmy, mesmo após comprá-la para ele, além de seguir batendo na sua cabeça por tocar na orientação canhota – uma vergonha indescritível para um garoto de 17 anos na frente de seus amigos. Logo, ele começou a deixar o instrumento na casa de um colega de banda e apenas praticava lá.

Pouco tempo depois, ele foi para outra banda local, os Rocking Kings, mais bem-sucedida e sofisticada que os Velvetones, embora se apresentassem no mesmo estilo *revue*. No palco, eles vestiam casacos vermelhos combinados, e cada integrante deveria comprar o seu próprio. "Os casacos custavam cinco dólares, então Jimmy trabalhou para o nosso pai, fazendo jardinagem, e ganhou um dólar por dia, durante cinco dias, para comprar o seu", lembra Leon. "Ele não comprava sequer um doce."

Ele estava prestes a ir dos Velvetones para os Rocking Kings quando um desastre aconteceu: uma noite, deixou a Supro Ozark nos bastidores do clube Birdland e ela foi roubada. Ele ficou traumatizado por essa perda e, quase na mesma medida, pela surra que podia esperar em casa, apesar de Al odiar sua música.

É óbvio que não tinham feito um seguro da guitarra, mas, graças ao pagamento irrisório do seu pai, um breve trabalho como entregador de jornal para o *Seattle Post-Intelligencer* e uma generosa vaquinha feita pelos integrantes dos Rocking Kings, ele conseguiu substituir o instrumento por uma Danelectro Silvertone branca. Feita por correspondência, do catálogo da Sears Roebuck, a compra custou 49,95 dólares, incluindo um pequeno amplificador.

Reconhecendo sua nova e importante posição em uma banda, ele decidiu seguir o costume de muitos guitarristas do blues e dar um nome feminino ao seu instrumento. Como o nome de sua mãe, Lucille, já tinha sido usado por B.B. King, ele optou por Betty-Jean, o nome de sua namorada na época, Betty-Jean Morgan.

Apertados num surrado sedan Mercury, os Rocking Kings levaram seu rock pelo estado de Washington e para o outro lado da fronteira com o Canadá, tocando em bases militares ou salões de baile, como o Spanish Castle, que comportava duas mil pessoas, na cidade de Kent, onde o público era predominantemente branco, mas negros não sofriam discriminação. Jimmy agora podia aprender com os guitarristas das melhores bandas locais, como os Fabulous Wailers, de Tacoma, ou estrelas que visitavam sua cidade, como Hank Ballard – afro-americano, apesar de seu nome de caubói, e compositor de uma música chamada "The Twist", cuja dança logo viraria uma tendência internacional.

Além de trabalhar com sua própria banda, Jimmy estava ansioso para se familiarizar com peixes maiores que ele, que geralmente não seriam acolhedores com um adolescente desconhecido. Então perguntava, respeitosamente, se poderiam usar um amplificador extra no show, oferecendo o seu emprestado. Depois, quando um amplificador extra magicamente aparecia no palco, Jimmy já estaria plugado a ele.

A estrela dos Rocking Kings sempre foi seu guitarrista solo, Junior Heath, mas Jimmy encontrou outras formas de chamar atenção para si. "Começou quando ele achou uma pena de pombo e a colocou na sua guitarra", Leon recorda. "Depois ele a pintou de vermelho, escreveu 'Betty-Jean' na frente e colocou aqueles pendões de franjas que vinham nas garrafas de uísque Seagram Seven."

Ele complementa: "Ou então ele chegava no palco vestindo uma blusa feminina. As pessoas costumavam me perguntar: 'Onde Jimmy arranja suas roupas?'. E eu respondia: 'Da sua namorada'. Isso não combinava com os outros caras da banda, que só queriam saber de conformidade. Ele era um hippie antes de alguém sequer saber o que um hippie era".

Os Rocking Kings acabaram após uma viagem catastrófica a Vancouver, quando seu antigo Mercury finalmente parou de funcionar e o cachê mal dava conta das passagens de ônibus de volta a Seattle. O empresário, Thomas James, formou uma nova banda chamada Thomas and the Tomcats, mantendo Jimmy na formação e dando a ele um papel maior, incluindo um pouco de *backing vocals* – algo que lhe causava muito desconforto, pois achava que sua voz de canto era muito fraca. Então, do nada, veio uma oportunidade que pode ser desconhecida até pelos mais ávidos fãs de Hendrix.

Ray Charles, apesar de ter nascido na Georgia, foi descoberto em Seattle, tocando no clube Rocking Chair, e fez suas primeiras gravações no selo local Down Beat. Em julho de 1959, ele lançou "What'd I Say", uma composição que o tirava do âmbito da música "racial" – não pertencia a qualquer gênero, na verdade, era apenas genial. Como a música podia ser estendida e tocada por uma duração quase infinita, seria uma bênção para uma banda desconhecida chamada Beatles, que tocava a noite toda em clubes de striptease do distrito de Reeperbahn, em Hamburgo, na Alemanha.

Grato pelo começo que Seattle lhe deu, Charles frequentemente tocava em seus clubes. No início de 1960, tinha voltado à cidade e procurava um guitarrista de apoio.

"Alguém recomendou Jimmy, que conseguiu a vaga", Leon recorda. "Até nosso pai ficou impressionado com isso.

"Eu estava em casa de novo, e Jimmy voltou a cuidar de mim, então me levava junto todas as noites. Era um clube chamado Penthouse, onde todos os grandes nomes do jazz, como Wes Montgomery, costumavam ir. Jimmy se deu muito bem com Ray; eles tocaram juntos por algumas semanas, e nós comíamos *soul food*[3] depois.

"O filme sobre a vida de Ray, estrelado por Jamie Foxx, tem uma cena em que seu empresário diz para ele: 'Você não deveria ter deixado aquele garoto em Seattle'."

Em outubro de 1960, Jimmy largou a Garfield High School, desistindo de seus sonhos incertos de se tornar um pintor ou ator. Posteriormente, ele afirmou que pediram para ele sair da escola, por motivos racistas; ele teria sido visto de mãos dadas com uma garota branca numa aula de arte, cuja professora já tinha tentado apalpá-lo e agora revidava por não ter sua atração correspondida. Mas a verdade era que ele tinha faltado tantas aulas para tocar música que não havia qualquer esperança de ele se formar.

Com exceção de seu pai, que ainda insistia para que ele achasse um emprego "honesto", trabalhando "com suas mãos" – como, por exemplo, paisagismo e jardinagem –, todo mundo que o conhecia esperava que ele se tornasse um músico profissional após aquele período incrível tocando

3 O termo *soul food* é utilizado para se referir a uma culinária étnica originada no sul dos EUA, tipicamente feita e consumida por afro-americanos. Em tradução literal, significaria "alimento da alma". (N. do T.)

com Ray Charles. Ao invés disso, acabou indo para o exército americano, treinando como paraquedista na 101ª Divisão Aerotransportada.

Seu serviço militar viria a ser o capítulo mais minuciosamente fictício da sua vida, repleto de histórias que ele contava para os jornalistas, após se tornar Jimi, com a esperança de soar tão selvagem fora do palco quanto em cima dele. Para a imprensa, ele fingia ter sido um delinquente na juventude, membro de uma gangue que sempre entrava em "brigas" com "os malditos tiras" e acabava na cadeia. A verdade era que, durante toda a sua infância difícil, ele conseguiu evitar as gangues, assim como todas as demais armadilhas típicas da juventude empobrecida do centro da cidade.

A primeira vez que ele foi pego pelo departamento de polícia de Seattle foi em maio de 1961, quando, de acordo com a lenda, ele teria supostamente sido enquadrado por andar em carros roubados. No entanto, a confissão por escrito que ele redigiu na delegacia falava de pequenos furtos:

> Um amigo e eu estávamos nos divertindo em um beco e percebemos uma janela quebrada nos fundos de uma loja de roupas – daí pegamos um cabide que estava no chão e o esticamos para passar pela janela e "enganchar" algumas das roupas, foi o que fizemos. As roupas que não serviram em nós, repassamos para um fundo de caridade natalina da escola.

Após o que ele descreveu como "sete dias na geladeira", que provavelmente não passou de algumas horas de detenção preventiva num centro para menores de idade, o juiz lhe deu uma escolha: dois anos de detenção ou ir para o exército.

Sem hesitar, ele escolheu a segunda opção, que, na época, mal parecia uma punição. Há tempos, ele já sentia uma atração pela vida em algum ramo das forças armadas, não por espírito belicoso, mas porque parecia oferecer toda a segurança e a estabilidade que faltaram na sua infância. Dois meses antes, ele e um amigo tinham tentado se voluntariar para a Força Aérea dos Estados Unidos, mas foram recusados por não parecerem durões o suficiente.

Ele conhecia a 101ª Divisão Aerotransportada como a unidade de infiltração que pousou atrás das linhas de defesa alemãs durante o ataque na Normandia, em 1944; quando ele era jovem, tinha feito muitos desenhos em admiração ao seu famoso emblema com a "águia gritando". Apesar de seu status de elite, o escritório de recrutamento da 101ª Divisão em Seattle não teve qualquer problema em aceitar aquele esbelto e lânguido jovem, que parecia incapaz de machucar uma mosca. Então, em 31 de maio, ele partiu para o treinamento básico no Fort Ord, na Califórnia, deixando sua guitarra Betty-Jean aos cuidados da humana com o mesmo nome.

Ele nunca tinha viajado sozinho antes e ficou acometido de saudades de casa, por mais indiferentes que fossem os lares que Al fornecia – ainda mais naquele momento, pois Leon tinha voltado a morar com seu pai. Nos primeiros dias, escrevia com frequência para Al, pedindo dinheiro para pagar pelo equipamento suplementar que precisava comprar e também compartilhando eventos triviais de sua nova vida – como perder uma passagem de ônibus –, sempre assinando "Com amor, James".

Ainda assim, ele estava determinado a sobreviver àquelas semanas infernais de humilhação por parte dos sargentos gritantes, portanto tinha de mostrar ser um soldado tanto quanto Al costumava ser. "Darei o meu melhor para a Divisão", ele escreveu, "pelo bem do *nosso* nome".

O aterrorizante primeiro passo no treinamento de paraquedismo era subir até o topo de uma torre de dez metros, pular e chegar até o solo pendurado por um cinto. Os três homens na frente dele desistiram, mas Jimmy não hesitou.

Ele viria a fazer 25 saltos de uma aeronave, quase se acostumando com a prática. "Fisicamente, era como cair de costas", disse a voz no documentário *Voodoo Child*, às vezes soando quase como a letra de uma canção. "E é quase como perder a consciência e é quase como chorar quando você quer rir. É tão pessoal porque, quando você chega lá, é tão quieto. Você só escuta a brisa – *shhhhhh* –, assim... Aí você olha para cima e lá está aquele grande e maravilhoso cogumelo branco acima de você."

A América de 1961 não estava envolvida em hostilidades em outros continentes: a Guerra da Coreia tinha acabado em meados dos anos 1950, e seu envolvimento no Vietnã ainda era apenas secundário. Após o treinamento básico, Jimmy foi enviado ao Fort Campbell, na fronteira entre o Kentucky e o Tennessee, sem perspectiva de servir em outro país, como Al havia feito.

O exército dos Estados Unidos estava oficialmente livre da segregação, embora seus alistados negros e brancos tivessem uma tendência a socializar de modo separado. No entanto, fora do Fort Campbell, as condições eram muito diferentes da relativamente tolerante Seattle. Jimmy estava no centro do Sul caipira, um lugar onde provavelmente seria chamado pelo termo pejorativo "*Boy*", como se a escravidão nunca tivesse acabado, e onde jovens negros eram frequentemente surrados – até assassinados – por conta das menores provocações, ou sem provocação alguma.

Após todos os seus sonhos ousados de viajar pelos ares, ele recebeu a função de auxiliar de estoque em um armazém de peças. Os dias se tornaram um ciclo autômato de marchas, fardas e flexões – ou, como ele chamava, "empurrar o Tennessee para lá e para cá com as minhas mãos". Ele seguiu ordens, se comportou bem e foi devidamente promovido a soldado de primeira classe.

Quando chegou a Fort Campbell, ele pediu que seu pai pegasse sua guitarra de volta de Betty-Jean Morgan e lhe enviasse. "Nosso pai levou nove meses para fazer isso", Leon recorda. "Foi por isso que parecia que Jimmy se tornaria um bom soldado."

Mas a chegada da Betty-Jean de seis cordas trouxe consigo um fim para a afinidade de seu dono com a vida militar. "Ele ligava para casa e dizia: 'Escute esta música que acabei de compor', e a tocava para mim pelo telefone. Eu saía de perto, ia fazer outra coisa, e, quando voltava, ele ainda estava na linha, tocando a música."

O isolamento de cada unidade da 101ª Divisão Aerotransportada significava que ele só foi fazer uma amizade no Fort Campbell. Mas que bom amigo acabou sendo.

Certa noite, um recruta negro de outro quartel, chamado Billy Cox, estava voltando do cinema da base quando uma chuva o forçou a se abrigar sob a entrada do Number 1 Service Club. Por uma janela entreaberta, ele ouviu o som de uma guitarra. "Perguntei ao meu amigo que estava comigo o que ele achava do cara tocando, e ele disse que parecia uma bagunça", Cox recorda. "Mas ele só estava escutando com um ouvido humano, enquanto eu escutava com um ouvido espiritual. Para mim, parecia uma combinação de John Lee Hooker e Beethoven.

"Entrei lá e me apresentei, dizendo que tocava contrabaixo na sinfonia da escola, mas não era tão bom assim. Ele respondeu: 'Existem baixos elétricos agora, dê uma olhada. A propósito, meu nome é Jimmy Hendrix'."

Nascido na Virginia Ocidental e criado em Pittsburgh, Cox, de 19 anos, vinha de uma esfera social muito diferente. Seu pai era major no exército e pastor e sua família pertencia à "burguesia negra" que estava começando a chamar atenção. Apesar de ser apenas um ano mais velho que Jimmy, ele logo se transformou em algo similar a um pai carinhoso e, de certa forma, um irmão mais velho e protetor que ele nunca teve.

"Era a amizade mais linda entre dois caras que eu já vi", disse Brenda, a esposa de Cox. "Bill cuidava de Jimmy no exército, e ele sabia que, para qualquer lugar que fosse depois de finalizar seu serviço, Bill estaria lá por ele."

Posteriormente, Jimmy declarou que seus afazeres no exército não lhe davam tempo para avançar com sua carreira de músico. Na verdade, a rotina do soldado no Fort Campbell acabava às 16h, deixando-o praticamente livre para fazer o que quisesse até o horário de dormir. Billy Cox demonstrou ter uma aptidão natural no baixo, e os dois formaram uma banda chamada Kasuals, com amigos de suas respectivas unidades, algo que a 101ª Divisão não fez qualquer tentativa de proibir.

"Algo que eu percebi em Jimmy era que ele nunca carregava a Betty--Jean em um *case*", recorda Cox. "Mas não era porque ele não tinha dinheiro para um. Ele só queria ter a guitarra pronta para tocar a qualquer momento que desejasse."

A cidade mais próxima da base, a 25 km, era Clarksville, no Tennessee, que tinha vários bares e clubes com uma clientela majoritariamente militar. Ali, os Kasuals encontraram uma oportunidade de trabalho frequente num estabelecimento chamado Pink Poodle. "O dono do lugar pintou tudo de rosa porque ele achou que isso deixaria as pessoas mais tranquilas e bem-comportadas", Cox comentou. "Antes disso, ele teve um outro lugar onde as paredes eram vermelhas e só tinha tiroteio e porrada por lá."

Sua primeira apresentação no Pink Poodle foi como banda de apoio para um cantor de blues conhecido como Crying Shame. "E ele tinha uma irmã chamada Damn Shame. Quase nos tiraram de lá, porque rimos tanto desses nomes. Mas, quando ele começou, paramos de rir na hora, pois o cara cantava bem demais. Era um ótimo cantor de blues – um dos muitos com quem aprendemos."

"Conseguiremos vencer – desde que possamos correr" era a piada ácida entre os comediantes de *stand-up* negros, fazendo referência à fala de Martin Luther King Jr. E as habilidades de Jimmy como corredor, aliadas à boa forma física que o treinamento do exército havia lhe dado, acabaram salvando sua vida, literalmente. Numa madrugada, quando ele voltava sozinho de um show dos Kasuals, um caminhão freou bruscamente ao seu lado e um grupo de jovens brancos embriagados desceu do veículo, gritando insultos raciais. Jimmy saiu correndo por um milharal, facilmente se afastou de seus possíveis agressores e, como Cary Grant no filme *Intriga Internacional*, de Hitchcock, ficou deitado imóvel sobre Betty-Jean até os jovens desistirem e irem embora.

Em julho de 1962, ele recebeu uma dispensa honrosa do exército após servir apenas dois dos três anos para os quais tinha se alistado. Nesse momento, a situação estava "progredindo" no Vietnã, exigindo cada vez mais tropas americanas – apesar de usarem o eufemismo "assessores militares" –, e é possível que ele estivesse entre elas, caso ficasse no exército.

Ele sempre alegou ter sido dispensado por motivos médicos depois de ter quebrado um tornozelo e machucado as costas num salto de paraquedas. Na verdade, ele tentou dar um jeitinho, utilizando desculpas médicas e psiquiátricas, pois tinha passado a odiar a vida militar e só queria saber de continuar sua colaboração musical com Billy Cox, que estava prestes a ser dispensado, encerrando seu serviço na mesma época.

Para uma sequência de médicos e psiquiatras, ele recitou uma longa lista de sintomas, a maioria dos quais seus colegas de quartel nunca tinham percebido: "tontura, dor e pressão no lado esquerdo do peito, perda de peso, muita dificuldade para dormir, problemas pessoais". Ele chegou a alegar ser homossexual, pois ainda não havia tolerância para isso no exército. Também fantasioso foi o seu argumento de que precisava de óculos para corrigir sua visão em ambos os olhos.

Apesar da falta de solidez de seu caso, a 101ª Divisão pouco se esforçou para mantê-lo lá. Seu arquivo de serviço o descreveu como "um dos piores membros do pelotão [em performance]", alguém que cumpria seus deveres de forma insatisfatória, precisava de supervisão constante, não possuía espírito de lealdade e parecia ser "extremamente introvertido".

Tocar com os Kasuals até tarde geralmente o fazia chegar atrasado para o horário de dormir, e ele estava sempre cansado e pegando no sono durante o serviço. Também suspeitavam que ele andava "fumando drogas ilícitas", mas não havia provas disso. Se a homossexualidade também continuava sem comprovação, havia plena evidência de sua má saúde sexual: um dia, quando deveria estar na inspeção de sua farda, um sargento o pegou se masturbando no chuveiro.

"Ele parece ser incapaz de obedecer às regras e aos regulamentos militares", o exército concluiu, "e sua mente aparentemente não consegue funcionar enquanto cumpre seus deveres e pensa sobre sua guitarra".

Ele saiu do exército sozinho, pois Billy Cox só seria liberado um mês depois. Posteriormente, ele criou a bizarra ficção de que tinha vendido

Betty-Jean para outro militar, de quem teria de comprá-la de volta depois. "Ele nunca vendeu sua guitarra", Cox zombou. "Eu levei a guitarra comigo quando saí de Fort Campbell, no banco de trás do meu carro."

Seu pagamento acumulado rendeu centenas de dólares, a maior quantia de dinheiro que teve em sua vida até então. Sua intenção imediata era voltar a Seattle e se casar com Betty-Jean Morgan. Ao invés disso, se distraiu em um clube de jazz em Clarksville, onde começou a pagar drinques para todo mundo – quando percebeu, só lhe restavam 16 dólares.

Ele pensou em pedir ajuda para seu pai, mas a ideia de admitir fracasso para Al, e particularmente ter desperdiçado quase 400 dólares, era assustadora demais. Então ele decidiu continuar em Clarksville, se sustentando com o que conseguisse ganhar com os Kasuals – e entrando escondido na base para se alimentar e, de vez em quando, dormir – até o dia que Billy saísse do exército.

3

"AINDA TENHO MINHA GUITARRA E MEU AMPLIFICADOR; ENQUANTO TIVER ISSO, NENHUM OTÁRIO PODE ME IMPEDIR DE VIVER"

Os dois amigos celebraram sua liberdade dos treinos e das inspeções com um avanço, mudando o nome da banda de Kasuals para King Kasuals. Quando seu cabelo voltou a crescer depois do impiedoso corte militar, Jimmy o alisou (um processo desconfortável que envolvia uma solução corrosiva de hidróxido de potássio) e fez um penteado *conk*, o estilo favorito de todos os semideuses do R&B, de Little Richard a James Brown.

Agora sem o toque de recolher, os King Kasuals podiam expandir seus horizontes para o Tennessee, Indiana e até mesmo para a Carolina do Norte. Raramente recebiam mais que dez dólares por noite, valor que os inescrupulosos proprietários dos clubes, usando qualquer desculpa, frequentemente reduziam ou nem pagavam. Um homem costumava meter a mão no bolso de Billy ou Jimmy enquanto eles tocavam; quando iam verificar depois, só havia uma fração do valor que tinham combinado.

Eles ainda tocavam o típico repertório de R&B e blues, apesar de Jimmy amar o novo som "surf" que vinha da Califórnia, com os Beach Boys, quase ofuscantes de tão brancos e que recentemente tinham gravado uma versão aguada de "Sweet Little Sixteen", de Chuck Berry, sob o título "Surfin' USA". Entre os shows, ele praticava tão implacavelmente que seus colegas o chamavam de Marbles – apelido que significava que ele estava ficando louco. Billy Cox comentou: "Ele fez 25 anos de treino com a guitarra em cerca de cinco anos".

Em Indianapolis, eles participaram de uma "batalha de bandas" com um grupo local chamado Presidents. Inevitavelmente, a plateia votou nos garotos da casa, mas o guitarrista dos Presidents, Alphonso Young, gostou tanto dos King Kasuals que se ofereceu para se juntar a eles. Young conseguia tocar guitarra com os dentes, da maneira já famosa pelo magnífico T-Bone Walker. Pela primeira vez, Jimmy viu alguém que chamava mais atenção que ele no palco.

No entanto, fora do palco, nada era capaz de ofuscá-lo. Durante seu período no exército, tinha se transformado de um rapaz desajeitado em um jovem de beleza devastadora, ainda mais irresistível para o sexo oposto por seu jeito tímido e atencioso. Raramente havia um show que não acabasse com ele passando a noite com uma – ou mais – das garotas mais lindas da plateia. Geralmente, o único lugar que tinha para levá-las era a cama que, por motivos econômicos, dividia com Alphonso Young. Por ser Testemunha de Jeová, o pobre Alphonso tinha de ficar deitado lá e ouvir Jimmy fazendo de verdade o que ele apenas fazia com as cordas da guitarra.

Foi um passo considerável para os King Kasuals quando Billy Cox conseguiu uma residência para a banda num clube chamado Del Morocco, em Nashville, Tennessee. Localizado no distrito conhecido como Printer's Alley – onde ficavam os dois jornais da cidade –, seu proprietário era uma figura ilustre de Nashville, chamado "Uncle" Teddy Acklen, cuja clientela de celebridades incluía super-heróis do beisebol como Jackie Robinson e Roy Campanella. Os King Casuals recebiam 11 dólares por integrante em apresentações solo ou como banda de apoio para artistas como Carla Thomas, Nappy Brown e Ironing Board Sam. Em 1962, o estado do Tennessee ainda mantinha a lei seca, mas a polícia fazia vista grossa quando os clientes traziam sua própria bebida.

Nessa capital da música country no oeste do país, a maior parte dos músicos se sentia como uma minoria em guerra. No entanto, Jimmy sempre admirou a destreza estonteante do estilo *thumbpicking* de Chet Atkins e, quando estava em Seattle, nunca perdia as transmissões semanais ao vivo do Ryman Auditorium, em Nashville, mais conhecido como Grand Ol' Pry. Tipicamente, não existia uma barreira maior do que aquela entre a música soul branca e sua correspondente negra. Apenas Jimmy, que já rompia gêneros, estava igualmente confortável tocando rockabilly, a fusão do rock e do som "*hillbilly*" ["caipira"] que Elvis tinha lançado no Opry e em outros locais.

A casa de shows R&B mais glamourosa do Printer's Alley era o Club Baron, cuja banda residente, os Imperials, contava com o virtuoso guitarrista Johnny Jones. Apesar de ver um rival em potencial no jovem ex-paraquedista, Jones se empenhou para fazer amizade com o rapaz e incentivá-lo, apresentando-o às várias estrelas da guitarra que passavam por lá. Foi assim que ele pôde conhecer Albert King, um homem enorme e desleixado com um toque levíssimo sobre o seu instrumento triangular que ele chamava de "*flying V*", e o elegante B.B. King (sem parentesco), cuja Epiphone vermelha batizada de Lucille, como a mãe de quem Jimmy tanto sentia falta, dava uma aula especial sobre "menos é mais". Entretanto, ao contrário dos outros jovens músicos que apenas veneravam esses reis do rock, Jimmy tinha a coragem de interagir com eles, pedindo dicas sobre técnicas na guitarra.

Além de ser o baixista perfeito para Jimmy, Billy Cox era igualmente ousado. Quando o incrível Bobby "Blue" Bland foi ao Club Baron, a dupla de jovens não obteve permissão para assistir ao seu ensaio. Eles então entraram escondidos na área de serviço, pegaram baldes e esfregões e fingiram ser os zeladores do lugar.

Certa noite, a plateia do Del Morocco incluía Larry Lee, um estudante discreto da Texas State University que morava fora do campus e tinha muito interesse pela guitarra, embora ainda fosse amador. "Na primeira vez que vi Jimmy, achei que ele era o pior guitarrista que já tinha ouvido", Lee comentou. "Eu estava procurando alguém para praticar comigo e pensei: 'É ele'. Fiquei tão feliz por *eu* não ser o pior guitarrista de Nashville.

"Alphonso Young, o outro guitarrista, tinha uma guitarra grande e bonita, enquanto Jimmy só ficava ao fundo, não fazia quase nada. Quando eu voltei algumas semanas depois, ele tinha uma guitarra diferente [uma Epiphone Wilshire, comprada em prestações, com Billy Cox como fiador], e, minha nossa, ele me surpreendeu.

"Eu finalmente o conheci uma noite, quando ele arrebentou uma corda. Eu disse que tocava guitarra e que morava na mesma rua. Trouxe uma corda nova para ele e ficamos amigos depois disso."

A arrogância de Jimmy ocasionalmente causava problemas para ele, como na vez em que desafiou o grande Johnny Jones, dos Imperials, para um "duelo" público, como algum jovem pistoleiro tentando derrotar Wyatt Earp, ou Paul Newman como Fast Eddie se arriscando na sinuca contra o mestre Minnesota Fats em *Desafio à Corrupção*. Com sua confiança excessiva, ele usou muitos truques de B.B. King já manjados, e Jones acabou com ele no palco. Larry Lee comentou: "Ele veio buscando um tiroteio, mas acabou tomando bala".

Nashville também lhe deu a sua primeira chance de gravar em um estúdio, mas foi algo que acabou mal. Após trabalhar como músico de estúdio para o produtor e DJ Hoss Allen, Billy Cox persuadiu Allen a contratar Jimmy como reserva para Clarence Frogman Henry, que recentemente tinha invadido o mercado branco de *singles* com "You Always Hurt the One You Love". Mas Allen o achou barulhento demais e apagou todas as fitas em que Jimmy havia tocado.

Em dezembro, impaciente com a falta de progresso dos King Kasuals, ele temporariamente os abandonou e fez sua primeira viagem para o Noroeste desde que tinha saído do exército. Ele não foi para Seattle – e para encontros complicados com Betty-Jean Morgan e seu pai –, mas para Vancouver, visitar sua avó Zenora.

Ele ficou tempo o suficiente para se juntar a uma banda local, Bobby Taylor and the Vancouvers, que tinha residência fixa num clube chamado Dante's Inferno. Eles compartilhavam sua mente aberta em relação à música, alternando entre o R&B e as belas novas faixas que vinham do selo Motown, de Detroit, como se estivessem saindo de uma linha de produção automotiva, incluindo até um pouco do som surf. Jimmy teve de aceitar o rebaixamento à posição de guitarrista base, pois os Vancouvers já tinham um bom guitarrista solo, Tommy Chong, parcialmente de ascendência chinesa e que, no futuro, encontraria mais fama com sua dupla de comédia, Cheech and Chong. Mas valeu a pena ir até lá para passar um tempo com Zenora, escutando suas histórias sobre os Cherokees, escravos e menestréis – e não ter de encarar Al ou Betty-Jean.

Por gerações, o racismo na América era tão irracional quanto brutal. Quando Hattie McDaniel se tornou a primeira afro-americana a ganhar um Oscar de melhor atriz coadjuvante por sua performance como Mammy em *...E o vento levou*, ela foi excluída da estreia do filme em Atlanta, Georgia, e teve de se sentar separada das estrelas brancas na cerimônia de premiação em 1940. Não importava o quão internacionalmente famosos se tornassem, artistas como Sammy Davis Jr., Harry Belafonte, Lena Horne ou Nat King Cole eram impedidos de se hospedar nos hotéis de Las Vegas cujos clubes de cabaré recebiam seus shows e exibiam seus nomes em gigantes letreiros do lado de fora.

Todas as formas da música negra – ragtime, jazz, blues, R&B – tinham evoluído sob o mesmo apartheid que impactava balcões de lanchonetes e banheiros, banidas ao submundo dos discos, estações de rádio e filmes chamados de "raciais" ou "específicos", nos quais até o incrível Louis Armstrong poderia aparecer, humilhantemente vestido com um uniforme de garçom. Ainda assim, as pessoas brancas, para quem aquilo supostamente era uma influência tão corruptora e degradante, sempre ouviam essas músicas de forma ilícita e as amavam. O jazz, no fim das contas, envolveu muitos brancos e muito dinheiro para se manter naquele gueto auditivo, mas o blues e o R&B, que não eram homogeneizados com tanta facilidade, ainda pareciam absolutamente impuros.

Desde os anos 1920, havia uma rede continental dedicada às casas de shows de música negra (apesar de os brancos nunca serem excluídos com a mesma ferocidade que atingia os negros nos locais para brancos). Esse circuito era conhecido por um nome humorístico e autodepreciativo: Chitlin' Circuit – referência aos "*chitterlings*", ou intestinos de porco, um dos pratos de *soul food* vendidos nesses locais. A rede incluía alguns teatros grandes e famosos, como o Apollo, no Harlem de Nova York, o Royal, em Chicago, ou o Regal, em Baltimore, mas consistia majoritariamente de clubes, salões de dança e *juke joints*.

Para os artistas do Chitlin' Circuit, os principais problemas surgiam de viajar distâncias que, em muitos casos, eram gigantescas entre o ir e vir das apresentações. O majestoso Duke Ellington evitava isso ao fretar luxuosos vagões de trem Pullman para ele e sua orquestra, mas os outros tinham de encarar o constante risco de serem parados pela polícia, muitas vezes pela infração de dirigir um carro bom demais ou vestir roupas caras demais. Quando Little Richard foi visitar seu amigo Buddy Holly na cidade de Lubbock, Texas, um local extremamente segregado, acabou preso por "vadiagem", apesar de ter dois mil dólares na sua carteira.

Também havia o problema de comer na estrada quando a fantasmagoria de neon dos restaurantes trazia uma infinidade de placas dizendo "PROIBIDO NEGROS". Pelo menos nesse caso, a expansão das redes de lanchonetes daltônicas do fim dos anos 1950 pode ser vista como um avanço social positivo. "Posso te contar quem nos salvou de morrer de fome?", Wilson Pickett, um dos muitos empregadores de Jimmy no Chitlin' Circuit, disse para este escritor em 1973. "Foi o Coronel Sanders [fundador do KFC]!"

Jimmy só entrou de fato no circuito no início de 1963, após retornar a Nashville para reencontrar Billy Cox e tentar revigorar os King Kasuals. Eles expandiram o grupo para seis integrantes, com dois instrumentos de sopro e, para fazer uma "*revue*" maior, incluíram um mestre de cerimônias que contava piadas e fazia imitações.

Mas o azar parecia perseguir a banda: eles perderam sua residência no Del Morocco e não conseguiram ir um passo adiante para o elitista Club Baron. O benefício de um de seus empregadores de fornecer uma casa sem aluguel também acabou dando errado, pois a porta da frente recebeu diversos tiros num ataque obviamente motivado por racismo. Foi só então que eles descobriram que o proprietário da casa estava sendo julgado por matar um homem branco.

Então eles perderam Alphonso Young, com quem Jimmy tinha aprendido sexo oral na guitarra. Como Testemunha de Jeová, Young era dolorosamente tentado naquela divisão da cama com Jimmy e suas rotativas parceiras sexuais. Mas o ponto de ruptura mesmo foi a quantidade de anfetaminas, ou *Red Devils*, que ele (assim como muitos outros) andava tomando para ajudá-lo a ficar acordado durante as longas performances noturnas. Felizmente, um substituto estava à mão: Larry Lee, o fiel seguidor e fornecedor de cordas de guitarra, largou a Texas State sem pensar duas vezes.

A renda que eles obtinham com a música não era o suficiente para sustentá-los, então cinco dos seis King Kasuals tinham empregos "de verdade" em meio período. Só Jimmy recusou-se a sacrificar horas que poderiam ser usadas tocando ou praticando. "Ele sempre dizia que, quando fosse famoso, teria mil guitarras", Lee recordou. "Ele não dizia 'se', dizia 'quando'. Na época, imaginei que, se ele conquistasse a fama, seria apenas por conta da guitarra. Não tinha ideia de que algum dia ele cantaria."

Ele só tinha dinheiro para comer e estava desabrigado na maior parte do tempo, apesar de isso não ser muito diferente do que acontecia em sua infância. Em Nashville, passou algumas semanas alojado num prédio em construção, onde conseguia esconder suas coisas e sair de fininho toda manhã, antes de a equipe da obra chegar.

Quando os King Kasuals não tinham mais como continuar, Jimmy, Billy Cox e Lee ficaram juntos, colocando-se à disposição como músicos de aluguel para bandas com melhores perspectivas – e assim entraram no Chitlin' Circuit para valer. Integrando o Bob Fisher and the Bonnevilles, excursionaram com o primeiro grupo de vocal feminino de sucesso da Motown, as Marvelettes; também tocaram com os Impressions, cujo líder, Curtis Mayfield, estava destinado a ter uma carreira solo espetacular e morrer cedo demais – tal qual Jimmy. Quando ele começou a compor e gravar suas primeiras canções, ecos do estilo suave e doce da guitarra de Mayfield constantemente apareciam. Billy Cox comentou: "Dá para ouvir a influência de Curtis em 'Little Wing', 'Castles Made of Sand' e 'Drifting'".

Após um tempo, Cox e Larry Lee se afastaram do grupo para ter vidas mais estáveis como músicos de estúdio em Nashville, deixando Jimmy por conta própria. Durante o ano do seu 21º aniversário, ele tocou com veteranos do circuito como Chuck Jackson, Carla Thomas, Slim Harpo, Tommy Tucker, Jerry Butler e Marion James. Seu irmão Leon recordou: "Ele sempre teve bons empregos porque, quando entrava para uma banda, outra melhor logo aparecia e o roubava.

"Jimmy não ligava se estava em uma banda boa ou não – ele só queria tocar. As únicas coisas que ele perguntava eram: 'Onde vamos tocar, como eu chego lá e você pode tirar minha guitarra da casa de penhores?"

Desde os shows menos importantes, ele estudava e aprendia como se portar no palco, graças às performances de artistas como Sam Cooke, Jackie Wilson e Otis Redding – outros três que partiram cedo demais. A primeira banda de um astro na qual ele tocou foi a de Solomon Burke, que pesava 115 kg e se apresentava sentado em um trono, com uma coroa de realeza e um robe com pele de arminho. Menos majestoso era o fato de que ele vendia sanduíches de porco e sua própria pipoca, a Solomon Burke Magic Popcorn, na entrada dos clubes.

Nenhum desses empregos durou muito. Se ele não fosse demitido por roubar a atenção de seu empregador no palco, seria pelo hábito de chegar atrasado para o horário de saída do ônibus da turnê. Em um eco desagradável da vida serviçal, alguns artistas multavam seus músicos por lapsos de disciplina: dez dólares por falta de pontualidade, cinco por sapatos sujos, e assim por diante. Muitas vezes, as multas de Jimmy quase acabavam com uma semana de pagamento.

Curtis Mayfield o expulsou por acidentalmente danificar um amplificador. Em uma turnê com Bobby Womack, seu comportamento foi tão irritante que o irmão de Womack, também gerente de turnê, jogou a guitarra de Jimmy pela janela do ônibus enquanto ele dormia. Após alguns dias com a *revue* de Solomon Burke, o cantor o negociou com Otis Redding em troca de dois instrumentistas de sopro, como se ele fosse pouco mais que um escravo moderno. Duas semanas depois, surgiram mais problemas com seu estilo excessivamente extravagante na guitarra, e Redding se livrou dele, simplesmente indo embora e o deixando na beira da estrada.

Geralmente haveria outro show esperando por ele. Mas caso ficasse realmente sem trabalho e falido, sabia que podia voltar para o sempre gentil e apoiador Billy Cox, em Nashville. "Bill sempre o acolhia, fornecia dinheiro e arranjava um emprego para ele", Brenda Cox relembrou.

Ele sabia que estava em uma esteira da qual muitos talentos fantásticos e originais – como Bobby Bland ou Mighty Hannibal, que ensinou suas danças para James Brown – jamais conseguiriam escapar. "Ter um pagamento escasso, ser maltratado e viver mal", era como ele se lembrava do Chitlin' Circuit. No entanto, apesar de todas aquelas noites suadas tocando acordes estereotipados atrás de vocalistas que muitas vezes ele desprezava, seu otimismo e confiança em si próprio continuavam intactos. "Ainda tenho minha guitarra e meu amplificador; enquanto tiver isso, nenhum otário pode me impedir de viver", ele escreveu para seu pai. "Vou continuar ralando e lutando até eu conseguir fazer as coisas acontecerem como devem ser para mim."

Uma noite, após algum show esquecível em alguma casa sem nome, um empresário o abordou com uma vaga oferta de trabalho em Nova York.

Foi o suficiente para ele correr para lá em janeiro de 1964, sentado nos últimos assentos do ônibus, como passageiros negros eram frequentemente obrigados a fazer na época. Um sobretudo emprestado era sua única defesa contra o inverno ártico da cidade. Mas a promessa de trabalho era falsa, e ele ficou isolado, com apenas alguns dólares no bolso e nenhum Billy Cox para resgatá-lo.

Inevitavelmente, ele foi atraído pela região ao norte da cidade, o Harlem, assim chamado pelos primeiros colonizadores holandeses que chegaram a Nova York e que, desde o século XIX, tornou-se o lar dilapidado de sua população negra, assim como seu renomado coração criativo. E era lá, na West 125th Street, que estava o Apollo Theater (propriedade de brancos), a joia da coroa suada que era o Chitlin' Circuit, onde inúmeras lendas musicais de gerações anteriores tinham recebido sua primeira grande chance, desde Billie Holliday, Pearl Bailey e Bo Jangles Robinson até Sammy Davis Jr., King Curtis e James Brown.

O Apollo dedicava algumas noites ao longo de cada semana para talentos amadores, onde Ella Fitzgerald foi ilustremente descoberta e a plateia não tinha inibições de manifestar sua desaprovação. Jimmy, quase desesperado, inscreveu-se para um concurso destinado exclusivamente a músicos jovens e foi resgatado da miséria no último segundo, pois conquistou o primeiro lugar, ganhando um prêmio de 25 dólares.

Mas ganhar na noite de talentos do Apollo não era passaporte para conquistar um emprego fixo por lá. Alguns dias depois, quando Sam Cooke foi ao teatro para tocar por uma noite, Jimmy era apenas uma das muitas pessoas andando pela 125th Street, duramente supervisionada por policiais com seus elegantes casacos transpassados.

Cooke tinha sido o primeiro artista do R&B (ou, mais especificamente, do gospel) a obter grande sucesso no mercado de baladas para brancos, com uma sequência de músicas pop astutamente selecionadas, apoiadas pela elegância e pelo encanto de um Nat King Cole moderno. Graças ao seu empresário branco, Allen Klein, ele tinha recentemente assinado um contrato com a gravadora RCA, com um pagamento adiantado pré-

-*royalties* de 100 mil dólares – um investimento até então inédito para qualquer músico, negro ou branco.

Jimmy conhecia Cooke do Chitlin' Circuit, mas não o suficiente para conseguir ir aos bastidores do Apollo e cumprimentá-lo. Entretanto, do lado de fora do teatro, ele começou a conversar com uma jovem espetacular, vestindo uma saia lápis justa e saltos altos de arrasar, para quem aquela região exótica era quase um segundo lar.

Lithofayne – "Fayne" – Pridgon era apenas dois anos mais velha que ele, mas parecia ter vivido muitas outras vidas. Nascida em Dirty Spoon, Georgia, ela era a filha de uma dançarina profissional e, supostamente, a bisneta do magnata dos motores, Henry Ford. Aos 15 anos, tinha começado um caso com Little Willie John, cuja canção "Fever" vendeu um milhão de cópias para a cantora branca Peggy Lee. Aos 16, foi seduzida por Sam Cooke. Caso isso não fosse o suficiente para entrar na lista VIP do Apollo, ela também era a melhor amiga de Etta James.

Fayne se ofereceu para levar Jimmy aos bastidores para ver Cooke, embora achasse que "sua aparência não impressionava muito... Ele tinha cabelo processado e calças pretas brilhantes que mostravam onde os joelhos dobravam", contou ela à revista *Gallery* em 1983. "Mas tinha algo de interessante nele, um calor, algo que nenhum daqueles caras que falavam rápido tinham. Ele se referia a Sam como 'fulanodetal' e me agradeceu por lhe apresentar o fulanodetal."

Depois disso, Fayne o levou para casa, onde sua mãe lhe serviu uma refeição, que Jimmy "comeu sem parar". À noite, foram para a cama, e, no dia seguinte, ele se mudou para o quarto que ela dividia com uma amiga no barato Hotel Seifer. "Não foi difícil, porque ele carregava todas as suas posses no *case* da guitarra. Não tinha cuecas. Não gostava de jeans. Só tinha aquelas calças pretas brilhantes, uma jaqueta bem fina e botas de cano alto."

Nas lembranças de Fayne, ele era superior a todos os seus outros amantes músicos, sendo "insaciável na cama. Ele chegava com toda a gentileza de um caminhoneiro atacando um prato de comida após dez horas trabalhando ao sol. E fazia um bis atrás do outro... Havia momentos em que quase me arrebentava em duas, do mesmo jeito que fazia com suas guitarras no palco.

"Jimmy amava fazer coisas com a guitarra na cama e sempre dormia com ela. Muitas vezes, ele pegava no sono com a guitarra sobre seu peito. Quando eu tentava tirá-la de lá, ele acordava e dizia: 'Não, não, deixe minha guitarra em paz'. O engraçado é que ele não sabia ler partituras musicais e morria de medo que alguém descobrisse."

Ainda assim, ele tinha mais sensibilidade e profundidade que qualquer um dos músicos que o precederam. "Little Willie John e Sam Cooke... eles conseguiam cantar aquelas canções de amor bem para caralho... mas eles iam, como costumávamos dizer, de cidade em cidade e de teta em teta." Jimmy, em comparação, escrevia cartas de amor poéticas e apaixonadas, que ela ainda guarda.

Ele também era intensamente possessivo, de modo que o jeito sedutor e ousado dela, que os uniu no início, acabou se tornando inaceitável assim que viraram um casal. Quando ele passou a conseguir shows em clubes, ela o acompanhava, mas não tinha permissão para dançar com outros homens, a não ser em músicas mais agitadas nas quais não haveria contato corporal. "Uma noite, um gatinho num clube do Harlem, onde Jimmy estava tocando, ficou pulando ao redor das mesas para tentar me levar para a pista de dança. Jimmy viu aquilo e voou do palco com sua guitarra, arrastando o cabo e o amplificador. Ele acertou o cara na cabeça com a guitarra, dizendo que deixasse sua garota em paz. O cabo enroscou nas pernas das pessoas, fazendo várias caírem. Foi louco e terrível... mas a vida com Jimmy era assim."

Após a briga, nenhum dos melhores clubes do Harlem queria empregá-lo, o que o obrigou a ter de aceitar qualquer trabalho que lhe oferecessem. Em certo ponto, tocou como músico de apoio para uma stripper chamada Pantera, que se apresentava com uma cobra. Ele até tentou empregos não relacionados à música, como entregar carros, mas nenhum deles durou mais de uma semana. Ele passava os dias enfurnado no quarto de Fayne no Hotel

Seifer, tocando sua guitarra ou cuidando de seu penteado *conk*, sua única vaidade. "Eu ainda consigo vê-lo, o jeito que ele costumava abrir a porta, com sua roupa de sempre, nu, com exceção de uma bandana sebosa que segurava seu cabelo com tanta força que seus olhos ficavam repuxados."

Os contatos de Fayne incluíam o maior traficante do Harlem, "Fat Jack" Taylor, que ofereceu um trabalho para ele no tráfico. Jimmy conhecia maconha desde os tempos com Ray Charles, e as anfetaminas eram o sangue do Chitlin' Circuit, mas ele não queria saber dos lances pesados que compunham a maioria do comércio de Fat Jack.

Finalmente, no começo de fevereiro, sua sorte pareceu virar. De alguma maneira, seu nome chegou aos Isley Brothers, que, na época, eram o único grupo vocal de negros que não vinha da Motown, em Detroit, e que precisava de um guitarrista de apoio. Os Isleys o encontraram e o convidaram para um teste onde moravam, em Teaneck, Nova Jersey.

O mais jovem deles, Ernie Isley, tinha 11 anos e ainda não fazia parte do grupo, mas se lembra bem da ocasião. "Quando ele chegou, disse que não podia fazer o teste porque sua guitarra estava penhorada. Nós a tiramos do penhor, mas ele disse que não podia tocar, porque não estava com cordas, então arranjamos as cordas para ele."

Ron, o irmão mais velho, continua: "Ele falou: 'Gostei de algo que vocês fizeram chamado 'Twist and Shout'"". Mesmo naquele período, ao que parece, ele já sabia fazer uma versão *cover* estonteante. "Cara, eu nunca ouvi nada como aquilo. O contratamos após uns 30 segundos."

Ernie Isley recordou: "Aí ele disse que não podia fazer ensaios em Nova Jersey porque não tinha um lugar para ficar. Ele trouxe todas as suas posses consigo, então dissemos: 'OK, temos um quarto sobrando na casa da nossa mãe, pode ficar com ele'".

Mesmo com todas as seis cordas presentes e na ordem correta, Ron decidiu que a guitarra atual de Jimmy não seria apropriada para os Isley

Brothers. "Dissemos para ele: 'Cara, precisamos te arranjar uma guitarra nova, o que você quer?'. Ele perguntou: 'Pode ser uma Stratocaster branca?'. Dissemos: 'Claro', e ele ficou tipo 'Meu DEUS!'. Com isso, ele se tornou a estrela da banda antes mesmo de o primeiro ensaio acabar."

Ele estava com os Isley Brothers há apenas alguns dias quando os Beatles chegaram a Nova York, estilhaçando a longínqua resistência dos EUA com a música pop britânica. Eles tinham absorvido o R&B das tripulações dos navios transatlânticos que ficavam ancorados em Liverpool e agora estavam exportando esse som de volta à sua terra natal, com cortes de cabelo de tigela e um toque do humor sagaz de Liverpool. De fato, "Twist and Shout", dos Isleys, era praticamente sua principal música.

Duas noites depois, eles apareceram no programa televisivo *Ed Sullivan Show*, da CBS, atraindo tanto a atenção do país que os crimes em todas as cinco regiões de Nova York pararam temporariamente durante a apresentação. Jimmy já era considerado integrante da "família" o suficiente para estar assistindo ao programa com os Isleys. Posteriormente, o irmão mais velho e líder da banda, Kelly, reuniu todos e avisou que tudo na música estava prestes a mudar.

Ron recordou: "Kelly nos disse: 'Não sabemos como o futuro será, nem para o Elvis. Mas pelo menos temos o Jimmy'".

4

"TUDO ESTÁ MAIS OU MENOS NESTA CIDADE GRANDE E DESAJEITADA QUE É NOVA YORK"

Sua primeira sessão de gravação desde o fracasso com Clarence Frogman Henry, em Nashville, foi para o primeiro *single* dos Isley Brothers no seu novo selo, T-Neck. Com uma duração de seis minutos, "Testify" tinha uma extensão colossal para aqueles dias e ignorava a convenção de músicas separadas em lado A e B do *single*, apresentando uma única composição que continuava no outro lado.

Era basicamente um disco de comédia, uma paródia de um encontro revivalista com imitações de outros artistas como Ray Charles, Jackie Wilson e Stevie Wonder, além de algumas harmonias ao estilo dos Beatles, uma forma bem-humorada de dar o troco por terem se apropriado de "Twist and Shout". A Stratocaster branca fez apenas um breve solo – mas foi ali, por alguns segundos de destaque, que Jimmy virou Jimi.

De volta a Nova York, ele começou a receber mais ofertas de trabalho como músico de estúdio, tocando em "C'mon and Swim", de Bobby Freeman, a mais recente de uma sequência aparentemente infindável de sucessos dançantes, e em "Mercy Mercy", dos Goodtimers. Esta última se tornou a primeira gravação em que ele apareceu e que chegou ao Top 40, mas Jimmy lucrou pouco. "Por essa gravação", seu irmão Leon recordou, "ele recebeu dez dólares, um jantar no Denny's e uma caixa de cigarros."

Enquanto isso, o trabalho com os Isley Brothers, que parecia tão promissor, chegava ao fim. Nos shows ao vivo, até aquela fraternidade amável impunha o conformismo que ele achava tão opressor: "Uniformes brancos de couro envernizado, sapatos de couro envernizado e cabelos envernizados, com multas caso seus cadarços não combinassem". Então, "família" ou não, ele largou o trabalho para participar de uma turnê pelo sul com Gorgeous George, um artista inspirado pelo lutador de mesmo nome, que usava uma peruca loira cacheada e uma capa como se estivesse prestes a lutar dez *rounds* com Primo Carnera.

A turnê com Gorgeous George o levou a Memphis, onde dizem que o blues se consolidou como gênero, na Beale Street, e onde Elvis Presley – que tinha aprendido tanto lá – ainda mantinha Graceland, sua mansão ao estilo *plantation*, apesar de agora passar a maior parte do tempo em Hollywood fazendo filmes terríveis.

Na cidade, o principal ponto de interesse para Jimmy era a gravadora Stax, lar dos seus artistas favoritos de soul, como Otis Redding, Sam and Dave e Rufus Thomas, apesar de ser propriedade de uma dupla de irmãos brancos, Jim Stewart e Estelle Axton (daí o nome da empresa). Mesmo localizada no sul de Jim Crow, a Stax operava de maneira birracial, inclusive com seus empregados e com a banda da casa, Booker T. and the M.G.'s, cuja música instrumental "Green Onions", que contava com um guitarrista cheio de funk chamado Steve Cropper, tinha sido um *single* de sucesso em 1962.

Passando pela Stax na esperança de encontrar Cropper, Jimmy ficou sabendo que ele estava no estúdio e não podia ser perturbado. Mesmo assim, esperou sentado no *lobby* de entrada. Quando Cropper finalmente apareceu, o que ele imaginava ser um negro veterano da música acabou sendo um branco alto, apenas um ano mais velho que ele e com cara de pastor revivalista.

A admiração não vinha de um lado só, pois Cropper amava os *riffs* que Jimmy tocou, sem créditos, em "Mercy Mercy", de Don Convay. Ele levou Jimmy para jantar, depois voltaram ao estúdio Stax para um longo duelo entre os dois e suas guitarras.

Em Atlanta, Geórgia, Jimmy perdeu o ônibus de turnê de Gorgeous George e estava considerando suas limitadas opções quando outro ônibus chegou, carregando um personagem que ele tinha visto quase arrebentando no meio o púlpito de uma igreja cinco anos antes. A vocação de Little Richard como pastor logo se dissipou e ele estava de volta às performances, embora não mais no mesmo nível de quando havia ocupado o topo do mercado pop branco como um pioneiro do rock 'n' roll. Por mais que ainda fosse um superastro na Inglaterra e na Europa, a América o manteve firmemente ancorado ao Chitlin' Circuit.

Sua banda, os Upsetters, estava sem um guitarrista, então Jimmy candidatou-se à vaga, não esquecendo de mencionar a conexão (muito leve) que a família Hendrix tinha com sua tia, a Sra. Penniman, em Seattle. Segundo a autobiografia de Richard, *The Quasar of Rock*, "meu empresário [Bumps Blackwell, nascido em Seattle], que conhecia os pais de Jimmy [...], ligou para o Sr. Hendrix para ver se não teria problema em ele tocar conosco. Al Hendrix falou para Bumps: 'Jimmy simplesmente idolatra Richard. Ele comeria um terreno inteiro de merda para entrar em sua banda'.

"Nunca me esquecerei de Jimmy colocando seus pertences no ônibus. Sua guitarra estava embrulhada num saco de batata, como o Johnny B. Goode da música, e ela só tinha cinco cordas." Evidentemente, a encantadora Fender Stratocaster branca e seu *case* tiveram de ser deixados para trás com as roupas de couro branco dos Isleys.

Sempre dizem que ele tomou a pior decisão da sua vida ao ir trabalhar para o homem mais extrovertido da música negra e que Little Richard reprimiu seu talento emergente mais do que a soma de todos os outros artistas narcisistas e controladores para quem ele trabalhou. Previsivelmente, Richard alegou ter estimulado Jimmy, assim como fez com os Beatles e os Rolling Stones, diretamente ou por meio do exemplo. "Ele não ligava de ter uma aparência esquisita, tal como eu. Afinal, eu já fazia isso antes dele. Sei que, quando me viu, isso lhe deu confiança, retribuição e recompensa, meu Deus."

Pelo menos nesse caso, talvez o "Quasar do Rock" não estivesse alimentando sua imaginação, como de costume – por exemplo, quando disse que Al Hendrix conhecia o gosto musical de seu filho. "Richard não escondia Jimmy", um ex-integrante dos Upsetters afirmou. "Ele costumava dar permissão para aquelas coisas, como tocar com os dentes e fazer solos. Richard ensinou muitas coisas a Hendrix, e Hendrix copiou muitas coisas de Richard. Foi ali que ele conseguiu o carisma."

No entanto, a melhor parte do show para Jimmy naquela época era a remuneração mensal, sem precedentes, de 200 dólares. Clássicos de Little Richard como "Tutti Frutti" e "Good Golly Miss Molly" – os quais o cantor variava com interlúdios de pregação, strip-tease, ou as duas coisas ao mesmo tempo – tinham seus arranjos já bem definidos, sem qualquer permissão para improvisação instrumental. Novamente, os músicos de apoio precisavam seguir um código de vestimenta estrito, uniformizado, do qual a mínima divergência implicaria em multa – no caso de Jimmy, também resultaria na petulância de seu chefe berrando: "Só *eu* tenho permissão para ser bonito!".

Richard nunca ocultou ser bissexual, e Jimmy alegou ter recebido cantadas dele, apesar de claramente ser a última pessoa no mundo que corresponderia a essa atração. Leon Hendrix contou: "Após a morte de Jimmy, encontrei Richard no Canadá, e ele me disse que eles tiveram um caso. Fiquei tão bravo que o ataquei. Digo, porrada mesmo".

Em Los Angeles, os Upsetters tiveram uma rara folga para celebrar o Ano-Novo de 1965. Jimmy passou a noite assistindo ao *revue* de Ike e Tina Turner no Californian Club. Mais tarde, na mesma noite, ele passou um tempo com Rosa Lee Brooks, de 20 anos, uma cantora de um grupo vocal feminino que tinha muita semelhança com Etta James. A cantada que ele usou – a mesma que usava frequentemente e sempre dava certo – foi de que ela lembrava sua mãe.

Rosa Lee tinha um Chevrolet Impala, um dos carros mais legais daquele período, e logo estava rodando pela famosa Sunset Strip de Los Angeles com Jimmy, ainda grudado a sua guitarra como se fosse um cordão umbilical. Meio século depois, ela recordaria: "Éramos os donos daquele lugar. Voamos como duas águias unidas pelas pontas de nossas asas".

A cena da Costa Oeste, ainda dominada pelo som surf dos Beach Boys, o atraía imensamente, apesar de ser tão branca, ter cabelos tão dourados e calções tão curtos. Acompanhando Rosa Lee a um de seus shows, ele conheceu Glen Campbell, na época só um músico de estúdio anônimo e ocasional substituto de algum Beach Boy – muito antes de seus futuros sucessos como "By the Time I Get to Phoenix" e "Witchita Lineman". Jimmy, porém, já sabia o que muitos que acompanharam a carreira de Campbell não sabiam: ele era um guitarrista no mesmo nível que Chet Atkins ou Jerry Reed. Por conta disso, solicitava suas dicas de técnica de forma tão assídua quanto fazia com Albert ou B.B. King.

Por meio de Rosa Lee, ele teve contato com um artista que não só resistia ao apartheid musical, como o ignorava por completo. Era Arthur Lee, que já tocava música surf e folk elétrico ao estilo Byrds e logo formaria a primeira banda de rock birracial, o Love, além de se autoproclamar "o primeiro hippie negro". Ele também era notoriamente excêntrico, usando apenas um sapato e óculos tão escuros que não conseguia enxergar direito. Quando Rosa Lee James gravou a canção "My Diary", de Arthur Lee, para a minúscula gravadora Revis, Jimmy foi contratado para tocar na sessão, mas apenas graças à sua habilidade de imitar Curtis Mayfield.

De Los Angeles, ele escreveu para seu pai dizendo que, a partir dali, começaria a usar o nome artístico Maurice James. Maurice, como os americanos pronunciam ("*Mo-ris*"), tem um som mais elegante do que na Inglaterra, onde o nome remete a secretárias de clubes de golfe e bêbados em pubs. O "James" não era uma inversão do seu nome de batismo, mas uma referência ao grande guitarrista de *slide* do blues, Elmore James.

Seu caso com Rosa Lee causou ainda mais tensão com Little Richard, que geralmente deixava as mulheres desconfortáveis e, nesse caso, talvez sentisse um pouco de inveja competitiva. Posteriormente, ela afirmou – e ele nunca negou – que uma vez Richard pediu para assistir a ela e Jimmy fazendo amor.

Após mais uma briga com Richard, ele largou o grupo e foi direto ao *revue* de Ike e Tina Turner, a que tinha assistido com admiração na noite em que conheceu Rosa Lee. Ike Turner era responsável pela faixa majoritariamente considerada como a primeira do rock 'n' roll, "Rocket 88", e vinha trazendo sua esposa, antes chamada de Anna Mae Bullock, para a frente do palco, exibindo-a como a cantora e dançarina estupenda que era e a qual, por muitos anos, manteve em sigilo a violência doméstica que sofria com ele.

Ike era um músico controlador, de modo que as aventuras estilísticas de Jimmy inspiraram tanta paciência nele quanto em seus antecessores. "Eu me livrei dele porque havia aquele monte de pedais no board, para *fuzz* e distorção", Turner recordou. "Quando ele terminava de ligar os pedais, o espaço para o solo já tinha terminado."

Em poucas semanas, ele estava de volta para os Upsetters, onde sua desobediência ao código de vestimenta tornou-se uma isca óbvia para Little Richard. Na noite de um show grande em Huntington Beach, ele teve seus cabelos cacheados por Rosa Lee e subiu ao palco vestindo uma blusa feminina e um chapéu preto de aba larga, do tipo que Rudolph Valentino usava para dançar bolero em filmes mudos.

Quando o grupo seguiu para Los Angeles, ele prometeu a Rosa Lee que logo voltaria para mais passeios de carro pela Sunset Strip e para "tocar as pontas das asas" novamente. Algum tempo depois, enviou uma carta pedindo dinheiro para tirar sua guitarra do penhor – outra de suas típicas e bem-sucedidas apostas com o sexo oposto. Ela enviou 40 dólares e uma foto sua. Ele nunca respondeu.

Viajar pelo sul significava uma experiência ainda mais tensa do que o comum para uma turnê com músicos negros no início de 1965. Era a época em que o movimento dos direitos civis dos negros nos EUA e a National Association for the Advancement of Colored People [Associação Nacional para o Progresso de Pessoas de Cor, ou NAACP] entraram em confronto com aqueles que juravam perpetuar a segregação a qualquer custo.

Aquele também foi um momento marcado pelo carismático jovem demagogo conhecido como Malcolm X, por seu chamado ao povo negro, pedindo que abandonassem o pacifismo e a moderação e partissem para a rebelião violenta e por seu assassinato numa reunião de seus seguidores em Nova York. Concomitante a isso, três mil manifestantes pacíficos, em uma passeata liderada pelo Dr. Martin Luther King a partir de Selma, Alabama, foram brutalmente encurralados por policiais com cacetetes, gás lacrimogêneo e cachorros. No mesmo período, Sam Cooke, possivelmente a voz mais influente desse movimento após o Dr. King, foi morto durante uma briga trivial com a gerente (negra) de um motel em Los Angeles. Little Richard, que costumava viajar de avião entre seus shows, podia ficar acima das consequências dessas histórias de horror, assim como de outros problemas. Sua banda, porém, precisava lidar com afrontas e ameaças em restaurantes de beira de estrada e lavatórios.

A frustração de Jimmy não era apenas com seu trabalho, mas com a música negra como um todo. A iniciativa criativa estava inteiramente com o pop branco, agora chamado de “rock”, que repentinamente passou a se preocupar com todos os grandes problemas da época, como a Guerra do Vietnã, a desigualdade da sociedade e até mesmo com a questão da segregação em si.

Em reação aos Beatles e à “Invasão Britânica” que veio em seguida, dezenas de bandas americanas brancas estavam surgindo, sobretudo na Costa Oeste, de onde Jimmy tinha acabado de sair, que se apresentavam com roupas que não combinavam, como os Rolling Stones, e com nomes ainda mais estranhos que “Beatles”, como Jefferson Airplane e Grateful Dead. Elas faziam uma música genuinamente nova e abertamente reconhecida como o produto do alucinógeno sintético – e ainda legal – chamado dietilamida do ácido lisérgico (LSD), que parecia afetar as próprias guitarras, as revestindo e distorcendo de formas intrigantes, além de inspirar letras como aquelas poesias que Jimmy sempre escrevia em segredo.

Naquele momento, porém, até o LSD trazia consigo o aviso "SOMENTE PARA BRANCOS".

Enquanto isso, até os maiores nomes do Chitlin' Circuit seguiam na mesma, com instrumentos de sopro vibrando, letras alegres e lascivas, coreografias, grandes sorrisos e calças apertadas. Em julho de 1965, Jimmy faria sua primeira aparição na TV, tocando "Shotgun", de Junior Walker, com uma dupla vocal masculina chamada Buddy and Stacey no programa *Night Train*, transmitido de Nashville – o vídeo pode ser visto no YouTube. Por trás das danças, sorrisos e figurinos alinhados da dupla, lá estava Jimmy com um terno escuro e gravata borboleta, balançando a cabeça para a esquerda e para a direita com os outros músicos, como se a arma do título estivesse apontada para ele.

Sua falta de pontualidade e o desrespeito às indumentárias foram piorando cada vez mais até que, finalmente, após uma apresentação no Apollo, ele perdeu o ônibus da turnê que voltava para Washington D.C.. Foi quando o gerente de turnê de Richard, seu irmão Robert Penniman, o demitiu, deixando claro que daquela vez era para valer. Em uma boa ação, os Isley Brothers o aceitaram de volta, levando-o com eles para uma residência de um mês num resort de Nova Jersey, depois da qual ele voltou a Nova York. Todo o pagamento que recebeu de Little Richard já tinha sido gasto ou engolido pelas multas, então ele não estava em uma posição melhor do que quando chegou lá, dois anos antes.

Jimmy começou a procurar trabalho como músico de estúdio, mas só conseguia achar oportunidades com artistas obscuros e gravadoras pequenas. Um cantor diminuto com uma voz na mesma escala de Little Richard, conhecido como Mr. Wiggles, o contratou como músico de apoio – sem crédito – em uma série de *singles* para o selo Golden Triangle. Ainda assim, suas contribuições foram espetaculares, especialmente com um blues falado chamado "Homeboy", apesar de um de seus versos que evidentemente não se aplicava ao Mr. Wiggles, muito menos a Jimmy: "*Went to New York, made it good...*" ["Fui a Nova York, tive muita sorte..."].

Novamente, sua antiga namorada do Harlem, Fayne Pridgon, o acolheu, apesar de ter se casado com um homem chamado TaharQa. Quando o espaço no minúsculo apartamento ficou pequeno para os três, Jimmy se mudou para vários hotéis baratos que existiam ao redor da Times Square – na Manhattan daquela época, esses lugares geralmente eram pensionatos que flertavam com o perigo.

Ele continuou a escrever com frequência para seu pai, na metade do tempo aumentando suas conquistas e na outra metade se humilhando, antes que Al o fizesse, caso decidisse responder algum dia. “Talvez você chegue a ouvir um disco que gravei, e é terrível”, ele escreveu em agosto de 1965. “Não tenha vergonha, só espere o dinheiro chegar.” A carta foi assinada por “Maurice James”, mas ele também passou a usar os nomes Jimmy James e Jimmy Jim.

Em outubro, ele entrou para outra banda de R&B, Curtis Knight and the Squires, cujo líder tinha conhecido um ano antes. Ele sentiu uma certa hesitação no início, já que Knight trabalhava com os Squires e como cafetão ao mesmo tempo, mas as outras oportunidades de trabalho em sessão tinham praticamente acabado para ele.

Dessa vez, o único tipo de viagem que ocorria era para shows de baixo nível, como o George’s 20 Club em Hackensack, Nova Jersey. Ele ainda tinha de usar um uniforme – um smoking cintilante –, mas Knight o deixava tocar sua guitarra atrás da cabeça ou com os dentes sempre que quisesse. E o quinteto incluía outro músico de qualidade, o saxofonista Lonnie Youngblood, de quem ficou amigo próximo.

Em outubro daquele ano, Curtis Knight and the Squires foram contratados por um produtor de discos chamado Ed Chalpin, branco, proprietário de um pequeno selo independente, o PPX. Tecnicamente, Jimmy apenas fazia parte do negócio que Chalpin fez com o grupo como um todo, mas o produtor foi astuto o suficiente para lhe oferecer um contrato separado de três anos para "tocar e produzir" exclusivamente para o PPX. Ao assinar o contrato, que ele não se deu ao trabalho de ler – e que causaria problemas pelo resto da sua vida –, recebeu apenas um dólar, mas lhe prometeram os primeiros *royalties* da sua carreira, 1% do valor de varejo de cada disco vendido.

Chalpin se especializava em rapidamente gravar versões *cover* de *singles* que faziam sucesso no momento, e um dos primeiros dados a Curtis Knight and the Squires foi "Like a Rolling Stone", de Bob Dylan. Jimmy já admirava Dylan desde a época em que ele cantava folk e se tornou um pilar do movimento dos direitos civis dos negros nos EUA, apesar de poucos habitantes jovens do Harlem compartilharem desse gosto. Nos seus primeiros dias lá, houve uma ocasião em que ele persuadiu o DJ de um clube a tocar "Blowin' in the Wind" e foi ridicularizado por gostar "dessa música de caipira".

Dylan agora estava sendo acusado de "trair" seu público folk e o movimento dos direitos civis, pois tinha trocado o violão acústico pela guitarra elétrica, criando seu próprio estilo de rock fatigado e irônico. Jimmy, no entanto, amava o Dylan "elétrico": quando "Like a Rolling Stone" foi lançada como *single*, já tinha gastado todo o dinheiro que tinha no bolso com o LP de onde a música foi tirada, *Highway 61 Revisited*.

Nem mesmo o produto barato de Chalpin e uma banda R&B de quinta categoria conseguiram impedir Jimmy de exibir sua habilidade de transformar *covers*. A ode ácida, exuberante e elétrica de Dylan deveria ser seu último repúdio contra as canções de protesto. Agora, sob o título "How Would You Feel?", ela havia se tornado justamente isso, falando com os americanos negros sobre as injustiças que sofreram e sobre a obrigação de seus jovens homens de ainda terem de lutar pelo país no Vietnã. Falada, não cantada, a música era como um rap 20 anos antes.

Em outros casos, ele não conseguia deixar sua marca no material cru de Chalpin, como na gravação que fez com a atriz de Hollywood Jayne Mansfield numa balada suspirante, "As the Clouds Drift By", cujo som ficou totalmente abafado pelos instrumentos de cordas. Na verdade, ele já teve sorte de poder ficar perto de violinos. Até pouco tempo antes – como Quincy Jones, seu colega de Garfield High, recordou –, os arranjadores negros não tinham permissão para utilizar instrumentos de corda, pois presumia-se que eles eram incapazes de trabalhar com algo tão sofisticado.

Perto do fim do ano, uma antiga síndrome foi revivida quando ele foi roubado de Curtis Knight por Joey Dee and the Starliters. Eles tinham chegado à fama durante a moda do twist, tocando como a banda da casa no Peppermint Lounge, em Nova York, um dos primeiros lugares que os Beatles visitaram quando chegaram lá, em 1964. O que tinha passado despercebido durante o twist e a Beatlemania era que Joey Dee, um ítalo-americano, foi o responsável pela primeira escalação de artistas birracial do pop (três músicos negros e três brancos) para um público predominantemente branco.

"Ele veio até minha casa em Nova Jersey para o teste", Dee recordou. "Pegou sua guitarra, que estava num saco velho, pois não tinha dinheiro para um *case*. Aí falei: 'Toque algo de que você goste', e ele tocou Curtis Mayfield.

"Eu disse então que ele havia conseguido a vaga. Para celebrar, ele acendeu um baseado enorme. Eu estava em casa com meus dois filhos, de quatro e cinco anos, e minha esposa perguntou: 'Que diabos você acha que está fazendo?', o expulsando na hora. Quando ele passou pela porta, olhei pela janela e disse: 'Te vejo sexta-feira'."

Talvez o twist já fosse história, mas a nostalgia pela era do penteado *bouffant* e dos bambolês continuava forte, de modo que os Starlites frequentemente tocavam para plateias de até dez mil pessoas. Apesar de Joey ser a estrela do show com seu jogo de cintura, ele deu a Jimmy muito espaço para tocar a guitarra atrás de sua cabeça ou fazer o que quisesse no palco.

Uma turnê pelo país inteiro – durante a qual Jimmy completou seus 23 anos – mostrou a verdadeira escala da inovação de Joey Dee, pois as apresentações incluíam diversos lugares em que uma banda birracial atraía ainda mais ódio do que uma somente de negros. Para evitar problemas, eles ficavam em hotéis até 80 km distantes do local do show e se cuidavam para nunca sair da área dos bastidores durante os intervalos.

Jimmy sofria de uma acne tardia e severa, o que não freou sua vida sexual. Em Buffalo, três mulheres da Índia, que nem tinham visto o show, imploraram para dormir com ele, dizendo que tinha "o rosto de um deus hindu". Em outra parada, uma mulher branca se voluntariou para ir para a cama com todos os Starliters ao mesmo tempo. Ela depois comentou que Jimmy foi o único educado o suficiente para perguntar se deveria tirar suas botas antes.

Uma noite, ele teve um sonho que se passava num Technicolor majestoso e típico de Hollywood, mostrando que 1966 seria o ano em que tudo miraculosamente começaria a dar certo para ele. Era um sonho bem antigo, da época em que ele ainda era um garoto chamado Buster, que via os números 1, 9 e dois 6 em seu sonho, depois acordava com "a estranha sensação de que estava aqui por algum motivo e teria uma chance de ser ouvido". No entanto, a maior parte do ano já tinha passado sem qualquer sinal disso.

Por mais que ele gostasse de Joey Dee e aproveitasse suas noites de troilismo com mulheres indianas, já estava cansado de tocar "The Peppermint Twist" da mesma forma ("*One-two-three kick, one-two-three jump!*" ["Um-dois-três chute, um-dois-três pulo!"]) uma noite após a outra, então largou o grupo antes do Natal. Em janeiro, quando voltou a Nova York, seu pagamento já tinha sido completamente gasto e ele estava novamente à beira da falência.

Foi um inverno particularmente difícil, em especial para alguém sem um sobretudo ou sequer um forro na sua jaqueta. Ele passava horas encolhido em cafeterias tentando se aquecer, muitas vezes sem condições de pagar o valor mínimo de 50 centavos por um copo de água, sempre com suas pernas longas e finas cuidadosamente posicionadas de modo a esconder os buracos nos seus sapatos arruinados pelo gelo. Prestes a ser despejado de seu hotel por atrasos no pagamento, ainda assim arranjou dinheiro para um cartão postal com uma foto do Empire State Building, que enviou para seu pai. "Tudo está mais ou menos nesta cidade grande e desajeitada que é Nova York", ele escreveu. "Tudo está dando errado aqui."

Um dia, numa cafeteria dolorosamente chamada Ham 'n' Eggs ["ovos mexidos com presunto"], sua explícita aparência precária chamou a atenção de outra cliente, cuja situação talvez fosse vista como ainda mais lamentável. Ela era Diane Carpenter, uma fugitiva de Minnesota, forçada por aquela cidade grande e desajeitada a entrar para a prostituição com apenas 16 anos. Apesar da ameaçadora presença de seu cafetão, Jimmy começou a conversar com a menina, não esquecendo de expressar seu típico comentário de que ela lembrava sua mãe.

Com o efeito de costume, ele acabou se mudando para o imóvel minúsculo onde Diane fazia seus trabalhos. Os vizinhos do prédio presumiam que ele era seu cafetão, e, de fato, às vezes ele precisava agir como o protetor dela quando um de seus clientes ficava agressivo. Mas apesar da pobreza e da sordidez de sua vida juntos, seu sonho em Technicolor se manteve firme. Toda vez que passavam por uma loja de joias, ele dizia a Diane que compraria para ela tudo que estava na vitrine quando ficasse famoso. Como outras antes dela, percebeu que Jimmy dizia "quando", não "se".

Diane causou o mesmo nível de preocupação para as autoridades de assistência social que Jimmy costumava causar. Em um certo ponto, ela foi recolhida pela polícia e colocada em um ônibus de volta para a casa de seus pais, em Minneapolis. Quando conseguiu voltar para ele, engravidou, perdendo assim a fonte de sua renda, exceto por um trabalho ou outro que conseguia com alguns clientes muito peculiares. Logo, os dois se viram obrigados a roubar lojas para sobreviver.

Após serem perseguidos por um lojista com um taco de beisebol na mão e conseguirem escapar por pouco, Diane voltou a trabalhar, sem contar a Jimmy. Quando descobriu, ele ficou tão furioso que sentiu um impulso violento até então inédito, manifestado da mesma forma que havia lhe causado tanta dor e medo – e não só quando criança. Por um momento, transformou-se no próprio pai e bateu nela com seu cinto.

Com sua gestação já em estado avançado, Diane decidiu voltar a Minneapolis e ter seu bebê lá. No mês de fevereiro, ela deu à luz uma filha, Tamika Laurice, que foi registrada com o sobrenome artístico de Jimmy na época (James), apesar de – naquele momento – não exigir pensão alimentícia dele.

Enquanto ainda vivia com Diane, ele tinha começado a sair com sua primeira namorada branca, Carol Shiroki, um nível acima na escala social, pois trabalhava como garota de programa, marcando seus compromissos por telefone e atendendo em domicílio ao invés de oferecer seus serviços na rua. Como isso a tornava relativamente abastada, ela logo foi convencida por Jimmy a lhe comprar uma nova guitarra, uma Fender Jazzmaster, cujo *case* customizado finalmente deu fim ao antigo e fiel saco de batatas.

Ao contrário da maioria das mulheres brancas daquela época, Carol adorava a música negra e conhecia muitos artistas além do gosto isolado e previsível de Jimmy pelo R&B. Entre eles, estava um caribenho chamado Mike Quashie, que tinha aparecido na capa da revista *Life* por ter introduzido a "dança da cordinha" na América (quando foi aproveitada por Chubby Checker como uma sucessora ao twist). Ele viria a ser uma influência ainda maior que Albert Lee para Jimi Hendrix.

Quashie, também conhecido como "Spider King", trabalhava em um clube do West Side chamado African Room, onde subia ao palco vestindo uma mitra de bispo, um collant de couro e botas com saltos de 20 centímetros. Apesar disso, ele conseguia passar seu corpo de 1,87 m por baixo de uma vara a apenas 17 centímetros do chão. Também era um pioneiro técnico, pois a iluminação brilhante, o gelo-seco e os efeitos pirotécnicos reivindicados pelas novas bandas de rock "psicodélico" como sua própria ambientação inspirada pelo LSD já faziam parte do ato do Spider King há anos.

Como Albert Lee, Quashie se recusou a reconhecer a cultura hippie que estava emergindo na época como um fenômeno apenas para brancos. Em função disso, trocou sua mitra de bispo e seu collant por vestidos caftãs, bandanas e amuletos místicos orientais, sugerindo que Jimmy fizesse o mesmo. No entanto, naquele momento, se quisesse comer, precisava ficar de paletó e gravata.

O sucesso do momento nas paradas de todas as pigmentações era "When a Man Loves a Woman", a arrebatadora canção de Percy Sledge. Na festa de lançamento feita pela Atlantic Records, um Jimmy de smoking e com sua nova Jazzmaster surgiu tocando com Wilson Pickett o seu *single* de sucesso, "Mustang Sally" – música que ele já tinha tocado diversas vezes com Curtis Knight and the Squires. Mas não levaria muito tempo a partir dali até que Pickett gravasse uma *cover* dele.

Em abril de 1966, a revista *Time* publicou uma matéria de capa, declarando que Londres era a "Capital do Estilo da Europa" e descrevendo a explosão de criatividade jovem que tinha surgido entre seus monumentos vitorianos e ônibus vermelhos, não apenas com bandas que invadiam a América como os Beatles e os Rolling Stones, mas na moda, arte e design. Com a matéria da *Time,* veio uma nova onda de *singles* britânicos irresistíveis, incluindo "Wild Thing", que foi originalmente lançado nos EUA pelos Wild Ones e agora ganhava uma *cover* de um quarteto de aparentes homens da caverna neolíticos chamados Troggs. Carol Shiroky viu Jimmy praticando a canção em seu apartamento e levando-a muito além da versão original.

Em maio, ele havia voltado ao Curtis Knight and the Squires, mas odiava tanto que logo desistiu outra vez. Sua última apresentação com eles seria no Cheetah Club, na esquina da 53rd com a Broadway, um galpão com papel de parede de oncinha e teoricamente capaz de acomodar duas mil pessoas, mas nunca atraía tanta gente assim.

Ali, quando seu sonho Technicolor parecia mais distante que nunca, ele finalmente começou a se realizar.

5

"EU CONHEÇO A PESSOA PERFEITA PARA VOCÊ"

Qualquer história de relações raciais do século XX não pode deixar de incluir a considerável contribuição dos jovens músicos brancos da Inglaterra durante os anos 1960, devido à sua admiração e difusão da música negra americana. Numa época em que viajar para os EUA era apenas para os ricos e que a rádio doméstica era monopolizada pela mal-humorada e puritana BBC, é um milagre que eles tenham conseguido chegar a essas músicas. Em 1965, eles já tinham transformado o blues e o R&B em uma tendência jovem, paralela à Beatlemania, porém muito mais legal.

Mesmo em seu considerável auge comercial, esse movimento não tinha nada da exploração descarada que sempre assolou seus criadores em sua terra natal. Os *royalties* raramente acumulavam um valor relevante para eles, mas suas músicas eram elogiosamente reproduzidas nos mínimos detalhes por bandas britânicas, sendo sua autoria sempre escrupulosamente reconhecida. E toda vez que um genuíno bluesman americano – como Big Bill Broonzy ou Sonny Boy Williamson – atravessava o Atlântico, ele era idolatrado por seguidores em terninhos mod que não conseguiam imaginar uma honra maior do que ter a permissão de tocar com ele no palco.

A importação feita pelos Beatles do R&B genuíno com um toque de Liverpool e um corte de cabelo esquisito inicialmente causou pouca mudança no status quo racial da América. Como o escritor Charles Shaar

Murray comentou, essa forma derivativa de música negra era aceitável para a maioria dos brancos, "desde que tivesse feito a viagem de ida e volta de 8 mil km antes".

No entanto, com sua nova posição de poder como "invasores" bem-sucedidos da América, outros grupos britânicos começaram a lutar contra as antigas bobajadas racistas. Principalmente os Rolling Stones, que tinham começado como missionários do blues e mantiveram esse amor mesmo após sua transição para o pop comercial e sua nova imagem de ameaça contra a sociedade.

Quando eles apareceram no programa pop *Shindig*, que foi ao ar na rede televisiva de todo o país, insistiram que um dos músicos de blues mais raiz que existia, Howlin' Wolf, também deveria se apresentar lá. A partir daquele ponto, suas turnês pelos EUA regularmente incluíam artistas como Muddy Waters, Ike & Tina Turner e B.B. King, saindo do Chitlin' Circuit para se apresentarem como artistas convidados.

Quase tão cruciais para a evolução dos Stones – embora nunca tenham sido reconhecidas de forma adequada – eram as três jovens que levaram seus principais integrantes a um nível social e cultural mais alto que suas origens provincianas e modestas podiam fornecer. Com Mick Jagger, foi Marianne Faithfull, a filha de um professor universitário inglês e de uma baronesa austríaca. Com Brian Jones, fundador da banda e ainda seu líder e instrumentista mais notável, foi Anita Pallenberg, uma atriz de cinema de ascendência sueca e germano-suíça, fluente em quatro idiomas. Com Keith Richards – cujo sobrenome ainda era abreviado para "Richard", que soava mais como um nome artístico –, foi Linda Keith.

Nascida em 1946, Linda vinha de uma família judaica em Londres, com um histórico tanto ligado à música quanto ao teatro. Seu pai, Alan Keith, equilibrava seus papéis nos palcos e nos filmes com seu trabalho como apresentador do programa de rádio da BBC *Your Hundred Best Tunes*, que ficou no ar por décadas; seu tio era David Kossoff, conhecido ator de personagens marcantes; seu jovem primo, Paul Kossoff, viria a ser o guitarrista da banda de rock Free nos anos 1970.

Ao contrário de seu estudioso irmão, Brian, que se tornaria um juiz da corte suprema, Linda tinha um traço incorrigivelmente rebelde; ela não prestava atenção na escola e não se interessava pela típica trajetória de se casar jovem e ter filhos. Em sua adolescência, essa rebeldia foi expressa ao rejeitar toda música clássica e orquestral do programa *Your Hundred Best Tunes* de seu pai, além de desenvolver o que foi visto como uma paixão altamente desagradável e nada feminina pelo blues.

Ela largou a Camden School for Girls aos 15 anos, sem qualquer qualificação acadêmica, mas com uma aparência esbelta e longas pernas, que facilmente a levaram à carreira de modelo no início da Swinging London. Acrescentando um sorriso sardônico e atraente às minissaias cada vez mais curtas e às botas cada vez mais compridas daquele período, ela foi fotografada por David Bailey, apareceu nas capas das revistas de moda e em desfiles de Ossie Clark, mas nunca levou sua carreira a sério o suficiente para chegar ao status de supermodelo de Twiggy, Jen Shrimpton ou Penelope Tree.

Ela se aproximou dos Rolling Stones por meio de sua antiga colega de escola, Sheila Klein, que estava namorando Andrew Loog Oldham, o adolescente que atuava como empresário dos Stones e que era, de longe, o mais extravagante de todos eles. "Andrew estava preocupado porque Keith não tinha uma namorada e só parecia se interessar por sua guitarra", ela recordou. "Então armaram um namoro para nós."

Graças a uma manchete cuidadosamente infiltrada no jornal por Oldham – "VOCÊ DEIXARIA SUA IRMÃ SAIR COM UM ROLLING STONE?" –, a família de Linda esperava viver um pesadelo nacional. Mas Keith ainda não dava sinais da efígie preservada em álcool, drogas e nicotina que acabaria se tornando. "Ele era bem quieto e muito tímido. Após nosso primeiro encontro, ele passou a noite na casa dos meus pais, dormindo no quarto de hóspedes; na manhã seguinte, quando foi embora, ele pegou emprestada a capa de chuva da minha mãe."

Na verdade, foi a própria natureza rebelde de Linda que a atraiu para as drogas, um antigo recurso dos antigos músicos de blues, agora entusiasticamente redescoberto pelos músicos do pop britânico (embora os "perversos" Stones estivessem longe de ser os líderes criminosos que suas imagens no jornal indicavam). Como eles, ela progrediu da maconha para a nova droga que "expandia a mente" (e que ainda não era ilegal), o LSD. A composição de Jagger/Richards "Ruby Tuesday" ("*Who can hang a name on you?*" ["Quem poderia dar um nome a você?"]) era uma homenagem ao seu espírito irrepreensivelmente livre.

Em maio de 1966, os Stones faziam sua quinta turnê pelos EUA, divulgando o provocativo *single* que falava de drogas, "Mother's Little Helper". Apesar de Andrew Oldham ter ditado a firme regra "sem esposas ou namoradas na turnê" (Bill Wyman e Charlie Watts já eram casados), Linda foi desafiadora e viajou até Nova York por conta própria, hospedando-se com uma amiga americana chamada Roberta Goldstein.

Certa noite, entediados com os clubes da moda, eles decidiram experimentar um lugar recentemente aberto, chamado Cheetah Club, na esquina entre a Broadway e a West 53rd Street, convenientemente próximo ao apartamento que Roberta dividia com seu namorado, Mark Hoffman. Os três entraram no que parecia ser, a princípio, um mausoléu com papel de parede que imitava a pele de um leopardo, onde apenas cerca de 40 pessoas assistiam à banda da casa se apresentando no palco.

Foi um momento comparável à primeira vez que Brian Epstein viu os sujos e indisciplinados Beatles no Cavern Club, em Liverpool, ou quando Andrew Oldham viu os Stones como puristas do blues no Station Hotel, em Richmond, a oeste de Londres. A banda da casa era Curtis Knight and the Squires, com Jimmy James na guitarra solo.

"Suas roupas eram terríveis", Linda recordou. "Ele tinha uma espécie de camisa cubana com um babado, calças boca de sino curtas demais, botas baratas e um cabelo que obviamente foi cacheado com bobes. Mas sua habilidade para tocar era sensacional. Não entendia o que ele estava fazendo num lugar daqueles, com uma banda daquelas."

Quando Jimmy desceu do palco, Linda e Roberta disseram a ele que amaram sua performance e o chamaram para sua mesa, onde continuaram os elogios. O fato de algo assim acontecer na noite de sua saída com o rabo entre as pernas do grupo – ou em qualquer outra noite – já era incrível o suficiente para ele. Mas ouvir elogios da linda namorada de um artista mundialmente famoso do pop britânico era quase inacreditável.

E não parou por ali: quando deixaram o clube, ele foi convidado ao apartamento de Mark Hoffman, um lugar exótico com paredes pintadas de vermelho e móveis revestidos com estampa de leopardo. Pouco tempo depois, quando Roberta e Mark se retiraram, deixando-os a sós, Jimmy presumiu que rolaria sexo entre ele e Linda.

Mas, apesar de seu espírito livre, Linda não tinha qualquer traço da promiscuidade associada aos Stones e nem pensava naquele momento em ser infiel a Keith. O ressentimento de Jimmy acabou se transformando em fascínio por ela saber tanto sobre música, especialmente sobre blues. Eles passaram o resto da noite apenas tocando discos e conversando.

Um dos álbuns novos que Linda tinha era *Blonde on Blonde*, de Bob Dylan. Como um músico de folk, Dylan tinha um cabelo que mais se assemelhava ao de um presidiário, mas a capa do disco exibia seu rosto em formato de pera agora coberto por um arbusto gigante, como uma obra de jardinagem desajeitadamente podada pelo pai de Jimmy, Al, em algum serviço de paisagismo. Esse estilo afro, originalmente um sinal de orgulho para a etnia africana, estava se tornando popular entre jovens brancos que seguiam a moda; Linda, inclusive, tinha uma versão modificada desse corte.

Uma das primeiras perguntas que ela fez a Jimmy (além de como alguém com sua habilidade estava em um lugar como o Cheetah Club e com uma banda como Curtis Knight and the Squires) foi por que ele apenas tocava e não cantava. A resposta era que ele se sentia inseguro, pois sua voz não tinha a aspereza profunda de um Otis Redding ou Wilson Pickett. “Eu disse a ele: ‘Escute o Dylan, isso deve ser a prova de que você não precisa cantar do mesmo jeito que os outros’.”

A faixa de abertura de *Blonde on Blonde*, com o longo título “Rainy Day Women Numbers 12 & 35”, trazia a voz de Dylan tão agradável quanto podia ser enquanto pedia: "*Ever'body must git stoned*" ["Todos devem ficar chapados"]. A palavra "*stoned*" já automaticamente remetia ao LSD, algo que Jimmy ainda estava ansioso para provar, apesar das advertências de seu amigo Lonnie Youngblood para ficar longe daquela "droga dos jovens brancos".

"Eu percebi o quão ingênuo ele era quando perguntei se gostaria de usar ácido", Linda recordou. "Ele disse: 'Não, obrigado, mas eu queria experimentar aquele negócio chamado LSD'."

Sua primeira viagem de ácido não trouxe nenhum dos horrores que a droga podia produzir, assim como nenhuma das visões que expandiam a mente. Tudo o que aconteceu foi que, quando ele olhou para o espelho, achou que estava vendo Marilyn Monroe o encarando. (Infelizmente, seu destino e o dela teriam algo em comum.)

No fim daquela noite casta, Linda prometeu usar sua conexão com os Stones e com outras figuras da indústria musical para tentar ajudá-lo. No entanto, ele já tinha um plano próprio para escapar dos limites do encarceramento criativo da cor de sua pele.

A explosão da música folk americana no começo dos anos 1960 tinha surgido quase que inteiramente das cafeterias do bairro Greenwich Village, de Nova York. Desde a "traição" de Dylan e a ascensão do folk-rock, boa parte do folk original já tinha retornado ao seu status inicial de minoria. Mas o Village ainda estava repleto de bares e cafés oferecendo um palco improvisado para trovadores e seus violões. O fato de tais trovadores sempre terem sido esmagadoramente brancos – e de seus violões serem instrumentos piedosamente acústicos – não impediria Jimmy.

Ele teve a ideia perto do fim de sua residência no Cheetah Club, quando Richie Havens tocou por uma noite lá. Havens era o mais próximo que alguém já tinha chegado de ser um cantor negro de folk, combinando uma voz que sempre parecia à beira das lágrimas com movimentos tortuosos no violão – era como se ele não tocasse o instrumento, mas freneticamente o esfregasse. Nascido no Brooklyn, ele se infiltrou no Greenwich Village pela primeira vez nos anos 1950, onde passou um bom tempo pelas cafeterias atuando como pintor e poeta antes de ir para a música e ser contratado pelo empresário de Dylan, Albert Grossman.

Havens encorajou Jimmy a se arriscar no Village, recomendando que primeiro fosse ao Café Wha?, na MacDougal Street, onde Dylan costumava aparecer com frequência e Mary Travers, do Peter, Paul and Mary, trabalhava como garçonete. Ele foi até o local em uma noite de segunda-feira, quando o nome sonolento do café parecia muito apropriado, e convenceu seu proprietário, Manny Roth, a deixá-lo fazer um teste enquanto a banda da casa estava no intervalo. "Todo mundo no lugar ficou impressionado", um antigo funcionário recordou. "Todas as 15 pessoas que estavam lá."

Roth imediatamente lhe ofereceu um trabalho fixo, com o valor habitual dado a um poeta: seis dólares por cinco apresentações ao longo do período em que ficavam abertos, das 10h da manhã até as 2h da madrugada. Eufórico, Jimi repetiu o erro que já tinha cometido no Seattle Birdland, deixando sua guitarra nos bastidores durante a noite. Quando ele voltou para buscá-la na manhã seguinte, tinha sido roubada.

Até aquele momento, sua principal fonte de instrumentos novos era o sexo oposto. Dessa vez, para sua tão importante estreia no Greenwich Village, ele contatou sua influente nova amiga, Linda Keith. O resultado excedeu até suas mais ousadas expectativas. Enquanto levavam sua turnê à região central dos EUA, os Rolling Stones mantinham quartos reservados num hotel no centro da cidade, o Americana, onde Keith Richards deixou várias guitarras que não seriam usadas na turnê. Como namorada de Keith, Linda tinha acesso ao seu quarto e conseguiu pegar uma Fender Stratocaster branca para Jimmy.

Apesar de ser plenamente capaz de lotar o Café Wha? por conta própria, ele começou a procurar parceiros similares para acompanhá-lo no palco. Na Manny's Music Store, na West 48th Street, uma agência de empregos informal para músicos, logo encontrou dois rapazes, ambos brancos – um presságio do que estava prestes a acontecer do outro lado do oceano – e consideravelmente mais jovens que ele. Randy Wolfe era um guitarrista de 15 anos, nascido na Califórnia e aspirante a compositor.

Apelidado por Jimmy de Randy California, ele posteriormente seria um dos fundadores do Spirit. Já o baixista Jeff "Skunk" Baxter era um estudante de ensino médio que trabalhava em meio período na Manny's e mais tarde integraria os grupos Doobie Brothers e Steely Dan. Essa primeira banda que ele liderou ganhou o nome de Jimmy James and the Blue Flames, uma escolha pouco inspirada tendo em vista que os excelentes Famous Flames, de James Brown, já deixavam seu rastro pelo Chitlin' Circuit há mais de uma década.

Depois que Linda usou o exemplo de Bob Dylan, Jimmy finalmente se convenceu de que poderia tocar e cantar. "Ele ficou muito feliz que eu o persuadi, pois ele já tinha composto uma pilha de músicas que precisavam ser testadas diante de uma plateia", ela recordou. "Quando seu primeiro álbum saiu, alguns meses depois, eu já tinha ouvido a maioria daquelas canções no Café Wha?."

Os Blue Flames também tocavam sucessos atuais do pop como "Wild Thing", dos Troggs, "In the Midnight Hour", de Wilson Picket, e "Hang on Sloopy", dos McCoys, um *single* de três minutos que Jimmy esticava para 20 minutos ou mais no palco. Ao ganhar mais confiança com sua voz, ele fez sua primeira *cover* de Dylan, "Like a Rolling Stone", uma escolha interessante, uma vez que estava tocando justamente a Fender Stratocaster branca dos Rolling Stones.

Apesar de seu medo de ser visto como um intruso pretensioso naquele templo de veneração a Bob Dylan, Jimmy só recebeu boas-vindas e encorajamento por parte da comunidade musical do Village. Um dos seus primeiros seguidores por lá foi John Hammond Jr., filho do lendário produtor que tinha assinado o contrato de Dylan com a Columbia Records, ignorando a zombaria de seus colegas executivos sobre aquele jovem magricelo do Minnesota, apelidado por eles de "Hammond's Folly" ["A Burrice de Hammond"].

Hammond Jr., que exibia seus próprios talentos na guitarra, foi responsável por unir Dylan aos músicos jovens que depois ficaram conhecidos como The Band e que estoicamente compartilharam as críticas que ele recebeu ao mudar do folk para o rock. Eles também ficaram enfeitiçados por Jimmy quando ele tocou com Hammond, apesar de seu guitarrista solo, Robbie Robertson, reconhecer o truque de tocar a guitarra atrás da cabeça como algo roubado de T-Bone Walker. "Falei para ele: 'Eu sei de onde você tirou isso'", Robertson lembrou. "Ele apenas sorriu e disse: 'Eu sei que você sabe'."

Ele finalmente pôde conhecer Dylan em um bar de porão chamado Kettle of Fish, na mesma rua em que o Café Wha?. "Nós dois estávamos chapados e só ficamos lá, dando risada – sim, apenas rimos", ele recordou. O jeito cuidadosamente maltrapilho de Dylan fez o inocente Jimmy achar "que ele estava passando fome", apesar de ter um cronista particular o seguindo – Al Aronowitz, jornalista do *New York Post* –, instruído a "anotar tudo o que acontecesse ao seu redor". O encontro foi um dos poucos que Dylan confirmou ter ocorrido, já que costuma manter os registros do seu passado criteriosamente em branco. "Conheci Jimmy pouco antes de ele se tornar uma estrela."

No extremo oposto, ele fez amizade com os Fugs, um coletivo de poetas de cafeteria que tinha formado uma banda, todos convictos de que "poderiam fazer melhor que aqueles músicos de merda" e cujo nome era a única forma de imprimir o palavrão "*fuck*". Alternando entre política, sátira e escatologia, seriam descritos num relatório de vigilância do FBI como "a coisa mais vulgar que a mente humana poderia imaginar".

No começo da residência de Jimmy no Café Wha?, o guitarrista dos Fugs, Pete Kearney, construiu para ele um pedal de fuzz rústico, capaz de distorcer a guitarra de Keith Richards de uma forma diferente de qualquer coisa que os Rolling Stones já tinham gravado. Agora, ele podia acrescentar o som de bandas psicodélicas da Costa Oeste, como o Grateful Dead e o Jefferson Airplane, a uma performance que resumia tudo o que ele já havia aprendido de Little Richard, Albert Lee e Mike Quashie, o Spider King, alimentado pela mesma energia regada a ácido. Não importava se sua plateia era composta de garotas jovens em êxtase, todas esperando chamar sua atenção, ou apenas um punhado de fãs de folk em processo de extinção, mal tirando os olhos de seus expressos, jornais e jogos de xadrez para ver quem estava no palco.

Durante a maior parte do verão de 1966, Jimmy passou seu tempo com Linda Keith, enquanto ela esperava Keith Richards voltar de sua turnê com os Stones. A essa altura, ele estava alugando um quarto no sinistro Hotel Lenox, na West 44th, mas frequentemente ficava no apartamento escarlate e com pele de leopardo de Mark Hoffman, o amigo de Linda, localizado na 63rd, que ele chamava de "The Red House".

Um dos primeiros objetivos de Linda era impedi-lo de cachear seus cabelos de uma forma tão ultrapassada e desfavorável. "Eu tirava muito sarro dele, assim como outras pessoas", ela lembrou. "Ele ia ao show com o cabelo ainda cheio de bobes, coberto por um lenço rosa. Tenho esse lenço até hoje."

O sorriso sardônico de Linda logo o convenceu a jogar fora os modeladores de cachos e optar por um afro, como Bob Dylan na capa de *Blonde on Blonde*, um penteado que não exigia manutenção além da esporádica checagem se algum pássaro havia utilizado o cabelo como ninho. A partir de então, ficou conhecido no Village como Dylan Black. Com mais uma mudança de identidade, passou a escrever seu primeiro nome como "Jimi" – possivelmente seguindo o exemplo do guitarrista de blues Jihmhi Johnson –, mas o Café Wha? continuou anunciando "Jimmy" em sua fachada.

Seu relacionamento com Linda continuou sendo apenas platônico, pontuado por discussões vigorosas, porém nunca amargas. Ela gostaria que as coisas fossem além disso, mas ficou espantada com a quantidade absurda de mulheres com quem ele não era platônico. "Havia bandos delas. Seis ou sete apenas no Hotel Lenox."

Uma vez por semana, ele ia ao Harlem para visitar Fayne Pridgon, que o acolheu quando chegou a Nova York – ele a chamava de "tia Fayne", embora ela fosse apenas dois anos mais velha que ele e nunca tivesse se parecido com uma tia. Evidentemente, ele ainda tinha uma vida no Harlem, mantida bem separada da que tinha no Village.

Para suplementar a merreca que ganhava no Café Wha?, ele fazia várias apresentações em outros clubes, por outras merrecas, e às vezes até tocava na rua, com Linda o acompanhando na gaita. Essas apresentações de rua trouxeram de volta sua timidez para cantar, então ele pediu que Linda usasse sua voz, adaptando as letras (como em "I'm a Man", de Muddy Waters) quando necessário.

Foi um verão com sol e música pop branca gloriosos, algo que o rebatizado Jimi absorveu com deleite e ansiava para reproduzir no palco: os discos *Revolver*, dos Beatles, e *Aftermath*, dos Stones, além de canções como "Good Vibrations", dos Beach Boys, "Monday Monday", do The Mamas and the Papas, e "Summer in the City", do Lovin' Spoonful, tudo acrescentado aos mesmos sons de buzinas de táxis e brocas de construção que ele ouvia pela sua janela. Linda comentou: "Mas, no Lenox ou no apartamento, ele nunca tocava nada que não fosse blues. Às vezes, ficava deprimido porque se sentia deixado para trás por tudo que estava acontecendo na música, além de ter mudanças de humor muito repentinas e extremas. Várias vezes pensei que ele poderia ter sido diagnosticado como bipolar. No entanto, se ele tinha um lado sombrio, como outras pessoas já mencionaram, eu nunca vi".

Roberta Goldstein, a amiga de Linda, era filha do coproprietário de um hotel nas montanhas Catskill, ao norte do estado de Nova York, uma área de resorts com uma clientela composta de judeus em sua maioria, o que rendia à sua cozinha da Europa Central o apelido de "Borscht Belt". Ao contrário do Chitlin' Circuit, o entretenimento do local consistia principalmente de orquestras comportadas e alguns dos comediantes mais engraçados que já existiram.

Quando o calor da cidade se tornou intolerável, Jimi e Linda acompanharam Roberta e Mark em uma viagem para os Catskills – apesar de obviamente não haver qualquer chance de Jimi se hospedar no Concord, o hotel do Sr. Goldstein. "Ninguém no hotel gostava do fato de que ele estava conosco", Linda recordou. "Mas estávamos chapados demais para nos importarmos."

Em agosto, os Rolling Stones acabaram sua turnê e voltaram a Nova York, colocando Linda em um dilema desconfortável. Com Keith Richards de volta, era claramente aconselhável minimizar seu envolvimento com Jimi, por mais que ele fosse inocente. Por outro lado, ela estava muito ansiosa para sugeri-lo como um possível contrato para o empresário dos Rolling Stones, Andrew Loog Oldham.

Oldham, que tinha 19 anos em 1963, agiu como um gênio do marketing ao pegar aquela banda de blues inofensiva e transformá-la na antítese do entretenimento fofinho para toda a família que os Beatles representavam – justamente na contramão do que o empresário deles, Brian Epstein, havia feito ao levá-los para a direção oposta daquele início descolado com roupas de couro preto. Oldham também conseguiu convencer Mick Jagger, um mero estudante da London School of Economics, de que ele conseguiria ganhar uma fortuna fingindo ser o diabo encarnado. Desde então, Oldham tinha se tornado o primeiro magnata do pop britânico, criando seu próprio selo, Immediate, com o slogan "*Proud to be part of the Industry of Human Happiness*" ["Orgulhoso por fazer parte da Indústria da Felicidade Humana"].

Linda persuadiu Oldham a assistir à apresentação de Jimi no Café Au Go Go, mas aquele acabou não se provando o mesmo momento de epifania que ele havia sentido quando viu os Stones no Station Hotel, em Richmond. Ele acreditava que contratar um guitarrista com um virtuosismo tão óbvio poderia gerar problemas, não apenas com Keith, mas com o guitarrista solo oficial dos Stones, Brian Jones. Quando Jimi continuou a falar com Linda do palco, Oldham também sentiu um ar de intimidade com cheiro de perigo. Como ele escreveu em sua autobiografia, *Stoned*, "Keith era o tipo de cara que realmente poderia matar alguém envolvido com sua namorada".

Linda tentou novamente com Seymour Stein, fundador do selo Sire, que talvez pudesse sentir alguma espécie de afinidade com um ex-integrante do Curtis Knight and the Squires. Stein concordou em assistir a Jimi no Café Au Go Go, mas infelizmente foi na mesma noite que ele decidiu experimentar um novo efeito sonoro extremo, tocando com as cordas da Stratocaster apoiadas no seu amplificador e criando um *feedback* ensurdecedor. Linda ficou horrorizada com esse abuso da guitarra de Keith, o que gerou uma discussão furiosa entre ela e Jimmy, durante a qual Stein fugiu discretamente.

Os Stones não eram os únicos invasores britânicos em Nova York naquele momento. Os Animals também estavam em uma turnê mundial que ainda duraria mais um mês.

Os Animals eram o produto de uma frenética busca por talentos musicais em cidades do norte da Inglaterra, seguindo a descoberta dos Beatles em Liverpool. Eles eram de Newcastle upon Tyne, o principal porto do nordeste da Inglaterra, assim como Liverpool era do noroeste, cuja população, conhecida como "Geordies", tinha um sotaque e um dialeto tão únicos quanto o "Scouse" de Liverpool e cuja juventude favorecia um R&B tão puro quanto o carvão minerado em seu interior.

Em 1964, eles gravaram uma versão para "The House of the Rising Sun", um antigo blues sobre um bordel de Nova Orleans que era um clássico entre cantores de folk, de Woody Guthrie a Dave Van Ronk. Minimalista, começando com uma guitarra elétrica e um vocal igualmente banhado pelo calor do Mississippi e pelo nevoeiro do rio Tyne, depois progredindo para um solo de órgão maníaco, o *single* os tornou a primeira banda britânica após os Beatles a chegar no primeiro lugar das paradas americanas. Ter escutado a canção por acaso no rádio do carro (após já tê-la gravado em seu formato tradicional) foi o que fez Bob Dylan mudar para um som elétrico.

Ao contrário dos Beatles, cuja unidade sempre os ajudou a lidar com as pressões de uma fama repentina e vertiginosa, os Animals – citando seu vocalista, Eric Burdon – "foram projetados como uma granada de fragmentação". Quase imediatamente, estabeleceu-se um conflito entre Burdon, que queria ficar perto de suas raízes de R&B, e o tecladista Alan Price, que apoiava uma mudança para o pop mais comercial, da mesma forma que tinham feito outros ex-puristas, como os Stones e o Manfred Mann.

Em todas as bandas, o dinheiro tende a ser uma questão delicada, mas com os Animals já havia se tornado uma ferida gangrenosa. "The House of the Rising Sun" estava em domínio público há muito tempo, portanto todos os integrantes acreditavam ter direitos iguais aos *royalties* do arranjo criado em conjunto. Ainda assim, Price (que já tinha saído da banda para seguir carreira solo) acabou recebendo o crédito como único arranjador, coletando assim todos os pagamentos.

Além disso, havia uma crescente suspeita quanto à honestidade de seu empresário, Mike Jeffery, que também era proprietário de um clube em Newcastle. Após a sequência de sucessos atrás de "The House of the Rising Sun" e uma média de 300 shows por ano, nenhum deles sentia que tinha ficado sequer um centavo mais rico. O baterista John Steel foi o próximo a largar a banda, desiludido, sendo seguido por Eric Burdon e o baixista Chas Chandler que, no meio da turnê mundial em 1966, chegaram à conclusão de que também estavam fartos.

Chandler era alto, gordinho e tinha uma leve semelhança com Paul McCartney, mas não alimentava esperanças de ter uma carreira solo. Ao invés disso, decidiu imitar Mickie Most, produtor dos discos dos Animals, que também tinha sido um cantor pop e conseguiu capturar o espírito bruto de "The House of the Rising Sun" em apenas uma tomada. Desde então, essa função dupla de produtor/empresário havia dado a Most uma participação importante na segunda onda da Invasão Britânica, com artistas como Herman's Hermits e Donovan.

Uma noite, seguindo a costumeira camaradagem das bandas britânicas, os Rolling Stones e os Animals se divertiam no mesmo clube, onde Linda Keith estava sentada em frente a Chandler. "Chas estava dizendo que queria mudar de ramo, trabalhar como empresário de artistas, mas precisava encontrar alguém para gerenciar", ela lembrou. "Então eu disse: 'Conheço a pessoa perfeita para você'."

Determinada a não deixar nada estragar aquele teste, Linda levou Chandler para ver Jimi and the Blue Flames em um show no meio da tarde no Café Wha?. Era um horário em que quase ninguém estaria lá para reparar que um integrante dos Animals estava na plateia e, possivelmente, gerar uma distração.

Jimi já tinha sido avisado e foi ao nível máximo com seu repertório de *covers* transformadas. "Hey Joe", do cantor-compositor Tim Rose – que ocasionalmente também se apresentava no Wha? –, trazia um típico tema do blues, um amor traído resultando em vingança com uma arma fatal. No entanto, inusitadamente, ele alternava entre a voz do assassino que "*shot his old lady down*" ["atirou em sua amada"] e as palavras do amigo que conseguiu extrair a confissão sem remorsos do crime. A primeira gravação que Jimi ouviu dessa canção havia sido feita pela banda de country-rock Leaves, acelerada em comparação à versão original e angustiada de Rose, fazendo-a soar verdadeiramente animada.

Naquela nova roupagem para "Hey Joe", Jimi substituiu o estilo country que Rose tinha de palhetar as cordas por uma batida rock quase sonâmbula. Sua voz – tranquila e aveludada, muito diferente de um cantor de R&B tradicional – alternava entre interrogação e confissão num tom de conversa, quase informal, aumentando de certo modo a brutalidade da história contada. Então, quando o diálogo parecia estar em seu ponto mais sombrio, ele ergueu a Stratocaster branca de Keith até seu rosto, na horizontal, e produziu um solo lírico e ondulante com os dedos que ele possivelmente nem conseguia ver e nenhuma palheta além dos dentes.

"Isso é absurdo", Chandler comentou para Linda, maravilhado, em seu sotaque de Tyneside. "Por que ninguém contratou este cara ainda?"

O erro logo foi consertado. Quando Jimi saiu do palco, uma oferta o aguardava: tornar-se o primeiro artista contratado pelo empresário Chas Chandler, o baixista mais famoso do mundo depois de Paul McCartney. Já que Chandler, como o próprio admitia, não tinha um pé firme na indústria musical americana, isso implicaria em levar Jimi à Inglaterra, onde ficaria por um período indeterminado.

Embora Jimi estivesse fascinado pelo furor da mídia com a Swinging London, ir até lá era uma ideia intimidadora, especialmente porque os planos de Chandler não incluíam os Blue Flames. Se as coisas não dessem certo, ele ficaria sozinho numa terra de estranhos com sotaques excêntricos. O que fez ele tomar a decisão foi a chance de se aproximar dos guitarristas espetaculares que tinha ouvido em discos de R&B britânicos. "Ele queria muito conhecer Eric Clapton", Linda recordou. "Eric era seu ídolo."

De qualquer forma, nada poderia acontecer até Chandler encerrar a turnê de despedida dos Animals, dali a um mês. Tendo se entendido de imediato, os dois julgaram que um simples aperto de mão era o bastante para oficializar o acordo.

Chandler chegou num momento oportuno, pois comentários sobre Jimi estavam se espalhando de boca em boca. Mike Bloomfield, até aquele momento considerado o melhor guitarrista de Nova York, também foi ao Café Wha? para vê-lo tocar. "[Ele] sabia quem eu era e, naquele dia, na frente dos meus olhos, me destruiu", Bloomfield rememorou. "Bombas nucleares estavam explodindo, mísseis estavam voando... Não consigo explicar os sons que ele conseguia fazer." A experiência foi tão inquietante que Bloomfield cancelou seu próximo show, sendo substituído por Richie Havens.

Enquanto esperava Chandler, Jimi recebeu um convite para tocar com a banda de John Hammond Jr. no principal concorrente do Wha?, o irregularmente afrancesado Café Au Go Go. Em uma noite no local, Hammond trouxe seu pai, o respeitado produtor da Columbia Records cuja sequência de descobertas antes de Dylan ia de Billie Holiday a Aretha

Franklin (e alcançaria um pico ainda maior na década seguinte com Bruce Springsteen). Mas os olhos do Sr. Hammond para novos talentos pareciam estar com catarata, e ele não percebeu nada de especial no Au Go Go.

Linda Keith não estava presente para testemunhar isso. Ela temia repercussões por conta da Stratocaster surrupiada para Jimi e que, de alguma forma, ainda não tinha voltado às mãos de Keith Richards. Ele, no entanto, não parecia sentir falta da guitarra, mas tinha erroneamente acusado Linda de estar em um envolvimento romântico com Jimi. Como resultado, o casal se separou.

E não foi só isso: num acesso de puritanismo que poucos esperariam de um selvagem Rolling Stone, ele disse ao pai de Linda que ela estava seguindo "um caminho sombrio com um negro viciado em drogas" e pagou para Alan Keith voar até Nova York e levá-la de volta para casa. "Eu estava me divertindo perto do palco, como sempre, quando um homem parecido com o meu pai entrou lá – e realmente era ele", recordou. "Ele estava muito agitado, então precisei levá-lo para casa ao invés de ele me levar." Ela imediatamente saiu do clube com Alan, deixando para sua amiga Roberta a missão de informar o ocorrido a Jimi.

De volta a Londres, o fato de ela ainda não ter 21 anos permitiu que seu pai a transformasse em tutelada, confiscando seu passaporte para impedi-la de viajar para o exterior durante os meses que restavam até atingir a maioridade.

Ela nunca conseguiu explicar ao "negro viciado em drogas" o que tinha acontecido, e ele continuou alegremente alheio a todo o drama. "Roberta disse que, quando foi aos bastidores, Jimi estava conferindo seu cabelo no espelho e perguntando: 'Estou bem?', como se estivesse prestes a conhecer meu pai em circunstâncias completamente normais."

6

"SINCERAMENTE, CHAS... ELE É QUASE BOM DEMAIS"

Qualquer pessoa que conheça o filme cult de 1971 chamado *Carter, o Vingador*, estrelando Michael Caine como Jack Carter, um londrino elegante na suja Newcastle upon Tyne, consegue facilmente imaginar Mike Jeffery. Carter optava pelos mesmos ternos em azul escuro que Jeffery, gostava de ter as mesmas conexões com figuras sinistras do submundo, conseguia fazer o mesmo olhar frio e cruel quando necessário e teve a mesma morte violenta e prematura.

Poucos aspectos do jovem Frank Michael Jeffery profetizavam seu futuro como empresário – ou, como alguns dizem, um péssimo gestor – de um talento musical superlativo. Ele nasceu em Peckham, sul de Londres, em 1933, de pais que trabalhavam na agência distribuidora de correspondências. Tendo recebido uma educação pública padrão, encerrou seus estudos aos 16 anos sem qualquer qualificação acadêmica. Seu pai esperava que o jovem pudesse manter a tradição familiar e se tornar carteiro, mas sua mente estava noutro rumo. Ele era fascinado por explosivos e obcecado por armas.

Após dois anos como funcionário da empresa petrolífera Mobil, o curso de sua vida foi dramaticamente alterado: ele foi recrutado pelo exército por dois anos, tendo depois optado ficar por lá. Como sabia falar russo, foi transferido para o Centro de Inteligência e enviado ao porto italiano de Trieste, local que, nos anos 1950, ficava espremido entre a Iugoslávia comunista e o Ocidente capitalista, sendo assim um possível foco de uma eventual Terceira Guerra Mundial.

Alguns anos depois, ele descreveu para sua namorada, Jenny Clarke, ter participado de uma operação confidencial durante a qual assassinou um sentinela comunista. Como prova, mostrou a ela uma foto da família do guarda que ele tinha tirado de seu corpo e guardado na carteira. Nunca se soube se a foto era uma espécie de troféu doentio ou um símbolo de seu remorso.

Quando saiu do exército, ele se matriculou como aluno adulto na Newcastle University e começou a trabalhar com divulgação de jazz, abrindo um clube dedicado ao gênero, o Downbeat, e uma cafeteria chamada Marimba, que ficava embaixo de outro clube de música e dança, o El Toro. Em 1961, o Marimba e o El Toro foram destruídos por um incêndio misterioso, sem qualquer cliente dentro. Apesar de muitos suspeitarem que Jeffery mandou alguém botar fogo no lugar, a seguradora pagou o que devia sem qualquer reclamação, e ele usou o dinheiro do seguro para abrir uma casa de shows *beat* na Percy Street, chamada Club A' Go Go.

Uma flexibilização das leis britânicas referentes a jogos de azar no início dos anos 1960 permitiu que os cassinos se proliferassem pelo país, desde que fossem clubes exclusivos para sócios. De repente, Newcastle não era mais associada a estaleiros e boinas, mas a clubes noturnos com nomes exóticos como o Dolce Vita e o Club A' Go Go. Em 1963, Jeffery e seu sócio, Ray Grehan, tiveram de pagar uma multa pesada após um policial à paisana descobrir que sua roleta estava viciada.

Em uma cidade durona, o Club A' Go Go se tornou famoso pela ferocidade de seu porteiro, Dave Findlay, um homem impiedoso que mantinha a ordem com ajuda de um machado – e que inspirou um dos mafiosos em *Carter, o Vingador*. Reza a lenda que a escada de entrada do clube foi pintada de vermelho escarlate para que as manchas de sangue causadas por Findlay não ficassem evidentes.

O próprio Jeffery tinha um ar de gângster, sempre usando óculos escuros – embora fosse genuinamente míope – e mantendo um revólver Colt 45 na gaveta de sua escrivaninha, fato que surgiu com a acusação de ele não ter licença para portar a arma.

Ex-sócios se recordam dele tratando o Club A' Go Go como seu cofre particular. Quando Ray Grehan verificou o faturamento do cassino após uma noite próspera, descobriu que não havia dinheiro em espécie. Um crupiê explicou que Mike já tinha embolsado tudo, "do mesmo jeito que ele faz todas as noites". Sua namorada na época, Jenny Clark, recordou: "Todo o faturamento era gasto até o fim do dia seguinte. Mike gostava de seus Morgans e Aston Martins". Sua conduta no negócio de lazer foi um presságio de sua carreira como empresário de artistas do pop. "Mike não acreditava em pagar pelas coisas", um antigo funcionário comentou, "e estava eternamente fugindo de pessoas cobrando dívidas."

Não levou muito tempo até os lucrativos salões de jogos de Tyneside atraírem o interesse dos criminosos mais temidos de Londres, os irmãos Kray. Certa noite, os gêmeos Reggie e Ronnie apareceram no Club A' Go Go para anunciar que estavam assumindo o controle. Como Jeffery posteriormente relatou à sua assistente pessoal, Trixi Sullivan, ele gerenciou a crise com uma combinação de calma e audácia. "Os irmãos Kray foram até ele e falaram: 'Ei, por que você está usando estes óculos escuros de maricas?'. Mike ergueu seus óculos e respondeu: 'Porque sou cego'. Os irmãos eram sensíveis quando se tratava de mulheres ou pessoas com alguma deficiência. Eles então disseram: 'Ah, sinto muito, cara', e nunca mais o incomodaram."

Os Animals caíram no colo de Jeffery como a resposta lógica do porto do nordeste (Newcastle) ao que saía do porto do noroeste (Liverpool), como os Beatles e o Mersey Sound. Da mesma forma que os Beatles atuavam no Cavern Club, os Animals se tornaram a banda da casa no Club A' Go Go. Jeffery atuou como seu empresário, levando-os a encontrar uma plateia local no sul, depois nacional e finalmente internacional, quando encaminhou-os a Londres para gravar o sucesso "The House of the Rising Sun" em apenas um *take*, produzido por Mickie Most.

Inteligente o suficiente para reconhecer sua falta de experiência em gerenciar artistas pop, Jeffery inicialmente formou uma parceria com o agente de talentos Don Arden, uma figura aterrorizante, notório por pendurar seus rivais de negócios pelos calcanhares para fora de janelas. Nessa área, ele não precisava aprender nada com o chamado "Al Capone do Pop". "O treinamento de Mike no exército tinha deixado ele forte", Trixi Sullivan comentou. "Eu nunca o vi usar violência física em ninguém, mas ele não precisava. Sabia deixar as pessoas morrendo de medo sem encostar nelas."

Sua principal diferença em relação a Brian Epstein, dos Beatles, e a Andrew Loog Oldham, dos Stones, era que ele não buscava publicidade para si próprio. Com seus ternos sob medida e óculos escuros, mantinha o anonimato que havia cultivado como integrante do centro de inteligência do exército. Utilizando outra antiga tática militar, ele registrou a contabilidade da sua empresa em russo, deixando-a incompreensível para os fiscais.

Apesar de ser empresário do terceiro maior grupo pop da Inglaterra, Jeffery ainda mantinha o Club A' Go Go – e foi além. A ilha espanhola de Maiorca havia se tornado um destino muito popular para britânicos em férias, que antigamente não se aventurariam para além de Bognor ou Margate. Jeffery adquiriu parte da primeira discoteca da ilha, a Zhivago, e de uma boutique de roupas. Se os seus sócios em Maiorca começassem a causar problemas para ele, o tenebroso segurança do Club A' Go Go, Dave Findlay, e seu irmão mais novo e igualmente assustador, Tommy, viajariam de Newcastle até a ilha para ajudar.

Tendo em vista o cronograma brutal de trabalho que Jeffery havia criado, o único consolo dos Animals era imaginar que seus ganhos estavam se acumulando em alguma empresa *offshore* que os protegeria das ferrenhas exigências fiscais que tinham afetado tanto os Beatles quanto os Stones. Eles acreditavam que Jeffery estava enviando o dinheiro para uma empresa chamada Yameta, em Nassau, capital das Bahamas, o que deixava os fundos além do alcance do Internal Revenue Service (IRS), o serviço responsável por tributos nos EUA. Naquela época, as Bahamas permitiam que centenas de empresas desse tipo operassem em sigilo quase absoluto, sem obrigação de revelar sua propriedade ou divulgar sua contabilidade. Enquanto isso, no Reino Unido, ninguém questionava o ato "antipatriota" de evasão fiscal.

A ideia desse monte de dinheiro invulnerável em uma ilha paradisíaca foi o que sustentou os rapazes inocentes de Newcastle enquanto eles trabalhavam na Inglaterra, na América e em outros lugares do mundo. No entanto, em três anos, a máquina caça-níqueis das Bahamas não tinha soltado um prêmio sequer, convencendo os Animals de que seu elegante e singelo empresário estava roubando todo o seu dinheiro.

Trixi Sullivan, que trabalhou de perto com Jeffery de meados dos anos 1960 até o começo dos anos 1970, rejeita a visão amplamente difundida dele como um dos piores predadores do ramo.

"Eu nunca fiquei sabendo de qualquer ocasião em que Mike sacaneou um de seus artistas. Em casos assim, é necessário perguntar: 'Para começar, quem era o dono do dinheiro?'. O empresário fornece o capital para iniciar a banda, e foi o que Mike fez com os Animals; ele paga pelo escritório, pelas roupas, pelos instrumentos, pelo transporte, pelos *roadies*. Aí eles continuam pedindo dinheiro a ele o tempo todo... 'Eu preciso pagar o aluguel'... 'Minha namorada precisa de um aborto'. Nenhum deles se lembra de coisas assim.

"Digamos que eles são quatro músicos e recebam 100 mil libras. Eles pensam: 'Ah, é 25 mil para cada um'. Nunca levam em consideração todas as despesas que precisam sair disso: a porcentagem do *promoter*, o custo dos carros, hotéis, contas de serviço de quarto. Depois, o próprio empresário provavelmente vai ser roubado, até ficar sem nada, pelas gravadoras, pelos contadores e pelos contabilistas. No final das contas, não sobra muito desses 100 mil para distribuir."

Chas Chandler era o crítico mais ferrenho de Jeffery nos Animals, tendo a certa altura ido a Nassau para averiguar o tamanho de sua pilha de dinheiro e descobrir que o banco que supostamente o guardava tinha ido à falência. Ainda assim, em sua primeira empreitada como gestor, Chandler precisava do apoio de uma organização profissional, sendo a de

Jeffery a única disponível. Ademais, dois outros ex-Animals, Eric Burdon e Alan Price, já estavam seguindo essa mesma filosofia de "antes um mal conhecido que um bem desconhecido" em suas carreiras solo.

Desse modo, Chandler foi direto a Jeffery – que tinha um escritório em Nova York – e o levou ao Café Wha?, sugerindo que ambos fizessem uma sociedade para empresariar Jimi. Jeffery concordou desde que Chandler cuidasse das gravações, ramo que ele dominava melhor, enquanto ele lidaria com os negócios, o que efetivamente o tornava sócio sênior.

"Mike era muito inteligente e ótimo para fazer negócios", Trixi Sullivan comentou. "Até daria para dizer que ele era estúpido em relação ao fato de nunca planejar nada. Mas ninguém da indústria pop fazia planos naquela época. Era um negócio tão novo que ninguém acreditava que duraria mais que alguns meses. 'Esses músicos de pop', as pessoas pensavam. 'São uma moda passageira; temos de lucrar ao máximo com eles enquanto podemos'. Mike estava improvisando."

No caso desse músico em questão, "hoje aqui, amanhã se foi" descrevia como praticamente todos os seus novos patrocinadores britânicos e brancos o encarariam.

No sábado, 24 de setembro de 1966 – ou pelo menos é isso que informa a maioria dos relatos da carreira de Jimi – ele pousou no aeroporto de Heathrow, em Londres, após pegar um voo noturno da Pan Am em Nova York, acompanhado por Chas Chandler e pelo gerente de turnê dos Animals, Terry McVay. Ele levou consigo apenas uma pequena bolsa de viagem e 40 dólares que pegou emprestados de um amigo do Village, o baterista Charles Otis. Na adrenalina de última hora para conseguir um passaporte, ele não avisou seu pai e seu irmão sobre o que tinha acontecido ou para onde estava indo.

Esperando no saguão de desembarque estavam dois integrantes da organização de Mike Jeffery: um *roadie*, que não seria necessário, e o publicitário dos Animals, Tony Garland, que certamente seria. Ninguém havia garantido um visto de trabalho para Jimi, de modo que a missão de Garland era fazê-lo passar pela imigração e pela alfândega sem o documento. Com toda sua lábia, o relações-públicas conseguiu fazer Jimi parecer uma estrela famosa dos EUA que só tinha ido à Inglaterra para pegar seus *royalties* com um *promoter* do país. Mesmo assim, o carimbo de entrada em seu novo passaporte foi cancelado, depois restituído, e ele ficou retido por duas horas antes de receber apenas um visto de visitante, com duração de sete dias e que o proibia de trabalhar durante esse tempo.

Chandler e Jeffery tinham previsto que algo do tipo poderia acontecer e fizeram planos apropriados. Já que Jimi não poderia ter um show de estreia formal, ele seria discretamente colocado em circulação nos clubes frequentados pelos principais nomes e formadores de opinião do pop em Londres, tocando solo ou com as bandas das casas, de graça. Se alguma autoridade da imigração questionasse a prática, ele poderia argumentar que estava se apresentando como uma atividade de lazer, não trabalho.

A duradoura mitologia a respeito de Hendrix diz que ele tocou no clube mais chique de Londres já em sua primeira noite. No entanto, parece que Chandler não conseguiu colocá-lo em lugar algum nos próximos três dias, quando já restava pouco tempo em seu visto de visitante.

Foi agendada uma apresentação no hotel Hyde Park Towers, na Inverness Terrace, Bayswater – por acaso, a poucas ruas do local onde, após a incrível jornada de quatro anos que estava começando, ele encontraria sua bizarra e solitária morte.

Como a maioria dos hotéis em Bayswater, o Hyde Park Towers era um sobrado vitoriano convertido – não tinha qualquer "torre", nem uma vista para o Hyde Park –, sendo voltado principalmente para grupos de turistas americanos e australianos. Enquanto Jimi fazia seu *check-in*, Chandler avistou um hóspede que ele conhecia bem e que ficou muito feliz de encontrar ali – um galês chamado Rod Harrod, que gerenciava o famoso clube Scotch of St. James. "Chas estava com um cara extravagante, que ele tinha acabado de trazer de Nova York, e mencionou que era um guitarrista brilhante", Harrod lembrou. "Eu nunca tinha ouvido falar dele, nem o visto tocar, então apenas disse: 'Acredito em você, Chas'."

Também esperando no Hyde Park Towers estava Linda Keith, cuja situação de tutelada a impedia de viajar para o exterior, mas não a proibia de se associar com o suposto "negro viciado em drogas" na Inglaterra. Ela já tinha rompido com Keith Richards e, ao saber da chegada de Jimi, reservou seu próprio quarto no Hyde Park Towers, com a esperança de começar o relacionamento "de verdade" que nunca tiveram em Nova York. "Eu tive pouco tempo para falar com ele", ela recordou. "Chas logo o levou para outro lugar."

Antes que Jimi pudesse dar mais um passo, Chandler tinha uma questão urgente para resolver. A Fender Stratocaster branca, que nunca tinha voltado às mãos de Keith Richards, tinha sumido – se estava perdida, roubada ou em alguma casa de penhores à espera de ser resgatada, nunca se saberia ao certo. Após gastar com as passagens aéreas e com o hotel, Chandler não tinha dinheiro para comprar um novo instrumento para Jimi, então a única alternativa era seguir o exemplo de Linda e pegar um emprestado.

O músico amigo com maior probabilidade de topar isso de última hora era Zoot Money, que Jimi razoavelmente poderia imaginar ser outro refugiado do Chitlin' Circuit. No entanto, Money – seu sobrenome real, embora "Zoot" tenha substituído "George" – era um pioneiro do movimento do R&B branco na Inglaterra, levando sua igualmente branquela, porém cheia de soul, Big Roll Band a uma quantidade infindável de clubes pelo país, apesar de raras vezes ter entrado nas paradas musicais.

Chandler então levou Jimi até a Gunsterstone Road, West Kensington, onde Money morava com sua esposa Ronni, nascida em Glasgow, além de outros inquilinos. O porão era ocupado pelo guitarrista da Big Roll Band, Andy Summers, que encontraria a fama nos anos 1970 com o The Police. Compartilhando um quarto no andar de cima estavam duas jovens de vida social agitada: Angie King, que posteriormente se casaria com Eric Burdon, e Kathy Etchingham.

Kathy, de 20 anos, tinha fugido de um lar caótico em Derby aos 16 e logo foi absorvida pela Swinging London, primeiro como garçonete de um bar especializado em omeletes chamado Golden Egg, depois como DJ no restaurante e discoteca Cromwellian, onde sua beleza esbelta e elegância natural logo chamaram atenção. Ela fumou seu primeiro baseado na casa de Georgie Fame e teve breves casos com o baterista maníaco do The Who, Keith Moon, e com Brian Jones, dos Rolling Stones.

Quando Jimi apareceu na porta de entrada com Chas Chandler, Kathy estava no andar de cima, dormindo, após uma noite trabalhando como DJ. Ronni Money a chamou com a falta de delicadeza típica de quem é de Glasgow, dizendo que ela precisava descer e ver aquele "cara selvagem de Bornéu", mas ela respondeu que estava cansada demais e que o veria depois, no Scotch.

Aquele homem sentado em silêncio na sala de estar de Money era qualquer coisa, exceto "selvagem" (e, ao contrário do que a lenda diz, eles não começaram instantaneamente uma *jam*). "Ele era muito tímido e educado, mas, como qualquer guitarrista, ficava um pouco desconfortável de passar um tempo sem tocar. Eu peguei minha guitarra de ensaio para ele, uma Wandre italiana, com a qual ele foi brilhante, apesar de ela ser para destro e ele ser canhoto. Eu disse que ele poderia pegá-la emprestada naquela noite, mas Chas já tinha ligado para alguém que tinha uma guitarra mais apropriada para ele."

Zoot ficou surpreso com sua atitude desapegada com guitarras – muito diferente dos dias em que ele as abraçava como naninhas. "Todos os outros guitarristas que eu conhecia ficavam obcecados com suas guitarras, lhes atribuíam nomes humanos ou as chamavam de 'meu bebê'. No entanto, todas as vezes que vi Jimi depois disso, parecia que ele sempre estava com uma guitarra emprestada, sem se importar com que tipo era. Acho que ele precisava ter essa atitude para começar a quebrá-las."

De volta ao Hyde Park Towers, enquanto Jimi dormia para se recuperar do *jet lag*, Chandler tentava convencer Rod Harrod a ceder uma vaga no clube Scotch of St. James. "Ele ficou falando sem parar comigo", disse Harrod (que insiste que Jimi chegou na quinta-feira, 22 de setembro, não no sábado, dia 24). "Finalmente, eu disse: 'OK, Chas, mas não posso fazer no fim de semana – vai ter de ser na segunda-feira'. Seu visto temporário acabava naquela semana e Chas não tinha mais shows marcados para ele, então, se não fosse por mim, provavelmente não existiria um Jimi Hendrix."

O Scotch ficava próximo ao palácio mais antigo de Londres, o St. James, onde embaixadores de outros países formalmente apresentam suas credenciais para a Coroa. "Scotch" ["escocês" ou "uísque escocês"] se referia tanto à sua decoração em xadrez quanto à bebida favorita de sua jovem clientela, servida de garrafas em miniatura, como em aviões, e suavizada por Coca-Cola.

Como todos os clubes da moda, era subterrâneo, minúsculo e escuro, mas abrigava mais estrelas do pop por metro quadrado de escuridão que qualquer um de seus principais concorrentes, como o Speakeasy, o Cromwellian, o Bag O'Nails ou o Blaises. Em sua noite de abertura, naquele mesmo verão, Harrod tinha contado "três Beatles, três Rolling Stones, dois Who e dois Kinks".

No entanto, na segunda-feira em que Jimi estreou, poucas figuras influentes apareceram no local. Posteriormente, Paul McCartney alegou que estava lá, incógnito; Harrod trata essa informação com ceticismo, embora fosse perfeitamente possível. Perto dali ficava a galeria de arte e livraria chamada Indica, com a qual McCartney estava intensamente envolvido – e onde, algumas semanas antes, John Lennon tinha encontrado pela primeira vez uma obscura artista performática chamada Yoko Ono.

O Scotch se orgulhava de apresentar uma banda da casa diferente a cada semana, sendo um grupo de Carlisle, chamado VIPs, que acompanhou Jimi quando ele subiu ao palco e plugou sua guitarra emprestada em seu amplificador. Em respeito ao seu visto, ele não estava sendo pago e só teve tempo de tocar quatro músicas antes de Chas Chandler decidir não abusar da sorte e quase arrastá-lo para fora do palco. No entanto, como Rod Harrod recorda, Jimi já tinha feito o bastante para impressionar dois homens, que "foram correndo e tropeçando pelas cadeiras para tentar falar com Chas".

Eles eram Kit Lambert e Chris Stamp, coempresários do Who e exemplos vivos de como as barreiras de classe estavam desmoronando na Inglaterra. O pai de Lambert era Constant Lambert, músico e maestro que estudou em Oxford, e sua madrinha era a bailarina Margot Fonteyn. Já Stamp era filho de um capitão de barco rebocador e irmão mais jovem do ator Terence Stamp, muito popular na época.

A princípio, Lambert e Stamp queriam ser empresários de Jimi, mas Chandler e Jeffery já ocupavam essa posição. Ainda assim, eles tinham um serviço igualmente essencial a oferecer. Em meio ao processo de criar um selo musical independente, chamado Track, a dupla propôs tornar Jimi seu primeiro contrato após seus clientes, o Who. Embora o Track só fosse iniciar as operações no próximo mês de janeiro, um acordo com Chandler foi esboçado num dos guardanapos cor de vinho do Scotch.

Lamentavelmente, o desejo de Chandler por uma entrada discreta na cena dos clubes britânicos não se concretizou. Quando Linda Keith chegou, juntou-se ao grupo de amigos de Chandler, incluindo Ronni Money e Kathy Etchingham, que ela não conhecia até o momento. "Após Jimi sair do palco, percebi que estava gradualmente sendo excluída", Linda recordou. "Então ele colocou seu braço ao redor de Kathy e sorriu para mim, sentada em meu banquinho fora do círculo encantado. Aí eu disse: 'Vá se foder, Jimi', e isso iniciou uma briga enorme. A mulher que estava com Kathy [Ronni, a esposa de Zoot Money] me atacou, deu socos em mim e puxou meu cabelo, chegando até a pegar uma garrafa quebrada do bar e a apontar para minha garganta."

Assustado com a possibilidade de a briga aparecer nos jornais e revelar que Jimi estava trabalhando fora da lei, Chandler o empurrou escada acima até o *lounge* do térreo, enquanto Linda era expulsa do clube. "Ele me abandonou no exato momento e na única vez que eu precisei dele."

Mais tarde, quando Jimi saiu do clube com Kathy Etchingham, sua aventura britânica quase chegou a um fim prematuro. Alheio ao fato de que motoristas naquele país dirigiam pela esquerda, ele não viu um táxi preto londrino, com sua placa dourada que indicava disponibilidade, descendo a rua em sua direção. "Eu consegui agarrar a jaqueta dele e tirá-lo do caminho bem na hora", Kathy relembrou.

Na manhã seguinte, Linda voltou ao Hyde Park Towers em um Jaguar azul-claro que Keith Richards tinha comprado para si próprio, apesar de não saber dirigir. Ao entrar no quarto que ela tinha reservado para a esperada noite de paixão com Jimi, o encontrou na cama com Kathy Etchingham. Anos depois, a autobiografia de Kathy retrataria os dois escondidos debaixo dos lençóis enquanto aquele tornado vestindo uma minissaia passava pelo quarto recolhendo as coisas que tinha deixado lá (e que, segundo esse mesmo relato, incluía a Stratocaster branca de Keith). Linda admite que ficou "absolutamente furiosa por ele ter me abandonado na noite anterior e ficado ao lado de uma louca que parecia que ia me machucar".

A porta se fechou com um estrondo. Pouco tempo depois, ouviu-se o som do Jaguar arrancando. Jimi estava livre para começar a mais extensa coabitação que teve com uma mulher durante sua curta vida.

Agora que Chas o havia trazido para Londres, a questão era como posicioná-lo no mercado musical britânico uma vez que ele não era puramente rock, ou pop, ou soul, ou R&B, ou blues, ou country, ou folk, ou jazz, mas uma mistura de um pouco de tudo.

Imaginando que talvez o blues tradicional fosse o caminho, Chandler fez planos para ele participar de uma *jam session* em um clube chamado Les Cousins. Organizada pelo grande bluesman britânico Alexix Korner, era voltada aos participantes da edição do American Folk and Blues Festival daquele ano, que ocorreria no Royal Albert Hall. Apesar de ele provar que conseguia tocar com a mesma paixão e pureza que qualquer um daqueles veteranos, parecia ser jovem e descolado demais para acompanhá-los.

Chandler tinha muitos contatos na diversificada e opinativa imprensa musical de Londres a quem podia buscar conselhos. Talvez o mais astuto deles era Keith Altham, editor de conteúdo da *New Musical Express*. No entanto, após ver Jimi se apresentar no Scotch, até ele admitiu ficar desconcertado. “Para mim, era como ouvir algum guitarrista de jazz incrível como Wes Montgomery. Eu disse: ‘Sinceramente, Chas, acho que a maioria dos fãs de rock nem vai entender isso, porque ele é quase bom demais’.”

O rótulo que Chandler escolheu para ele inevitavelmente mencionava sua cor. Assim como o Greenwich Village o havia chamado de “Dylan negro”, em Londres ele seria o “Elvis negro”. De certa forma, era uma descrição apropriada, pois Elvis Presley tinha chegado à fama como um homem branco que conseguia cantar como um negro, enquanto Jimi fazia o processo contrário.

Quando relatou seu passado ao publicitário Tony Garland, já planejando futuros comunicados à imprensa, ele ficou admirado com a quantidade de nomes grandes com quem Jimi já tinha tocado, de Little Richard a Ike & Tina Turner. Ainda assim, parecia que ele não tinha conseguido guardar o suficiente para pelo menos comprar um par de botas que não deixasse a água entrar.

Enquanto isso, graças ao conselho de Keith Altham, Chandler estava buscando uma vaga para Jimi no jazz, em vez do pop ou do blues. Ele decidiu que sua melhor cartada seria Brian Auger, um hábil tecladista que tinha se dedicado a usar sua banda, a Brian Auger Trinity, para construir uma ponte entre dois gêneros mutuamente hostis um com o outro: o R&B e o jazz moderno.

Auger foi chamado ao escritório de Mike Jeffery, acima de um supermercado chinês na Gerrard Street, Soho, que lhe ofereceu os serviços de Jimi, tanto como cantor quanto como guitarrista solo. Auger, entretanto, planejava trabalhar com uma vocalista chamada Julie Driscoll e não pretendia substituir seu guitarrista, Vic Briggs. Ele também ficou com receio de ter qualquer envolvimento com Jeffery, que considerava “um completo vigarista”. Mas, graças à amizade com Chas, concordou que Jimi poderia tocar com o Trinity no seu próximo show no clube Blaises, em Kensington.

Foi lá que Jimi foi recepcionado muito amigavelmente por Vic Briggs, o guitarrista que Jeffery tinha sugerido retirar da banda. Briggs usava um dos enormes amplificadores Marshall recentemente desenvolvidos no Reino Unido, cuja estrutura abrigava 12 alto-falantes de seis polegadas cada, trazendo uma potência explosiva de 100 watts. Para o antigo James Marshall Hendrix, seu interesse aumentou quando descobriu que aquele monstro – apelidado de "*stack*", como se fosse algo que pudesse ser empilhado, como um fardo de feno ou livros numa biblioteca – tinha sido inventado por um ex-proprietário de uma loja de bateria chamado Jim Marshall. O bondoso Briggs disse que Jimi poderia ficar à vontade para experimentar o equipamento.

Normalmente, nem os músicos que tocavam mais alto deixavam o volume de um Marshall acima do nível 5, mas Jimi foi logo para o nível máximo, 10. "Fiquei com medo de aquilo quebrar as janelas num clube tão pequeno", Briggs recordou.

Quando Jimi subiu ao palco com Brian Auger, disse que tocariam algo chamado "Hey Joe" e explicou a sequência de acordes que parecia básica para Auger. "Mas logo que começou a tocar, pensei: 'Meu Deus!'. Com a maioria dos outros guitarristas, ainda dava para ouvir as pessoas de quem tinham aprendido, como B.B. King, Freddie King, Albert Collins, Howlin' Wolf. Mas eu nunca tinha ouvido alguém tocar daquele jeito."

Em 1º de outubro, ele alcançou sua maior ambição – o principal motivo para aceitar viajar até a Inglaterra – e conheceu Eric Clapton. Mas não foi um encontro de que seu herói se lembraria com prazer.

Na época, Clapton tinha 21 anos e detinha o título de melhor guitarrista do rock com tanta segurança quanto Wyatt Earp carregava o de gatilho mais rápido do Oeste. Alguns meses antes, enquanto ainda estava com a banda de blues mais notável da Inglaterra, John Mayall's Bluesbreakers, um fã anônimo havia pichado "CLAPTON IS GOD" ["CLAPTON É DEUS"] na parede de uma estação de metrô no norte de Londres. Nem os Beatles tinham sido, e nem seriam, tão literalmente endeusados.

Em sua vida privada, Clapton não tinha qualquer semelhança com um deus. Nascido em uma isolada vila em Surrey, ele cresceu sem mãe, assim como Jimi – nesse caso, abandonado aos dois anos por sua mãe adolescente e solteira, Pat, e entregue à sua avó, que ele tinha de fingir ser sua mãe, enquanto a fria e imprevisível Pat fazia o papel de sua irmã mais velha. Ele nunca tinha perdido a persona de uma criança traída e ferida, fazendo com que todos ao seu redor se sentissem obrigados a protegê-lo das duras realidades da vida, fosse conseguindo drogas para ele ou tirando sua carteira de motorista em seu lugar.

O blues tinha resgatado Clapton do desespero na arbórea Surrey da mesma forma que tinha ajudado qualquer escravo surrado e faminto no Mississippi. Mas o blues também tinha agido como um chicote de feitor, levando-o a replicar o som em sua forma mais pura possível, fazendo-o sair de qualquer banda que não chegasse ao nível que ele exigia. Em meio aos elogios e à fortuna de uma estrela, ele desejava ser apenas um músico de apoio comum e, assim como Jimi, relutou muito até ir ao centro do palco e cantar. De todos os mestres do blues, seu maior ídolo era Robert Johnson, cuja genialidade musical era equiparada à sua extraordinária beleza física, e que morreu ao beber um uísque envenenado com apenas 27 anos.

Clapton recentemente havia saído do John Mayall's Bluesbreakers para se unir a um grupo chamado Cream, que tinha um formato incomum de trio e já era chamado de "supergrupo", pois seu baixista, Jack Bruce, e seu baterista, Ginger Baker, vinham da altamente respeitada Graham Bond Organisation. Um dos primeiros shows do Cream foi em uma faculdade de Londres, a Polytechnic, na Great Titchfield Street. Mas havia tanto burburinho a respeito deles que muitas pessoas da indústria musical apareceram por lá, incluindo Chas Chandler com Jimi.

Aproveitando qualquer oportunidade para continuar seu processo de infiltração, Chandler perguntou se Jimi podia tocar uma música com o excepcional trio. Clapton e Jack Bruce não se opuseram à ideia; o volátil e ruivo Ginger Baker foi contra, mas a decisão da maioria prevaleceu.

Em uma infeliz coincidência, a música era "Killing Floor", de Howlin' Wolf, que Clapton tinha acabado de dominar com muita dificuldade. Agora ele a via executada não apenas sem esforço, mas em um ritmo atordoante por alguém tão bonito quanto Robert Johnson, cuja ideia de "tocar uma música" era diferente de qualquer coisa já vista em um palco de rock – ele tocou sua guitarra atrás de sua cabeça, como se estivesse espantando um morcego, depois com os dentes, como se estivesse fazendo sexo oral no instrumento, tudo sem perder uma nota sequer.

"No meio da música, Eric parou de tocar", lembrou Chas Chandler. "Ele tirou as mãos da guitarra e saiu do palco. Corri até o camarim e ele estava lá, tentando acender um cigarro com a mão trêmula. Então me disse: 'Você nunca me falou que ele era *tão* bom, caralho'."

Comentários sobre o que houve na Polytechnic logo se espalharam pelos vários outros heróis da guitarra britânicos, levando-os em massa para ver quem tinha derrotado "Deus" com tanta facilidade. Dessa vez, o clube escolhido não era o Scotch of St. James, mas o igualmente minúsculo Bag O'Nails, na Kingly Street, próximo ao Piccadilly. Terry Reid, vocalista do Peter Jay and the Jaywalkers, posteriormente recordou como ficou parado na entrada, contando os VIPs na plateia e mal acreditando no que via. "Mick Jagger estava lá... Keith Richards... Brian Jones... Paul McCartney entrou. Jeff Beck entrou. Eu pensei: 'O que é isso? Uma porra de uma convenção?'. Aí Jimi chegou, com o cabelo todo despenteado. Pegou sua Stratocaster de canhoto, toda detonada, parecia que ele tinha cortado lenha com ela.

"E ele foi ao palco, todo educado, de repente WROAWRR! Ele começou 'Wild Thing' e tudo veio abaixo. Tinha guitarristas chorando. Tiveram de limpar o chão do lugar. Ele continuou enfiando um solo atrás do outro. Dava para ver as obturações da plateia caindo. Quando ele terminou, houve silêncio. Ninguém sabia o que fazer. Todo mundo ficou bobo, completamente chocado."

7

"MEU DEUS, EU NÃO SOU MAIS DEUS"

Com um visto de trabalho de três meses na Inglaterra em mãos e finalmente podendo se apresentar com liberdade, Jimi agora precisava com urgência de uma banda para acompanhá-lo. Ele mesmo deu uma sugestão vaga sobre fazer um *revue* ao estilo Little Richard, com instrumentos de sopro, mas Chas Chandler não queria de jeito nenhum qualquer eco do Chitlin' Circuit e decretou que seguiriam estritamente o formato de banda de rock, com dois pré-requisitos essenciais. Quaisquer músicos que tocassem com Jimi deveriam ser: a) brancos; e b) não tão brilhantes quanto a atração principal, para não roubar a atenção.

Noel Redding, de 21 anos, nascido em Folkestone, Kent, tocava guitarra com o pouco conhecido grupo Loving Kind quando viajou até Londres para se candidatar a uma vaga que tinha visto anunciada no *New Musical Express*. Ao invés de seguir por conta própria quando os Animals se separaram, Eric Burdon decidiu continuar com o mesmo nome e uma formação nova. Redding, que já tinha tocado com Burdon algumas vezes, esperava ter um lugar nessa nova versão do grupo, chamada New Animals.

Ele tinha acabado de fracassar em seu teste no clube Birdland quando a porta se abriu, revelando Chandler acompanhado de um homem que Burdon posteriormente descreveu como "uma figura sinistra usando um sombrero de filme de cowboy decorado com miçangas". Burdon já tinha ouvido falar de Jimi graças a Linda Keith, além de "alguns rumores loucos sobre esse cara que passou um tempo na prisão, matou alguém e tocava a guitarra com os dentes". Após o chapéu, a próxima coisa que reparou foi a forma esquisita como ele andava. "Dava para perceber que ele tinha usado sapatos do tamanho errado quando era criança e que isso ferrou seus pés. Era como se os dedos dos pés dele fizessem um triângulo enquanto andava.

"Ele parecia ter uma cor quase roxa na escuridão daquele clube. Pegou uma guitarra e perguntou: 'Você se importa se eu tocar um pouco?', e sons incríveis começaram a ecoar pelo lugar."

Enquanto isso, a atenção de Chandler se prendia ao guitarrista que tinha acabado de fracassar na tentativa de impressionar Burdon. Como Jimi cuidava das guitarras base e solo ao mesmo tempo, ambas as funções seriam redundantes em qualquer banda que ele liderasse. No entanto, acima do rosto pequeno e com óculos de Noel Redding, estava um cabelo cacheado que naturalmente formava um afro tão volumoso quanto o de Jimi. Talvez ele não fosse perfeito em termos musicais, mas era perfeito em estilo.

De acordo com um relato posterior de Redding, ele e Jimi foram até o pub ao lado, o Duke of York, onde Jimi perguntou se ele consideraria mudar para o baixo. Quando confessou que nunca tinha tocado um, Jimi se ofereceu para ensiná-lo e pediu que ele voltasse no dia seguinte para começar a aprender o instrumento que Chandler usava nos Animals. No entanto, Kathy Etchingham contesta essa informação: "Todas as histórias do Noel tinham algo a ver com pubs. Eu estava no teste e sei que Chas e Jimi concordaram em contratá-lo no táxi que pegaram depois".

Um problema um pouco maior era encontrar um baterista que não ficasse completamente perdido em meio ao estilo de Jimi. Não faltaram candidatos, terminando com um empate técnico entre Aynsley Dunbar, do grupo Mojos, de Liverpool, e John "Mitch" Mitchell, 20 anos, de Ealing, oeste londrino, até pouco tempo antes tocando com Georgie Fame and the Blue Flames. Mitchell tinha trabalhado como ator mirim e foi integrante dos Ovaltineys, um grupo de jovens bonitinhos que faziam comerciais para a bebida achocolatada, vestindo roupões e pantufas. Ele se apaixonou pela percussão quando estava na escola e passava os sábados trabalhando na loja de bateria de Jim Marshall antes de ele inventar seus amplificadores monumentais.

Dunbar era um músico talentoso que viria a trabalhar com Frank Zappa, David Bowie e Lou Reed, enquanto Mitchell, apesar de sua constituição pequena, tinha uma enorme potência e um estilo bem próximo do jazz. Incapaz de decidir entre os dois, Jimi apostou no cara ou coroa, que deu vitória ao ex-Ovaltiney.

Um pianista chegou a ser considerado, mas Chandler e Mike Jeffery acharam melhor manter a formação "power trio", como o Cream, embora Jimi ainda ficasse desconfortável em cantar e nenhum dos outros dois tivesse muito talento nos vocais. Noel Redding recordou como as músicas que eles tocavam no início eram "praticamente instrumentais, com pouquíssimas palavras murmuradas [no microfone]". Jeffery sempre alegou ter o crédito pelo nome The Jimi Hendrix Experience, que soava similar a The Brian Auger Trinity, mas com um ar de parque de diversões ao invés de culto religioso.

A chegada de Mitch Mitchell acrescentou mais ao grupo do que uma mera percussão. Desde que experimentou o poderoso Marshall de Vic Briggs, Jimi ficava cada vez mais insatisfeito com o fraco amplificador Burns de 30 watts que Chandler tinha fornecido. Ao descobrir que Mitchell já havia trabalhado para o inventor do gigante, Jim Marshall, o fortuitamente batizado James Marshall "sem querer" destruiu o Burns, chutando-o escada abaixo. Depois, pessoalmente, fez uma encomenda do melhor que Jim Marshall tinha a oferecer para ele e Noel Redding. Marshall ficou impressionado ao descobrir que seu quase xará não estava querendo algo de graça, mas um serviço pós-venda especial.

Por acaso, esse progresso qualitativo veio em um momento oportuno. Uma das últimas apresentações "secretas" de Jimi tinha acontecido no Cromwellian, na noite em que Johnny Hallyday apareceu para jantar. Hallyday era a única estrela do rock a surgir na França, conhecido como "o Elvis francês", e muito famoso por lá (mas praticamente desconhecido no resto do mundo). Abalado com o que viu e ouviu no Cromwellian, ele convidou a Jimi Hendrix Experience para tocar com ele em quatro noites de shows em sua terra natal, começando no dia 13 de outubro.

Alguns dias após o convite de Hallyday, uma humilde banda jovem chamada Syn retornou a Londres depois de uma dura semana viajando por deprimentes casas de shows ao norte, como em Stoke-on-Trent, geralmente sob chuva torrencial. Seu baixista, Chris Squire, tinha 18 anos e viria a ser um dos pilares do mundialmente famoso Yes.

Aquela apresentação de terça-feira à noite no Marquee, o famoso clube de R&B do Soho, na Wardour Street, foi um agradável alívio para o Syn. Bandas importantes sempre tocavam no Marquee às terças, e eles iriam abrir para Cliff Bennett and the Rebel Rousers, que naquele momento tinham um *single* na sexta posição das paradas britânicas – uma versão de "Got to Get You Into My Life", dos Beatles. Preceder uma banda tão popular lhes dava o direito de receber uma pequena porcentagem dos ingressos vendidos, além de seu cachê. Para Chris Squire, isso significava ter dinheiro para comer até o fim de semana.

Quando ele chegou ao Marquee, havia uma banda desconhecida ensaiando no palco, algo que o clube raramente permitia. "O guitarrista era um cara negro, que fazia 'tan-tan-TAN' para o baixista, aí ele tocava 'tan-tan-TON', e eu queria dizer para ele: 'Não, não, é assim que se faz'. Fui até o gerente adjunto, Jack Barry, e perguntei: 'Onde estão Cliff Bennett and the Rebel Rousers?', e ele respondeu: 'Estes caras é quem são a atração principal hoje'. Eu disse: '*O quê*? Eles não conseguem tocar cinco notas juntos'."

Ele continua: "No camarim, comecei a bater papo com aquele guitarrista, a primeira conversa que eu tive com um cara negro – e foi esquisito, porque normalmente guitarristas não conversavam com baixistas. Ele ficou olhando para o meu baixo e disse: 'Ah, eu conhecia um cara em Seattle que tinha um baixo Rickenbacker', e todo o tempo eu pensando: 'Este cara tem uma banda terrível que ninguém vai querer ver'".

Perto do Marquee havia um café onde Squire e seus colegas de banda foram comer antes do show, pedindo o prato mais barato do cardápio. Enquanto eles estavam lá, observaram a fila do clube aumentar cada vez mais, passando pela vitrine do café e prosseguindo ao longo da Wardour Street.

"Eu fui até a entrada, onde Jack Barry estava recolhendo uma nota de dez xelins atrás da outra, e perguntei: 'O que está acontecendo? Quem são estes caras para quem vamos abrir?', e Jack respondeu: 'Não faço ideia. O clube só me avisou que são a atração principal'." Logo, a plateia era maior que qualquer uma que Cliff Bennett and the Rebel Rousers poderiam atrair, o que significava que o Syn receberia sua porcentagem das entradas e que Squire poderia voltar ao café e pedir uma sobremesa.

"Depois, quando subimos ao palco, olhei para as quatro primeiras fileiras e vi todos os meus maiores heróis... Pete Townshend... Keith Richards... Stevie Winwood... Eric Clapton, parecendo tipo 'Meu Deus, eu não sou mais Deus'."

Após o show do Syn, uma plateia ansiosa nas laterais do palco bloqueava o caminho de Squire de volta ao camarim, deixando-o sem escolha a não ser assistir à misteriosa atração principal do próprio palco, sentado no piano de cauda que estava atrás da bateria de Mitch Mitchell. Alguns segundos foram o suficiente para mostrar que a habilidade irregular de Noel Redding no baixo não importava nem um pouco. "Jimi me deixou de queixo caído", Squire recordou.

Mais do que isso, o rapaz tímido de 18 anos percebeu depois que parte do sexo em estado bruto que emanava de "Hey Joe", "Killing Floor", "Land of 1,000 Dances" e "Wild Thing" parecia ter esbarrado nele. "Tinha garotas no Marquee naquela noite com quem eu jamais ousaria puxar conversa. Mas, de repente, elas estavam dizendo: 'Oi, Chris... Você não estava no palco com o Jimi? Posso pagar uma bebida para você?'".

Mesmo passado todo esse tempo após atravessar o Atlântico, Jimi ainda não tinha falado para o seu pai sobre suas andanças. Sua adaptabilidade aparentemente animada mascarava o medo de que a aventura pudesse acabar cedo demais, sobrando só mais uma história de fracasso para relatar a Al. Mas agora havia tantas coisas positivas para contar que ele decidiu fazer uma ligação telefônica para Seattle diretamente do seu quarto no Hyde Park Towers, na presença de sua nova namorada, Kathy Etchingham.

Uma ligação direta do Reino Unido para os EUA naquela época ainda era uma tecnologia futurística, de modo que conectar-se com outra pessoa envolvia o intermédio de um operador britânico e outro americano. Ele ficou nervoso ao pensar no quanto aquilo poderia aumentar o custo de sua estadia, então optou por ligar a cobrar.

A futura autobiografia de Al Hendrix, *My Son Jimi*, mencionaria uma voz animada ao telefone dizendo: "Papai, parece que estou a caminho do grande momento", como se estivesse falando com o pai mais amoroso e encorajador do mundo, depois tagarelando sobre a nova forma de escrever seu nome de batismo, o baixista e o baterista que o acompanhavam e a recente e relutante decisão de assumir os vocais. "Todos aqueles outros caras cantam, apesar de não terem voz, só ficam gritando. Você sabe que eu não tenho voz, mas vou tentar também, dane-se."

Jimi não era o único com grandes notícias. Desde a última vez em que conversaram, Al tinha se casado com uma mulher nipo-americana, Ayako Jinka, conhecida como "June" – uma viúva com cinco filhos –, e se mudado para outra casa. Ele insistiu que Jimi ficou animadíssimo com o casamento e cheio de promessas extravagantes: "Vou comprar uma casa para vocês. Vou comprar isso e aquilo para vocês. O que vocês precisarem, me avisem".

No entanto, segundo a memória de Kathy, Al não acreditava que Jimi estava na Inglaterra e ele precisou passar o telefone para ela, na esperança de que seu sotaque agisse como prova. Após ser convencido, a única coisa que ele disse foi: "Diga para o meu garoto me escrever. Não vou pagar por nenhuma ligação a cobrar".

"A ligação caiu e o ânimo de Jimi simplesmente desapareceu", ela escreveu em sua autobiografia. "Naquele momento, ele parecia um garotinho magoado."

A turnê com Johnny Hallyday não começou bem. Em sua noite de estreia, no Cinema Novelty em Evreux, Normandia, a harmonia entre Noel Redding e Mitch Mitchell desapareceu por completo e até Jimi parecia nervoso com sua primeira aparição na França. Um jornal local se referiu a ele como "uma mistura ruim de James Brown com Chuck Berry".

Mesmo com o progresso das habilidades do trio no segundo e no terceiro local em que tocaram, o Nancy e o Villerupt, ficou claro que as plateias só se importavam com seu tesouro nacional. "Joní", como diziam, com seu topete à moda antiga, jeans apertados demais e uma voz tão rock 'n' roll quanto o cigarro Gitanes e o licor Pernod.

Na verdade, o maior fã de Jimi na França era o próprio "Joní". O "Elvis francês" levava a música tão a sério que, quando se uniu ao "Elvis negro" no palco para cantar "Hey Joe", ficou tão comovido que decidiu gravar sua própria versão, com a letra em francês escrita por Gilles Thibault, que também era coautor da letra de "Comme d'habitude", mais conhecida por sua tradução em inglês, chamada "My Way".

A apresentação final da turnê em 18 de outubro foi no famoso teatro Olympia, em Paris, onde até os Beatles tiveram dificuldade com o histórico preconceito da França contra qualquer forma de música popular que não fosse a do próprio país. Naquela última noite, também contaram com um show do Brian Auger Trinity, que Chas Chandler recentemente tinha tentado transformar em uma banda para o próprio Jimi.

Dois mil parisienses exigentes começaram clamando por "Joní", mas acabaram aplaudindo loucamente "Jimí", como o guitarrista solo de Auger, Vic Briggs, recordou. "Eles podiam não ter ideia de quem ele era, mas ficou óbvio que nunca tinham visto nada igual. Os franceses, que nunca foram fãs de sutileza, amavam uma demonstração de poder bruto, e foi isso que Jimi lhes deu naquela noite."

Uma semana depois, de volta a Londres, a Jimi Hendrix Experience foi ao Kingsway Studios (posteriormente renomeado como De Lane Lea) para gravar "Hey Joe" como seu *single* de estreia, com um grupo vocal feminino ao fundo, as Breakaways. Era a primeira vez de Chas Chandler como produtor e, com as habilidades de Noel Redding no baixo ainda cruas, ele voltou à antiga posição que ocupava nos Animals. O lado B era uma composição de Jimi, "Stone Free", exultando sua sensação de liberdade, como "Wild Thing" na velocidade do som:

"Stone free . . . to do what I please
Stone free . . . to ride the breeze"
["Totalmente livre... para fazer o que eu quiser
Totalmente livre... para viajar na brisa"]

Ainda se recuperando da apatia transatlântica de seu pai, ele enviou a Al um cartão postal, dizendo que teria seu disco lançado "em cerca de dois meses", claramente esperando impressioná-lo com a exótica notícia de sua viagem. "Acabamos de sair de Paris e Nancy, na França... acho que as coisas estão melhorando um pouco."

No fim de outubro, Jimi ganhou sua primeira menção na imprensa musical britânica quando o *Record Mirror* publicou: "Chas Chandler contratou e trouxe a este país um negro de 20 anos [sic] chamado Jim [sic] Hendrix que – entre outras coisas – toca guitarra com os dentes e está sendo aclamado em alguns lugares como 'a próxima sensação'".

Em inglês, a palavra utilizada pela publicação foi "*Negro*"[4], que ainda era considerada aceitável em 1966. De qualquer forma, os primeiros textos que falavam sobre a Experience quase invariavelmente se referiam à cor de sua pele, muitas vezes com termos que sugeriam um aborígene selvagem ou uma atração de circo. Ao divulgá-lo, Chandler frequentemente usava a expressão "cara selvagem de Bornéu", que tinha se originado com Ronni, a esposa de Zoot Money, em seu primeiro dia em Londres.

4 Até 1966, o termo "negro", em inglês, ainda era uma forma socialmente aceitável de se referir a um afro-americano nos EUA. No entanto, a partir daquele ano, a palavra passou a ser vista com um tom pejorativo, enquanto "black" passou a ser o termo socialmente aceitável. (N. do T.)

Por mais que hoje em dia pareça uma fala de mau gosto, era muito mais suave do que os insultos racistas com os quais Jimi já tinha se acostumado na América; de fato, ele até gostava de ouvir a expressão usada por Chandler, pois achava que o tornava mais interessante. Comentários igualmente humilhantes que ele aceitava sem queixas, sem saber bem o que significavam, incluíam "dervixe" e "Mau Mau", o nome do movimento de insurgência no Quênia colonizado pela Inglaterra nos anos 1950.

O racismo britânico era diferente do americano, pois geralmente não continha uma malícia consciente – e Jimi tendia a ignorar suas manifestações mais grotescas ao invés de criar um problema para seus novos patrocinadores brancos. Um dos piores exemplos era o programa de televisão da BBC chamado *Black and White Minstrel Show*, onde cantores brancos ficavam "pretos" para cantar músicas sobre "Mammy" e o "Swanee River", revirando os olhos e abanando as mãos em uma caricatura nauseante.

"Estávamos vendo TV na casa de Zoot Money certa vez quando o *Black and White Minstrel Show* começou", Eric Burdon recordou. "Eu olhei para Jimi para ver sua reação – e não teve nenhuma. Daquele ponto em diante, eu sabia que aquele cara era capaz de fazer qualquer coisa que precisasse para obter sucesso."

A estratégia de Paris foi seguida por uma série de shows agendados em um clube de Munique chamado Big Apple, de 8 a 11 de novembro, com uma das apresentações sendo transmitida na TV. Os adolescentes da Alemanha Ocidental foram conquistados muito mais rapidamente que os franceses, e, para aumentar o frenesi do público feminino, ele usou um cabo mais longo em sua guitarra, lhe permitindo descer do palco e andar em meio às *fräuleins* gritando enquanto ele tocava.

Uma noite, quando ele voltou ao palco com Redding e Mitchell, a multidão tentou agarrá-lo. Para proteger sua guitarra, ele a jogou para frente, no palco, mas o impacto acabou quebrando o braço dela. Impulsivamente, ele pegou o instrumento e o esmagou novamente, dessa vez com mais força. Diante disso, a plateia ficou ainda mais ensandecida, arrastando-o para fora do palco novamente – e Chas Chandler disse para ele manter aquele ato como parte do show.

O Who já quebrava seu equipamento no clímax de seus shows, algo que Pete Townshend grandiosamente chamava de "arte performática autodestrutiva". Mas, enquanto Townshend surrava suas guitarras até ficarem irreparáveis, Chandler, mais consciente com seus gastos, precisava garantir que Jimi não causasse qualquer dano sério ao instrumento, de modo que pudesse ser abusado, porém reutilizado depois.

Jimi completou 24 anos em novembro, ainda hospedado no Hyde Park Towers com Kathy Etchingham, que agora dividia o quarto com ele. O que havia começado como um caso de uma só noite acabou se tornando um relacionamento que continuaria pelos próximos dois anos e meio.

Suas respectivas infâncias problemáticas os uniram. Embora Kathy nunca tivesse chegado ao ponto de comer hambúrgueres de carne de cavalo, como Jimi e seu irmão Leon, os primeiros anos de sua vida em Derby também foram marcados pela negligência e pela falta de amor. Às vezes, Jimi falava sobre sua mãe, algo raro para ele, admitindo que ela tinha morrido de alcoolismo, mas dizendo que ela era "como uma deusa no céu, um anjo". Dez anos após o triste fim de Lucille, ele frequentemente ainda sonhava com ela e conseguia até lembrar-se do cheiro do seu perfume.

Ele também falava sobre temas mais leves, como as dificuldades do Chitlin' Circuit. Os tempos em que adquiriu o hábito de sempre carregar uma nota de um dólar em sua bota para "emergências", geralmente causadas por perder algum ônibus de turnê. Ele manteve o costume, mas agora com uma nota de libra esterlina escondida no forro de seu chapéu de cowboy preto com anéis prateados. Dentro da bota, prendeu com fita uma mecha do cabelo de Kathy, um antigo truque vodu que supostamente garantia que ela nunca o abandonaria.

A maior parte do tempo deles era passada na onerosa escuridão dos clubes onde Jimi tocava e Kathy atuava como DJ, ou na cama, onde ele instantaneamente superou os dois ex-amantes roqueiros com quem ela tinha se relacionado, Brian Jones e Keith Moon – mas isso não era, de modo algum, a única coisa que faziam juntos. Apesar de ela não estar em Londres há muito mais tempo que Jimi, tornou-se sua guia nos pontos turísticos que todo americano quer ver, como o Palácio de Buckingham, a Coluna de Nelson, o Palácio de Westminster e, como eles chamam, "a Torre do Big Ben".

Ela o levou a todos os lugares mais badalados da Swinging London, como o mercado de antiguidades ao ar livre na Portobello Road e as lojas de roupa na King's Road, do Chelsea, onde as boutiques tinham praticamente parado de diferenciar entre o inovador e o vintage – e entre o masculino e o feminino. Tais lugares deram a Jimi um novo vestuário de palco, o que irritou Chas Chandler, pois ele o pressionava a vestir algo mais parecido com os terninhos de cores suaves que Kathy usava. Com seu amor por blusas femininas de estampa florida e cachecóis leves de chiffon, seu gosto era muito mais feminino que o dela; um músico o descreveu como "aquele cara que parece que acabou de entrar no closet de uma garota e vestiu tudo o que encontrou".

A moda masculina do momento era a casaca militar vitoriana, fosse genuína, do Portobello Market, ou uma réplica da loja chamada I Was Lord Kitchener's Valet. Apesar de sua cor padrão ser o vermelho do Império Britânico, Jimi achou uma azul escuro, com tranças na frente do peito, como costelas douradas externas que subiam pela lateral quase até a altura do ombro. Evidentemente, aquilo tinha sido o uniforme de gala de algum regimento hussardo em meados da era vitoriana, mas Jimi sempre acreditou que seu antigo dono devia ter servido no Corpo Veterinário da Armada Real.

Com Chas Chandler cuidando da maioria da rotina diária de Jimi, Kathy pouco via Mike Jeffery – e quando o via, não tinha dúvidas sobre seus métodos de administração. "Eu sempre gostei de Mike: ele era muito amável e divertido, além de não parecer se importar de Jimi estar comigo. Às vezes, íamos ao apartamento na Jermyn Street, onde ele morava com a sua então esposa, Gillian. Ele falava muito sobre seus planos para Jimi e parecia ter uma boa perspectiva.

"Mike não deixava faltar dinheiro para Jimi, apesar de ele nunca se incomodar muito com suas finanças. Desde que tivesse o suficiente para comprar roupas e discos, estava feliz."

Mesmo ainda desconhecido pela maioria do público, Jimi atraía olhares por onde quer que fosse com Kathy, algumas vezes por conta de suas roupas, algumas outras porque, mesmo na Swinging London, um casal interracial ainda era uma cena incomum e longe de ser bem-vinda. O mais perto que eles chegaram de ter um guarda-costas era o próprio Chandler, que tinha 1,90 m de altura e um histórico de trabalho nos estaleiros do rio Tyne, tornando-o qualificado para a função. Um dia, enquanto os três andavam em direção ao 100 Club, em Oxford Street, dois homens musculosos com sotaques de Glasgow começaram a provocar Jimi por causa de suas roupas e a duvidar de sua heterossexualidade. Chandler derrubou o maior e mais irritante deles com um só chute.

A coleção de discos de Jimi continha os últimos lançamentos do pop e rock britânico, assim como títulos de blues e R&B e álbuns de comédia de Bill Cosby, então o mais famoso comediante negro dos EUA, que ele conseguia imitar com uma precisão impressionante. Também havia escolhas surpreendentes, como *Os Planetas*, de Gustav Holst, que chamou a atenção de Jimi graças à sua paixão pela ficção científica.

As memórias de Kathy também descrevem atividades mais inocentes que faziam na cama, como jogar Banco Imobiliário e Scrabble, ou brincar com a pista de autorama Scalextric que ele comprou para compensar todos os brinquedos que nunca teve em sua infância. Uma tarde, eles decidiram visitar a pista de patinação no gelo na Queensway, perto dali, onde demoraram até achar patins que servissem nos pés tamanho 44 de Jimi. A coordenação física do antigo atleta de escola não tinha desaparecido: logo ele estava patinando com facilidade e gostou tanto da experiência que voltou várias outras vezes. Jimi Hendrix passeando pelo gelo com seu afro, casaca de hussardo com detalhes dourados e cachecol de chiffon devia ser uma vista e tanto.

Apesar da fixação de Jimi por Kathy, Linda Keith não tinha desaparecido totalmente da vida dele após sair furiosa do Hyde Park Towers durante aqueles primeiros dias em Londres. Eles se encontravam com frequência em shows e festas, apesar de Chas Chandler fazer todos os esforços possíveis para manter Linda à distância. "Chas sempre tinha receio de mim", ela recordou. "Acho que ele tinha medo de que eu pediria dinheiro por tê-lo apresentado a Jimi."

Foi Linda quem o levou pela primeira vez até a nova boutique mais descolada do Chelsea, a Granny Takes a Trip ["Vovó Viajando"], que recebeu esse nome porque as roupas antigas que vendia para ambos os sexos logo estariam fedendo a maconha. John Pearse, cofundador da loja, lembra que Jimi sempre ia direto para a seção feminina. "Ele amava aquelas blusas bem coloridas, com mangas balonê. Comprava pilhas delas e nem se dava ao trabalho de prová-las."

Linda até ia visitá-lo no mesmo hotel no qual Kathy tinha aparentemente a substituído. Jimi disse que eles eram "irmãos de sangue" e insistiu que deveriam formalizar com um pacto, cortando seus pulsos e misturando seus sangues. "Lembro o quão nervoso ele estava enquanto fazíamos aquilo, caso Kathy chegasse de repente."

Naquele outono, enquanto Jimi ainda estava no Hyde Park Towers, Little Richard visitou a Inglaterra para se apresentar ao seu ainda fiel público do rock 'n' roll, hospedando-se no Rembrandt Hotel, em Knightsbridge, a um gramado de distância do Hyde Park Towers. Jimi havia deixado a *revue* de Richard em 1965, com um saldo de 50 dólares, que seriam muito bem-vindos àquela altura. Junto a Kathy, ele fez uma visita surpresa ao seu antigo chefe no Rembrandt, inocentemente esperando receber o dinheiro que lhe era devido.

Richard foi afável ao recebê-los em sua suíte, onde estavam as várias perucas que usava no palco, e até encomendou uma garrafa de uísque do hotel para a ocasião. No entanto, cada vez que Jimi mencionava os 50 dólares, Richard gargalhava e respondia: "Você perdeu o ônibus".

Mais tarde, enquanto Jimi e Kathy andavam por Knightsbridge em direção ao Cromwellian, um carro de polícia parou perto deles e dois policiais o confrontaram com uma truculência que ele não tinha recebido de nenhum *bobby*[5] britânico até então. Eles tinham visto sua casaca de hussardo, com seus detalhes dourados, e ficaram enfurecidos ao pensar que uma pessoa daquelas estava vestindo "um uniforme no qual um de nossos soldados morreu". Jimi alegou que ele tinha pertencido a um veterinário do exército, não envolvido em combate, mas não deu certo. Ele então tirou a casaca sem discutir mais e, assim que os policiais sumiram de vista, a vestiu novamente.

Em outro momento, seus reflexos rápidos o salvaram de uma situação potencialmente constrangedora com a casaca. Enquanto bebia em um pub do Chelsea com Eric Burdon, ele foi abordado por um veterano do exército, do Royal Chelsea Hospital, que ficava perto dali. O homem estava vestindo o tradicional fraque escarlate dos Chelsea Pensioner's e uma boina preta.

"'Em qual regimento você serviu?', o idoso perguntou a Jimi", Burdon recordou. "'Na 101ª Aerotransportada', ele respondeu. 'Ah... meu pelotão lutou ao lado do seu na Batalha de Arnhem', o senhor disse, apertando a mão de Jimi."

Algumas semanas após Mike Jeffery começar a trabalhar com Jimi, Patricia "Trixi" Sullivan se tornou sua secretária e assistente particular. Filha de um estivador no East End, Trixi havia demonstrado ser incrivelmente inteligente, ganhando uma bolsa de estudos para uma das mais requisi-

5 O termo "*bobby*" é uma gíria utilizada para se referir a policiais em Londres. (N. do T.)

tadas escolas particulares para garotas de Londres, a Haberdashers' Aske's. Ela foi atrás do emprego com Jeffery como medida temporária para ganhar dinheiro suficiente para ir à América. Algumas de suas funções envolviam a discoteca e a boutique em Maiorca que ele ainda gerenciava, além de seus artistas pop. Trixi foi contratada por ser a única candidata que sabia onde ficava a ilha de Maiorca.

Sua introdução ao peculiar e sombrio mundo de Jeffery ocorreu rapidamente. "Mike estava viajando e contratou uma equipe para limpar seu apartamento na Jermyn Street, então pediu que eu fosse até lá e ficasse de olho nos funcionários. 'Mas não olhe nas gavetas da escrivaninha', ele me disse, 'ou debaixo de qualquer cadeira'.

"Eu estava sentada à escrivaninha e, é claro, abri uma das gavetas. Dentro dela havia uma ratoeira que quase pegou a minha mão. Aí um dos funcionários de limpeza veio perguntar: 'O que eu faço com isso aqui?', e era uma espingarda que ele tinha achado debaixo de uma cadeira. Na verdade, havia armas debaixo de *todas* as cadeiras.

"Quando falei com ele novamente, perguntei: 'Por que tudo isso, Mike?'. Ele apenas respondeu: 'Você nunca sabe quem vai te visitar'."

O trabalho permitiu que Trixi fosse à América, mas não da forma como ela havia planejado. Logo após o incidente com a espingarda, Jeffery pediu que ela transportasse 20 mil libras esterlinas até seu escritório em Nova York. Naquela época, era ilegal levar mais de 50 libras para fora do país, mas ele repetidamente desrespeitava a lei – ou, mais precisamente, fazia outras pessoas a desrespeitarem. Em uma ocasião anterior, Chandler foi pego com mil libras no aeroporto Heathrow e teve o dinheiro confiscado.

"Coloquei o dinheiro em uma mala e o cobri com embalagens de absorvente", Trixi recordou. "No aeroporto JFK, eles me deixavam passar direto."

O Jimi que ela conheceu no escritório de Jeffery era tão tímido que mal se ouvia. "Dava para perceber o tipo de coisa que aconteceu com ele durante os anos na América. Ele era todo 'sim, senhor' e 'não, senhor', quase nunca olhava para cima e dava uma risadinha nervosa com a mão na frente da boca. Eu fiquei surpresa ao ver como ele era diferente no palco."

À medida que se conheceram melhor, um vínculo comum foi estabelecido, pois Trixi também tinha crescido com um pai fisicamente violento, contra quem ela havia retaliado de uma forma que Jimi nunca sonharia em fazer com Al. "Eu economizei minha mesada e comprei um pequeno estilete. Quando ele tentou me bater novamente, apenas mostrei o estilete. Ele nunca mais tentou."

Em 1º de dezembro, Jeffery levou Jimi ao escritório de um advogado londrino chamado John Hillman. Lá, foi anunciado um contrato que dava às pessoas que o gerenciavam 40% da renda de suas apresentações futuras, celebrado por um selo postal que valia um xelim (5 pence).

Jimi não fez nenhuma objeção aos termos – já tendo um longo histórico de assinar papéis colocados à sua frente sem antes lê-los – mas, no momento crucial, se lembrou de um problema em potencial. Em 1965, ele tinha assinado um contrato de três anos com o produtor Ed Chalpin, de Nova York, para gravar exclusivamente em seu minúsculo selo chamado PPX. "Não use meu nome, cara", ele disse a Jeffery, subitamente alarmado (apesar de ele ainda ser Jimmy naquela época, não Jimi). Jeffery insistiu que ele deveria assinar mesmo assim, pois eles lidariam com Chalpin depois.

O advogado John Hillman foi particularmente relevante no processo, tendo sido o principal incentivador da Yameta, a empresa baseada em Nassau para a qual Jeffery tinha enviado os rendimentos de seu último sucesso, os Animals, com o objetivo aparentemente altruísta de protegê-los dos impostos de renda dos EUA. O mesmo acordo seria usado com Jimi, mas de forma ainda mais expressiva em seu caso, pois, após as prolongadas negociações com as autoridades fiscais do Reino Unido, Nova York havia sido definida como sua residência oficial.

O Hyde Park Towers não era um hotel caro e ainda havia sido convencido a cobrar o valor de apenas um hóspede para o quarto que Jimi ocupava com Kathy Etchingham. Mesmo assim, tornou-se um gasto exagerado para Jeffery e Chandler (sem contar que estava sofrendo de um sério problema de podridão seca em seus ambientes), então decidiram que era hora de uma mudança para um lar de verdade. Com o Natal se aproximando, ficou disponível um lugar que parecia quase bom demais para ser verdade – um duplex com mobília em ótima condição no número 34 da Montagu Square, na orla do West End, cujo proprietário era Ringo Starr.

Ringo havia comprado a propriedade com o primeiro fluxo de riqueza dos Beatles e agora a alugava, principalmente para amigos músicos, por um valor ínfimo de 30 libras por semana. Paul McCartney tinha trabalhado no disco *Rubber Soul* lá, tocando uma prévia para amigos intelectuais, como o escritor *beat* americano William S. Burroughs, cujo famoso terceiro romance, *Almoço Nu*, estava sendo perseguido pelas leis antissodomia dos EUA. A sogra de John Lennon também foi uma das inquilinas.

Com dois quartos de tamanho apropriado, um no térreo e outro no porão, havia espaço mais que o suficiente para Jimi e Kathy. Então Chas Chandler também se mudou para lá com sua namorada sueca, Lotte Null.

"Hey Joe" foi lançada no Reino Unido em 16 de dezembro. Track, o novo selo de Kit Lambert e Chris Stamp, ainda não estava em funcionamento, e, após ser rejeitado pela gravadora dos Beatles, a EMI, e pela Decca, dos Rolling Stones, o *single* foi lançado pela Polydor, que distribuiria o produto da Track no Reino Unido.

Mesmo assim, Lambert e Stamp estiveram à frente de uma impressionante campanha publicitária que apresentou Jimi (sem sexo oral na guitarra) a dois dos três canais de televisão da Inglaterra. Em 16 de dezembro, ele apareceu no programa *Ready Steady Go!*, da ITV, muito popular na época, junto dos Troggs, dos Merseys e dos Four Tops. No dia 29, foi a vez do *Top of the Pops*, da BBC1 – um pequeno milagre, tendo em vista que a puritana BBC tipicamente bania canções com temas muito mais leves do que atirar em uma mulher a sangue frio.

Houve uma festa para a imprensa no Bag O'Nails com Jimi, Redding e Mitchell tocando ao vivo. Com a manchete "MR. PHENOMENON!" ["SR. FENÔMENO"], Peter Jones, do *Record Mirror*, um dos primeiros jornalistas musicais a ter visto os Rolling Stones, parecia estar um tanto impressionado com o "guitarrista – cantor – compositor – artista – original – rodopiando como um dervixe, girando sua guitarra em todas as direções".

"O que este homem faz com uma guitarra poderia resultar em uma prisão por agressão física", escreveu Keith Altham para o *New Musical Express*. "Ele a beija, senta-se e pisa nela. Vai muito além de apenas bater na guitarra com o cotovelo e esfregá-la no amplificador", escreveu outro correspondente do *Record Mirror*, Richard Green, notando como os dois instrumentos que Jimi tinha usado continuavam a emitir sons angustiados por conta própria, mesmo após ele deixar o palco. "Considerando o número de atos indecentes que as guitarras sofreram nos últimos 45 minutos, não ficaria surpreso se elas se levantassem e fossem até o microfone discursar sobre abuso."

Nick Jones, do *Melody Maker*, resumiu o que viu e ouviu como "música com asas. Amor e liberdade. Corpo, alma, funk, sentimento, *feedback* e doideira".

Três meses antes, Jimi era um ninguém em Nova York, sem nenhum lugar para ir a não ser o Chitlin' Circuit. Agora, nas palavras de um jornalista musical extasiado, ele havia atingido a Swinging London "com a força de uma bomba atômica de 50 megatons". Ainda mais longe de casa, tinha visto Munique, a Normandia e a Torre Eiffel, comido em um restaurante parisiense de verdade e depois competido com seu novo *meilleur ami* [melhor amigo] "Joní" para ver quem fazia os melhores anéis de fumaça com seus cigarros Gitanes. A cereja do bolo era morar na casa de um Beatle.

A Jimi Hendrix Experience celebrou a chegada de 1967 fazendo um show de 50 libras no Stan's Hillside Club, na cidade natal de Noel Redding, Folkestone. Como a reputação de Jimi ainda não tinha chegado à costa de Kent, Stan, o proprietário do clube, inicialmente questionou a decisão de marcar um show com um grupo de desconhecidos (com exceção de Redding).

Após a apresentação, Redding levou Jimi e Kathy para passar a noite na casa de sua mãe, Margaret, onde ela e a avó do baixista esperavam por eles acordadas. O clima estava muito frio, e Margaret Redding tinha uma lareira com madeira queimando e estalando – algo que Jimi só tinha visto em filmes. "A primeira coisa que ele perguntou", Redding recordou, "foi: 'Posso ficar na frente da sua lareira?'".

8

"VÁ LÁ E COMPRE UMA LATA DE FLUIDO DE ISQUEIRO PARA NÓS"

Em 1967, a música pop chegava ao seu público principalmente por meio do *single* em vinil de 45 rotações por minuto (rpm), que era vendido na Inglaterra por cerca de seis xelins (30 pence), com centenas de milhares – ocasionalmente milhões – de unidades prensadas para atender à demanda, que já começava muito antes do lançamento. Graças em boa parte aos Beatles, o álbum de 33 rpm, mais conhecido na época como LP (o *long-player*) estava crescendo rapidamente no mercado. Também havia o EP (*extended play*) com quatro ou cinco faixas, menos que a dúzia que normalmente ocupava um LP. A verdadeira medida da popularidade, porém, continuava sendo o *single* de sete polegadas, o 45 rpm, com dois lados e vendido em uma capa de papel.

Eram tempos inebriantes tanto para a música britânica quanto para as transmissões radiofônicas do país. Desde 1964, as chamadas "rádios piratas" vinham operando em desacato ao histórico monopólio da BBC, emitindo seus sinais de pequenos navios ou estações militares em desuso, distantes o suficiente da Costa Leste para permanecerem isentas do controle ou do licenciamento do governo. Os piratas usavam elementos ao estilo americano, como DJs que falavam rápido, intervalos para comerciais, vinhetas e *jingles* que deleitavam os jovens britânicos que até então só conheciam o estilo nariz empinado da BBC (onde até os programas de música precisavam seguir roteiros) e adoravam ouvir tudo o que a puritana "*Beeb*" repudiava.

A indústria fonográfica da Inglaterra estava corroída pela corrupção, incapaz de controlar os escândalos de jabá que já tinham afetado o mesmo setor da indústria americana nos anos 1950. As equipes que gerenciavam os artistas rotineiramente compravam *singles* em massa para impulsioná-los nas paradas, enquanto as gravadoras tinham listas de DJs de rádio que podiam ser subornados para tocar um *single* novo algumas vezes a mais, assim como produtores de televisão que poderiam colocar um artista num programa e serem generosos com o tempo em que apareciam na tela.

Mike Jeffery havia sido bem treinado durante sua experiência com Don Arden e os Animals. Jornalistas musicais como Keith Altham estavam bem cientes de que o dinheiro tinha mudado de mãos, tanto no país quanto fora dele, para inserir "Hey Joe" no Top 30. Assim que Jimi foi visto nos programas *Top of the Pops* e *Ready Steady Go!*, ele continuou a subir naturalmente, chegando até a sexta posição.

Ter um sucesso no Top 10 levou a Jimi Hendrix Experience da esfera do rock, focada nos homens, para a esfera do pop, focada nas mulheres; do papel de jornal ao papel de revistas, como a *Jackie* e a *Honey*, cujas leitoras pouco se importavam com o virtuosismo de Jimi na guitarra, mas esperavam fotos dele para acrescentar aos panteões tumultuados que eram as paredes de seus quartos.

Para a primeira sessão fotográfica de sua vida, Jimi foi enviado por Chas Chandler a Gered Mankowitz, o filho do dramaturgo Wolf Mankowitz, que tinha feito seu nome na indústria ao registrar algumas das primeiras turnês dos Rolling Stones e cujo estúdio era convenientemente situado no Mason's Yard, a poucos metros do Scotch of St. James. Mankowitz criou o que seria considerada a imagem mais famosa de Jimi, com sua casaca de hussardo e um cachecol florido, nada militar, saindo de seu colarinho aberto. A fotografia veio de uma segunda sessão, que se tornou necessária quando Mitch Mitchell também adotou um estilo afro – Chandler queria que a Experience fosse exibida com seus penteados combinando.

Por mais que a câmera amasse Jimi, ele não correspondia a esse afeto. Sua timidez e modéstia inatas quase o impossibilitavam de olhar diretamente para a lente e abrir o sorriso que as leitoras da *Honey* e da *Fabulous* tanto esperavam. Ele também não gostou nem um pouco de saber que Mankowitz tinha recebido ordens para exibi-lo da forma mais "selvagem" possível. Ele odiou os retratos que seus empresários escolheram, nos quais aparece como se estivesse rabugento e na defensiva, tendo sempre se referido a eles como uns "horrores".

Mas todos os esforços de relações públicas de Chandler não seriam capazes de inseri-lo no típico molde das celebridades pop. Ele respondeu um questionário sobre sua vida, que seria enviado à imprensa. Suas respostas exibiam tanto sua inconformidade exótica quanto o fato de não querer revelar muito sobre seu passado. Ele disse que tinha 21 anos – evidentemente temendo que, para as leitoras da *Honey* e da *Fabulous*, 24 já poderia ser um tanto velho – e, na pergunta sobre sua família, apenas mencionou seu pai e seu irmão Leon, ocultando seus outros quatro irmãos e irmãs mais jovens e desafortunados, há tanto tempo aos cuidados das autoridades de assistência social de Seattle. Na questão sobre as coisas de que gostava, citou "música, cabelo, montanhas e campos"; sobre o que não gostava, "marmelada e lençóis frios"; como "Comida Favorita", falou "torta de morango e espaguete"; como "Músicos Favoritos", "Dylan, Muddy Waters e Mozart"; como "Ambição Profissional", "aparecer em um filme e acariciar a tela com minha luz brilhante".

Somente a resposta para "Ambição Pessoal" não foi evasiva nem irreverente, mas dolorosa para qualquer pessoa que conheceu um garotinho chamado Buster: "Ver minha mãe e minha família de novo".

A adulação em Londres continuou intacta. Em 29 de janeiro, a Jimi Hendrix Experience abriu para o Who no Saville Theatre, na Shaftesbury Avenue, propriedade de Brian Epstein, empresário dos Beatles. O lugar recebia peças teatrais durante a semana (Epstein havia estudado na Royal

Academy of Dramatic Art antes de se deparar com o Cavern Club, em Liverpool) e shows aos domingos com os favoritos de seus clientes naquele momento. A plateia dessa apresentação incluía John Lennon, Paul McCartney, George Harrison e todos os três integrantes do Cream. Após o show, seu baixista, Jack Bruce, foi para casa pensando num *riff* de baixo similar ao estilo de Jimi, algo que se tornaria uma das principais canções do trio, "Sunshine of Your Love".

Entretanto, esses locais de glamour metropolitano começavam a se tornar mais raros. Mike Jeffery estava transformando a Experience nos mesmos burros de carga que havia feito com os Animals, colocando-os em uma praticamente ininterrupta sequência de apresentações noturnas em clubes por todo o país, esperando que a fonte secasse a qualquer momento. Alguns dos shows antes de "Hey Joe" custavam valores baixos, de até 25 libras. Nos anúncios, Jimi às vezes aparecia como "Jimmy" ou "Jimmie" e era descrito "como Dylan, Clapton e James Brown unidos numa só pessoa".

Os três músicos tinham apenas um *roadie*, Gerry Stickells, um antigo amigo de Redding, de Folkestone. Ele havia conseguido o emprego principalmente porque tinha uma van Ford Thames grande o suficiente para transportar o grupo e suas duas toneladas de amplificadores Marshall e outros equipamentos.

O robusto Stickells era um ajudante compreensivo e bastante engenhoso. Quando, como sempre ocorria, Jimi estourava um dos Marshalls, ele o fazia voltar a funcionar sem precisar parar a apresentação. Nos casos ainda mais frequentes em que ele arrebentava uma corda da guitarra – geralmente a Mi mais fina –, Stickells ia ao palco e colocava uma nova, na hora. Todas as noites, tinha o dever essencial de usar fita ou pregos para reconstituir a sofrida Fender Stratocaster preta após ter sido arremessada no palco por Jimi. O reparo precisava ser feito rapidamente pois, mesmo após os shows mais exigentes, como Stickells recordou, "ele procurava alguém para tocar uma *jam*".

Kathy Etchingham estava viciada em *Coronation Street*, que era – e ainda é – a novela mais assistida da Inglaterra, um programa que, na época, ia ao ar duas vezes por semana, exibindo a saga de uma comunidade da classe trabalhadora de Lancashire, focando em seu pub, o Rovers Return. A princípio, o sotaque do norte do país utilizado no programa era impenetrável para Jimi, mas ele logo se envolveu com seus personagens, sobretudo as fofoqueiras da rua, Ena Sharples, Minnie Caldwell e Martha Longhurst, sempre vistas no balcão dos fundos do Rovers, bebendo cerveja preta e dilacerando seus vizinhos como numa convenção de bruxas com seus cabelos em redes.

Agora, enquanto ele se deslocava até o Twisted Wheel, em Manchester, ao Mojo, em Sheffield, ao Boathouse, em Nottingham, e, é claro, ao Club A' Go Go de Mike Jeffery, em Newcastle, *Coronation Street* se materializava por toda parte, nas fileiras de casas geminadas, na chuva reluzindo no pavimento das ruas, naquele perpétuo gosto de carvão no ar. Ele descobriu a simpatia, a honestidade e a *joie de vivre* do norte da Inglaterra, junto de sua insularidade, sensibilidade e desconfiança de estranhos, especialmente aqueles vestidos de maneira excêntrica, o que já havia feito Noel Redding e Jimi não serem atendidos num pub, confundidos com palhaços de circo.

Ele aprendeu que era impossível encontrar um lugar para comer após as 21h, a não ser que fosse um *fish and chips* enrolado em jornal, e se acostumou com as iguarias do norte do país, como o chouriço, o purê de ervilha e os "scratchings" – torresmo de pele de porco, culinária originada da mesma necessidade econômica que fez surgir a *soul food* do sul dos EUA e seus *chitterlings*. Na verdade, já não era mais o Chitlin' Circuit, mas o Scratchings Circuit.

Nenhum trecho do itinerário era mais tipicamente nortenho que Ilkley, Yorkshire, onde a Jimi Hendrix Experience apresentou-se no Troutbeck Hotel, no domingo, 12 de março. O hotel ficava na divisa com Ilkley Moor, uma charneca selvagem e impactada pelo clima que foi imortalizada na antiga balada "On Ilkla Moor Baht 'At", que crianças aprendiam na escola, cantada com o sotaque de Yorkshire, apesar de não terem ideia do que se tratava. Embora a clientela regular do Troutbeck fosse majoritariamente de meia-idade e conservadora, seu salão de baile tinha sido transformado em um clube chamado Gyro, o oposto dos porões escuros de Londres, apresentando shows de artistas pop ao preço de 10 xelins (50 pence) pela entrada.

Quando a atração daquela noite chegou, após recentemente ter tocado no Skyline Ballroom, em Hull, e no International Club, em Leeds, seus anfitriões em Ilkley questionaram se os relatos de sua suposta selvageria não eram exagerados, pois ele não buscou drogas nem *groupies*. Ao invés disso, passou o longo tempo de espera até o horário do show com Redding e Mitchell silenciosamente jogando cartas ou os jogos de tabuleiro que sempre carregavam com eles: Banco Imobiliário, Scrabble e Risk.

Por volta das 20h45min, a delegacia de polícia de Ilkley recebeu uma reclamação referente ao número de carros estacionados na pista em frente ao Troutbeck Hotel, que era o principal acesso a Ilkley Moor. Enviado para investigar, o sargento Thomas Chapman encontrou 100 veículos obstruindo a pista e um salão de baile feito para abrigar 250 pessoas com quase 600, que esperavam pelo início do show.

O sargento Chapman foi ao palco para anunciar que os regulamentos de segurança estavam sendo violados e ordenou que os espectadores fossem embora. Como foi completamente ignorado, retirou-se para ligar para a delegacia, pedindo reforços. Quando voltou ao salão de baile – segundo seu relatório oficial e tipicamente britânico –, "Vi que o grupo *beat* agendado para aquela noite havia subido ao palco e iniciado sua apresentação". No entanto, nenhum reforço foi necessário.

"Eu fui até o palco e falei com o líder do grupo, cujo nome agora eu sei, Hendrix. Expliquei-lhe a situação e ele parou a música. Tentou persuadir as pessoas a saírem do local, mas elas se recusaram e começaram a gritar, bater seus pés e fazer coros pedindo seu dinheiro de volta."

Por conta própria, o sargento Chapman foi ao fundo do palco, buscando os plugues elétricos para desligar os amplificadores, mas só conseguiu apagar todas as luzes.

Nunca houve qualquer dúvida quanto ao *single* que deveria seguir "Hey Joe". Em dezembro, Chas Chandler, ao ouvir Jimi tocando um *riff* carregado e dissonante, lhe disse: "Este será seu próximo *single*". Ele o desenvolveu e transformou numa versão básica de "Purple Haze" no camarim de um clube, ainda naquela tarde.

O que teria inspirado a mais famosa, mais excitante, mais influente, mais misteriosa e mais pessoal composição autoral de Jimi é motivo de debate até hoje. Sua gênese mais provável aponta para sua paixão por ficção científica, tão forte na época quanto havia sido na infância. Um de seus primeiros vizinhos em Londres, o produtor americano Kim Fowley, ficou impressionado como "ele tinha mais livros de ficção científica do que roupas".

Um dos seus autores preferidos era Philip José Farmer, cujo romance *Night of Light* fala sobre um planeta distante onde manchas solares criam uma névoa púrpura que mantém seus habitantes em um cativeiro eterno. Jimi, porém, nunca citou Farmer como influência e, às vezes, alegava que a música tinha chegado a ele por meio de um dos seus vários sonhos em Technicolor. Também chegou a mencionar que era sobre um feitiço vodu colocado nele por uma mulher sem nome em Nova York, que atipicamente o fez ir para a cama sozinho. O acorde aumentado "aug7", tão sugestivo de um sonambulismo drogado, seria eternamente conhecido como o "Acorde Jimi Hendrix".

Mas, por enquanto, "Purple Haze" era só uma das muitas faixas criadas pela Jimi Hendrix Experience para seu novo selo, Track, com o qual estavam comprometidos a lançar quatro *singles* e dois álbuns por ano. Como o acordo com a Track Records não incluía um orçamento para as gravações – e nenhum dinheiro de "Hey Joe" tinha chegado da Polydor –, Chas Chandler teve de financiar o primeiro álbum do seu próprio bolso. Longe de ser rico (graças ao homem que agora era seu sócio), ele teve de vender algumas das guitarras de sua amada coleção para manter Jimi gravando.

Não ajudava muito o fato de Chandler estar disposto apenas a trabalhar com os melhores. Após mudar a Experience do estúdio Kingsway para o da CBS, ele não conseguiu manter os pagamentos e os tirou de lá depois de uma briga furiosa com a gerência. Quando parecia que Jimi nunca terminaria de gravar seu disco de estreia, a Polydor concordou em fornecer uma linha de crédito no Olympic Studios, no subúrbio Barnes, próximo ao Rio Tâmisa.

O Olympic era o principal estúdio de gravações independentes em Londres, o lugar em que os Rolling Stones faziam seus discos e de onde inúmeros sucessos internacionais tinham saído, incluindo a versão original de "Wild Thing", gravada pelos Troggs, da qual Jimi viria a fazer uma *cover* esmagadora. O engenheiro escolhido para seus mais novos clientes era Eddie Kramer, um rapaz de 21 anos, nascido na África do Sul, que anteriormente havia trabalhado com talentos tão diversos quanto os Kinks, os Searchers e Sammy Davis Jr. "A gerente do estúdio Olympic era uma senhora com uma voz bem típica da Inglaterra", ele recordou. "Ela me disse: 'Vamos te dar a Jimi Hendrix Experience porque você gosta dessas merdas esquisitas'."

Kramer imaginou o que deveria esperar quando Gerry Stickells chegou cambaleando com dois Marshalls gigantes, seguido por "um cara tímido vestindo uma capa de chuva suja". Mas todas as suas dúvidas se esvaíram no momento em que Jimi pegou uma guitarra. "Quando ele tocou, era um ato completo... era a guitarra, as mãos, o coração, o cérebro, tudo se tornando um só. Era tão revelador, tão vibrante e tão novo."

Tendo o Olympic como sua casa e o empático Kramer a bordo, o álbum foi concluído em apenas dez dias, ao custo de 1,5 mil libras. As sessões não tinham as tentativas e erros que talvez fossem esperados de uma banda tão nova no estúdio. Jimi chegava com os acordes e os andamentos já definidos de antemão. O valor de Noel Redding e Mitch Mitchell era a velocidade com a qual aprendiam o que Jimi lhes ensinava. "Trabalhávamos das 19h até a meia-noite", Chas Chandler recordou, "e acabávamos com duas fitas master".

Em contraste à completa autoconfiança que Jimi tinha na guitarra, ele continuava tão inseguro com sua voz que uma cabine especial teve de ser construída para escondê-lo enquanto gravava os vocais. Os muitos que o viam como uma reencarnação de Robert Johnson, o prodígio do blues dos anos 1930, perceberiam mais uma coincidência nesses momentos. Johnson era tão humilde que, em suas poucas sessões de gravação, também tinha vergonha de olhar para o engenheiro do estúdio, então ficava em um canto, de frente para a parede.

Como todos os outros estúdios britânicos em 1967, a capacidade de gravação do Olympic era de apenas quatro canais, mas seus painéis de mixagem eram os melhores do país, talvez até do mundo. Apesar de Chandler receber o crédito de produtor, Eddie Kramer foi quem efetivamente assumiu esse papel, trabalhando com Jimi de uma forma mais competitiva que cooperativa. “Ele ficava no estúdio, tirando sons novos no amplificador, e eu ia até a sala de controle e começava a mexer nos botões, acrescentando um pouco de reverberação e compressão. Aí ele perguntava: ‘O que posso fazer para superar isto?’. Ficávamos elevando o nível o tempo todo.”

Os recursos técnicos do Olympic receberam um impulso inesperado após um jovem engenheiro acústico chamado Roger Mayer ter visto Jimi em ação no clube Bag O’Nails. Mayer havia começado como um cientista empregado pelo governo, fazendo experimentos com ondas sonoras submarinas como forma de auxiliar equipamentos militares aquáticos. Ele voltou esse treinamento para a construção e o design de pedais de fuzz para o número relativamente pequeno de astros britânicos da guitarra que os utilizavam na época, como Jeff Beck e Jimmy Page. Como todo mundo no Bag, ele ficou impressionado com o virtuosismo de Jimi, mas não tanto que não pudesse ver uma forma de melhorá-lo significativamente.

Enquanto os dois conversavam após a apresentação, Mayer mencionou uma nova invenção que ele ainda não tinha revelado para Beck ou Page. Era um pedal chamado Octavia, pois, junto do típico som de fuzz e distorção, ele poderia aumentar ou diminuir o tom de uma guitarra em uma oitava. Aceitando a sugestão de Jimi, ele levou um protótipo ao show seguinte da Experience, nas famosas Chislehurst Caves, em Kent. Jimi experimentou o pedal com um amplificador pequeno e ficou maravilhado com as possibilidades sônicas que se abriram debaixo do bico de sua bota.

"Octavio", como Jimi preferia chamá-lo, apareceu em seu palco pela primeira vez no clube Ricky Tick, em Hounslow, durante uma performance que acabou com ele enfiando o braço da guitarra no teto baixo do palco. Na mesma noite, de volta ao Olympic, ele usou o pedal miraculoso de Roger Mayer para fazer *overdubs* dos solos de guitarra em "Purple Haze" e em uma nova composição, "Fire".

Chandler e Jeffery decidiram não manter "Purple Haze" no álbum, mas lançá-la como *single* em 17 de março, logo após o retorno de Jimi de Ilkley Moor. Ela chegou à terceira posição na Inglaterra e ao Top 20 na Austrália, Alemanha, Holanda e Noruega.

Foi interpretada em todo lugar como uma versão auditiva do LSD, droga que tinha recentemente se tornado ilegal. Seu refrão "*Scuse me while I kiss the sky*" ["Com licença, vou beijar o céu"] era supostamente uma homenagem para a mais deliciosa das viagens de ácido, com um toque dos bons modos de Jimi. Com certeza, nenhum som parecia mais apropriado aos novos clubes psicodélicos de Londres, como o Middle Earth e o UFO – celeiros, em vez dos tradicionais porões, em que projetores enviavam hipnóticas luzes em formato de ameba voando pelas paredes e tetos, ou luzes de estrobo piscavam rapidamente, criando o efeito de um ofuscante filme mudo.

No entanto, Chandler sempre foi inflexível ao afirmar que, enquanto a canção era composta e gravada, Jimi não usou sequer uma molécula de ácido. E o próprio autor sempre disse que não pretendia que a música fosse um hino psicodélico, mas "uma canção de amor". "Eu sonho muito e coloco meus sonhos nas músicas... Se precisasse ser descrita de alguma forma, a chamaria de 'Free Feeling' ['Sentimento Livre']."

Conforme "Purple Haze" se infiltrava nas paradas britânicas, a Jimi Hendrix Experience estava numa turnê nacional em um "combo" com os Walker Brothers, Cat Stevens e Engelbert Humperdinick – a primeira de muitas vezes em que uma associação com outros artistas os afetaria de forma negativa.

Antes do show de abertura, no cinema Astoria, em Finsbury Park, Chandler estava debatendo com Keith Altham, da *NME*, sobre como Jimi talvez fosse um pouco além do massacre de equipamentos que o Who promovia. Notando que seu *setlist* de cinco músicas incluía uma chamada "Fire", Altham disse: "Você poderia muito bem pedir que ele ateasse fogo em sua guitarra".

"Era para ser uma piada", Altham recorda agora. "Mas Chas imediatamente disse para Gerry, o *roadie*: 'Vá lá e compre uma lata de fluido de isqueiro para nós'".

Houve um famoso precedente no rock 'n' roll dos anos 1950, quando Jerry Lee Lewis ofuscou Chuck Berry, que iria se apresentar depois dele, ao botar fogo em seu piano de cauda. Mas enquanto o piano de Lewis se acendeu com um instantâneo "Whoomp!", a guitarra de Jimi precisou de diversos jatos de fluido de isqueiro e três palitos de fósforo até gerar algo que parecesse uma chama.

Com o fogo finalmente aceso, ele girou o cadáver fumegante ao redor de sua cabeça, tendo queimaduras superficiais em sua mão, e então arremessou o instrumento para a plateia. Em meio ao alvoroço que aconteceu em seguida, o *promoter* da turnê, Tito Burns, que já tinha sido líder de bandas de jazz, pegou a guitarra e tentou escondê-la debaixo da jaqueta para evitar que ela fosse utilizada como prova contra ele.

A façanha chegou às manchetes musicais da Inglaterra, roubando os holofotes já enfraquecidos dos Walker Brothers e de Engelbert Humperdinck com tanta convicção quanto Jerry Lee Lewis já tinha roubado a atenção de Chuck Berry. Mas Jimi sentia que a manobra não tinha dado certo e não a tentaria de novo até junho, em um lugar muito diferente, perante uma plateia muito diferente.

Dois casais não podiam ser mais diferentes do que aqueles que dividiam o duplex de Ringo Starr na Montagu Square. Chas Chandler e sua namorada, Lotte, quase nunca discordavam um do outro, mas Jimi e Kathy Etchingham o faziam com razoável frequência. E quando isso acontecia, geralmente os vizinhos ficavam sabendo.

Kathy estava longe de ser a adorável e submissa boneca que geralmente era vista abraçada a um *rock star*; ela tinha opiniões firmes, temperamento incendiário e ações decisivas. Quando Kathy e Jimi brigavam, ela abria o armário e jogava as preciosas roupas dele em sua direção, fazendo camisas com babados e cachecóis floridos voarem pelo quarto, como uma hipotética versão hippie de *O Grande Gatsby*.

Ela até cometia a pior infração de todas, que era atacar suas guitarras – apenas ele tinha o direito de abusar delas –, tendo uma vez enfiado seu pé na traseira de um pequeno violão. Kathy regularmente saía furiosa da casa na Montagu Square, com Jimi a seguindo. Durante uma discussão na rua, ele a agarrou por sua saia envelope rosa, que logo se abriu, exibindo-a apenas de calcinha e meia-calça.

Muitas vezes, Chas e Lotte estavam fora de casa, então perdiam algumas das explosões mais espetaculares. Mas Chandler vivia com medo de que algum dano fosse causado à propriedade do Beatle. De tempos em tempos, ele e Mike Jeffery sugeriam a Jimi que Kathy achasse outro lugar para morar, mas ele nunca dava ouvidos.

Uma das principais causas de conflito entre eles era a comida. Como todos os homens daquele período, negros ou brancos, Jimi esperava que “sua mulher” cozinhasse para ele. E quando eles começaram a morar juntos, Kathy mal sabia cozinhar um ovo. Durante um certo tempo, eles praticamente sobreviveram com os *fish and chips* que o Norte tinha apresentado a ele, além dos sanduíches fornecidos pelos clubes em que tocava. Mas quando ele reclamou que sua dieta o estava fazendo perder peso, ela se sentiu obrigada a se aventurar pela cozinha imaculada de Ringo.

Condizente com alguém cuja dieta na infância incluía cascavéis, Jimi não era muito exigente com alimentação. As únicas coisas que ele odiava eram atum, marmelada e purê de batata – este último o lembrava do "rango" do exército. Uma certa noite, quando ele criticou a comida particularmente empapada que Kathy lhe serviu, ela pegou os dois pratos do casal e os arremessou no chão. Jimi revidou trancando-a no banheiro, do qual ela escapou apenas porque Lotte estava em casa no momento, ouvindo seus gritos e batidas no chão. Depois disso, ela partiu e passou a noite com sua ex-colega de quarto, Angie King, enquanto o asseado Jimi rapidamente encontrava uma vassoura para varrer a porcelana quebrada antes que Chas Chandler percebesse o estrago.

Quando Kathy retornou no dia seguinte, em vez de um pedido de desculpas, Jimi lhe entregou um pedaço de papel com a letra de uma canção chamada "The Wind Cries Mary". Mary era seu nome do meio, algo que normalmente ele só utilizava para provocá-la; tinha até um verso sobre "*sweeping up the broken pieces of yesterday's life*" ["varrendo os fragmentos da vida de ontem"], que veio a ele enquanto usava a vassoura, pensando que ela nunca mais voltaria.

Os *rock stars* daquela época não admitiam ter namoros firmes, pois temiam desencorajar o público feminino. Então, quando Jimi era entrevistado pela imprensa na Montagu Square, ele falava com o jornalista no andar de cima enquanto Kathy ficava no andar de baixo, geralmente tomando um banho de banheira.

Apesar de ser firme em outras questões, ela havia se conformado com a ideia de Jimi ser, nas palavras um tanto minimizadoras de sua autobiografia, "um paquerador terrível". Ela tentou ficar de olho nele por um tempo, o acompanhando aos shows, geralmente junto com Chandler e Lotte para afastar qualquer suspeita entre os fãs de que ela teria um envolvimento romântico com ele.

Em uma parada da turnê, os dois casais descobriram que o hotel reservado para eles se chamava Blackboy – onde "*boy*" ou "*boys*" não se referia a "garoto", mas a um termo da topografia britânica derivado da palavra "*bois*", que significa "madeira" em francês. Mesmo com tal explicação, Jimi se recusou a passar pela porta. Em Newcastle, para poupar dinheiro, ficaram na casa dos pais de Chandler. Em respeito às suas ideias conservadoras, Kathy e Lotte dormiram num quarto, enquanto Jimi e Chas em outro. Chandler depois fez Kathy jurar que nunca revelaria que ele e Jimi dormiram juntos.

Ela logo percebeu a impossibilidade de restringir o jeito sedutor de Jimi. Em um show em Manchester, ela estava retocando a maquiagem no banheiro feminino quando ouviu barulhos altos vindos de trás de uma porta. Ao abri-la, encontrou Jimi com outra mulher, que ele tinha seduzido sem ela perceber. Ele se justificou dizendo que estavam "só conversando" após a mulher "pedir um autógrafo". No papel higiênico, presume-se.

Mesmo assim, beirando a violência, ele era intensamente possessivo com Kathy, sobretudo após beber demais e especialmente se fosse uísque – o único traço negativo que ele parecia ter herdado de seu pai.

Jimi ainda era relativamente abstêmio – em comparação a Redding e Mitchell –, preferindo a maconha que, com uma certa ousadia, ainda perfumava todos os lares e os lugares por onde andavam os *rock stars*. A planta parecia apenas melhorar sua doçura e bom humor. Pelo resto de sua vida, ele manteria uma aparência de quem estava sob a influência da droga, em maior ou menor grau, sua fala tão macia quanto se tivesse seu próprio pedal Octavia, embora seus vocais no palco seguissem distintos e sem distorção.

Na verdade, "The Wind Cries Mary" já estava na cabeça de Jimi há mais de um ano, desde os tempos de Jimmy James and the Blue Flames, em Nova York, quando tocava rascunhos dela. Para ficar completa, porém, era preciso o que Lorenz Hart, em outra música, chamou de "*the conversation with the flying plates*" ["a conversa com os pratos voadores"]. No caso de Jimi, a discussão com Kathy a respeito de seus dotes culinários.

Gravada ainda em janeiro, durante 20 minutos de sobra que tinham no estúdio Kingsway, era tão clara e simples quanto "Purple Haze" tinha sido difusa e misteriosa. Seus vocais falados, ao invés de cantados, eram acompanhados por acordes lentos e calmos, mergulhados na influência de Curtis Mayfield, sugerindo um vento que morria aos poucos sem chamar qualquer nome. Foi lançada como o terceiro *single* britânico da Jimi Hendrix Experience no dia 4 de maio de 1967, enquanto "Purple Haze" ainda estava nas paradas. Até o fim do mês, já tinha alcançado a sexta posição, a mesma que "Hey Joe" havia ocupado anteriormente.

Apenas uma semana após "The Wind Cries Mary", veio o álbum de estreia que finalmente se concretizou de forma fácil e rápida sob a liderança de Eddie Kramer no estúdio Olympic. Chas Chandler ficou preocupado se havia saturado o mercado com Jimi, mas tranquilizou-se com a encomenda de 25 mil cópias adiantadas do álbum.

Seu título era *Are You Experienced*, sem ponto de interrogação, mas ainda sugerindo a pergunta meio espirituosa que Jimi poderia fazer a alguma mulher interessada nele. A foto da capa o mostrava com um manto adornado por joias, acima de Noel e Mitch, num ambiente escuro que, intencionalmente ou não, minimizava a diferença entre a cor da pele dele e dos dois músicos.

Com todas as suas 11 faixas compostas por Jimi, os críticos musicais competiam por adjetivos superlativos que fizessem jus ao disco. Um jornalista anônimo da *Melody Maker* ficou maravilhado com a forma como "eles mudam de velocidade no meio da música, param, começam, desaparecem, borbulham, queimam e se extinguem em um caldeirão de fogo maravilhoso".

As notas biográficas do álbum forneciam a costumeira versão altamente seletiva, condensada e romantizada do histórico de Jimi e sua antiga carreira nos EUA: "Largou a escola cedo e se uniu à Divisão Aerotransportada do exército, mas foi invalidado por um tornozelo quebrado e uma lesão nas costas. Começou a viajar pedindo carona pelos estados do sul americano, tocando guitarra. Uma noite, um integrante dos Isley Brothers viu ele se apresentando e lhe ofereceu uma vaga em sua banda..."

A música, no entanto, continha diversos "fragmentos da vida de ontem" que "The Wind Cries Mary" tinha mencionado. "Foxy Lady", com seu obsceno refrão suspirante, parecia ser uma fantasia sobre Fayne Pridgon, que o tinha acolhido quando chegou a Nova York (apesar de haver outras mulheres que alegaram ser a inspiração para a música, principalmente Heather Taylor, então namorada de Roger Daltrey e sua futura esposa). A sonâmbula "Red House" evocava memórias do apartamento escarlate coberto de estampa de leopardo onde ele ficou sentado a noite toda conversando com Linda Keith, mas atipicamente não indo além disso.

"I Don't Live Today" reconhecia sua ancestralidade Cherokee e era dedicada aos povos indígenas americanos e a todos os grupos de minoria social. "Third Stone from the Sun" retomava seu amor pela ficção científica, com seus ruídos interestelares, representando o ápice da criatividade de Eddie Kramer no limite dos quatro canais do Olympic Studios. "May This Be Love" marcou um dos raros momentos em que Chandler o persuadiu a abaixar o volume de seu amplificador. "Fire", que havia se tornado a trilha sonora para a piromania no palco, foi derivada do aconchegante fogo de lareira que ele tanto adorou na casa da mãe de Noel Redding, no Natal anterior.

No decorrer de todo o disco estava a guitarra que humilhava todas as outras guitarras, com seus acordes de terremoto, velozes movimentos pelo braço e arpejos e tríades de dar nós nos dedos; mudando tranquilamente da guitarra base para a solo, então de volta à base. Equilibrando blues, soul, funk, jazz e rock gótico em andamentos que iam do mais desembestado a valsas à moda antiga; às vezes, soava como uma cítara indiana, outras como uma estação espacial, mas jamais como um simples objeto de madeira com cabos. Contava uma história de vida por meio do fuzz, da distorção e de sons revertidos com mais facilidade que a voz contida e reticente conseguiria fazer.

Are You Experienced passou 33 semanas nas paradas de álbuns do Reino Unido, chegando à segunda posição. Desde então, foi considerado, sem divergência, como o melhor disco de estreia na história do rock.

Em 15 de fevereiro, Jimi assinou um contrato de um xelim (5 pence) transferindo os direitos autorais de suas canções à empresa Yameta, registrada por Mike Jeffery nas Bahamas, em troca de 50% do rendimento das vendas de discos, transmissões e partituras musicais. Aqueles podiam ser os "Swinging Sixties", mas os britânicos ainda se reuniam ao redor do piano da família para utilizar partituras e cantar em coro as canções de sucesso mais recentes, assim como faziam na era vitoriana.

9

"NÃO NA MINHA EMISSORA"

Em meados de maio de 1967, o Cream voltou de Nova York para Londres, eufórico por ter concluído seu segundo álbum, *Disraeli Gears*, em apenas quatro dias com seu inspirador novo produtor, Felix Pappalardi. No entanto, nos clubes Scotch, Bag e Speak, ninguém queria falar de qualquer coisa que não fosse *Are You Experienced*. Como Eric Clapton observou, Jimi "não era apenas a tendência do mês, mas a tendência do ano".

Clapton não ficou ressentido por ter sido eclipsado por Hendrix, algo que vinha se repetindo mais ou menos de forma contínua desde que Jimi "participou" do show do Cream na London Polytechnic, onze meses antes. Pelo contrário. Ele se mantinha consistentemente na linha de frente das celebridades que veneravam Hendrix, quase aliviado ao ver que outra pessoa estava assumindo o rótulo de "Deus" que há tanto tempo o oprimia.

Sem uma identidade própria forte, Clapton espelhava sua imagem em qualquer músico que estivesse admirando na época, constantemente mudando seus penteados e acrescentando ou subtraindo bigodes e barbas. Agora, sua adulação por Hendrix tinha inspirado uma imitação capilar extrema – um afro tão grande e aerado que parecia prestes a sair voando de seu belo e pensativo rosto branco.

Para Jimi, a memória de ejetar Clapton do palco da Polytechnic passou a ser lembrada como um exemplo de péssima educação de sua parte. "Quando me lembro daquilo... parece que eu fui tão invasivo de me intrometer no show de outra pessoa daquele jeito, especialmente porque [Eric] era um dos meus heróis", ele admitiu ao *Melody Maker*. "Eu sabia que estava sendo rude. Mas naquela época eu precisava sair do lugar em que estava, então foi o que fiz."

Um trecho de áudio gravado tarde da noite no Bag O'Nails revela o quão próximos eram um do outro. "Está tão agradável agora, eu beijei o mais branco dos meus irmãos de alma da Inglaterra, Eric Clapton – o beijei bem na boca", Jimi disse, com a voz arrastada. "Então, agora estamos completamente chapados. Oh, que maravilha!". Clapton se refere ao "meu querido Jimi aqui" com uma calidez que ele nunca mostrou a outro homem – apenas a pouquíssimas mulheres.

Após os clubes fecharem, os dois frequentemente se reuniam no apartamento que Clapton dividia com a modelo Charlotte Martin, onde a maconha abastecia longas discussões sobre filosofia, religião e a natureza da música – um assunto que, pelo menos para Jimi, estava perfeitamente claro. "Música nada mais é do que imaginação", ele diz a Clapton, num áudio gravado. "Enviada da alma de alguém, cara... do verdadeiro coração de alguém, algo que só é possível expressar com notas musicais."

"Ele era tão quieto e recluso, mas tinha uma mente surreal", lembrou Clapton. "Começávamos falando sobre coisas normais, do cotidiano, mas acabávamos conversando sobre discos voadores e luas de veludo roxo. Você não conseguia mantê-lo no chão por muito tempo."

O Who era um exemplo ainda melhor de músicos para quem Jimi representava uma ameaça existencial, ainda assim eles não conseguiam deixar de admirá-lo e, por fim, amá-lo. A exceção era seu baterista maníaco, Keith Moon, que – sem dúvida ressentido por Jimi ter ficado com Kathy Etchingham, embora isso não fosse desculpa – uma vez se referiu a ele em voz alta como "aquele selvagem" na sua frente.

Pete Townshend posteriormente admitiu ter sido "completamente destruído" por alguém que não era apenas um guitarrista mais ousado, mas alguém que parecia desafiar o direito de Townshend de tocar o que tocava: "Porque [Jimi] retomou a música negra. Ele veio e a roubou de volta... Eu saí fora e fiquei muito confuso por um tempo... Senti que não tinha os recursos emocionais, os recursos físicos, a genialidade psíquica natural de alguém como Jimi. Percebi que eu só tinha um monte de truques, então ele veio, os tirou de mim e os anexou ao R&B negro de onde tinham surgido, acrescentando toda uma dimensão nova a eles. Eu me senti nu".

Uma noite, Townshend e Clapton foram vistos juntos, parados, assistindo a Jimi superando ambos ao mesmo tempo. Eles estavam instintivamente segurando suas mãos, como crianças impressionadas perante um show de fogos de artifício.

Um de seus amigos especiais seria Eric Burdon, o pequeno homem de Newcastle que cantava o blues com a implacabilidade de uma buzina de navio do rio Tyne, seus olhos fumegantes como apenas o carvão de Newcastle poderia ser. A namorada e futura esposa de Burdon, Angie King, era a antiga colega de quarto de Kathy Etchingham na casa de Zoot Money; assim como Jimi, ele era um garoto da classe trabalhadora que agora morava em um dos distritos mais chiques de Londres, no seu caso, o Duke Street St. James's, virando a esquina do Scotch.

"Jimi era um estranho em uma terra estranha", Burdon recordou. "Eu tentava ao máximo guiá-lo na direção correta, apresentá-lo às pessoas certas e ajudá-lo a escapar de ocasiões em que se sentisse totalmente deslocado. Na verdade, ele sempre se sentia deslocado se não estivesse com sua guitarra. Ele até fazia café da manhã com a guitarra pendurada no corpo."

Apesar do papel importante, porém involuntário, cumprido pelos Rolling Stones na transformação de Jimi, ele nunca seria querido por eles como acabou sendo pelos Beatles. Keith Richards foi a única estrela britânica da guitarra a ficar perceptivelmente ausente das sinfonias de adoração a Jimi, graças a um rancor duradouro por conta de Linda Keith e de uma certa Stratocaster branca desaparecida – embora os dois guitarristas acabassem se tornando próximos.

Mick Jagger ficou compreensivelmente receoso com alguém cujo carisma sexual e a audácia no palco eram considerados com frequência superiores aos dele. De fato, certa noite, Jimi foi descarado ao ponto de flertar abertamente com Marianne Faithfull, a antiga garota de convento, branca como a neve, com quem Jagger tinha acabado de começar uma coabitação escandalosa. Foi uma situação em que ele deixou de lado os bons modos e perguntou, ainda perto de Jagger, o que ela estava fazendo com "aquele babaca". Ela não sucumbiu, mas posteriormente chamou o momento de "um dos maiores arrependimentos da minha carreira".

Brian Jones era bem diferente. Um fugitivo da gentil cidade termal chamada Cheltenham, em Gloucestershire, Jones tinha começado os Rolling Stones como uma banda puramente de blues, tirando seu nome de uma música de Muddy Waters. Enquanto eles apenas tocavam versões *cover*, Jones se destacava tanto quanto Jagger, combinando uma maestria instintiva de qualquer instrumento que ele pegava com o seu cabelo loiro e liso feito palha e um sorriso subversivo que levava as plateias à loucura de forma tão eficiente quanto qualquer movimento de Mick.

Essa dinâmica mudou quando Andrew Oldham forçou Jagger e Richards a esquecerem suas homenagens a Chuck Berry (que não rendiam *royalties* para a banda) e seguirem os passos de Lennon e McCartney, compondo suas próprias canções. A partir desse ponto, Jones se viu cada vez mais marginalizado, tendo inclusive seu papel de guitarrista solo reduzido pelos matadores *riffs* tocados por Richards, enquanto os Stones mudavam do R&B para o pop comercial. Como se isso não bastasse, sua estonteante namorada ítalo-alemã, Anita Pallenberg, tinha finalmente se cansado de seu jeito paranoico, histérico, hipocondríaco, sexualmente perverso e violento com ela, trocando-o por Richards. Muito antes de Jimi compor uma música com esse nome, Brian Jones tinha sido rebaixado a "*third stone from the sun*", o terceiro no comando do grupo.

Ele viu Jimi em ação pela primeira vez no Greenwich Village, integrando o grupo de John Hammond Jr., e abertamente chorou de alegria. Aquela primeira epifania com sabor de café expresso nunca perdeu sua força: em qualquer porão escuro de Londres que a Experience tocasse, Jones estava visivelmente lá, com um brilho duplo de seu cabelo loiro e suas bochechas cobertas de lágrimas.

Naquela época, os Stones enfrentavam um ataque planejado pelo *establishment* britânico, algo que pouco remetia ao "Verão do Amor" que estava prestes a começar. Jagger e Richards seriam condenados por minúsculas acusações de posse de droga e levados algemados a diferentes e sinistras prisões vitorianas, um momento em que Jagger veria sua reputação de onívoro sexual temporariamente superar a de Jimi. Um boato sem qualquer base em fatos tomou conta do país – e ainda permanece meio século depois –, dizendo que, quando a polícia invadiu o chalé de Richards em Sussex, o vocalista dos Stones estava indo um pouco além do que Jimi fazia com sua guitarra, lambendo uma barra de chocolate Mars inserida na vagina de Marianne Faithfull.

Após outra ação cuidadosamente coordenada, Brian Jones foi acusado por posse de cocaína, maconha e metadona. Enquanto aguardava seu julgamento, na tentativa de atenuar uma sentença similarmente cruel, ele estava recebendo tratamento psiquiátrico, cujo progresso era, na maioria das vezes, anulado pelas viagens de ácido que o deixavam aterrorizado pelos "monstros" que elas produziam. Seu antigo virtuosismo instrumental havia desaparecido: no estúdio, frequentemente estava fora de si, graças ao ácido ou ao álcool com barbitúricos, de forma que não conseguia mais tocar os acordes mais simples, levando os outros Stones a discretamente desconectarem sua guitarra.

Quando o Verão do Amor começou, Jones sentiu que Jimi era o único amigo que lhe havia restado. Então se apegou a ele e à sua genialidade reconfortante como se sua vida dependesse daquilo.

Mesmo no auge dos Swinging Sixties, a imprensa nacional britânica pouco notava os músicos “Pop” (como sempre eram chamados) além dos sagrados Beatles e dos repugnantes Stones. Mas, em maio de 1967, Jimi tinha crescido o suficiente para ser entrevistado por Anne Nightingale para o tabloide *Sunday Mirror*. É provável que a jornalista não tenha considerado se sua introdução poderia soar ofensiva algum dia:

> Você pode achar que Jimi Hendrix surgiria de forma ameaçadora, pulando pelas árvores com uma lança na mão... Jimi, que faz Mick Jagger parecer tão respeitável quanto [o líder do Partido Conservador] Edward Heath e tão cordial quanto [o apresentador de TV] David Frost, poderia muito bem ser um [indígena africano] hotentote pronto para atacar.

As primeiras impressões da entrevistadora logo foram revisadas:

> Fora dos palcos, Jimi se porta com um charme quieto e educado, quase como alguém de uma época passada. Ele se levanta quando você entra no mesmo ambiente que ele, se oferece para acender o seu cigarro e diz “por favor, prossiga” se acha que te interrompeu.

Em outras partes da Europa, a linguagem da mídia podia ser ainda mais gritantemente racista. O *Expressen*, jornal sueco que saía no fim do dia, o descreveu como “uma mistura de um esfregão e um Bush Negro[6]

6 O termo “Bush Negro” pode ser traduzido literalmente como “preto do mato” e se refere aos descendentes de africanos situados no Suriname e na Guiana Francesa que conseguiram escapar da escravidão. (N. do T.)

australiano" e perguntou se ele se considerava negro ou branco. "Eu sou cubano, cara", Jimi retrucou. "Sou de Marte."

Ao mesmo tempo, a imprensa europeia submeteu suas habilidades na guitarra a uma análise mais séria e especializada do que qualquer jornalista inglês havia feito. A revista de jazz finlandesa *Rhytmi* o comparou ao violinista alemão vanguardista Johannes Fritsch, cujo violino Stradivarius sofria alguns dos mesmos tratamentos brutos que a Stratocaster de Jimi. A resenha de outro jornalista finlandês tinha um tom estranhamente clarividente: "Compará-lo a [Andrés] Segovia é fútil, pois o maestro espanhol se apresentava em salões de classe alta do século anterior, enquanto este jovem de Seattle é uma voz da realidade da rede mundial de informação que existe hoje, que efetivamente espalha tanto terror quanto deleite".

Bandas de rock são artefatos intrinsicamente anormais e instáveis – quanto mais bem-sucedidas, mais instáveis. Quatro ou cinco seres humanos distintos, geralmente com nada além da música em comum, forçados a conviver próximos uns dos outros de maneira claustrofóbica, sob a pressão de constantes apresentações e viagens. Não é surpresa alguma que poucas são duradouras e que a maioria se separa devido a uma raiva e uma amargura irreparáveis.

Se a banda possui três integrantes, o estresse aumenta exponencialmente: como todos os psicólogos nos dizem, trios (em qualquer contexto) são aposta certa de conflito destrutivo. Em 1967, a prova viva disso era o Cream, cujos baixista e baterista frequentemente recorriam ao combate físico no palco, às vezes se aproximando do homicídio.

No Cream, os problemas vinham principalmente por Eric Clapton receber a maior parte da atenção. Mas apesar de Jimi ser evidentemente a estrela de seu próprio grupo, onde Noel Redding e Mitch Mitchell eram apenas músicos de apoio, em qualquer sentido imaginável da palavra, ele não exigia nenhum tratamento especial em termos de transporte ou hospedagem. Jimi via os três como um grupo de mosqueteiros com afros, "um por todos e todos por um".

Isso foi demonstrado por meio de sua solidariedade com Redding e Mitchell quando eles começaram a se irritar com o pagamento ínfimo que ainda recebiam, mesmo após os shows da Jimi Hendrix Experience começarem a render 300 libras por noite. Como nenhuma prestação de contas era feita por Mike Jeffery, eles tinham uma chance de tentar fazer um acordo melhor. Com o apoio de Jimi, Redding escreveu para Jeffery, ameaçando sair da banda a não ser que eles vissem alguns números.

Jeffery imediatamente marcou uma reunião, na qual anunciou que o pagamento semanal de Redding e Mitchell seria aumentado para 45 libras e que, futuramente, seus rendimentos de performances (após a porcentagem dos empresários ser deduzida) seriam divididos em três partes: enquanto Jimi receberia 50%, os outros dois receberiam 25% cada. No entanto, nada disso foi registrado por escrito, além de Jeffery ainda conseguir se esquivar da questão de exatamente qual valor eles estariam dividindo.

Mas é indiscutível que havia outras compensações. Mesmo com um papel de menor importância, Redding e Mitchell tornaram-se imensamente mais famosos do que tinham sido em suas respectivas bandas anteriores, além de membros instantâneos da suprema elite do rock britânico. E, como Chris Squire já tinha aprendido, a bomba atômica erótica de Jimi espalhava sua radioatividade sexual para quaisquer músicos perto dele. Especialmente nessa turnê escandinava, em que todas as jovens mulheres pareciam ser deusas loiras de olhos azuis, sempre dispostas. Noel Redding posteriormente admitiu que teve uma "*overdose* de sexo".

Naquela era pré-AIDS em que a maioria das jovens tomava a nova pílula contraceptiva, camisinhas tinham se tornado praticamente extintas. "Os três estavam assolados pela *clap*[7] [gonorreia]", Trixi Sullivan comentou. "Muitas vezes todos faziam com a mesma garota, então um passava para o outro. Eu costumava encaminhá-los ao mesmo médico na

---

7 Na língua inglesa, a palavra "clap" significa "palma", mas também é um apelido para a infecção sexualmente transmissível chamada gonorreia. (N. do T.)

Harley Street. Quando eu ligava para o consultório, só precisava bater palmas para dizer qual era o problema – uma palma para cada músico com gonorreia."

Jimi ficou mais próximo de Redding, que também gostava de fazer pegadinhas com as pessoas ao seu redor e que foi seu principal guia cultural na Inglaterra, apresentando-o à cerveja local e a programas de comédia surreal no rádio, como *The Goons* e *Round the Home*. Ele também adorava a mãe gentil e acolhedora de Redding, Margaret. No palco, às vezes, ele apresentava seu baixista como "a avó de Bob Dylan", tendo em vista que seu afro não ocultava sua aparência de professora escolar. Jimi também alterava o refrão de "Purple Haze" para "*Scuse me while I kiss this guy*" ["Com licença, vou beijar esse cara"].

A situação não era tão agradável com Mitch Mitchell, cujos anos trabalhando como ator mirim o deixaram com uma fala pausada e teatral, algo único para bateristas do rock e o motivo de seus colegas de banda o apelidarem de "Julie Andrews" e "Queen Bee". No começo, ele questionava a escolha do material de Jimi, chegando ao ponto em que consideraram substituí-lo por Aynsley Dunbar, que ficou em segundo lugar no teste graças ao cara ou coroa. Mitchell também era, como Kathy Etchingham recordou, "um bêbado desagradável", notório por começar brigas em pubs com completos estranhos.

Na maior parte do tempo, Jimi aceitava o cronograma de trabalho brutal de Jeffery com o profissionalismo que havia aprendido no Chitlin' Circuit, de algum modo sempre fazendo um show brilhante, independentemente do quão chapado ou sexualmente esgotado estivesse. Em algumas noites, alguém lhe dava um tablete de ácido quando estava subindo ao palco, o que o fazia ter ataques de riso tão intensos que não conseguia tocar uma nota sequer. Ou ficava tão irritado que o deixava incapaz de lembrar a primeira regra de se apresentar ao vivo: nunca fique contra sua plateia.

Do Star Palace em Kiel, Alemanha Ocidental, a Experience ricocheteou de volta ao centro da indústria de floricultura na Inglaterra: Spalding, em Lincolnshire, onde seriam as atrações principais ao lado do Cream e do Pink Floyd, uma extravagância psicodélica no Tulip Bulb Auction Hall. Mas, nesse caso, as flores não significavam paz e amor: quando Jimi teve dificuldade para afinar sua guitarra (o que não surpreende, considerando o abuso que ela sofria toda noite), a plateia começou a vaiar. "Vão se foder", ele retrucou, sem qualquer rastro daquele charme de uma época passada. "Vou afinar minha guitarra nem que leve a porra da noite toda."

Após algumas músicas mal executadas, ele enfiou a guitarra no meio do tecido que cobria os alto-falantes de seu amplificador Marshall, depois o derrubou e saiu do palco, abrindo o caminho para Eric Clapton finalmente superá-lo.

Em 1º de junho, o lançamento do álbum *Sgt. Pepper's Lonely Hearts Club Band*, dos Beatles, tomou conta de todas as conversas em clubes, assim como nas outras esferas da vida. As unidades adquiridas na pré-venda do disco já foram suficientes para instantaneamente colocá-lo na primeira posição das paradas britânicas, onde se instalou por 27 semanas – a maioria desse tempo com *Are You Experienced* logo abaixo.

O álbum *Sgt. Pepper* inspiraria muitas versões *cover* memoráveis: Joe Cocker com "With a Little Help from My Friends"; Harry Nilsson e Esther Ofarim com "She's Leaving Home"; Elton John com "Lucy in the Sky with Diamonds"; Fats Domino com "Lovely Rita". Mas a faixa-título de Paul McCartney parecia imune a reinterpretações, pois o apaixonado grupo do Sergeant Pepper era um alter ego dos Beatles como uma banda de metais do norte do país regada a ácido, e a canção transbordava de nostalgia por suas infâncias na Liverpool dos anos 1950.

Três dias após o lançamento de *Sgt. Pepper*, a Jimi Hendrix Experience participou de um show no domingo à noite no Saville, que era praticamente o teatro privado dos Beatles no West End. Na mesma ocasião, apresentaram-se o Procol Harum, os Chiffons e Danny Laine's Electric String Band. McCartney e George Harrison estavam presentes, sentados no camarote de Brian Epstein, em meio a uma plateia que também contava com Eric Clapton, Jack Bruce e Stevie Winwood.

Meia hora antes do início da apresentação, Jimi chegou aos bastidores com uma cópia de *Sgt. Pepper* e informou Noel Redding e Mitch Mitchell que eles abririam o show com a faixa-título, apesar de nunca terem a ensaiado antes. Como Redding e Mitchell estavam acostumados com esse tipo de manobra arriscada, conseguiram aprender a música ouvindo o disco.

Mesmo com sua memória sobrecarregada, Paul McCartney nunca se esqueceria das cortinas se abrindo para revelar Jimi andando em frente, cantando: "*It was twenty years ago today...*" ["Hoje, faz 20 anos..."]. McCartney se referiu ao ocorrido como "um momento brilhante", apesar de ser a primeira vez que alguém o ofuscava daquele jeito. De fato, tudo que os Beatles e seu sublime produtor George Martin levaram seis meses e 100 mil libras para criar – e muito além disso – parecia entrar em combustão espontânea naquela figura esbelta, com seu chapéu preto e sua Stratocaster detonada.

Após estabelecer Jimi na Inglaterra e na Europa, o desafio seguinte para Mike Jeffery seria vendê-lo de volta à terra natal onde ele havia trabalhado em uma relativa obscuridade por tanto tempo. Os contatos e as habilidades para negócios de Jeffery pareceram obter êxito quando o selo americano Reprise concordou em lançar um *single* com dois dos sucessos britânicos da Jimi Hendrix Experience, "Purple Haze" e "The Wind Cries Mary", em 17 de junho.

O selo Reprise foi fundado por Frank Sinatra em 1960, com o objetivo de dar liberdade criativa a ele e seus colegas do "Rat Pack", como Dean Martin e Sammy Davis Jr. Como feudo pessoal de Sinatra, que tinha fobia dos Beatles, a empresa praticamente excluía o rock, mas o selo foi vendido à Warner Brothers em 1963, o que permitiu que seu CEO, Mo Ostin, sabiamente se livrasse dessa política interna. Apesar de Jeffery ficar com o crédito, o que realmente colocou Ostin a favor de Jimi foi uma dica de Mick Jagger – uma atitude magnânima, tendo em vista a tentativa de sedução de Marianne Faithfull –, dizendo que ele era "o músico mais empolgante de Londres".

Não foi uma negociação simples: a Warner/Reprise contratou a Yameta Ltd., a empresa *offshore* usada por Jeffery, para fornecer as gravações master da Experience, das quais a Yameta ficaria com os direitos autorais. O selo pagou um adiantamento de 40 mil dólares, com um orçamento garantido de 20 mil dólares para divulgação, ambas quantias impressionantes na época. Jimi, Redding e Mitchell não precisaram assinar nada, pois já eram contratados pela Yameta.

Uma oportunidade de divulgação que por si só já valia muito mais do que aqueles 20 mil dólares surgiu com o anúncio de um festival de três dias em Monterey, Califórnia, coincidindo exatamente com o lançamento do *single*. Organizado em apenas sete semanas por John Phillips, do The Mamas and the Papas, pelo produtor Lou Adler e pelo antigo publicitário dos Beatles, Derek Taylor, seu objetivo era dar ao rock a dignidade do jazz, que já fazia eventos do tipo há décadas, além de um altruísmo que ainda não era comumente associado à comunidade roqueira. Com todos os participantes se apresentando de graça, os rendimentos seriam doados à caridade.

Tão notável quanto essa decisão foi o fato de o festival de Monterey não ter qualquer problema com o Chitlin' Circuit. Artistas negros como Otis Redding, Lou Rawls, Hugh Masekela e Booker T. and the M.G.'s se apresentariam ao lado de grupos como Grateful Dead, Jefferson Airplane, The Mamas and the Papas, Byrds, Buffalo Springfield e Simon and Garfunkel.

Ainda assim, Jimi não era uma escolha natural até os organizadores convidarem Paul McCartney a se unir ao conselho de administração do festival, tarefa que ele só aceitou sob a condição de que a Experience fosse incluída. Por acaso, foi Brian Jones quem atendeu o telefone na casa de Jimi quando John Phillips ligou para convidá-los.

Jimi então voou de volta a Nova York em 14 de junho, acompanhado por Jones e Eric Burdon, que também se apresentaria em Monterey com seu New Animals. Em Londres, Jimi podia ser idolatrado pelos Beatles, mas em Manhattan ainda era um afro-americano desconhecido, sujeito aos costumeiros desrespeitos. No *lobby* do Chelsea Hotel, onde o trio ficou por uma noite, uma hóspede o confundiu com um funcionário. E, na rua em frente ao hotel, ele não conseguia que um táxi sequer parasse para ele.

O clássico documentário *Monterey Pop,* de D.A. Pennebaker, consagrou para sempre aqueles três dias no Monterey County Fairgrounds não apenas como o primeiro, mas como o mais bem-sucedido festival daquela década, com seu sol agradável, seu público educadamente sentado, seus policiais complacentes (muitos portando flores de forma mais visível que suas armas), seus principais artistas generosamente aplaudindo seus rivais no palco e a combinação de tranquilidade e bom humor de seus 90 mil espectadores. Se o Verão do Amor teve um significado de verdade, estava ali.

Os destaques do evento são eternamente cativantes de se assistir, ainda mais por conta de suas várias sequências melancólicas. Lá estava Otis Redding em sua primeira apresentação fora do Chitlin' Circuit, reinventando a antiga balada "Try a Little Tenderness" com um avassalador *cri de coeur* apenas seis meses antes de seu avião fretado cair em um lago de Wisconsin. Lá estava Janis Joplin, apresentando-se com os cabeludos do Big Brother and the Holding Company, vestindo um terninho cintilante e sapatos *kitten heels*, quase arrancando sua laringe durante "Ball and Chain", de Willie Mae Thornston – Janis viveria apenas um mês a mais que Jimi, chegando a um fim similarmente solitário e misterioso, com a mesma idade.

A Jimi Hendrix Experience não era a única banda britânica em Monterey que tinha algo a provar. Também seria uma das primeiras apresentações ao vivo do Who na América, onde eles pretendiam, nas palavras de Pete Townshend, "abrir uma ferida".

Ambos os grupos estavam agendados para tocar perto do fim da programação de domingo à noite, antes do *grand finale* do festival com The Mamas and the Papas e Scott McKenzie cantando o hino dos hippies, "San Francisco". Nos bastidores, houve uma breve discussão, combinada com amostras de LSD distribuídas a todos os artistas pelo gentil farmacêutico do Grateful Dead, Owsley Stanley III. Nenhuma banda queria se apresentar após a outra, com medo de ser vítima de um anticlímax. No fim, adotaram a típica solução de Jimi, decidindo no cara ou coroa. O Who tocaria primeiro.

Foi um show com tudo o que precisava para chamar atenção: Keith Moon usava um colar supostamente feito de dentes humanos e Roger Daltrey vestia o que foi descrito como "um xale psicodélico" (na verdade, uma toalha de mesa comprada no Chelsea Antiques Market, em Londres). "É aqui que tudo termina", Townshend anunciou antes do caos ritualístico de "My Generation". Mas mesmo após ele destroçar sua guitarra e Moon chutar sua bateria em meio à fumaça do palco e à luz de ameba cintilante, Monterey ainda não tinha visto nada.

A Jimi Hendrix Experience não tocou imediatamente após o Who. Houve um show estrondoso do Grateful Dead antes de Brian Jones aparecer com sua roupa marroquina e seu rosto abatido, indo ao palco para apresentar "o guitarrista mais fascinante que já ouvi".

Acima do mar de hippies iluminado pelo crepúsculo, a roupa de Jimi enganava com sua aparente simplicidade – o cabelo afro preso por uma bandana estampada, camisa amarela com babados na frente, colete preto com franjas prateadas e calça boca de sino vermelha. Seu breve discurso também se aproximou do convencional, falando sobre sua ausência enquanto estava em outro país e a frustração criativa que o tinha levado até lá: "É tão legal voltar aqui deste jeito e ter uma chance de tocar de verdade, eu poderia ficar aqui a noite inteira dizendo 'obrigado, obrigado, obrigado', mas o que realmente quero fazer é agarrar vocês e...". Não havia uma mulher nas primeiras fileiras, e talvez nem um homem, que não sentisse aquele beijo enormemente amplificado.

Foi a primeira vez que uma plateia americana, jovem e branca foi exposta a um show de Jimi. Ao registrá-la, as câmeras de Pennebaker mostram aqueles olhos virgens em uma defloração coletiva, algo que havia sido visto só uma década antes, quando Elvis saiu do sul para tomar conta dos EUA.

Os sons gloriosos de guitarra em "Hey Joe" abriram caminho para "Purple Haze" e sua semiapologia de beijar o céu – com a adição surpresa de uma cambalhota no palco. Foi quando Cass Elliot, do The Mamas and the Papas, virou-se para Pete Townshend, emburrado ao seu lado na área VIP, e disse: “Ele está roubando seu show”.

“Não, ele está *fazendo* o meu show”, Townshend respondeu.

O clímax – e nunca houve um uso melhor para essa palavra – foi a demonstração suprema do abuso de guitarra que Jimi já tinha experimentado dois meses antes no Finsbury Park Astoria, Londres, mas dessa vez em “Wild Thing” em vez de “Fire”.

Com aquele canto priápico, ele encontrou novas formas de violentar e torturar a Stratocaster que já sofria há tanto tempo, esfregando-a no tecido do amplificador em uma intensa fricção que induzia o *feedback*. Ele a colocou na horizontal e montou nela, primeiro como se estivesse num cavalo selvagem, depois como se ela o estivesse penetrando. Então jogou sobre ela algo que mais se parecia com urina do que com fluido de isqueiro, conseguindo atear fogo no instrumento logo na primeira tentativa, ao contrário da trapalhada no Finsbury Park. Após encorajar as chamas com gestos de encantação, finalmente tirou a guitarra do chão e a espancou repetidas vezes, sem dar ouvidos aos lamentos de protesto e dor, até ela ficar quebrada além das capacidades de reparo de Gerry Stickells. Jimi girou o cadáver desmembrado e chamuscado ao redor da cabeça e então o arremessou para a plateia, sem ligar se alguém poderia ser atingido.

Os outros shows do festival, incluindo o Who, acabavam com aplausos e assobios, mas a apresentação de Jimi foi seguida por um silêncio atordoado. Enquanto isso, como Noel Redding recordou, Jimi ouvia humildemente um sermão de Mike Jeffery por ter danificado um pedestal que pertencia ao festival, o qual teriam de pagar.

O Monterey Pop foi financiado no valor de 200 mil dólares pelo canal ABC para seu programa *Movie of the Week*, mas nunca foi exibido nele. Quando o documentário foi editado, o coorganizador do festival, Lou Adler, o mostrou ao presidente da emissora, Thomas W. Moore, um típico conservador do Sul. A cena de Jimi – nas palavras de Adler – “fornicando com seu amplificador” fez a prévia do filme ser abruptamente interrompida. “Não na minha emissora”, reclamou Moore. “Fique com o dinheiro e saia daqui.”

10

"DE BOATO A LENDA"

O *Los Angeles Times* falou das 90 mil pessoas extasiadas em Monterey em sua resenha incomumente concisa e profética, escrita por seu crítico de música pop, Pete Johnson. "A Jimi Hendrix Experience tomou conta do futuro, e a plateia soube imediatamente. Quando Jimi Hendrix saiu do palco, ele passou de boato a lenda."

Mas as considerações da imprensa não foram unânimes. Robert Christgau, da revista *Esquire*, incapaz de compreender a ideia de um homem negro tocando rock pesado, descartou Jimi desagradavelmente como "um Pai Tomás psicodélico". Para o jornalista Jann Wenner, cinco meses antes de lançar uma publicação chamada *Rolling Stone* e ainda trabalhando como *freelancer* na inglesa *Melody Maker*, Jimi não era "o grande artista que nos disseram".

Para deixar claro, impressionar alguns hippies num canto obscuro da Califórnia não era o mesmo que "dominar" a América, ao exemplo do que exportações anteriores como os Beatles e os Animals de Chas Chandler tinham feito. Apesar do boca a boca empolgado que se espalhava pela contracultura, os primeiros dois *singles* da Jimi Hendrix Experience pela Warner/Reprise não tiveram impacto nas paradas americanas: "Hey Joe" não chegou ao Hot 100 e "Purple Haze"/"The Wind Cries Mary" empacou na 65ª posição.

Sem ter certeza sobre o que aconteceria em Monterey, Mike Jeffery não tinha organizado uma turnê americana para depois do festival, então precisou apressadamente improvisar uma. Como resultado, o triunfal retorno de Jimi à sua terra natal terminaria em um prolongado anticlímax.

A princípio, a única oferta de trabalho veio de Bill Graham, cujo auditório Fillmore em São Francisco tinha sido o berço do rock psicodélico da Costa Oeste. Graham agendou a Jimi Hendrix Experience para uma semana de duas performances por noite, abrindo para o Jefferson Airplane, mas logo os promoveu a atração principal, pagando dois mil dólares de bônus. Em sua autobiografia, *Bill Graham Presents*, Graham se referiu a Jimi como "o maior malandro e o supremo técnico... Após Otis [Redding]... o primeiro homem negro na história deste país a fazer a massa de mulheres brancas na plateia desconsiderar sua raça e desejar seu corpo".

Uma noite, as atrações do Fillmore também incluíam Janis Joplin, sua colega de Monterey e futura integrante do Clube dos 27. A refinada Janis conseguia competir de frente com qualquer homem nos excessos do rock 'n' roll – e dizem que ela e Jimi transaram em um banheiro dos bastidores (incorreto: foi em um motel perto dali).

Em seguida, vieram algumas datas aleatórias pela Califórnia – uma performance única em Santa Bárbara, um show gratuito no Golden Gate Park de São Francisco – que não saciaram a necessidade que Jimi tinha de tocar, nem a que Mike Jeffery tinha de explorá-lo. Zoot Money, que estava se apresentando em um clube de San Diego, ficou surpreso quando Jimi apareceu uma noite e pediu para se juntar à sua banda. "Ele apenas tocou guitarra base. Tentei fazê-lo tocar um solo, mas ele não queria, só apontava para meu guitarrista solo. Ele ficou perfeitamente feliz tocando guitarra base."

Outra chance de atingir o sucesso nacional veio com um apresentação marcada no clube Whisky a Go Go, na Sunset Boulevard de Los Angeles, que já tinha dado fama ao The Doors e ao Buffalo Springfield, sendo agora assombrado por caçadores de talentos para programas de TV nacionais. A *tour de force* de Jimi em Monterey garantiu um público estrelado naquela noite, incluindo o vocalista do The Doors, Jim Morrison – outro integrante do Clube dos 27, que só viveria um ano a mais que Jimi –, e Cass Elliot, que passaria dos 27, mas só chegaria aos 32. Infelizmente, como Noel Redding lembrou, a Experience estava "bêbada e chapada demais" para dar seu melhor, sendo a primeira vez que ele perdeu a paciência no palco com Jimi por "fazer birra".

As mulheres sempre cercavam grupos masculinos em turnê, oferecendo consolo físico para compensar a ausência de suas esposas e namoradas, deixadas em casa, em troca de uma parcela do glamour. No entanto, nos EUA de 1967 a atividade tinha se tornado uma espécie de vocação.

Chamadas de *groupies*, elas buscavam bandas de rock famosas com precisão metódica. Começavam dormindo com os *roadies* e gradualmente progrediam até chegar aos vocalistas, acumulando nomes famosos com a mesma dedicação que colecionadores de selos ou borboletas. Aquele jeito aparentemente de cabeça oca na verdade exigia uma inteligência considerável, pois era necessário enganar os seguranças. Outro requisito era a coragem física para escalar vãos de elevador e se agarrar aos tetos de limusines em disparada. Em termos não sexuais, elas demonstravam uma moralidade que impressionaria nos tempos de hoje – a maioria delas só relatava suas aventuras para outras *groupies* e nem pensavam no que poderiam ganhar ao expor histórias assim.

Normalmente as *groupies* eram brancas, mas, durante uma festa em Laurel Canyon, após o show no Whisky a Go Go, Jimi conheceu uma notável exceção. Era uma mulher alta e estonteante de 23 anos chamada Devon (originalmente Ida Mae) Wilson, cujo afro competia com o dele e a palidez indicava o uso avançado de heroína.

O foco de atividade anterior de Devon eram os Rolling Stones, onde buscava o supremo objetivo de todas as *groupies*, seu equivalente ao Monte Everest: Mick Jagger. Na verdade, ela tinha conhecido Linda Keith enquanto Linda ainda namorava Keith Richards, muito antes de Jimi efetivamente encerrar aquela relação. "Ela só estava interessada no Mick, nem um pouco no Keith, então ficamos amigas", Linda recordou. "Ela era uma pessoa muito engraçada e interessante, que achava muitas maneiras de ser útil para gente como os Stones. Gostava muito dela, o que não significa que eu confiasse nela."

Para Jimi, Devon Wilson era só mais uma transa, tornada mais interessante pela revelação de ela ser bissexual. Mal sabia que, novamente, havia superado Mick Jagger.

Alguns dias depois, uma forma perfeita de aumentar exponencialmente o número de fãs de Jimi nos EUA – quer dizer, perfeita para pessoas ruins de vista e audição – caiu no colo de Mike Jeffery: a Jimi Hendrix Experience recebeu uma oferta para abrir a turnê nacional dos Monkees.

O conjunto de três americanos e um britânico era o primeiro grupo pop totalmente pré-fabricado, criado para um programa de TV como uma cópia descarada dos Beatles, selecionados por sua fofura ao invés de seus talentos musicais – aliás, dizem que eles não possuíam qualquer habilidade do tipo. Quando visitaram a Inglaterra alguns meses antes, Jimi os descreveu para uma publicação musical como "sem sal".

Chas Chandler reclamou que Jeffery estava arriscando jogar fora toda a credibilidade que Jimi tinha conquistado em Monterey. Mas o próprio Jimi parecia não ter problemas com a decisão, assim como Redding e Mitchell – até porque não havia mais nada planejado após alguns shows em Nova York, sendo um deles num minifestival patrocinado pela cerveja Rheingold no Central Park. Então, em 8 de julho, eles se juntaram à turnê dos Monkees em Jacksonville, Flórida.

Há poucos dias, Jimi socializava em pé de igualdade com os titãs do rock psicodélico; agora, abria os shows de um quarteto que fingia tocar seus instrumentos enquanto músicos contratados o faziam atrás de uma cortina. As plateias geralmente consistiam de jovens entre 7 e 12 anos, gritando tão alucinadamente pelo integrante inglês do grupo, o ex-ator mirim Davy Jones, que até os poderosos Marshalls eram silenciados.

"Jimi ia lentamente até o palco, ligava os amplificadores e começava 'Purple Haze', mas as crianças logo abafavam seu som, gritando: 'Queremos Daaavy'", lembrou o baterista figurativo deles, Micky Dolenz. "Meu Deus, era vergonhoso."

Ao contrário da crença popular, os Monkees *tinham* habilidades musicais, especialmente os guitarristas Mike Nesmith e Peter Tork, que transbordavam frustração pelo fato de seus titereiros se recusarem a deixá-los se desenvolver como músicos. Os quatro ficavam na lateral do palco enquanto Jimi tocava, absorvendo o show que era tão diferente de suas acrobacias coreografadas. Dolenz achava que era tão instintivo e infalível quanto "um aceno real da Rainha Elizabeth".

Os Monkees foram tremendamente respeitosos, convidando Redding, Mitchell e Jimi para viajar no seu avião privado, de show em show. Mas a experiência inédita de ter uma apresentação ruim atrás da outra o desgastou. Para piorar, duas das paradas da turnê eram na Carolina do Norte, um estado associado a alguns encontros desagradáveis com supremacistas brancos durante seu tempo com os King Kasuals. Em meio à gritaria jovem veio o primeiro abuso racista que ele recebeu desde que voltou aos EUA.

A situação se agravou de vez durante o último dos três shows em Forest Lawns, Nova York. O empresário dos Monkees exigiu, de um modo rude, que Jimi abaixasse o volume de seus amplificadores. A resposta dele foi desligá-los, passando o resto do seu show fingindo tocar a guitarra, numa paródia da atração principal da noite. Em seguida, largou a turnê. Uma nota à imprensa atribuiu sua saída ao Daughters of the American Revolution [Filhas da Revolução Americana], um grupo feminino de pressão de extrema-direita, implacavelmente oposto a tudo que remetesse aos hippies. Elas supostamente tinham feito uma reclamação formal com base em seu "erotismo". "HENDRIX: ELE SE DEMITIU OU FOI EXPULSO?" foi a questão lançada pela *NME* na Inglaterra.

As datas vagas no calendário só podiam ser preenchidas com shows em clubes nova-iorquinos, do tipo pequeno e informal que contrata artistas em cima da hora. Foi assim que Jimi acabou tocando três noites no Café Au Go Go, no Greenwich Village, onde o grande produtor John Hammond, dois anos antes, havia perdido a oportunidade de trabalhar com ele. De volta ao Village, sua primeira ação foi tentar reencontrar seu antigo colega de banda, Charles Otis, e devolver os 40 dólares que ele tinha lhe emprestado para ir a Londres.

Ele também reestabeleceu contato com Curtis Knight, cujos City Squires foram de enorme ajuda durante a época em que ele estava quase na miséria em Manhattan. Sem Knight guardar mágoas de sua saída do grupo, os dois fizeram uma *jam* amigável no clube Studio 76. Em seguida, Jimi queria levar Knight para jantar, mas notou que estava sem dinheiro. Knight então sugeriu que ele pedisse emprestado a Ed Chalpin, cujo simplório selo PPX costumava empregá-los, e que convenientemente morava ali perto.

A reunião improvisada com Chalpin não tinha grandes chances de ser amigável. O contrato de três anos para "gravar e produzir" que Jimi havia assinado com o selo PPX em 1965, sem se dar ao trabalho de ler os termos, era uma das coisas esquecidas, que ele tinha deixado para trás em Nova York. Embora oficializado por uma mera nota de um dólar, o acordo invalidava todos os demais contratos que ele tinha assinado na Inglaterra com Chandler, Jeffery, o selo Track e a empresa Yameta – e ainda duraria mais um ano. Jeffery estava ciente disso quando assinou o contrato de Jimi com o Track e a Warner/Reprise, mas não fez nada para resolver o problema.

Tendo monitorado o sucesso de Jimi na Inglaterra e na Europa, Chalpin chegou a considerar ações legais contra seu novo empresário, além de pesquisar a melhor forma de lucrar com seu material no PPX. No entanto, recebeu sua visita surpresa sem qualquer sinal de animosidade – além de emprestar o dinheiro para o jantar (e um pouco a mais), ele acompanhou Jimi e Curtis Knight ao restaurante, onde ficaram conversando até tarde da noite e rememorando os velhos tempos.

A camaradagem foi tão contagiante que – sem ninguém por perto para dizer: "Você está louco?" – Jimi foi direto da mesa de jantar até o estúdio PPX e gravou várias faixas para Chalpin, com uma vaga ressalva: "Você não pode usar meu nome, cara".

O retorno ao norte de Manhattan não foi tão agradável. No Harlem, ninguém sabia ou se importava com o que ele tinha feito na Europa. E o guarda-roupa de Jimi, recentemente aprimorado pelas lojas hippie da Califórnia, parecia bizarro no meio da 125th Street onde a aparência *de rigueur* dos homens era descolada: calças justas ao invés de boca de sino e pequenos chapéus no estilo *trilby* (conhecidos como "*stingy brims*") em vez de bandanas. Um chapéu de bruxa exagerado, do qual ele tinha muito orgulho, atraiu comentários zombeteiros: "Gostosuras ou travessuras?".

Fayne Prigdon, sua ex-amante-e-mentora – protótipo de Foxy Lady – ainda morava no Harlem e, ao menos ela, ficou gratificantemente impressionada com seu "cabelo selvagem e crespo" e seu ar de riqueza. "Ele falava sobre todo o dinheiro que estava ganhando, e talvez eu tenha parecido não muito convencida", Fayne recordou. "Então ele pegou 200 dólares em dinheiro e me deu: 'Você pode ficar com isto, é seu'... Percebi que o garoto magro de calças pretas reluzentes que eu tinha conhecido tanto tempo atrás agora era uma estrela da mídia."

Para ele, a cama de Fayne ainda parecia dizer "seja bem-vindo". E foi lá que, apesar de toda sua atitude de *rock star*, ela encontrou rastros da insegurança daquele garoto magro que precisava constantemente ser relembrado de que ele era o melhor amante de sua vida. "Quando me sentia malvada, eu dizia que não, ele não era a última bolacha do pacote. Então ele parava no meio da 'inserção' e o ato acabava na hora. Um comentário desses podia arrasá-lo."

Aquela turnê desajeitada acabou indo novamente para o oeste, com paradas no Ambassador Theater, em Washington D.C., e no Fifth Dimension Club, em Ann Arbor, Michigan. O encerramento foi na Califórnia, em mais um momento potencialmente memorável que acabou em anticlímax. No dia 18 de agosto, a Jimi Hendrix Experience apresentou-se no famoso Hollywood Bowl, abrindo o show de um grupo quase tão diferente deles quanto os Monkees: seus colegas de Monterey, The Mamas and the Papas.

Naquela noite, o Bowl transbordava de hippies tão conservadores quanto as Daughters of the American Revolution, ansiosos por doces harmonias em quatro vozes, não guitarras sendo desmembradas. “Foi o fim da picada”, Noel Redding recordou.

Voltando a Londres – e indo direto para uma apresentação na BBC-TV, gravada no estúdio Lime Grove –, a Experience teve seu primeiro encontro com as autoridades quando Mitch Mitchell foi preso por portar uma pistola de gás lacrimogêneo. Os funcionários do aeroporto ignoraram suas alegações de que era apenas um *souvenir*, comprado “na esquina da Casa Branca”.

Jimi e Kathy Etchingham ainda moravam juntos, apesar de não estarem mais na casa de Ringo Starr na Montagu Square. Chas Chandler deu a notícia de que precisariam se mudar porque ele descobriu que o contrato proibia “pretos” – algo perfeitamente normal naquela época –, além de Ringo estar recebendo reclamações dos vizinhos por causa do barulho. O verdadeiro motivo era que John Lennon, que em breve deixaria sua esposa e o filho pequeno para ficar com Yoko Ono, precisava de um lugar para se esconder do inevitável escândalo que a mídia faria.

Foi assim que Jimi, Kathy, Chandler e sua então noiva Lotte se mudaram para um apartamento no quarto andar de um prédio cuja localização era ainda melhor, na Upper Berkeley Street, Mayfair. Eles tinham acumulado poucos itens domésticos além de roupas e discos, então um caminhão de mudança não foi necessário; eles mesmos levaram suas coisas, cobrindo a curta distância de apenas algumas quadras a pé. Jimi ainda era suficientemente desconhecido ao ponto de poder carregar pilhas de discos pelas ruas do West End londrino em plena luz do dia sem atrair atenção.

O quarteto continuou dando certo, apesar de Chandler novamente aproveitar seus privilégios de empresário ao pegar o maior dos dois quartos. Ao contrário do lar sagrado de Ringo, ali eles podiam mudar a decoração para algo que se adequasse aos seus próprios gostos. Animais eram permitidos e, conhecendo o amor que Jimi tinha por cachorros e o quanto ele queria ter um em sua infância, Kathy lhe comprou uma filhote de basset hound, com o nome de pedigree Ethel Floon. Jimi a chamou de "Queen of Ears" ["Rainha das Orelhas"].

Um dos primeiros jornalistas a visitá-lo na Upper Berkely Street foi Keith Altham para uma entrevista sobre sua música "Burning of the Midnight Lamp", o quarto *single* britânico da Jimi Hendrix Experience. Quando Jimi orgulhosamente exibiu seu quarto recém-personalizado, Altham usou a temática da lâmpada da música para descrever "uma espécie de caverna de Aladdin, com xales de renda pendurados, tapeçaria e grandes bolas de pano coloridas presas ao teto. A cor vermelha prevalece... há duas estátuas douradas de querubins suspensas da luminária no centro do teto... uma delas com um braço quebrado".

"Burning of the Midnight Lamp" cooptava um dos instrumentos mais incomuns a serviço do hard rock. Durante sua gravação no Olympic Studios, Jimi começou a tocar algumas notas em um cravo, deixado lá após alguma sessão de música clássica. O *riff* singelo que ele criou acabou se repetindo pela faixa estrondosa, como uma tia solteira na cama com um motoqueiro tatuado. A entrevista de Altham tinha a intenção de dissecar a letra para os leitores da *NME*, mas ela parece clara o suficiente: a lâmpada simboliza a solidão que Jimi podia sentir mesmo "na hora do rush" em sua cama. E enquanto ele chama isso de "mais do que o suficiente para fazer um homem jogar fora sua vida", fica difícil não sentir um calafrio de mau agouro.

O *single* não se saiu tão bem quanto seus três antecessores, chegando apenas à 19ª posição nas paradas britânicas. E *Are You Experienced*, que a Warner/Reprise tinha lançado nos EUA após a partida de Jimi – com algumas mudanças em relação à edição britânica, como a inclusão de "Hey Joe" e escrever "Foxy" como "Foxey" – teve uma recepção inicial fria. O *New York Times* referiu-se ao disco como "um pesadelo de luxúria e tristeza", sentindo uma clara repulsa à capa, onde Jimi, Redding e Mitchell "apareciam debaixo de seus penteados bouffant [sic] como hermafroditas surreais".

O *Times,* na verdade, acabou dando um empurrãozinho, e as rádios FM da América terminaram o serviço. *Are You Experienced* rapidamente subiu até a quinta posição na parada Hot 100 da *Billboard,* passou 27 semanas no Top 40 e se tornou um dos álbuns mais bem-sucedidos do selo Reprise, vendendo mais que qualquer disco de seu fundador, Frank Sinatra.

Mal havia tempo para comemorar, graças à interminável agenda de shows em locais que iam do grandioso ao grotesco. A seleção aleatória dos últimos meses de 1967 remetia à era dos escravos de galés ou dos jovens limpa-chaminés vitorianos:

> 2 de setembro, ZDF TV Berlim; 25 de setembro, Royal Festival Hall, Londres, "Guitar-In" com Bert Jansch, Paco Peña e Sebastian Jorgensen; 9 de outubro, L'Olympia, Paris; 17 de outubro, Playhouse Theatre, Londres, *Rhythm 'n' Blues Show* da BBC; 22 de outubro, Hastings Pier Ballroom, Sussex, com abertura do Orange Seaweed; 8 de novembro, Manchester University Students Union; 14 de novembro – 5 de dezembro, turnê pelo Reino Unido com Pink Floyd, The Move, Amen Corner e Nice; 22 de dezembro, Kensington Olympia, Londres, All-Night Christmas Dream Party com Eric Burdon and the Animals, The Move e Soft Machine; 31 de dezembro, festa de Ano-Novo no clube Speakeasy (Jimi toca versão de 30 minutos de "Auld Lang Syne"); 2 de janeiro, Railway Hotel, West Hampstead, *jam* com John Mayall e Al Sykes.

Na maioria das vezes, era um período de exaustão, monotonia, viagens de carro chatas, viagens de avião enfadonhas, comida ruim e hotéis que quase sempre estremeciam ao ver Jimi, apesar de poucos estabelecimentos no Reino Unido e na Europa efetivamente tentarem recusá-lo. Ali, músicos de qualquer cor vestindo roupas extravagantes e com afros na cabeça eram párias. Chegando em um grande hotel na Suíça, a Experience ficou surpresa quando os porteiros e *concierges* imediatamente tentaram ajudá-los com os equipamentos. O motivo era que um membro da família real britânica estava prestes a chegar, de modo que os esquisitos de aparência desagradável precisavam ir para seus quartos o mais rápido possível.

Como ocorria com a maioria das bandas na estrada, as drogas serviam tanto como combustível quanto como recreação. Além da maconha e cocaína, o recentemente banido ácido tinha se tornado um item tão essencial na bagagem quanto comprimidos para enjoo. (Desde Monterey, Jimi insistia em apenas tomar o melhor, "Owsley".) Para descer do alto da performance, havia um novo sedativo chamado Mandrax; para sair do coma induzido pelo Mandrax e ficar animado para tocar de novo, era o nitrito de amila em ampolas de vidro que precisavam ser "cheiradas" e cujo vapor deixava o usuário branco, vermelho, depois branco de novo, sucessivamente, como uma bengala natalina.

Ficar chapado, Noel Redding escreveria mais tarde, era como "uma roleta russa. Mas, em vez de apontar uma arma para a cabeça, você dizia: 'Eu consigo usar mais que você'... Jimi parecia ter uma tolerância mais alta que a minha... se eu consumia dois tabletes [de ácido], ele consumia quatro".

Incapaz de tolerar o tédio de viajar e esperar nos bastidores, Kathy deixou de acompanhar Jimi nas turnês e decidiu fazer vista grossa para o que ele certamente andava aprontando. "Eu lhe dei a liberdade de ficar com quem quisesse enquanto estivesse viajando", ela rememorou. "Percebi que eu preferia ficar em casa, no quentinho, e sair com Angie [Burdon] à noite."

Talvez ela se sentisse de outra forma se soubesse que Linda Keith, a quem imaginava ter substituído na vida de Jimi, ainda estava presente. Apesar de Chas Chandler tentar manter Linda sob controle, os dois mantiveram contato, sendo que Jimi nunca parou de considerá-la uma "irmã de sangue" após o ritual deles. "Ele me via como um cobertor de segurança, pois quando nos conhecemos, cuidei dos negócios dele."

Durante a entediante turnê europeia, ele ligou para Linda, uma vez da Suécia e duas vezes de Paris. Na última, soou tão "depressivo e inseguro" que ela voou para encontrá-lo – e o que não tinha acontecido no apartamento de sua amiga Roberta, em Nova York, na noite em que ela o conheceu, nem no Hyde Park Towers, quando ele chegou em Londres, finalmente foi consumado.

A única mulher bonita que ele definitivamente não pensava em seduzir era a assistente pessoal de Mike Jeffery, Trixi Sullivan. No entanto, quando ela viajou com eles durante uma turnê alemã, Jeffery ficou sabendo de um boato sobre eles terem passado uma noite juntos. "Tudo o que aconteceu foi que, após um show, eu estava fumando maconha com os caras no quarto de Jimi e desmaiei no chão.

"Mike perguntou: 'O que é isso que andei ouvindo, que você dormiu com Jimi?'. Mas eu não tinha feito isso. Pelo menos, acho que não."

O acordo com a Track Records no Reino Unido exigia que a Jimi Hendrix Experience lançasse dois álbuns por ano, o que significava que a sequência de *Are You Experienced* precisava estar pronta em dezembro de 1967. As sessões de estúdio com Eddie Kramer no Olympic tiveram de ocorrer em datas que não coincidissem com o festival em Monterey e com a incessante turnê, portanto ainda estavam gravando no fim de outubro.

Com o título de *Axis: Bold as Love,* o álbum tinha muitos dos mesmos elementos de seu antecessor. Dessa vez, duas faixas parodiavam a ficção científica, "EXP" e "Up From the Skies", ambas com Jimi no papel de um alienígena visitante, com o qual ele muito se identificava. "Wait Until Tomorrow" tinha um tema *crime passionnel* similar a "Hey Joe", enquanto "Little Wing" usava o andamento calmo de "The Wind Cries Mary" para antropomorfizar Monterey e sua atitude altruísta na forma de uma garota "*with a thousand smiles she gives to me free*" ["com mil sorrisos que ela me dá de graça"].

Em outras faixas, Jimi concedeu vislumbres de quem ele realmente era, mais do que já tinha feito até então. "Spanish Castle Magic" celebrava o enorme salão de baile Spanish Castle, no estado de Washington, onde o adolescente Jimmy costumava passar seu tempo na esperança de tocar com alguma banda incrível de Seattle. Mas não havia relances nostálgicos em seu vocal em tom de conversa – quase como um rap –, e a guitarra ganhou improvisos tão extensos que já estava na fronteira com o bebop quando a bateria de Mitchell a chamava de volta.

"Castles Made of Sand" se referia diretamente à sua infância terrível e sua maior (e ainda não resolvida) tragédia. "O pequeno índio corajoso, que jogava jogos de guerra com seus amigos e sonhava em se tornar um líder guerreiro da tribo, era o próprio Jimi", seu irmão Leon disse. "E a jovem cujo coração estava tristonho e que levou sua cadeira de rodas até o litoral antes de morrer era nossa mãe. A última vez que nós a vimos, ela estava numa cadeira de rodas."

Salientando o espírito democrático da Experience, havia uma canção de Noel Redding chamada "She's So Fine", com alguns dos versos psicodélicos mais complexos já escritos ("*her hair glistens like robins on a deck*" ["seu cabelo brilha como tordos no convés"]) e um vocal que justificava o apelido que Jimi lhe deu – "vó do Bob Dylan". Jimi, no entanto, gostou da faixa por conta da afinação em Sol aberto que ele podia tocar, além de contribuir com *backing vocals* e um solo arrasador.

As sessões também marcaram a única gravação conhecida de Mike Jeffery, que emprestou seus sapatos pretos e brilhantes para um coro de pés batendo no chão, ao lado de Graham Nash, dos Hollies, e Gary Leeds, dos Walker Brothers. Em uma deliciosa coincidência, a batida encerrava "If 6 Was 9". O que poderia ser mais adequado para alguém tão bom em manipular as pessoas?

Em gravações anteriores, Jimi sempre seguia as orientações de Chas Chandler, mas em *Axis: Bold as Love* tornou-se cada vez mais assertivo quanto ao que gravava e como gravava. Em reação à abordagem "foda-se, vai ficar assim mesmo" que Chandler tinha, Jimi virou um perfeccionista rigoroso, exigindo gravar uma tomada após a outra, algo que seu engenheiro monumentalmente paciente, Eddie Kramer, sempre permitia. "Chas ficava preocupado, pois o estúdio custava 30 libras a hora", Kathy Etchingham disse. "Então, para deixá-lo quieto, Jimi passou a pagar as sessões por conta própria."

Ele demonstrava mais interesse do que Chandler jamais teve no painel do estúdio e adorava ver quais efeitos surgiam ao mexer com seus botões e alavancas. Outros engenheiros considerariam isso uma intrusão, mas Kramer dava espaço para Jimi, sem reclamar. Ele provou que tinha um talento natural para "a mesa" e, pela primeira vez, contemplou a possibilidade de algum dia se tornar um produtor.

Enquanto *Are You Experienced* tinha custado apenas algumas centenas de libras, *Axis* consumiu quase 10 mil libras. Quase um terço disso foi gasto na capa que refletia a mania da época por tudo que fosse de origem indiana – uma ilustração de Jimi como Vishnu, deus de quatro braços do Hinduísmo, cercado por Redding e Mitchell em perfis indistintos. Ele aceitou que a capa fazia sentido comercial, mas disse que preferia que ela mostrasse o outro tipo de "*Indian*" – os indígenas de sua árvore genealógica.

O disco quase não ficou pronto para seu lançamento antes do Natal, pois Jimi deixou a única gravação master do lado A no banco de trás de um táxi londrino e ninguém foi capaz de encontrá-la. No entanto, Kramer, Chandler e ele conseguiram fazer uma mixagem nova em apenas uma noite.

Axis chegou à 5ª posição nas paradas britânicas (onde *Sgt. Pepper* dos Beatles ainda ocupava a primeira), impulsionado por resenhas como a de Nick Jones no *Melody Maker*: "Surpreendam seus ouvidos, confundam suas mentes, chutem seus baldes, façam o que quiserem, mas, por favor, escutem Hendrix como nunca antes...". Para Jones, era "o auge de toda a emoção de Jimi, toda a sua alma, todos os seus desejos, todo o seu lamento, todo o seu grito, seu ritmo, seu tudo".

Seu triunfo foi levemente manchado pelas consequências daquela noite amigável demais com Ed Chalpin em Nova York, seis meses antes. Posteriormente, Chalpin iniciou um processo contra Jimi, seus empresários e o selo Track Records por terem violado o contrato que ele assinou com o PPX em 1965. Ao mesmo tempo, Chalpin tinha percebido o valor comercial das faixas que Jimi gravou para o PPX com Curtis Knight and the Squires, embora apenas como guitarrista.

Pouco tempo depois, Chalpin lançou um álbum chamado *Got That Feeling: Jimi Hendrix Plays, Curtis Knight Sings*, que combinava um material mais antigo com algumas faixas que Jimi havia gentilmente gravado após aquele jantar de reunião. Apesar de os críticos condenarem sua qualidade baixa, as pessoas ainda assim o compraram. A Warner/Reprise suspendeu então os *royalties* de *Are You Experienced* por conta do processo de Chalpin.

Em uma entrevista de fim de ano para o *Melody Maker*, cujos leitores tinham acabado de eleger Jimi como o "Melhor Músico Pop do Mundo", ele admitiu que se sentia esgotado, tanto física quanto criativamente. "Gostaria de fazer uma pausa de seis meses e frequentar uma escola de música", disse. "Estou cansado de tentar compor coisas e descobrir que não consigo." Mas todo mundo sabia que Jeffery não o enviaria para escola de música alguma. Na mesma entrevista, Jimi deu indícios de que gostaria de trabalhar com uma banda maior, mas manter Mitchell e Redding como seu núcleo.

Até então, a Jimi Hendrix Experience não estava entre as muitas bandas de rock que destruíam seus quartos de hotel graças à bebida, às drogas ou ao puro tédio. Jimi gostava de ficar em hotéis, pois ainda os considerava um luxo enorme, e transformaria até a mais deprimente acomodação em um covil crepuscular ao pendurar cachecóis nas lâmpadas. Entocado com sua guitarra, seus livros de ficção científica e suas mulheres, ele foi chamado por Redding e Mitchel de "*The Bat*" ["O Morcego"].

Em 3 de janeiro de 1968, a Experience chegou a Gotemburgo, Suécia, para sua segunda turnê escandinava em três meses. Após o *check-in* no Hotel Opalen, eles visitaram um clube noturno chamado Klubb Karl, onde atraíram os típicos admiradores e pessoas da mídia. Não havia drogas disponíveis, apenas álcool servido nas medidas abundantes da Suécia. Jimi, pouco acostumado com bebida, tomou uísque, o que trouxe à tona seu pior lado, da mesma forma que fazia com seu pai.

Quando o Klubb Karl fechou aquela noite, um pequeno grupo continuou a festa no quarto de Mitch Mitchell no Opalen, entre eles um jornalista sueco que, segundo consta, era gay. De acordo com Noel Redding, Jimi se comportou de uma maneira surpreendente com os músicos que o acompanhavam há 18 meses; primeiro, deu uma cantada em Redding, depois sugeriu que os quatro fizessem sexo grupal. Com a recusa de Redding, o clima pesou, fazendo o jornalista sair apressado e Jimi "enlouquecer".

Redding lutou com ele, o imobilizou no chão e tentou acalmá-lo, mas, após fazer isso três vezes, desistiu e foi para seu quarto. Os funcionários do hotel, respondendo a queixas de barulho, acharam o quarto destruído, uma janela quebrada e Jimi deitado na cama com a mão sangrando sobre os lençóis, após claramente tê-la enfiado pelo vidro.

Acusado de crime de dano, ele foi forçado a entregar seu passaporte e continuar em Gotemburgo por duas semanas até sua audiência, apresentando-se à polícia todos os dias. (A ordem judicial futuramente seria vendida numa casa de leilões londrina por 8,4 mil libras). Ele foi multado em 3,5 mil coroas suecas, cerca de 2,5 mil libras. A "cantada" em Noel Redding, se é que aconteceu, pode ser atribuída ao efeito maligno que o uísque sempre teve sobre ele. Quando a Experience foi a Estocolmo, a maconha restaurou seu equilíbrio e quaisquer dúvidas por parte de seus colegas de banda sobre sua heterossexualidade tinham desaparecido para nunca mais retornar.

Poucas mulheres disseram "não" para Jimi Hendrix, mas um exemplo dessa espécie rara foi uma estudante sueca chamada Eva Sundquist, que ele tinha conhecido numa viagem anterior a Estocolmo enquanto pegava um bonde até o Konserthuset, local do show daquela noite. Eva não era *groupie*, mas uma respeitável jovem, filha de Erik Sundquist, estrela da ópera na Suécia. Ela não tinha ideia de quem estava falando com ela até mais tarde passar por uma loja de discos e ver o rosto de Jimi em uma capa. Seguindo a tradição sueca de ser direta com suas intenções, ela lhe deixou uma rosa e um bilhete no Konserthuset e logo estava em seu camarim. Mas parou por ali; como Eva logo o informou, ainda era virgem e não tinha desejo de mudar aquilo no momento.

Ao invés de passar para a próxima da fila em seu habitual modo amnésico, Jimi manteve contato com ela e a avisou de quando seria seu retorno a Estocolmo. Eva foi ao primeiro dos dois shows com sua mãe, mas ao segundo foi por conta própria. Mais tarde, quando ela e Jimi se encontraram no Hotel Carlton, a jovem provou que tinha atualizado seus conceitos.

11

"ELE NOS SALVOU"

Nos EUA, o ano de 1968 era uma época em que qualquer rosto negro, por mais inofensivo que fosse, poderia render uma surra de cassetete de um policial usando capacete, um ataque de pastor alemão ou um jato de canhão de água. Para Mike Jeffery, essas coisas pouco importavam em comparação à necessidade de monetizar Jimi ao máximo, enquanto houvesse a oportunidade.

Naqueles tempos, nenhuma turnê de rock durava quase um ano – mesmo em territórios perfeitamente tranquilos. Em teoria, ela consistia de três fases separadas, mas os intervalos entre um trecho e outro duravam apenas o suficiente para absorver alguns cachês dispersos pela Inglaterra e pelo restante da Europa antes de um retorno aos Estados Unidos, um país que parecia cada vez mais traumaticamente desunido.

A primeira parte da turnê iniciou-se em fevereiro, quando a Jimi Hendrix Experience e os New Animals de Eric Burdon foram a Nova York para cumprir agendas separadas – a de Burdon nem chegava perto de ser tão extensa quanto a de Jimi. Com eles, viajaram duas bandas recentemente contratadas por Jeffery, a Soft Machine e a Eire Apparent, que serviriam de abertura para as outras duas, caso necessário. "Os ingleses estão chegando!", dizia a divulgação dos eventos, como se os Beatles já não tivessem chegado lá há quatro anos, mas Jimi achava divertido ser classificado assim.

Quatro bandas saindo do mesmo voo no aeroporto JFK é algo que deveria provocar um festival de revistas íntimas pela alfândega americana. No entanto, apenas o novo *roadie* da Experience, Neville Chesters, foi chamado. "E fui o único que se deu ao trabalho de tentar parecer uma pessoa normal", ele recordou. "Eu até vesti um terno branco."

O extravagante publicitário da banda nos EUA, Michael Goldstein, tinha agendado uma coletiva de imprensa na cobertura da sede da companhia aérea Pan Am, na Park Avenue, para onde eles deveriam ser transportados de helicóptero direto do aeroporto JFK. Porém, uma neblina espessa impediu o helicóptero de decolar. Quando eles finalmente chegaram ao centro pelas ruas, a maioria dos jornalistas já tinha ido embora. "Até os canapés tinham acabado", lembrou Noel Redding.

Uma fotógrafa que havia ficado por lá era uma mulher esguia com maçãs do rosto salientes e um cabelo loiro meio desgrenhado, conhecida por ter acesso íntimo a estrelas como Mick Jagger, Jim Morrison e Warren Beatty. Seu nome era Linda Eastman – que, um ano depois, se casaria com Paul McCartney. Jimi foi uma de suas últimas conquistas enquanto freelancer.

Esse primeiro retorno formal à sua terra natal – Monterey e os eventos subsequentes pareceram mais um atropelamento seguido de fuga – alternaria entre a adoração num nível quase igual a que os Beatles recebiam e os insultos e indelicadezas raciais que ele já tinha sentido antigamente.

Mais do que no Reino Unido, ele era um ícone da moda na América. Seu cabelo afro, coletes chamativos, cintos de corrente, xales de caxemira e blusas femininas com babados eram fielmente copiados por milhares de rapazes em todas as formas de protestos pacíficos (*love-ins*, *sit-ins*, *teach-ins*) contra o recrutamento para a Guerra no Vietnã. *Eye*, uma nova revista para hippies ricos, detalhou todos os ornamentos que ele usava na corrente ao redor do pescoço – "um medalhão oriental de jade verde, um trevo de três folhas dourado, um anel de pelo de elefante, um símbolo de sagitário coberto por uma cruz de ferro" – e notou que "até a correia da sua guitarra é uma obra de arte".

Ele se acostumaria a olhar para baixo nos shows e ver fãs brancos subindo ao palco para tentar beijar suas botas. Ainda assim, quando precisava de um táxi, pedia a um colega que chamasse, supondo que nenhum motorista o aceitaria como passageiro.

Neville Chesters era um dos *roadies* mais experientes do ramo, tendo trabalhado com o Cream e duas vezes com o Who, incluindo o show em Monterey. Gerry Stickells, que já estava com a Experience desde o princípio, continuou empregado pelo grupo.

Em Nova York, o primeiro trabalho de Chesters foi visitar uma Manny's Music Store e comprar mais uma Stratocaster. "Fiquei surpreso por ele não querer ir pessoalmente e escolher por conta própria, além de ter parecido feliz ao me passar o serviço. Quando eu vi o que ele fazia com suas guitarras, entendi o porquê."

Naquela época, poucas turnês traziam "técnicos" de guitarra para cuidar dos instrumentos de seus astros. Chesters desempenhou esse papel junto a muitos outros, carregando um kit de reparos numa caixa metálica de munição do exército dos EUA. "Jimi estava começando a ficar um pouco mais sensato: ele tocava três quartos de 'Wild Thing' em uma Stratocaster boa, depois trocava para uma ruim e a quebrava. E eu descobri uma marca mais barata chamada Danelectro, feita de madeira compensada, bem mais fácil de se quebrar." (Muito tempo antes, quando tocava com os Rocking Kings, Jimi tinha grande apreço por sua Danelectro Silvertone.)

Com a falta de lógica geográfica que marcou sua última visita à América, a nova turnê foi direto da Costa Leste à Costa Oeste, começando pelo Fillmore e o Winterland, clubes de Bill Graham em São Francisco, depois fazendo uma parada extensa em Los Angeles, onde uma espécie de Hendrixmania tinha aflorado na Sunset Strip. Um novo clube chamado Thee Experience tinha aberto, e o Whisky a Go Go acrescentou um novo item ao seu menu: "A Super-Linguiça Favorita de Jimi em um Pão Wah-Wah".

Em Los Angeles, a Jimi Hendrix Experience foi deixada aos cuidados de um publicitário britânico que era o extremo oposto do empolgado Michael Goldstein. Les Perrin era um homem pequeno e fumante compulsivo que tinha representado vários artistas, de Frank Sinatra aos Rolling Stones. Sua dedicação aos clientes era expressa no cartão timbrado que fazia um convite aos jornalistas: "Me ligue a qualquer hora – dia ou noite".

Na noite do show no Anaheim Convention Center, chovia forte, então Perrin pediu à jovem jornalista Sharon Lawrence, repórter da indústria cinematográfica para a United Press International, uma carona pelos quase 30 km até lá. Sharon gostava de Perrin, então concordou, embora seu pai estivesse com câncer e internado no hospital.

Considerando o que ela havia lido sobre Jimi na imprensa musical britânica, imaginou alguém "selvagem e aterrorizador", mas se viu apertando a mão de "um ser humano tímido e educado... vestido com uma elegância tão sutil", com sua camisa de seda roxa, calças de veludo e uma jaqueta preta de veludo em alto relevo, na qual "ele parecia que tinha sido convidado para aparecer na capa da revista *Vogue*".

Ela contou que o tinha visto no Hollywood Bowl um ano antes, quando abriu para The Mamas and the Papas. Jimi, no entanto, parecia mais interessado no fato de ela ter levado sua mãe, uma perita em tecidos finos que comentou sobre sua roupa: "Aquele rapaz tem um gosto excelente". Durante a conversa, ela mencionou que seu pai estava no hospital e o quão grave era sua doença.

Mais tarde, quando voltou para casa, ela descobriu que o pai tinha falecido. Após uma noite terrível no hospital, ela estava na casa de seus pais com sua mãe, Margaret, quando ouviu o som da campainha. "Era Jimi. Les Perrin tinha contado a ele sobre meu pai. Ele pegou o endereço e veio imediatamente.

"Eu estava tentando distrair minha mãe um pouco, sugerindo que comprássemos novas almofadas e outras coisas para a casa. Quando Jimi ouviu isso, passou umas duas horas falando com ela sobre mobília. 'Vou comprar algo que vocês vão adorar', ele nos disse. 'Ainda não sei exatamente o que é, mas quando eu botar os olhos, vou saber.'

"Ele nos salvou."

Em 12 de fevereiro, a turnê levou Jimi a Seattle, o primeiro retorno à sua cidade natal desde que tinha saído de lá para ingressar no exército, evitando a prisão, oito anos antes.

Apesar de não ter memórias muito alegres do lugar, ele não tinha se afastado intencionalmente. Durante os anos de dificuldade, manteve contato regular com seu pai e seu irmão. Entretanto, após se mudar para a Inglaterra, suas ligações, cartas e cartões postais tinham praticamente parado, e a mídia provinciana de Seattle não trazia notícias de sua impressionante guinada. Al e Leon Hendrix estavam totalmente alheios aos fatos até outubro de 1967, quando ouviram por acaso o álbum *Are You Experienced* sendo tocado pelo vizinho ao lado.

Desde então, a fama crescente de Jimi na América tinha feito até seu pai prestar atenção. O nome Hendrix no negócio de paisagismo de Al trouxe um fluxo tão grande de novos clientes que ele não precisava mais revender a sucata que retirava das casas – o trabalho secundário que acabou rendendo o primeiro violão de Jimi.

Já Leon Hendrix, agora com 20 anos, não estava dando tanto brilho ao nome da família. Impedido de tocar guitarra pela recusa de Al de “ter dois idiotas na família”, Leon tinha se perdido num mundo de bebida, apostas e tráfico de maconha enquanto ainda estava no ensino médio, tendo passado seis meses em um centro de detenção juvenil por assaltar uma loja de departamentos.

Seu talento para desenhar, incentivado por Jimi quando eram crianças, resultou num período de teste como projetista na fábrica da Boeing, mas ele logo ficou entediado e voltou aos velhos hábitos. Para ele, como escreveu em seu livro de memórias *A Brother’s Story*, o status de celebridade de Jimi apenas forneceu a porta de entrada para uma classe mais alta de criminosos, incluindo uma gangue de futuros ladrões de joias.

Toda a família Hendrix esperava no aeroporto de Seattle quando o avião de Jimi pousou, após um voo de 1,7 mil km vindo de Santa Barbara, Califórnia. À primeira vista, ele mal reconheceu o pai, pois Al tinha raspado o bigode que usava desde que os filhos eram bebês. Também foi a primeira vez que Jimi o viu usando uma gravata.

Após Al e Leon, a integrante mais bem-vinda da recepção era a irmã de sua mãe, tia Ernestine, que havia reconhecido seu talento antes de qualquer pessoa e lhe comprado o primeiro violão de verdade – o Kay de cinco dólares com o qual ele costumava dormir abraçado como uma amante, ao invés de espancá-lo como uma esposa abusada. Durante sua ausência de sete anos, o tamanho da família tinha aumentado consideravelmente. A segunda esposa de Al, Akayo ("June") Jinka era uma mulher divorciada com um filho e quatro filhas – a mais jovem, Janie, tinha seis anos e foi adotada por Al. Houve uma tensão imediata quando Al esperou que Jimi chamasse June de "mãe", sem notar que, para ele, apenas uma pessoa poderia ter esse nome.

Noel Redding, Mitch Mitchell, Mike Jeffery e Chas Chandler foram incluídos na reunião familiar na casa em Seward Park, onde Al e June tinham começado a morar juntos. Os ingleses ficaram confusos quando os parentes de Jimi instantaneamente voltaram a chamá-lo de "Buster", seu apelido de infância. Eles se esforçaram para ser educados, exceto Jeffery, que – na opinião de Leon – "parecia um policial disfarçado, com seu terno caro e óculos escuros", além de ser "frio e distante", como se não gostasse de ter pessoas se interpondo entre Jimi e ele.

Todos os parentes concordaram que, apesar de suas roupas excêntricas e aparente riqueza, Buster foi pouco afetado pela fama. O fato de seu respeito por seu pai não ter mudado ficou claro desde o princípio. Al ainda bebia o mesmo uísque Seagram Seven, cujas garrafas Buster reaproveitava para roubar as borlas douradas que decoravam sua guitarra na época dos Rocking Kings. Agora, estrela ou não, ele pediu a permissão de Al para tomar mais uma dose.

Antes do show esgotado no Center Arena de Seattle, a tia Ernestine ajudou Jimi a cachear seu cabelo. Leon ainda não tinha experimentado ácido, então seu irmão lhe deu um, dizendo que tomariam juntos mais tarde, de modo que ele pudesse cuidar de seu irmãozinho como antigamente. Mas Leon não conseguiu esperar e teve sua primeira viagem durante o show, "testemunhando em primeira mão o motivo do resto do mundo estar indo ao delírio".

Assentos na primeira fileira foram reservados para a família, incluindo as novas enteadas de Al – Donna, Marsha e Linda –, que fizeram um cartaz dizendo: "SEJA BEM-VINDO AO LAR, JIMI. COM AMOR. SUAS IRMÃS". Em vários momentos mais barulhentos, Al foi visto fazendo uma cara feia e enfiando seus dedos nos ouvidos.

Depois disso, a festa continuou em uma suíte de luxo no Olympic Hotel, com Jimi demonstrando um interesse um pouco mais que fraterno por sua nova meia-irmã Linda, que já era adulta. Conforme a noite progrediu (em parte ocupada por uma partida de Banco Imobiliário), ele pediu para que seu irmão encomendasse comida para todos por meio do serviço de quarto. Quando Leon propôs filé mignon, Al ficou horrorizado com tamanho exagero e disse que salgadinhos de uma máquina seriam suficientes. Pela primeira vez na vida, Jimi o contrariou sem medo de tomar uma surra de cinto.

Algumas semanas antes, ele tinha contatado Pat O'Day, um *promoter* e DJ da rádio local que ele considerava um de seus primeiros benfeitores. O'Day tinha sido responsável pelos bailes no salão Spanish Castle, onde ele passava muitas noites esperando tocar com Hank Ballard ou com os Fabulous Wailers, de Tacoma.

"Jimi me perguntou se poderia visitar sua antiga escola enquanto estava na cidade", O'Day recordou. "'Eles me expulsaram de lá', ele disse, 'então gostaria de ir a uma reunião da escola e tocar para eles'." Na verdade, a James A. Garfield High School nunca o "expulsou". Ele saiu de lá voluntariamente em 1960, quando o seu excesso de faltas para tocar música impossibilitou sua graduação.

As reuniões do ensino médio comumente aconteciam antes das aulas, às 8h. Quando Jimi se encontrou com Pat O'Day, tinha vindo direto da festa com sua família no Olympic Hotel, sem tomar banho ou trocar de roupa e com uma ressaca pesada. Em seguida, seus *roadies,* num ataque temporário de amnésia, esqueceram onde tinham estacionado o caminhão de equipamentos, impedindo Jimi de tocar. Em função disso, ficou definido que O'Day simplesmente o apresentaria aos alunos, depois conduziria uma breve sessão de perguntas e respostas.

Qualquer expectativa prazerosa que Jimi tenha sentido logo desapareceu quando começou a andar por aqueles corredores pobremente iluminados e forrados de armários. "Ele simplesmente congelou", lembrou Pat O'Day. "Ali estava um cara que conseguia aparecer na frente de milhares de pessoas, tocar e cantar, mas ao entrar no ginásio de sua antiga escola, ficou com medo."

Na época de Jimi, a quantidade de alunos brancos e negros era mais ou menos igual, mas agora o segundo grupo era maioria. A crescente tensão racial do país podia ser sentida até na estável Seattle, enquanto os ídolos musicais dos estudantes negros da escola Garfield, como James Brown e Aretha Franklin, salientavam e celebravam sua etnia ao invés de minimizá-la. Logo, houve uma recepção moderada quando surgiu aquele homem hesitante com roupas amarrotadas e um alto chapéu preto Stetson, apesar da presença da orquestra da escola, pronta para fornecer um acompanhamento musical, e da bela introdução de O'Day, afirmando que ele era "o homem que em breve poderia superar os Beatles em popularidade".

Quando Jimi foi ao microfone, só conseguiu murmurar – falsamente – que tinha composto "Purple Haze" para homenagear Garfield, cujas cores eram roxo e branco, e citar um verso de uma música da escola sobre "lutar, lutar, lutar", composta numa época mais inocente, quando as lutas ocorriam apenas no campo esportivo. Quando alguns dos alunos começaram a vaiar, Pat O'Day logo passou à sessão de perguntas e respostas.

Um aluno questionou há quanto tempo ele tinha saído da escola. "Ah, uns dois mil anos atrás", Jimi respondeu com voz baixa. Em seguida, uma líder de torcida com pompons roxos e brancos perguntou como ele compunha canções, e a memória daquelas reuniões antes das aulas finalmente fez sua língua se soltar um pouco:

"Agora eu vou me despedir de vocês e ir embora. Depois vou entrar na minha limusine e seguir para o aeroporto. Quando eu passar pela porta, a reunião vai acabar e o sinal vai tocar. E assim que eu ouvir o sinal, vou compor uma música. Obrigado."

E com isso, ele escapou de lá. A visita inteira durou menos que cinco minutos.

Jimi se veria em outra situação esquisita cerca de duas semanas depois, em Chicago. Na ocasião, uma jovem com aparência séria lhe entregou um cartão de visitas, apresentando a si própria e suas duas amigas como "The Plaster Casters".

A atividade de *groupie* mais bizarra registrada na história começou em uma aula de arte na Universidade de Illinois, quando Cynthia Albritton, de 19 anos, recebeu a tarefa de fazer um molde em gesso de qualquer coisa que chamasse sua atenção. Ela logo pensou no pênis de um *rock star*, decidindo iniciar uma série com o de Jimi.

Ele demonstrou estar disposto, assim como Noel Redding. O evento se desenrolou em seguida, nos seus respectivos quartos de hotel, mas tinha um ar mais de experimento de laboratório do que orgia. Jimi precisou inserir o que as três jovens divertidamente chamaram de seu "equipamento" num tubo de metal similar a uma coqueteleira, forrado com uma substância para criar moldes dentais chamada alginato. Enquanto o gesso líquido era despejado ao redor do pênis, Jimi precisava ficar concentrado até que o material se fixasse.

Sem qualquer auxílio externo, ele conseguiu manter a posição requerida (o que faz surgir a questão: como seria o desempenho de sua banda de abertura, Soft Machine?). Como Cynthia recordou, o bom humor dele persistiu até quando "seus pelos pubianos ficaram presos no molde [e] eu tive de gentilmente puxá-los sem machucá-lo".

O molde foi posteriormente exibido em uma galeria de arte junto a contribuições de outros integrantes de bandas que tinham recebido o mesmo tratamento das Plaster Casters. Mas não havia dúvida quanto a quem era a estrela da exibição, legendada em uma foto da imprensa como "Pênis de Milo".

Mesmo durante essa maratona transcontinental perversamente planejada, a equipe da Jimi Hendrix Experience na estrada continuava modesta. Eram apenas Chas Chandler e os dois *roadies*, Neville Chesters e Gerry Stickells, com Mike Jeffery se unindo a eles de tempos em tempos nos locais mais prestigiados e acessíveis, às vezes acompanhado de sua assistente pessoal, Trixi Sullivan. Sua comitiva, na verdade, era menor que a da atração de abertura, o grupo de jazz rock Soft Machine, que tinha um show de luzes psicodélicas portátil chamado Mark Boyle's Sense Laboratory.

"Sabíamos que nossos empresários só nos viam como bucha de canhão", comentou Robert Wyatt, baterista do Soft Machine. "Mas Jimi nunca nos tratou assim. Esperávamos que ele fosse algo do espaço sideral, mas era modesto e educado. Apesar de ele ser só uns dois anos mais velho que eu, lembro que uma equipe de filmagem foi ao nosso camarim conjunto uma vez, onde todos se plantaram na frente de Jimi com as costas viradas para nós. Mas ele insistiu em nos apresentar antes de gravar a entrevista."

Se uma jornada entre shows envolvesse atravessar diversos estados, a Experience viajava em voos domésticos, na classe econômica. Em outros casos, geralmente alugavam uma perua e colocavam o equipamento numa carreta atrás deles, com Chesters ao volante. "Em nove meses, eu dirigi 30 mil km", lembrou ele.

Após cada apresentação, a parcela das bilheterias cedida à banda era coletada em espécie por Chandler ou Chesters. Não havia seguranças para proteger o dinheiro ou os músicos, além dos policiais nas diferentes casas de show, cuja atitude raramente era prestativa ou amigável. Mitch Mitchell carregava consigo um par de trincos que afixava à porta de qualquer quarto de hotel que ocupasse, mas era meramente para fortalecê-lo contra os bandos de *groupies* quando precisava dormir.

Um cuidado igualmente irrisório era dado às suas drogas, compradas de antemão do famoso "Doctor Robert" (homenageado na música dos Beatles), mas constantemente superadas pelos traficantes locais que cercavam Jimi de um modo quase tão intenso quanto as mulheres. Noel Redding carregava um estoque coletivo sem medo dentro de uma mala de voo azul da Pan Am, com um compartimento para "*leapers*", outro para "*sleepers*" e um para "*creepers*"[8]. Em Vancouver, o guitarrista da Eire Apparent, a banda de abertura da época, foi pego com maconha e deportado, mas a mala Pan Am de Redding parecia encantada.

Entre os emblemas no chapéu de Jimi, um dizia "Make Love Not War" ["Faça Amor, Não Guerra"], e, desde o início da turnê, ele vinha repetidamente mencionando o conflito no Vietnã, algo que até então já tinha levado muitos campi de universidade a um estado de insurreição. Mesmo um *rock star* itinerante e isolado não escapava das imagens na TV de helicópteros atacando vilarejos com casas de palha e crianças queimadas por napalm, filmagens que o governo ainda não tentava censurar. Mas como ex-soldado, sua compaixão estava com aqueles jovens militares que lutavam uma guerra claramente invencível, sobretudo os negros, grupo no qual facilmente estaria inserido, que tinham permissão de morrer pelo país, mas não eram tratados como iguais nele.

Naqueles dias, a guerra estava nas manchetes graças à Ofensiva do Tet, comandada pelo Vietnã do Norte, comunista, que tinha elevado as baixas americanas a um recorde histórico. No entanto, Jimi não conseguia se expressar no palco com a mesma eloquência amarga que outros *rock stars* usavam para criticar a guerra, especialmente por causa de seu

8 Das drogas em questão, "*leapers*" podem se referir às drogas para despertar, "*sleepers*" para dormir, e "*creepers*" para causar alucinações. (N. do T.)

cérebro e sua língua afetados pela maconha. "Ao invés de toda aquela ação acontecendo lá", começava uma de suas típicas divagações, "por que todo mundo não volta para casa? Ao invés de metralhadoras, granadas e tanques... por que eles não voltam com guitarras nas costas? Guitarras são melhores que armas".

Nos raros interlúdios entre os shows de quase todas as noites, a Experience voltava a Nova York para trabalhar em seu próximo álbum, *Electric Ladyland*, no estúdio Record Plant. Para Jimi, essas viagens sempre significavam tocar *jams* nos antigos clubes com velhos amigos, como John Hammond Jr. e B.B. King, e com alguns parceiros novos, como Al Kooper, Johnny Winter e a Paul Butterfield Blues Band.

Uma noite no clube Scene, estava sendo gravada uma sessão que incluía Jim Morrison, do The Doors, o principal concorrente de Jimi em termos de ultraje no palco e atletismo sexual fora dele, que recentemente tinha se tornado o primeiro *rock star* acusado de "obscenidade pública". Poderia ter sido um dueto brilhante se Morrison não estivesse incapacitado de tão bêbado, arruinando a gravação ao gritar "I want to suck your cock" ["Quero chupar seu pau"] para Jimi, até que Janis Joplin o controlou quebrando uma garrafa na sua cabeça.

"Jimi sempre se mantinha incrivelmente plácido", comentou Neville Chesters, "e nunca parecia guardar rancor. A única vez em que você o via irritado era quando bebia demais, o que ele raramente fazia. Ou quando ele achava que outra pessoa estava atrás de uma mulher que ele tinha decidido gostar, apesar de ninguém conseguir competir com ele, jamais. Quando ele escolhia quem queria, já estava decidido."

Enquanto tocava em Cleveland, Ohio, Jimi saiu com Noel Redding para comprar um carro, embora não tivesse carteira de motorista, fosse na Inglaterra ou nos EUA. Mesmo assim, comprou um modelo esportivo de primeira linha, um Chevrolet Corvette Stingray azul metálico "Le Mans". Como muitas outras pessoas no mundo do rock, ele era um péssimo motorista e, na primeira saída, subiu com o Stingray pela contramão em uma rua de mão única, sendo parado por um policial e multado pela infração e por não ter carteira de motorista. Como, por vários motivos – principalmente químicos –, Jimi não podia seguir a turnê nele, o carro foi enviado de volta a Nova York.

Em 5 de abril, durante sua viagem de 560 km de Virginia até Newark, New Jersey, a caravana parou em um restaurante onde um grupo de homens brancos estava escandalosamente abrindo garrafas de vinho. A garçonete então lhes contou que o Dr. Martin Luther King tinha acabado de ser assassinado em Memphis, Tennessee. Os homens barulhentos estavam bebendo para saudar seu assassino.

O assassinato do Dr. King causaria a pior instabilidade social no país desde a Guerra Civil Americana. Ocorreram revoltas por questões raciais em 125 cidades pelo país, tanques e gás lacrimogêneo rondavam as ruas, além de metralhadoras armadas nos degraus do Capitólio, em Washington D.C., caso algum agressor decidisse invadi-lo.

Em Newark, as coisas já estavam tão ruins que um dos dois shows da Jimi Hendrix Experience com o Soft Machine no Symphony Hall da cidade foi cancelado e menos de um quarto das duas mil pessoas que compraram ingressos para o outro ousou sair de casa. Nas ruas, pela primeira vez, era mais seguro ter um rosto negro do que um branco: o motorista da limusine da Experience só ia ao centro da cidade com Jimi sentado no banco da frente, ao seu lado, e os outros escondidos no fundo.

Durante o show do Soft Machine, seu operador de luzes, Mark Boyle, ficou imaginando se o assassinato do Dr. King tinha sido o início de uma campanha planejada para matar todas as figuras negras com poder e influência. Passou pela sua cabeça que Jimi poderia ser o próximo, talvez já naquela noite.

Quando Jimi subiu ao palco, a típica rotina dos shows da Experience foi posta de lado e ele simplesmente disse: "Esta próxima música é para um amigo meu", iniciando um longo e improvisado blues que Redding e Mitchell acompanharam, como sempre faziam, e o qual Boyle – poeta, além de mago da iluminação – citou ter "uma beleza espantosa... Todo mundo sabia do que se tratava... era uma homenagem a Martin Luther

King... em poucos minutos, toda a plateia estava chorando, inclusive os criticados auxiliares de palco caipiras que ficaram parados na lateral, com lágrimas escorrendo. Quando Jimi terminou, não houve aplauso. O público ainda estava chorando enquanto ele saía do palco em silêncio". Em seguida, ele doou cinco mil dólares para a fundação criada para honrar a memória do Dr. King.

A turnê continuou com uma combinação da grandiosidade, do caos e da ignomínia típicos de Mike Jeffery. No dia 18 de maio, em Nova York, Jimi se encontrou com a chefia do selo Reprise para uma cerimônia que oficializaria um seguro sobre suas mãos no valor de um milhão de dólares, uma quantia maior que até o melhor pianista de música clássica já tinha merecido.

Em seguida, acompanhado por Jeffery e Trixi Sullivan, a Experience viajou até Miami para o primeiro de seus dois festivais pop em 1968, como atração principal. Também estavam escalados os Mothers of Invention, Chuck Berry e John Lee Hooker. Eddie Kramer foi junto para fazer a primeira gravação ao vivo de Jimi. "No Everglades Hotel, Mike veio até mim e disse que o festival não tinha nos pago", Trixi recordou. "Então sairíamos de fininho, sem pagar nossa estadia."

Após um punhado de shows na Europa que mal fizeram a viagem pelo Atlântico valer a pena – como, por exemplo, a inauguração do novo clube de Mike Jeffery em Maiorca, chamado Sgt. Pepper's –, a segunda parte da turnê pela América iniciou-se no começo de junho, num momento quase tão inoportuno quanto a primeira. O senador Robert Kennedy tinha acabado de ser baleado em um hotel de Los Angeles logo após um discurso que parecia garanti-lo como o candidato do Partido Democrata na futura eleição presidencial dos EUA. Apenas dois meses após o assassinato do Dr. King – e passados somente cinco anos da morte de John Kennedy, irmão de Robert –, o choque e a incredulidade da nação foram expressos em uma manchete repetida por diversas vezes: "NOT AGAIN" ["DE NOVO NÃO"].

Esse segundo trecho da turnê contemplou apenas um breve retorno a Nova York, enquanto o terceiro, iniciado em 31 de julho, foi ainda maior que o primeiro e, além disso, ziguezagueou selvagemente pelo centro do que F. Scott Fitzgerald chamava de "os Estados Confederados não dissolvidos": Louisiana, Virginia, Texas e Utah, o estado mórmon onde negros ainda eram majoritariamente vistos como pessoas que carregavam "a maldição de Caim".

A Lei dos Direitos Civis de 1964, promulgada meses após o assassinato de John F. Kennedy, havia supostamente banido a discriminação racial, mas ela ainda se mantinha presente no sul do país, mesmo sem a franqueza das antigas placas e cartazes locais. E os instintos de autopreservação do Chitlin' Circuit ainda estavam fortes em Jimi. A caminho de Shreveport, Louisiana, quando os músicos pararam em um local evidentemente focado no público caipira – identificados graças a seus cabelos curtos, camisas brancas de manga curta com um maço de cigarro no bolso da frente e um espaço curiosamente pequeno entre seus olhos –, ele se recusou a entrar, até que foi quase arrastado pelos famintos Redding e Mitchell. Não se recusaram a atendê-lo, mas ele percebeu que era o único cliente negro ali, e o clima estava tão tenso que o grupo devorou sua comida e saiu do local o mais rápido possível.

"Nós, ingleses, éramos todos tão estupidamente inocentes", Neville Chesters admitiu. "Nunca vimos Jimi como negro. Para nós, era só um guitarrista americano – e nosso amigo. Ficávamos surpresos quando coisas assim aconteciam."

Também houve momentos absurdos, como o episódio em que um motorista local foi contratado para que Chesters tirasse uma folga. A questão é que o tal motorista era um ilustre membro do movimento de supremacia branca Ku Klux Klan. Jimi sempre fez questão de andar no banco da frente, ao lado do integrante da Klan, imaginando que não haveria proteção melhor do que ali.

O que mais ofendia os racistas era quando Jimi surgia na admirável companhia de mulheres brancas – área em que sua típica cautela costumava abandoná-lo. Isso resultou num incidente desagradável enquanto chegava para um show com uma figura loira, conhecida apenas como "Poopsie", agarrada ao seu braço. Um policial da segurança gritou: "Aquele preto não tem o direito de botar as mãos naquela garota", e sacou sua arma. Dois outros policiais foram chamados para a briga e também sacaram suas armas, mas felizmente nenhum gatilho foi disparado. Em vez disso, todo o contingente policial foi embora em protesto.

Longe da indignação de seus colegas brancos, Jimi achou maravilhoso ter sido protegido por policiais do sul e deu a última risada quando passou a noite com Poopsie.

"Fui chamada de 'lixo branco' só por estar perto dele", Trixi Sullivan recordou. "Estávamos saindo de uma limusine para ir a uma loja de departamentos quando uma mulher apareceu e gritou isso para mim. E ela me seguiu pela loja, ainda gritando."

Quando a turnê finalmente voltou ao norte, o ódio explícito tinha diminuído. "Mas, de certa forma", disse Robert Wyatt, "quase preferíamos aquilo, porque pelo menos sabíamos onde estávamos. Era algo preferível ao que passamos a ver no norte – os grandes sorrisos falsos repletos de ódio por trás".

Por sorte, um momento complicado foi evitado. O show em Chicago, no dia 10 de agosto, ocorreu duas semanas antes da convenção do Partido Democrata no qual os policiais de capacete azul do prefeito Richard Daley agiram de modo descontrolado em meio aos manifestantes antiguerra, batendo indiscriminadamente em representantes partidários, equipes de TV e quaisquer negros ou hippies que passassem na sua frente. É terrível imaginar o que fariam com Jimi, uma mistura das duas coisas, se estivesse lá.

Em setembro, ele retornou a Seattle, dessa vez para tocar no Center Coliseum da cidade. Mas não foi uma volta ao lar tão agradável quanto a anterior. Desde seu último encontro, a gangue à qual seu irmão Leon pertencia havia sido flagrada roubando uma empresa farmacêutica em busca de comprimidos estimulantes chamados "Crossover Speed". De alguma forma, Leon acabou responsabilizado pela gangue inteira e estava em liberdade provisória, aguardando sentença.

Apesar de Jimi presenteá-lo com um Chevrolet Malibu *e* uma nova caminhonete para o negócio de paisagismo, o orgulho paterno recente de Al parecia já estar em declínio. Ele ficou profundamente ofendido por Jimi se recusar a chamar sua nova madrasta, June, de "mãe" – algo que, como Jimi contou à repórter da UPI, Sharon Lawrence, "ficaria entalado na minha garganta". Mesmo com um filho de 25 anos que tinha se tornado uma estrela internacional, Al acreditava que um pouco de disciplina à moda antiga precisava ser restaurada.

Durante a estadia de Jimi, Al convidou vários de seus amigos e vizinhos à sua casa para uma festa, pressupondo que os seus dois filhos compareceriam. Em vez disso, Jimi e Leon saíram à noite com seus próprios amigos. Quando voltaram, já ao amanhecer, Al furiosamente ameaçou dar uma surra de cinto nos dois.

A parada seguinte da turnê de Jimi era Vancouver, onde sua avó Zenora e sua tia Pearl ainda moravam. Vendo uma chance de apaziguar a relação com seu pai, sugeriu que a família viajasse até lá no novo Malibu de Al, com Leon, June e sua irmã adotada, Janie. "Mike Jeffery ficou furioso que ele queria nossa presença lá", Leon recordou.

A caminho do show, eles pararam em um restaurante onde ninguém recebia seus pedidos, até que Jimi deu autógrafos para algumas crianças que o tinham reconhecido. Uma garçonete lhes informou que o gerente costumava não permitir serviço a pessoas que não fossem brancas, mas abriria uma exceção naquele caso.

Algumas horas depois, Jimi se reuniu com a pequena e resistente mulher que havia traçado sua ancestralidade dos indígenas em reservas Cherokee aos escravos em plantações por meio do teatro vaudeville, além de ter sido a primeira pessoa para quem ele contou sobre a música que ouvia em sua cabeça. "Vovó Nora" estava na primeira fileira do seu show no Pacific Coliseum, em Vancouver, e teve "Foxy Lady" adequadamente dedicada a ela, pois foi a primeira do tipo que ele conheceu. Em seguida, um repórter perguntou o que ela tinha achado da apresentação de seu neto. "Minha nossa", ela respondeu, "não sei como ele suporta todo aquele barulho."

"Nossa avó viveu até os 104 anos de idade", Leon Hendrix recordou, "e quando sua hora chegou, ela estava perfeitamente feliz em partir. Ela disse: 'Eu fui uma escrava e consegui ver Jimi Hendrix. Estou realizada'".

Antes de Jimi sair do "jantar de Ação de Graças adiantado" de sua tia Pearl, convidou Leon a encontrá-lo em Los Angeles, onde voltaria a tocar no Hollywood Bowl em 14 de setembro. Ele já tinha dado presentes em espécie, de cinco mil dólares cada, para Pearl e Zenora, e depois deu a seu irmão a mesma quantia para uma passagem de avião e roupas novas. Leon não precisou ser convencido, apesar de ainda estar em liberdade provisória e aguardando sua sentença pela invasão da empresa farmacêutica.

O rapaz de 20 anos passou o mês seguinte em Los Angeles compartilhando do mesmo estilo de vida *rock star* de Jimi: ocupando uma suíte no luxuoso Beverly Hills Hotel, passeando em limusine particular, fazendo compras na Rodeo Drive, passando tempo na área VIP do Whisky a Go Go e socializando em festas onde praticamente nevava cocaína, com gente como Mick Jagger, Ringo Starr e Jerry Garcia.

Ao propor a visita, Jimi disse que precisava de "alguém para ajudar a manter as mulheres afastadas", mas isso não parecia ser uma preocupação real. Ele andava dividindo sua atenção entre duas namoradas semi-oficiais, uma negra e uma porto-riquenha: Devon Wilson e uma ex-garçonete do Whisky chamada Carmen Borrero. Mesmo assim, não importava que hora da noite ele e Leon voltassem ao hotel, havia uma fila de mulheres aguardando tão pacientemente quanto consumidoras esperando pelo início de uma liquidação.

"Uma vez entrei no quarto de Jimi sem bater e ele estava na cama com duas loiras", lembrou Leon. "Eu disse: 'Ei, cara, vamos... tem uma festa, vamos'. Mas acabei indo à festa sozinho."

Via de regra, Jimi trocava de companheiras de cama com tanta destreza e tato que nunca havia ressentimento ao fim de um encontro, nem mesmo entre elas próprias. Era só quando ele bebia álcool – especialmente uísque – que sua profunda insegurança vinha à tona, quase sempre na área em que ele aparentava ter mais autoconfiança.

Uma noite, por exemplo, ele achou que Carmen o estava traindo com Eric Burdon e jogou uma garrafa na cabeça dela, atingindo-a no olho. A sala de emergência que a atendeu disse que ela poderia facilmente ter perdido o olho. Burdon nunca superou a lembrança de Jimi "dando uma surra em sua namorada em Bel Air".

Os irmãos mais novos de *rock stars* sabem bem que a maioria das pessoas só se interessa por eles como forma de acesso aos seus irmãos encantados. Leon, no entanto, não tinha queixas quanto às muitas mulheres lindas que costumavam usá-lo como um meio para chegar a um fim. "Não se esqueça de dizer a Jimi que você comeu a melhor boceta da sua vida ontem à noite" era um pedido frequente que ele ouvia.

Enquanto Jimi estava por perto, Mike Jeffery era a cordialidade em pessoa com Leon. Mas, como ele se lembra, Jeffery considerava a proximidade dos irmãos uma ameaça e aproveitava toda chance que tinha para separá-los. Quando a turnê partia para um de seus vários shows fora da cidade, ele tentava excluir Leon ou lhe dar falsas informações, caso ele pensasse em ir por conta própria. "Uma vez, Mike me disse que meu irmão estava em San Diego, e eu descobri que ele estava no Havaí."

O show esgotado de Jimi no Hollywood Bowl foi realizado em uma noite de calor tropical tão forte que as pessoas nas primeiras fileiras se banharam no espelho d'água em frente ao palco, sem perceber que estavam perigosamente próximas de potentes equipamentos elétricos.

Na plateia estava Buddy Miles, o baterista do grupo Electric Flag, de Mike Bloomfield. Miles era um afro-americano que tinha tocado incógnito ao lado de vários brancos em *Axis: Bold as Love* e no disco que viria a ser *Electric Ladyland*. Durante o show, Jimi dedicou uma música a Miles com gratidão e o convidou ao palco para tocar, mas, mesmo em uma noite como aquela, o racismo não dava sossego: ele foi parado pelos seguranças, agredido e carregado à força para longe.

O show de Jimi incluiu a sua versão *cover* mais inesperada de todas, "The Star-Spangled Banner", o hino dos Estados Unidos, executado como um solo de guitarra com *feedback* gritante e ensurdecedor. Mas, nessa primeira vez, sua reinterpretação do hino nacional mais sagrado do mundo passou quase despercebida, sendo julgada apenas por suas qualidades musicais. Nat Freedland, da *Free Press*, reclamou um pouco de "um tratamento extenso e discordante" de algo que "não é uma música das mais empolgantes, temos de admitir".

Ao invés de continuar pagando a enorme conta no Beverly Hills Hotel, Jeffery alugou uma grande casa no Benedict Canyon, que já tinha sido usada pelos Rolling Stones. Lá ficaram Jimi, Mitchell, Redding e Trixi Sullivan, além do próprio Jeffery. Apesar da sua intenção de fornecer alguma privacidade, o lugar logo ficou tomado de mulheres esperançosas, do mesmo jeito que ocorria em todos os outros lugares que Hendrix habitava na época. "Tinha uma televisão enorme na parede, mas ninguém sabia ligá-la", Trixi recordou. "Enquanto tentávamos entender como funcionava, uma dessas garotas se virou para mim e perguntou: 'Você é uma *groupie* aposentada?'."

Também acharam um quarto para Robert Wyatt, o jovem baterista do Soft Machine. "Jimi, Noel e Mitch eram incrivelmente gentis comigo", ele rememorou. "Eu só ganhava 200 dólares por semana e não conseguiria pagar a conta nos lugares onde eles iam, mas me levavam junto com o argumento de que precisávamos ir em grupo, só para evitar que eu me sentisse envergonhado de eles pagarem por mim.

"Até me deram uma salinha no estúdio para trabalhar numa canção que eu tinha composto, chamada 'Slow Walkin' Talk', uma mistura de Mose Allison e Georgie Fame. Jimi apareceu lá um dia, ouviu a música e perguntou: 'Você gostaria que eu gravasse o baixo dela?'."

Agora que estaria no mesmo lugar por algum tempo, Jimi pediu que lhe enviassem o Corvette Stingray azul metálico que havia comprado impulsivamente em Cleveland e que esperava por ele em Nova York. Ainda sem carteira de motorista e desdenhando qualquer tipo de aula, ele saiu sozinho com o carro, alcançando velocidades típicas do Le Mans nas vias sinuosas e íngremes do cânion.

Em uma curva particularmente acentuada e perigosa, ele saiu pela lateral e acabou pousando em uma ravina, seis metros abaixo. O carro teve perda total, mas Jimi sofreu pouco mais que alguns raspões em seu rosto – e imediatamente encomendou outro Stingray idêntico. Foi o tipo de sorte que faz alguém parecer ter nove vidas.

Onde quer que o rock vá para descansar, ele traz consigo multidões e sordidez. A casa logo virou ponto de encontro para todos os traficantes, malandros e figuras duvidosas da Costa Oeste. Embora Jimi fosse o ímã voluntário deles, odiava suas conversas bobas e seu desrespeito pela mobília e a decoração do local, desejando muitas vezes voltar a ser "o Morcego", sozinho com sua guitarra e um abajur coberto por um cachecol. "Às vezes", Leon lembrou, "ele gritava, xingava e mandava todos embora".

Seu principal alívio da escória do rock 'n' roll era Sharon Lawrence, a jovem repórter de uma agência de notícias cuja mãe tinha recebido o conforto de Jimi após a morte do pai da família. Sincera, sensível e engraçada, Sharon sempre se diferenciou das *groupies* que o cercavam, que eram – em suas próprias palavras – "como um bando de pardais piando e tentando pegar a minhoca mais suculenta".

Ela lembra do quão animado ele ficou de morar numa mansão em Hollywood Hills, por mais nefasta que fosse a companhia. "Ele frequentemente olhava para o lugar e dizia: 'Seria tão bom se tudo isto durasse'. Eu sabia que ele era esperto o suficiente para saber que nada dura para sempre. Mas nunca imaginei o quão curta seria sua vida.

"Jimi não tinha formação acadêmica, mas era extremamente inteligente – e não se resumia apenas a música, sexo e festas. Quando ele ficava feliz de verdade, abria um sorriso e queria conversar. Se eu ficasse cansada da multidão da mansão e dissesse que ia pra casa ler uma revista, ele perguntava: 'Posso ler depois que você terminar?'."

Sharon era uma conexão com a normalidade da qual ele sentia falta enquanto trabalhava como um *rock star* escravo – na verdade, sempre sentiu falta disso. Por exemplo, ele amava ouvir sobre o emprego dela na United Press International e a velocidade com a qual esse e outros serviços telegráficos da era pré-internet enviavam notícias de última hora ao redor do mundo. "Eu o convidei para visitar nosso escritório, ver os teletipos e conhecer os caras que os operavam. Ele ficou fascinado."

Logo Jimi lhe contou a verdadeira história da sua infância, confiante de que isso nunca seria transmitido pelo telégrafo da UPI. Foi aí que ela entendeu a tolerância que ele tinha em relação à postura muitas vezes impetuosa de Leon. "Leon o constrangia, mas Jimi ainda era o mesmo irmão mais velho protetor da época que eles estavam crescendo em Seattle e não queria que ele se tornasse a alma perdida que o próprio Jimi poderia facilmente ter se tornado. Eles tinham longas conversas nas quais Jimi tentava fazer Leon deixar de ser um garoto rebelde e pensar seriamente sobre o futuro."

Após tudo o que Leon tinha visto no último mês, o único futuro que o fazia pensar seriamente era o de trabalhar com Jimi no ramo da música. Parecendo igualmente interessado em renovar seu laço da infância, Jimi sugeriu que tinha chegado a um ponto da sua carreira em que isso era uma possibilidade. Ele explicou que estava cansado de tocar "Hey Joe" e "Purple Haze" – "S.O.S.", como ele chamava, ou "Same Old Shit" ["Mesma Merda de Sempre"] – uma noite atrás da outra, todo mês. Ele queria ir para Nova York e começar seu próprio selo de gravação, como Frank Sinatra tinha feito com o Reprise, ou os Beatles com o Apple. "Ele me disse: 'Quero fazer sinfonias com cordas, violinos e instrumentos de sopro'", Leon recordou. "'Eu quero *compor.*'"

Por ora, ele convenceu Leon a voltar para Seattle e encarar a pena por ter invadido a empresa farmacêutica, o que certamente renderia um período de reclusão. Mas quando o rapaz ausente voltou para casa, encontrou uma carta de recrutamento do exército, que automaticamente anulava sua sentença. Seu irmão também tinha se livrado de uma detenção sete anos antes ao se voluntariar para a 101ª Aerotransportada.

O *single* promocional de *Electric Ladyland*, lançado em setembro de 1968, era a versão que Jimi gravou de "All Along the Watchtower", originalmente de Bob Dylan. Soa diferente de qualquer outra coisa gravada pela Jimi Hendrix Experience, antes ou após aquele momento, pois tinha a participação de dois músicos adicionais: o guitarrista Dave Mason, do grupo Traffic, e Brian Jones, dos Rolling Stones.

Enquanto Mason pode ser ouvido no violão de 12 cordas, Jones está no Vibraslap, um instrumento de percussão tocado ao bater uma bola de madeira presa por um arame contra uma caixa de "dentes" metálicos soltos. Foram eles que criaram a atmosfera inicial de uma praia Tennysoniana indômita, com céus baixos, ondas batendo, gaivotas gritando e algas escorregadias.

Mas a atmosfera quase medieval acabava ali. A "All Along the Watchtower" de Jimi parecia pertencer inteiramente àquele ano sangrento, rebelde e dividido dos EUA. Era o reflexo de uma sociedade ferida por "*too much confusion*" ["confusão demais"] e que "*can't get no relief*" ["não consegue se aliviar"], o grito de sua guitarra soando como sirenes de polícia em noites incendiárias. Imparcialmente relevante a todos os lados do conflito, tornou-se o primeiro – e único – *single* da Jimi Hendrix Experience a chegar ao Top 20 da *Billboard*.

Dylan mais tarde afirmaria ter ficado "admirado" com a interpretação de Jimi, sobretudo com seus "espaços" – ou seja, a economia e a atenuação, assim como o esplendor, a ferocidade e o desapego que ele trazia à música. "Na verdade, eu peguei sua versão emprestada e continuo fazendo isso até hoje."

Naquela época, no entanto, nenhuma resposta veio de Dylan. Modesto como sempre, Jimi lembrava a qualquer pessoa que comentasse sobre essa aparente falta de educação que "Bob Dylan é uma pessoa muito ocupada".

12

DAMAS ELÉTRICAS

Aquela odisseia americana tenebrosa de 1968 pôs um fim ao relacionamento entre Jimi e Chas Chandler, dando início ao término da Jimi Hendrix Experience.

Quando Chandler o levou a Londres pela primeira vez, havia uma camaradagem autêntica entre eles. Mas quando o rock vira riqueza, a parceria geralmente é a primeira a desaparecer. Como muitos outros administradores descobriram, quanto mais bem-sucedido é o seu artista, menos segura a posição do empresário tende a se tornar; e quanto maior é a quantia monetária devida pelo artista, mais facilmente ela é esquecida.

Parecia que muito tempo havia se passado desde que Jimi seguia as instruções de Chandler no estúdio de gravação, sem questionar. Agora ele tomava todas as decisões criativas por si próprio, auxiliado por engenheiros que o reverenciavam e o adoravam. Jimi chegou inclusive a colidir com a área de Chandler ao adquirir uma "descoberta" dele. A Eire Apparent, sua antiga banda de abertura, o impressionou tanto que ele produziu seu disco de estreia, *Sunrise*, além de tocar em várias de suas faixas.

Chandler se via praticamente redundante no estúdio, então passava a maior parte do seu tempo na estrada com a Experience, odiando cada segundo. As pressões colossais daquela última turnê começaram a afetar sua saúde, mais visivelmente num caso de alopecia, uma doença de pele relacionada ao estresse que fazia seu cabelo cair em tufos. "O principal motivo de ele sair dos Animals foi porque queria largar as turnês", Trixi

Sullivan recordou. "E Jimi também não gostava de tê-lo por perto na estrada, pois Chas sempre tentava mandar nele."

Quando o ritmo da turnê finalmente começou a diminuir, Chandler voltou a Londres, onde supostamente tomaria conta do escritório de Mike Jeffery. "Mas ele não tinha o menor interesse em cuidar do escritório. Preferia ficar em algum pub por perto."

Quando Trixi veio de Nova York, encontrou uma cena de devastação: os telefones tinham sido cortados por falta de pagamento das contas, a mobília (que Jeffery sempre preferiu alugar ao invés de comprar) teve sua posse reintegrada e, como resultado de outras dívidas antigas, oficiais de justiça estavam em processo de penhorar os bens que ainda restavam.

Enquanto ela observava, um deles pegou um arquivo e despejou seu conteúdo – documentos cruciais relacionados aos artistas de Jeffery, incluindo Jimi – sobre uma pilha no chão antes de removê-los. Os oficiais de justiça não se opuseram a ela pegar os documentos, que ainda estão em sua posse, pois seu chefe nunca os pediu de volta.

Já fazia tempo que Jeffery buscava um pretexto para se livrar de Chandler, até que ele surgiu: o empresário contou a Jimi que a sociedade de gestão não estava mais funcionando e que ele teria de escolher entre um dos dois. Apesar de tudo que Jimi devia a Chandler, isso não pareceu lhe causar grande comoção. "Um dia, Chas chegou com uma cara furiosa", Trixi relembrou. "Foi uma gritaria entre Mike e ele, aí ele saiu bravo e Mike me disse: 'Acabou. Ele está fora'."

Chandler vendeu sua participação no negócio com Jimi por 300 mil libras, equivalente hoje a cerca de três milhões de libras. Mas seus dois anos naquela superliga empreendedora não representaram sua única sorte na vida. Ele futuramente descobriria a banda Slade, de Wolverhampton, que teve uma série de *singles* bem-sucedidos no início dos anos 1970, compraria o famoso estúdio de gravação IBC em Londres, fundaria vários selos de gravação e empresas de agenciamento e cofundaria uma arena de esportes e shows com capacidade para dez mil pessoas na sua cidade natal, Newcastle.

Mesmo assim, largar o negócio com Jimi Hendrix sempre seria lembrado de forma similar ao que Sam Philips fez quando vendeu seu contrato com Elvis Presley para a RCA Records por apenas 50 mil dólares, ou o que Andrew Oldham fez ao ceder os Rolling Stones para Allen Klein pela bagatela de um milhão de dólares. Até o dia de sua morte (em 1996, com apenas 57 anos), Chandler nunca superou a rejeição de Jimi.

O fim da Jimi Hendrix Experience aconteceu mais lentamente, com várias prorrogações temporárias ao longo do caminho.

Noel Redding e Mitch Mitchell ficaram chocados e chateados de perder Chandler, pois ambos gostavam e confiavam nele, além de não terem sido consultados sobre o assunto. A disposição deles já estava no fundo do poço, exaustos pelo cronograma impiedoso de viagens e pela monotonia de tocar o que Redding chamaria de "repetições desleixadas de sucessos antigos enquanto encarávamos a plateia com olhares mortos".

Redding estava ficando particularmente irritado com a baixa exposição que recebia como compositor e vocalista da Experience. Como protesto, montou sua própria banda, a Fat Mattress ["Colchão Grosso"], na qual seria o líder enquanto seguia tocando com Jimi. Para entornar o caldo ainda mais, Chas Chandler estava tentando contratar a Fat Mattress para gravar um disco. Em alguns shows, eles abriam para a Experience, deixando Redding no palco pelo dobro do tempo de Jimi, que não se opôs (e secretamente zombou do grupo, chamando-os de "Thin Pillow" ["Travesseiro Fino"]). Como sempre, Jeffery estava indiferente em relação ao lado musical do negócio e não interferiu.

Redding e Mitchell fulminavam pelas costas de Jimi por causa de sua imprevisibilidade no palco: os incidentes de "birra" quando ele mal se dava ao trabalho de tocar um acorde, os transes drogados quando ficava quase incapaz de se apresentar e o hábito de comprar instrumentos musicais para seus bajuladores, pagos com a conta da banda. Ainda assim, ele desarmava Redding e Mitchell com uma doce carta manuscrita de desculpas – ou com uma performance chegando a novos níveis de genialidade.

Ele tinha menos consideração pelos sentimentos deles no estúdio Record Plant, em Nova York, onde as sessões mais importantes para o disco *Electric Ladyland* ocorreram entre as incessantes viagens pelo continente e pelo Atlântico.

Apesar de seu nome de inspiração industrial (influenciado pela Factory, de Andy Warhol) e de suas instalações artísticas de última geração, o Record Plant tinha um ambiente aconchegante e orgulhava-se de receber bem seus músicos. Seu cofundador, Gary Kellgren, era um engenheiro talentoso que já tinha trabalhado com o Velvet Underground e com Frank Zappa, além de ser um pioneiro em efeitos de áudio psicodélicos como "*phasing*" e "*flanging*".

Kellgren venerava Jimi e alegremente fez dele seu "copiloto" no novíssimo console Scully de 12 canais do estúdio. Com Chas Chandler afastado, todas as restrições de tempo e gastos desapareceram: os *takes* eram ilimitados e a mixagem de uma faixa podia levar dias. Para deixá-lo ainda mais à vontade (e dilatar a conta que chegaria a 70 mil dólares), Eddie Kramer, seu antigo engenheiro no Olympic, em Londres, foi enviado até o Record Plant para ajudá-los.

Na maior parte do tempo, a naturalidade e a autoconfiança de Jimi no estúdio pareciam absolutos. Mas havia uma área em que todos os seus *singles* e álbuns de sucesso não tinham gerado segurança alguma. Quando chegou o momento de gravar o vocal para "All Along the Watchtower", aquela humildade ao estilo Robert Johnson voltou, fazendo Jimi insistir em cantar atrás de um biombo.

A apenas dois quarteirões do Record Plant ficava o ponto de encontro dos músicos mais famosos de Nova York, o Scene. Geralmente, Jimi ia para o estúdio direto do clube, levando consigo uma multidão de amigos para uma das *jams* improvisadas que ele tanto adorava, perturbando a sessão que estava agendada para aquele momento e alienando Redding e Mitchell cada vez mais. Uma noite, quando ele chegou com Stevie Winwood, do

Traffic, e Jack Casady, do Jefferson Airplane, Redding reclamou que aquilo "não era uma sessão, mas uma festa" e saiu porta afora. Seu gesto acabou não causando impacto, pois foi Jimi quem o ensinou a tocar baixo e, portanto, poderia trocar para o instrumento sem perder o ritmo. Fosse uma "festa" ou não, a *jam* iniciou uma faixa quintessencial de Hendrix, intitulada "Voodoo Chile" naquela primeira versão espontânea, mas "Voodoo Child" na versão formal gravada no dia seguinte.

Electric Ladyland foi finalmente lançado como um disco duplo no outono de 1968. "Electric Ladies" era a forma educada que Jimi usava para se referir às *groupies*. A capa – criada por Chris Stamp, do selo Track Records, para um mundo que ainda precisava conhecer melhor o feminismo – exibia 21 mulheres nuas, deixando implícito que ali estava apenas uma fração de seu harém permanente.

A ideia era que Jimi aparecesse no meio delas, mas não compareceu ao ensaio fotográfico. Na verdade, ele odiou a imagem, considerando-a vulgar e de mau gosto; seu próprio conceito, descartado por Stamp, era que usassem uma foto de Linda Eastman (que logo se tornaria Linda McCartney) e um texto de sua autoria no encarte. Mesmo assim, o álbum foi declarado como "produzido *e dirigido* por Jimi Hendrix". Na capa interna havia um retrato enorme de Jimi, acompanhado de dois minúsculos de Redding e Mitchell, o que ajudou em quase nada a autoestima flácida da dupla.

Apesar de uma quase-*overdose* de Jimi em altíssima qualidade, os críticos da época ficaram confusos, pois esperavam que discos duplos tivessem um tema reconhecível. O *Melody Maker* representou a opinião de muitos ao dizer que suas 16 faixas "faziam uma mistura bagunçada", mas reconheceu que "All Along the Watchtower" era uma obra-prima. Décadas se passariam até que o crítico Robert Christgau reconhecesse "uma utopia auditiva que acomoda tanto o conflito enraizado quanto os desejos espirituais vagos, unidos por um músico magistral". Em termos mais simples, a psicodelia e o blues se tornaram um só.

Por causa das "electric ladies" na capa, muitas lojas nos EUA se recusaram a manter o disco em seus estoques ou apenas o exibiam coberto por um papel pardo. Ainda assim, ele alcançou a primeira posição na Hot 100 da *Billboard,* mantendo-se nas paradas pelo restante do ano. Na Inglaterra, embora a nudez causasse menos pânico, o disco empacou na sexta posição. Alguns críticos britânicos se incomodaram com o formato em disco duplo – a resposta de Jimi a esses comentários foi que ele gostaria que tivesse sido um disco triplo.

A antiga química entre Noel, Mitch e Jimi ainda podia ser revivida, especialmente com fumaça de maconha no ar. No dia 6 de janeiro de 1969 – em mais um bizarro erro de escalação que insistia em persegui-los – a Jimi Hendrix Experience foi chamada para se apresentar em um programa do horário nobre da BBC chamado *A Happening for Lulu.* A estrela que dava nome ao programa era uma pequenina cantora de blues nascida em Glasgow, que teve seu primeiro *single* de sucesso com "Shout", dos Isley Brothers, mas já tinha se deslocado tanto para um meio-termo comum que viria a ser uma das vencedoras da competição Eurovision daquele ano.

O programa foi transmitido ao vivo em preto e branco para uma plateia do estúdio e coreografado com o cuidado que só a BBC sabia fazer. Jimi tocaria "Voodoo Child", Lulu se apresentaria com ele em "Hey Joe", depois fechariam o programa com um dueto da música-tema do novo filme dela, *Ao Mestre, com Carinho* (um malicioso lembrete de que a coestrela do filme era o afro-americano Sidney Poitier).

Antes da apresentação, o trio estava no camarim e aproveitou para fumar um baseado. Enquanto estavam enrolando, um pouco de maconha caiu na pia e desapareceu pelo ralo. Redding mais tarde se lembraria de como um funcionário da manutenção da BBC foi chamado para recuperar o que eles afirmaram ser um anel valioso – e ele ficou tão preocupado que se ofereceu para desmontar a pia inteira.

No meio daquela fumaça compartilhada nasceu a ideia de um *Happening for Lulu* alternativo. No outubro anterior, Jimi tinha se sentado ao lado de George Harrison no Los Angeles Forum, assistindo a uma das últimas performances do Cream, um power trio que se autodestruiu muito mais rápido que a Experience. "Acho que Jimi teve a ideia em si", Trixi Sullivan disse, "mas os três estavam nisso juntos."

A apresentação deles abriu com "Voodoo Child", como planejado, exibindo Jimi em sua versão monocromática com bufantes mangas de camisa de seda e um rosto transfigurado, tocando a introdução que era o mais próximo que ele já tinha chegado de um concerto heavy metal. As coisas começaram a desmoronar quando Lulu, sentada na plateia, iniciou o anúncio do próximo bloco, mas foi logo silenciada por um guincho de *feedback*. "Hey Joe" começou e, antes que ela pudesse se juntar a ele, Jimi interrompeu a música. "Gostaríamos de parar de tocar esta bobagem", ele disse, "e dedicar uma música ao Cream, independentemente de que tipo de grupo eles sejam agora. Dedicamos isto a Eric Clapton, Ginger Baker e Jack Bruce".

Os três começaram uma versão instrumental de "Sunshine of Your Love", do Cream, a música que Jimi tinha inspirado Jack Bruce a compor. Quando o encarregado pelo programa gesticulou freneticamente para que ele voltasse ao planejado, a única resposta de Jimi foi um dedo erguido. O "tributo" prosseguiu até o término do tempo que seria dedicado ao seu dueto com Lulu e continuou enquanto os créditos passavam.

Após tantos meses se arrastando pela América, a Experience precisava urgentemente de uma folga mais extensa. Em vez disso, Mike Jeffery os arremessou direto para uma turnê europeia de duas semanas, começando na Alemanha Ocidental. Em 12 de janeiro, quando tocaram no Rheinhalle, em Düsseldorf, Jimi foi apresentado ao Barão Reiner von der Osten-Sacken, um extravagante jovem aristocrata que ostentava um enorme bigode e cartola.

No entanto, o que mais interessava naquele momento era uma das convidadas do barão para a festa, a jovem Monika Dannemann, de 23 anos.

Loira e de aparência atlética, Monika tinha alcançado uma certa fama na sua terra natal como patinadora no gelo em campeonatos nacionais antes de uma lesão forçá-la a desistir da patinação competitiva e fazê-la voltar-se ao ensino. Ela e Jimi começaram a conversar – no caso, é possível especular que ele mencionou suas acrobacias no Queensway Ice Rink em Londres – e acabaram passando a noite juntos.

Parecia ser mais um caso de uma noite só, como milhares de outros que ele teve. Mas Monika o seguiu até seu próximo show, em Colônia, onde ele já estava em nova companhia – a supermodelo alemã Uschi Obermaier, com quem foi fotografado sendo excepcionalmente afetuoso em frente ao Hotel Kempinski, em Berlim.

Em 18 de fevereiro, a Experience seria a atração principal no Royal Albert Hall, em Londres, sua primeira vez naquela casa que já tinha exibido alguns dos melhores momentos do Cream. O show seria filmado para um documentário da TV americana (que nunca foi ao ar enquanto Jimi ainda estava vivo) e também gravado para um disco ao vivo, que Jeffery queria lançar antes do álbum de estúdio previsto para o Natal.

Apesar da importância multimídia do show no Albert Hall, Jeffery estava ocupado com outras coisas e deixou sua organização por conta de Trixi Sullivan. Durante os ensaios, Jimi ficou tão incomodado com os problemas técnicos que pediu ajuda a Chas Chandler. Com uma generosidade humilhante, Chandler aceitou.

Durante a noite, as câmeras esperavam para rodar seus filmes e captar Jimi, que chegou ao Albert Hall completamente transtornado de cocaína. "Eu literalmente precisei dar um chute nele para empurrá-lo ao palco", Trixi recordou. "Mas ele estava incapaz de tocar e os outros dois caras não podiam fazer nada a respeito.

"Finalmente, eu fui ao palco e disse à plateia: 'Talvez vocês tenham percebido que Jimi não está muito disposto no momento. Gostaria que todos vocês voltassem semana que vem, pois faremos o show de novo'."

A ruptura com Chas Chandler significava que os dois anos de coabitação de Jimi e Kathy Etchingham com Chandler e sua namorada, Lotta, tinham se encerrado. Mas achar outra acomodação no centro de Londres não era uma tarefa fácil: os proprietários estavam ainda mais receosos de alugar para *rock stars*, graças a uma operação policial da divisão de narcóticos da Scotland Yard comandada por seu autonomeado general caçador de bruxas, o detetive sargento Norman ("Nobby") Pilcher.

Em outubro de 1968, Pilcher prendeu John Lennon e Yoko Ono na casa onde Jimi havia morado, a propriedade de Ringo Starr em Montagu Square, utilizando sete policiais e dois cães, sem esquecer de avisar a mídia com antecedência. Antes de se mudar, ciente de que Jimi já tinha passado por lá, Lennon se certificou de que não houvesse quaisquer drogas na casa, alegando que o esquadrão de Pilcher plantou a maconha da qual ele foi acusado de estar em posse. Aquela pequena condenação – sua primeira e única – o assombraria depois que se mudou para Nova York nos anos 1970, além de fazê-lo passar anos lutando contra uma deportação por ser "subversivo".

A temporada de caça às drogas inevitavelmente também atingiu o Rolling Stone Brian Jones, amigo e admirador devoto de Jimi. Uma batida foi feita no lar de Jones, em Chelsea, onde policiais escalaram o duto de lixo de seu prédio e o acusaram de posse de um pequeno punhado de maconha escondida numa bola de lã marrom. O próximo na "Lista de Pilcher" era Eric Clapton, com quem Jimi tinha ficado chapado em público várias vezes. Clapton, porém, conseguiu escapar em cima da hora pela porta dos fundos de sua casa na King's Road, deixando que seus coabitantes lidassem com a visita.

Logo ficou claro que Pilcher estava viciado na publicidade que recebia como colecionador de "escalpos" de *rock stars* e, de fato, tinha o hábito de plantar provas, como Lennon, Jones e muitas outras de suas vítimas futilmente alegaram. Em 1972, ele foi condenado por conspiração e crimes contra a administração da justiça, sentenciado a quatro anos de reclusão.

Parece, no entanto, que Jimi nunca fez parte da lista de Pilcher, apesar de seu endereço seguinte não ser nada discreto. Antes de seu retorno à América no fim de 1968, Kathy achou um lugar disponível para aluguel no andar de cima do número 23 da Brook Street, em Mayfair, uma de duas casas do século XVIII perfeitamente preservadas a poucas quadras do hotel Claridge e da Oxford Street.

A casa vizinha, número 25, era um local de interesse histórico, pois foi o lar de Georg Friedrich Händel, o compositor alemão que, como Jimi, foi a Londres para que sua genialidade fosse devidamente apreciada. O proprietário do número 23 mantinha um restaurante no térreo e não se importava com quem alugasse o andar de cima, desde que seu aluguel de 30 libras por semana fosse pago regularmente.

Embora a casa estivesse no centro do West End, suas paredes de 200 anos de idade abafavam quase todos os sons externos. Não havia outros apartamentos na construção e nenhum imóvel residencial por perto, então Jimi podia tocar sua guitarra com o amplificador no volume que quisesse.

"Era um refúgio de verdade", Kathy recordou, sentada em seu antigo quarto 50 anos depois. "Podíamos fugir de todo mundo e de toda a loucura. Era um lar de verdade, onde dava para levantar cedo e tomar uma xícara de chá. Recebíamos visitas, muitas outras estrelas, mas nunca lotávamos o lugar. Jimi não gostava desse tipo de coisa. Se quiséssemos ficar em uma multidão, íamos ao Speakeasy ou ao Bag O'Nails."

Para uma pessoa com a aparência dele, morar na área mais rica de Mayfair significava ter ocasionais rusgas com a polícia, apesar de mais suaves que os incidentes ocorridos nos EUA. Uma noite, enquanto voltavam para casa, Kathy e ele encontraram o acesso à Upper Brook Street fechado devido à chegada do recentemente eleito presidente Richard Nixon ao hotel Claridge. Jimi e Kathy foram interrogados, enquanto olhares suspeitos eram lançados ao *case* da guitarra, mas eles logo foram liberados.

O relacionamento do casal tinha se estabilizado desde as brigas e os arremessos de pratos na propriedade de Ringo. Parte do motivo era que Jimi tinha abertamente reconhecido seu envolvimento com Kathy a jornalistas, ao invés de fazê-la se esconder no banheiro. "[Ela] é minha namorada do passado, minha namorada do presente e provavelmente minha namorada do futuro", afirmou para a *NME*. "Minha mãe, minha irmã e tudo mais. Minha Yoko Ono de Chester."

Kathy tinha se tornado sua musa de um modo mais gentil do que quando ela saiu furiosamente de casa após as reclamações sobre sua comida, episódio que inspirou "The Wind Cries Mary". O segundo *single* da Experience para *Electric Ladyland* foi "Gypsy Eyes", referência aos ancestrais ciganos da família de Kathy e uma declaração de compromisso: "*I found her/ I ain't gonna let go*" ["Eu a encontrei/ Não vou largá-la"].

O número 23 da Brook Street trazia à tona todo o amor de Jimi pelo conforto do lar – e pela organização ao estilo militar. Ele gostava de ajudar Kathy a escolher almofadas e tecidos para iluminar a madeira levemente torta dos pisos e das paredes com painéis. Em uma atitude incomum para qualquer homem daquela época, ele assumiu parte dos afazeres domésticos. "Ele era muito bom em arrumar o lugar e fazer a cama", ela lembrou, "e sempre passava o aspirador de pó".

Jimi era fascinado pelo fato de Händel ter morado na casa ao lado, e não como um músico transitório como ele, mas alguém que viveu lá por 36 anos até sua morte em 1759. Ele comprou os discos *Water Music* e *Messiah*, de Händel, e os tocava com frequência, sobretudo o último, com seu exaltante "Hallelujah Chorus". A construção não tinha reputação de ser mal-assombrada, mas Jimi estava certo de que uma vez viu o fantasma de Händel, descrevendo como "um cara velho de pijama e com o cabelo grisalho em uma trança que atravessou a parede enquanto eu estava lá".

Apesar de Jimi ter dinheiro nessa época, ele não conseguia mantê-lo por muito tempo. Se ganhasse dez mil libras, considerava que toda a quantia estava disponível para gastar em roupas, discos ou luxuosos presentes em espécie para parentes, amigos ou até estranhos (como as duas garotas para quem deu três mil dólares só para que fossem embora), sem considerar as deduções que precisavam sair daquilo. Ao mesmo tempo, mantinha-se alegremente alheio ao custo dos contadores, advogados e processos – como aquele envolvendo seu antigo chefe do selo PPX, Ed Chalpin, em Nova York –, além das contas ilimitadas em clubes como o Speakeasy, utilizadas por tantas outras pessoas.

Cartões de crédito ainda eram praticamente desconhecidos na Inglaterra, de modo que a maioria de suas despesas diárias era paga em espécie. "Gerry Stickells, o *roadie*, geralmente carregava o dinheiro, e Jimi apenas dizia: 'Pague-os, Gerry', depois esquecia tudo", Trixi Sullivan recordou. Uma conta tinha sido aberta para ele no Martins Bank, na Edgware Road, mas ele a usava só para saques. Uma vez enviou Kathy até lá para sacar três mil libras, equivalente a umas 30 mil libras hoje.

Ele não tinha consciência alguma – nem interesse – sobre o que Mike Jeffery poderia estar fazendo com seus rendimentos por meio da empresa *offshore* Yameta, especialmente depois que Jeffery transferiu suas operações para Nova York. Além do mais, seus momentos inconstantes de ansiedade financeira costumavam ser rapidamente acalmados por Jeffery. Quando Kathy descobriu que o aluguel do número 23 da Brook Street estava atrasado, Trixi logo apareceu com uma mala cheia de dólares.

Já fazia um tempo que Jimi andava seguindo o exemplo de Noel Redding e mantendo um diário pessoal. Apesar de seus dons verbais naturais, ele registrava pouco mais que alguns itinerários, expressando um frequente tom de otimismo: "O clima em Nova Orleans está lindo...", "Tocamos no Red Rocks e me diverti muito...", "Esta turnê é um carrossel. Amanhã, nós estaremos em Muncie, Indiana..."

Entretanto, no número 23 da Brook Street, ele gravou uma versão falada de uma música que tinha experimentado tocar no Royal Albert Hall, revelando um lado mais sombrio e perturbado de si próprio do que qualquer pessoa ao seu redor poderia imaginar. Na gravação, ele comparou sua existência como *rock star* a "uma sala cheia de espelhos", sem porta ou janelas – um labirinto de imagens dele mesmo se estendendo ao infinito de onde não havia escapatória.

A música acabava com uma nota de desespero, quase suicida: "*What has the world to offer me except pats on the back?... Somebody help me. Somebody please help me*" ["O que o mundo tem a me oferecer além de tapinhas nas costas?... Alguém me ajude. Por favor, alguém me ajude"].

O relacionamento de Jimi com Kathy tinha durado tanto tempo principalmente por causa da extraordinária tolerância dela com as olimpíadas sexuais que ele conduzia em suas turnês americanas e europeias. Um desejo que o idílio doméstico no número 23 da Brook Street mal conseguia reduzir.

Kathy não conhecia a maioria daquelas "electric ladies", mas uma delas estava cada vez mais difícil de não reparar. Devon Wilson, a encantadora afro-americana de pele clara que Jimi conheceu em Los Angeles. Ela começou como uma mera *groupie*, mas rapidamente progrediu para a pessoa que lhe conseguia drogas, tornando-se depois uma integrante extraoficial, porém crucial, de sua comitiva nos EUA.

Em muitos casos, os dois pareciam irmãos, compartilhando sobre suas aventuras sexuais com outras pessoas, nas quais Devon tinha chances de ficar tanto com mulheres quanto com homens. Apesar de seu letal vício em drogas, ela era inteligente e divertida, parecia conhecer todo mundo e achava várias maneiras de se fazer útil, desde controlar quem entrava no camarim de Jimi até organizar (e participar de) os *ménages a trois* que ele tanto amava.

Devon chegou a ir com Jimi para Londres e se convidou a morar no número 23 da Brook Street, sem Kathy ter qualquer ideia de quem ela era. "Era apenas outra visita. Lembro-me dela sentada na ponta da cama, enquanto estávamos deitados ou sentados nela, nos servindo chá."

Mas ela não foi a única das amantes de Jimi no exterior que se recusou a ficar em um só discreto compartimento geográfico. Em abril de 1969,

Monika Dannemann, a patinadora alemã que ele conheceu em Düsseldorf três meses antes, foi a Londres na expectativa de encontrá-lo por acaso. Ela conseguiu com facilidade, no Speakeasy, e eles passaram outra noite juntos, sem Kathy saber.

Talvez a tolerância de Kathy fosse menos flexível se ela soubesse que outra mulher, a mesma que imaginava ter descartado da rotina de Jimi durante suas primeiras horas em Londres, mantinha-se firme como parte da vida dele.

Apesar da passagem de três anos e de incontáveis mulheres por sua cama, ele nunca tinha superado Linda Keith, que o havia descoberto em Nova York e a quem ele chamava de "irmã de sangue". Seus caminhos tinham se desencontrado consideravelmente desde então, mas, como Linda recordou: "Sempre existia uma sensação entre nós de que algum dia resolveríamos todos os nossos problemas e finalmente ficaríamos juntos".

Seus encontros eram irregulares e, nessa época, completamente castos. "Certa vez, uma limusine apareceu na rua da casa dos meus pais, no norte de Londres, com Jimi sentado no banco de trás. Demos uma caminhada, depois nos sentamos em um banco do parque e conversamos."

Quando Jimi e Linda se conheceram, seu namorado era o segundo Rolling Stone mais importante, Keith Richards. Agora, ela namorava o amaldiçoado Brian Jones.

O crescente uso de drogas de Brian havia destruído sua antiga genialidade instrumental – ouvida pela última vez em "All Along the Watchtower" –, enquanto suas duas condenações relacionadas a drogas impediram os Stones de fazer uma turnê pela América, seu mercado mais lucrativo. Ainda assim, com uma compaixão que poucos associavam ao grupo, seus colegas não conseguiam demiti-lo.

Linda já conhecia Brian como amigo há anos, mas agora a dependência química que tinham em comum acabou aproximando-os de uma forma infinitamente nociva. Uma certa ocasião, num clube, os dois tomaram uma decisão impulsiva de dirigir juntos naquela mesma noite até Marbella, na Espanha. Quando voltaram, ela se mudou para seu apartamento, no Chelsea.

Brian logo descobriu que Linda tinha sentimentos por Jimi e fez uma piada – ou algo similar – sobre tratá-lo como rival, o que Jimi incentivou com o machismo descarado da época. "Virou uma competição boba entre os dois", ela recordou. "Eles ficavam no clube juntos, discutindo sobre qual deles estaria comigo no próximo Natal. Jimi me enviou um presente, fingindo ser de Brian – um chapéu de lã horrível com um pompom –, e outro dele mesmo, um caftã lindo da Thea Porter."

Por trás de seu aparente humor, Brian estava louco de ciúmes do seu antigo herói. Uma noite, em seu apartamento, quando Linda estava indo sozinha a um show de Jimi, ele lhe deu uma *overdose* de comprimidos para dormir, fingindo que eram anfetaminas para mantê-la acordada, depois foi embora. Ela foi encontrada, levada às pressas para o hospital e revivida com certa dificuldade. "Aí a assessoria dos Stones disse que eu tentei me matar por conta do amor que sentia por Brian."

Em março de 1969, Jimi estava prestes a começar outra enorme turnê americana, tocando em 29 cidades ao longo de dez semanas. Kathy, como de costume, não queria ir junto, mas concordou em visitá-lo em Nova York alguns dias antes dos shows, enquanto ele trabalhava no Record Plant.

Ela o encontrou acomodado na luxuosa Garden Suite do Pierre Hotel – que até então ele estava dividindo com Devon Wilson –, cercado pelo "grupo de pessoas mais barulhento e desagradável que eu já tinha visto. Muitas das mulheres obviamente eram putas", ela escreveu em sua autobiografia, "e os homens todos pareciam ser cafetões e traficantes, com seus óculos de sol descolados e pequenas colheres [para cocaína] penduradas em seus colares como se fossem crachás".

Estar no Record Plant enquanto Jimi trabalhava nas faixas com seu novo perfeccionismo obsessivo era "tão chato quanto esperar nos bastidores em Newcastle ou Manchester. Só a comida era melhor ali". E todas as suas tentativas de retirar os bajuladores da suíte e recriar um pouco da paz e do isolamento da residência número 23 foram friamente rejeitadas. "Essas pessoas são minhas amigas", Jimi disse a ela.

Ela aguentou aquilo até o dia em que um homem chegou carregando uma mala esportiva e mancando – porque, como ele explicou, tinha levado um tiro na perna há pouco tempo. Ele acidentalmente derrubou a mala, que se abriu e revelou pacotes de pó branco com uma pistola por cima.

Kathy fugiu para buscar refúgio com Angie Burdon, então divorciada de Eric e morando em Nova York com um novo amigo. O primeiro voo para casa que ela conseguiu fazia uma escala em Shannon, na Irlanda, envolvia duas trocas de avião e estava lotado de freiras e padres, que rezaram em voz alta quando passaram por uma turbulência. “Eu fiquei tão aliviada”, ela recordou, “que quase participei da oração.”

13

"VOU MORRER ANTES DOS 30"

Podia ser uma época complicada para alguém que tinha feito mais que qualquer outro músico de sua raça, desde Louis Armstrong, para deixar a plateia daltônica. Quando Jimi chegou à fama internacional, foi inevitável virar alvo do movimento Black Power.

O Black Power rejeitava a doutrina pacifista do Dr. Martin Luther King e dos pioneiros dos direitos civis – todos aqueles homens e mulheres heroicos que tinham resistido a gás lacrimogêneo, cachorros e canhões de água, seguindo o exemplo de Mahatma Gandhi – e defendia uma resistência vigorosa e, se necessário, violenta, contra a injustiça e a perseguição branca. O movimento pedia que seus seguidores se livrassem do estigma do seu passado de escravidão, reconectando-se às suas raízes africanas originais, repudiando o cristianismo que havia acorrentado seus antepassados e se tornando muçulmanos.

Acima de tudo, havia o pedido de que seus seguidores despertassem de gerações de subserviência e autoanulação e, nas palavras de James Brown: "*Say it loud... I'm black and I'm proud*" ["Fale alto... Sou negro e tenho orgulho"].

Sua manifestação mais visível era o Partido dos Panteras Negras para Autodefesa, uma organização paramilitar, uniformizada com boinas pretas, jaquetas de couro e óculos escuros, que exigiam o mesmo direito de portar armas garantido pela Segunda Emenda à Constituição dos Estados Unidos que todos os cidadãos brancos tinham. (Eles também faziam trabalhos sociais como servir café da manhã gratuito a crianças pobres na escola.) O cabelo afro era obrigatório, promulgando o *slogan* do movimento: "*Black is beautiful*" ["Negro é lindo"].

A principal medida retaliatória do governo americano era conhecida como COINTELPRO ("Counter Intelligence Program", ou Programa de Contrainteligência). Estabelecida nos anos 1920, era uma unidade especial do FBI que servia para combater supostas ameaças contra a segurança interna da nação, tendo licença para praticar qualquer tipo de golpe baixo que levasse adiante seus objetivos patrióticos, incluindo assassinatos.

Entre as prioridades mais altas da COINTELPRO em anos recentes estavam os músicos de rock e sua influência corruptora sobre os jovens americanos por meio das drogas e da promiscuidade. Em 1967, enquanto trabalhavam com o MI5 da Inglaterra, conseguiram um golpe notável ao plantar um informante numa festa na casa de Keith Richards, garantindo a prisão dele e de Mick Jagger por posse de drogas e evitando que os Rolling Stones fizessem turnês pelos EUA no futuro imediato.

Envolvido em controvérsias raciais desde então, o diretor do FBI, J. Edgar Hoover, pediu que a unidade focasse o movimento Black Power – sobretudo os Panteras Negras – como "a maior ameaça à segurança deste país". Esperava-se que todos os afro-americanos com perfis públicos de alta visibilidade fossem solidários à causa, e muitos foram; aos olhos de Hoover, a própria bandeira americana parecia ter sido ofendida quando, nos Jogos Olímpicos da Cidade do México de 1968, os atletas Tommie Smith e John Carlos ergueram seus punhos para fazer a saudação Black Power no pódio.

A questão tinha pouca relevância para Jimi em Londres, onde perturbações por questões raciais eram uma raridade, sempre confinadas aos distritos de Brixton e Notting Hill, nos quais os únicos "revolucionários" eram os jovens brancos para quem os anos 1960 foram um período favorável e abundante. Para se ter uma noção, eles não acharam nada pelo que valesse a pena protestar mais próximo que a Guerra do Vietnã (e a virulência de seus protestos não foi moderada de forma alguma pelo governo de Harold Wilson, do Partido Trabalhista, que se recusava a ter envolvimento direto nisso).

Por mais oposto à guerra que Jimi fosse, seu tempo na 101ª Divisão Aerotransportada ainda o fazia "pensar como um soldado", como ele relatou a Eric Burdon quando eles ouviram o som de manifestações do lado de fora da Embaixada dos Estados Unidos, na vizinha Grosvenor Square. "Ele falava sem parar sobre a Teoria do Dominó que tinha aprendido no exército", Burdon recordou. "Dizia que a América precisava ir ao Vietnã para impedir que o mundo fosse dominado pelos comunistas."

Ele concordou em se reunir com a pessoa mais próxima que Londres tinha de um líder negro radical, Michael de Freitas, autodenominado "Michael X" em tributo ao jovem e carismático agitador Malcolm X – o primeiro desses proeminentes líderes a ser assassinado. Kathy Etchingham foi junto, e Freitas, apesar de nascido em Trindade, no Caribe, os recebeu numa sala decorada por lanças zulu e peles de animais.

Mas não houve nenhuma iniciação de Jimi ao Black Power britânico; ao invés disso, Freitas o repreendeu por morar com uma mulher branca, fazendo o casal fugir de lá o mais rápido possível. (Apesar do apoio de outras celebridades, incluindo John Lennon, a revolução londrina de Michael X esvaiu-se aos poucos, e ele voltou a Trindade, onde foi enforcado pelo crime de homicídio em 1975.)

Após 1968, conforme Jimi começou a passar ainda mais tempo na América, ele recebeu convites frequentes – que logo se tornaram exortações – para firmar um compromisso com seus "irmãos" dos Panteras Negras. No entanto, por mais que ele simpatizasse com o movimento – especialmente a parte "Negro é lindo" –, seu corpo esbelto e lânguido não se assimilava ao de um militante.

Ele tornou-se perito em desviar das sugestões proferidas por irmãos encorpados com boinas pretas e óculos escuros, as quais diziam que ele deveria renunciar ao seu "nome de escravo" e adotar o islamismo – da mesma forma que o grande campeão de boxe Muhammad Ali tinha feito, uma mudança amplamente divulgada que lhe causou grandes perdas profissionais – ou, ao menos, trocar seu nome para algo que lembrasse mais suas raízes africanas. Na verdade, Jimi tinha orgulho de seus ancestrais dos campos de algodão no sul e sempre disse que se sentia mais próximo de suas raízes indígenas do que das africanas.

Sua amiga Sharon Lawrence lembra o quão habilidoso ele era ao lidar com os emissários dos Panteras, chamando-os de "*Bro*" e os cumprimentando com um entusiasmo que não dava sinal do quanto ele desejava que o encontro acabasse logo.

Ele fez o melhor possível para se manter neutro nas guerras raciais. Inclusive, recusar um convite para uma conversa "ao lado da lareira" com o presidente Nixon na Casa Branca, algo que faria dele o primeiro músico negro recebido lá desde James Brown, na época em que os tumultos causados pelo assassinato do Dr. King se acalmaram.

Mesmo assim, ele não conseguia resistir ao glamour dos Panteras por completo, pois não era apenas um fenômeno da esfera política, mas da moda. Além disso, havia a infiltração do Black Power na música soul, por meio de artistas como James Brown, Aretha Franklin e os Chi-Lites. Um dia, no Greenwich Village, ele comprou uma cópia do jornal dos Panteras de um vendedor de rua – um negócio que passaria despercebido não fosse pelo vendedor gritando "Aquele era o Jimi Hendrix!" logo em seguida.

Esses pequenos crimes raciais de pensamento eram aumentados por mal-entendidos ou pela tendência infeliz que Jimi tinha de ser irreverente na hora errada. "Quando meu irmão estava passando pela segurança no aeroporto, perguntaram se ele tinha algo perigoso na mala", Leon Hendrix contou. "Jimi respondeu: 'Só a minha metralhadora'." Jimi apanhou da polícia por conta disso.

"Certa vez, ele estava brincando com o corpo para fora de uma janela, segurando uma bandeira americana em uma mão e um rifle na outra, e alguém tirou uma foto. Os Panteras então pediram que ele fosse a um protesto, e Jimi brincou que, se fosse, teria de usar um capacete de futebol americano para se proteger. Distorceram seu comentário, fazendo parecer que ele estava lhes dizendo para ir à rua com coletes à prova de bala."

Tudo isso foi mais que suficiente para encaixar Jimi como suspeito de ser o "Messias negro" que J. Edgar Hoover acreditava estar a caminho, convencendo o governo americano de que uma sangrenta revolução negra era iminente. Assim, o arquivo número 163-25925 da COINTELPRO foi criado, contendo informações sobre Jimi, que o descreviam como "um artista negro famoso" e o classificavam como alguém "de relevância especial". O arquivo, de interesse pessoal de Hoover, teria 34 páginas, muitas das quais subsequentemente "removidas" – um modo sutil de dizer "censuradas".

No entanto, as descobertas dos detetives da COINTELPRO se demonstraram escassas e decepcionantes. Era a época do julgamento dos "Sete de Chicago", quando um grupo de "yippies" (hippies militantes) brancos, liderado por Abbie Hoffman e Jerry Rubin, foi a júri por conspiração e por fomentar a rebelião na convenção do partido Democrata de 1968. O arquivo constatava que a gigantesca conta de despesas legais dos Sete estava sendo paga por shows beneficentes de muitos músicos que simpatizavam com eles: "*Dizem que*", o documento acrescentava, com um ar maravilhosamente vago, "Jimi Hendrix concordou em se apresentar em um deles".

Em 3 de maio de 1969, a Jimi Hendrix Experience foi dos EUA ao Canadá para tocar no Maple Leaf Gardens, em Toronto. Em Detroit, sua parada anterior, eles tinham sido alertados de que passariam por uma revista, especificamente para encontrar drogas, no Aeroporto Internacional de Toronto. Mitchell, prático como sempre, vestiu um traje de couro sem bolsos feito especialmente para ele, já com a intenção de mostrar que não trazia nada que o incriminasse.

Como era de se esperar, eles foram recebidos por um contingente da Polícia Montada Real do Canadá – os famosos "Mounties", que se gabavam de "sempre pegar quem procuravam" – e passaram por uma inspeção completa. Dessa vez, porém, não foi uma ação reservada, como de costume, mas diante de todos no terminal do aeroporto.

Os Mounties, então, pegaram quem procuravam mais uma vez: uma bolsa de viagem carregada por Jimi continha o que o relatório oficial descreveu como "seis pacotes pequenos dentro de uma garrafa de vidro". Um laboratório móvel foi levado ao aeroporto para analisar o conteúdo deles e indicou que se tratava de haxixe e heroína.

O haxixe era esperado, mas a heroína pareceu surpreender Jimi, assim como todos que estavam com ele. Seus amigos sabiam que ele já tinha experimentado heroína algumas vezes, mas não tinha sido seduzido por ela. Como confidenciou a Sharon Lawrence, ele morria de medo de agulhas e já tinha conhecido um número suficiente de viciados para saber sobre suas consequências horrendas.

Ele agora protestava que o conteúdo de sua bolsa tinha sido plantado, mas não conseguia explicar quem teria feito isso ou em que ponto daquela curta viagem teria ocorrido. Levado ao quartel dos Mounties no centro, ele recebeu duas acusações de posse ilegal de narcóticos e foi liberado após pagar uma fiança de dez mil dólares, enquanto deveria aguardar uma audiência preliminar marcada para 19 de junho.

Ainda permitiram que ele fizesse seu show no Maple Leaf Gardens naquela noite – de fato, ele chegou lá escoltado pelos Mounties. Durante a apresentação, Jimi foi tolamente irreverente mais uma vez e fez uma piada a respeito de sua prisão, chegando a inventar uma pequena ária de ópera sobre o episódio.

O caso recebeu pouquíssima publicidade no Canadá e nos EUA e nenhuma na Inglaterra. O publicitário da turnê, Michael Goldstein, alegou posteriormente que subornou um editor da Associated Press com uma caixa de bebida para evitar que a história fosse transmitida pelos telégrafos.

Entretanto, isso desencadeou uma atividade frenética no FBI por meio de sua agência em Buffalo (pois Jimi tinha declarado Nova York como seu domicílio permanente), trazendo consigo um crescimento exponencial no seu arquivo na COINTELPRO. Foi alegado no documento que o haxixe estava no "kit de barbear" de Jimi, contradizendo sua declaração de que tinha sido dado a ele por um fã como "um remédio", sem saber do que se tratava. Pelo telégrafo, uma conversa extensa com a agência de Seattle trouxe à tona sua única sentença anterior – por ter "pego um veículo motorizado sem permissão" quando tinha 19 anos, em 1961 – e plantou a afirmação totalmente falsa de que mais ações da polícia de Seattle ainda poderiam estar pendentes.

Seis dias antes, nos bastidores do Oakland Coliseum, ele recebeu um bilhete que não trazia o habitual convite feminino para sexo. Era de Diane Carpenter, com quem ele tinha morado em Nova York quando estava quase na miséria, sustentado pelo dinheiro que ela ganhava como prostituta adolescente.

Em vez de evitá-la, como poderia tão facilmente fazer – e a maioria das pessoas em sua posição o faria –, ele enviou um recado a Diane, pedindo que ela o encontrasse no aeroporto antes de viajar para seu próximo show. Lá, ela mostrou a foto de uma criança que alegava ser de Jimi, uma garota chamada Tamika, agora aos dois anos de idade. Jimi não tentou desviar do assunto e comentou: "Ela tem os meus olhos". Eles conversaram até seu voo ser chamado, e ele levou consigo a foto de Tamika.

Qualquer medo de um processo de paternidade era pequeno perto de suas duas acusações por posse de drogas, sendo que a de heroína tinha uma pena máxima de 20 anos de reclusão. Sharon Lawrence sabia disso graças ao seu trabalho na United Press International e tinha decidido que, se ele realmente estava usando heroína, a amizade entre os dois estava encerrada.

Jimi, no entanto, negou veementemente as acusações. E Sharon não via nele os sinais de sordidez e negligência com a própria aparência típicos de quem está viciado, pois Jimi ainda era o jovem meticuloso que separava suas revistas em duas pilhas, "notícias" e "música", umedecia lenços de papel para limpar os anéis grudentos deixados por garrafas de Coca-Cola nas mesas e preferia passar suas camisas com babados por conta própria ao invés de enviá-las a profissionais que veriam a tarefa como o maior dos desafios.

Da mesma forma, ela notava que Jimi estava perfeitamente ciente das pessoas que se aproveitavam dele, embora nunca fizesse algo a respeito. Ele alegremente se lembrava da vez em que um músico amigo foi lhe pedir dinheiro, mas chegou lá de limusine e ainda lhe empurrou a conta pelo transporte.

Também não havia nada que se assemelhasse ao comportamento de um viciado no afeto que ele tinha pela mãe de Sharon, que ainda era jovem e atraente, mas, acima de tudo, lhe fornecia o conforto do lar de um modo que nem mesmo seu ninho na Brook Street com Kathy Etchingham conseguia. "Minha mãe era sempre uma das primeiras pessoas que ele visitava em Los Angeles", Sharon recordou. "Basicamente, eles eram muito parecidos – duas pessoas solitárias e emotivas. Ela o levava para passear de carro e, muitas vezes, o acompanhava até o aeroporto quando chegava a hora de partir.

"Minha mãe era uma cozinheira fabulosa e sempre fazia sua sobremesa favorita, torta de morango. Jimi adorava vê-la cozinhar – e sempre lavava a louça depois."

O desconforto com o julgamento que se aproximava não impedia Jimi de consumir suas drogas habituais, sendo que o LSD era a principal delas. Em 23 de maio, ele voltou a Seattle, dessa vez acompanhado por uma de suas amigas americanas de sempre, Carmen Borrero. Após abertamente viajar no palco do Center Coliseum, ele sentiu um impulso de mostrar a Carmen as cenas de sua infância nada feliz. Um jovem fã esperava com um disco em suas mãos, em busca de um autógrafo, mas acabou sendo convocado para ser o motorista do casal em seu Fusca caindo aos pedaços.

Jimi e sua Experience já podiam dizer que eram a banda de rock mais bem paga do mundo – embora ele ainda pudesse ser visto em vários clubes pequenos, fazendo *jams* de graça. Seu show no Madison Square Garden, em Nova York, no dia 18 de maio, rendeu 14 mil dólares por minuto; em 20 de junho, no Newport Pop Festival, em Northridge, Califórnia, ele recebeu a quantia recorde de 100 mil dólares por um show notavelmente fraco (redimido no dia seguinte por uma *jam* com alguns de seus amigos artistas, incluindo Eric Burdon e Buddy Miles).

Com o passar do tempo, parecia que quanto mais lucrativo o show, menor o envolvimento emocional de Jimi; quanto mais espontânea a *jam* e menor o palco, mais ele brilhava. Em uma resenha de sua apresentação no Maple Leaf Gardens (na edição que tardiamente mencionava sua prisão por posse de drogas), a *Rolling Stone* comparou o evento a "assistir a um toureiro que é tão bom que nenhum touro o desafia, portanto não há perigo nem suspense".

O problema era que Jimi não estava apenas cansado de subir ao palco para tocar a "Same Old Shit" ["Mesma Merda de Sempre"]; ele também estava cansado de tocar com os "Same Old Sidemen" ["Mesmos Músicos de Sempre"].

A banda que Chas Chandler arranjou para Jimi já tinha cumprido seu papel limitado de maneira perfeitamente adequada na Inglaterra e na Europa. Mas as coisas eram diferentes na América, onde tantos músicos ótimos imploravam para tocar com ele. Em particular, tocar com o criativo baixista do Jefferson Airplane, Jack Casady, mostrou as limitações de Noel Redding.

É claro que Redding havia sido útil de outras formas. Seu senso de humor tinha ajudado a Experience a sobreviver em muitas situações difíceis. E foi ele quem mais insistiu que o grupo deveria descobrir o que Mike Jeffery andava fazendo com a quantidade colossal de dinheiro que estavam ganhando, além de sempre atuar como porta-voz do grupo (porém com pouco ou nenhum efeito).

Ele, que sempre teve um respeito genuíno pela "mente aberta e caridosa" de Jimi, agora estava chocado ao ver essa mente cada vez mais desorientada pelas drogas e pela pressão psicológica que vinha de todos os lados

– empresários, plateias, bajuladores, amantes. “Ele estava sendo puxado de tantas formas diferentes, não sei como aguentou por tanto tempo.”

A autobiografia de Redding, *Are You Experienced*, descreve uma situação em que ele foi ao seu trailer camarim no Newport Pop Festival e encontrou “cerca de oito caras negros enormes que faziam Jimi parecer pequeno. Ele estava com uma expressão assustada, e eu fiquei chocado ao vê-lo daquele jeito... Eu odiava demais aquela gente que... apenas se preocupava quando tinha outra pessoa sugando seu sangue, pois achava que não receberia sua parcela”.

Sinais da inquietude de Jimi estavam plenamente expostos no início de 1969. Em entrevistas à imprensa, ele falava sobre tirar um ano inteiro de folga das apresentações e gravações, escrever músicas para outra banda e até retomar uma ideia que tinha dividido com seu irmão Leon – talvez acentuada pelo fantasma de Georg Friedrich Händel – de “compor sinfonias”. Em sua cabeça, a Jimi Hendrix Experience e a mistura racial que tinha sido imposta a ela já estavam no passado.

Sem o conhecimento de Redding ou Mitchell, ele tinha voltado a falar com Billy Cox, seu antigo amigo e protetor na 101ª Divisão Aerotransportada e colega de banda com os King Kasuals. Como retribuição por inúmeras gentilezas, Jimi queria que Cox tivesse ido com ele para Londres em 1966 – antes de Chas Chandler decretar que os músicos de apoio deveriam ser brancos –, mas Cox estava tomando drogas estimulantes demais para aceitar o convite. O baixista lembrou: “Falei para Jimi: ‘Só tenho três cordas no meu baixo, a quarta eu uso para dar nós’, e ele respondeu: ‘Bem, eu vou fazer sucesso e te ajudar’”.

Nesse meio tempo, Cox mudou-se para outra casa e trocou seu número de telefone. Jimi sabia apenas que ele estava morando ao lado de um assistente técnico especializado em TVs, que teve de ser subornado para entregar um recado a ele.

Em 29 de junho, a Experience se apresentou no Denver Pop Festival, como artista principal em uma escalação que também contava com Mothers of Invention, Creedence Clearwater Revival, Three Dog Night e Joe Cocker. Quando Noel Redding chegou, vários músicos de outras bandas ficaram surpresos ao vê-lo. "Você ainda está na banda?", um perguntou. "Eu ouvi dizer que Hendrix tinha te substituído."

Os shows ocorreram em Denver, no Mile-High Stadium, um nome apropriado uma vez que Jimi foi ao palco praticamente levitando de tão alto após ter tomado seu ácido favorito, "Owlsey Purple". Irritada com o fato de o festival não ser gratuito, a plateia de 17 mil pessoas se revoltou e foi confrontada pela polícia e seu gás lacrimogêneo. Quando a confusão chegou perto do palco, Jimi disse: "Estou vendo gás lacrimogêneo – este é o sinal da Terceira Guerra Mundial".

Algumas músicas depois, sem avisar Redding ou Mitchell de antemão, ele anunciou: "Este é o último show que faremos juntos".

Após a apresentação, em meio ao caos que tomou conta do lugar, o trio e seus *roadies* fugiram do estádio num caminhão de duas toneladas. Seus seguidores batiam nas laterais e tantas pessoas subiram no teto que ele começou a ceder. Eles estavam tão certos de que seriam esmagados até a morte que se abraçaram e deram as mãos. Noel Redding, sempre o piadista, jurou que, caso sobrevivesse, pegaria um avião para sua cidade e nunca mais voltaria.

Na verdade, ele estava falando sério daquela vez. Ele sobreviveu, pegou o avião para sua cidade e nunca mais voltou. Parecia ser o fim da Jimi Hendrix Experience.

Dali em diante, a "fase Londres" de Jimi estava praticamente encerrada, assim como seu relacionamento com Kathy Etchingham.

Ele manteve contato com Kathy por algum tempo depois que ela saiu do Hotel Pierre, mas seus telefonemas tornaram-se menos frequentes até cessarem por completo. Kathy não tentou uma reconciliação. Ela tinha ficado aterrorizada com a mala cheia de drogas e a pistola na suíte de Jimi no Pierre; sua decisão de partir se consolidou quando sua melhor amiga, Angie Burdon, mergulhou em um vício que seria fatal.

O lar na Brook Street estava no nome de Kathy, onde ela ficou sozinha por um tempo, distraindo-se com seus vários músicos amigos como Dave Mason, do Traffic, e o profundamente doido Keith Moon. "Meu caso com Jimi certamente foi o mais importante que tive... mas não havia motivo para ficar surpresa de que ele estava acabando", ela recordou. "Afinal de contas, eu só tinha 22 anos."

Enquanto isso, grandes coisas estavam acontecendo com Jimi em Nova York. Mike Jeffery tinha assumido a locação de um clube de porão chamado Generation, no número 52 da West 8th Street, onde Jimi frequentemente tocava com amigos como Junior Wells e Buddy Guy. Com planos de reinaugurar o lugar como uma gruta psicodélica, Jeffery contratou um jovem arquiteto chamado John Storyk, que recentemente tinha se formado em Princeton, além de ser aspirante a músico.

O projeto de Storyk para o novo clube incluía uma pequena "sala de gravação" que seria usada pelos artistas que se apresentassem lá. O engenheiro Eddie Kramer surgiu então com uma alternativa mais radical. Ao invés de continuar pagando aluguel de outros estúdios – custo esse que tinha se elevado a um nível astronômico com o álbum *Electric Ladyland* –, ele sugeriu que seria mais econômico a longo prazo se construíssem um estúdio completo só para Jimi.

Jeffery concordou. A ideia do clube foi descartada, e, no fim de 1968, Storyk começou a trabalhar no que viria a ser o primeiro estúdio de gravação da história feito sob medida para um artista específico. Em uma alusão ao álbum cuja fatura estratosférica influenciou a construção do novo local – e ao termo educado que Jimi usava para as *groupies* –, se chamaria Electric Lady Studios.

Em 3 de julho de 1969, Brian Jones, que tanto admirava Jimi e que também teve relacionamentos com Kathy Etchingham e Linda Keith, foi encontrado morto na piscina de sua casa, em Sussex, aos 27 anos. Ele estava definitivamente afastado dos Rolling Stones e tinha comprado a antiga casa de A. A. Milne, autor das histórias do Ursinho Pooh, cuja atmosfera fofa dos anos 1920 parecia ser a antítese da depravação e dos excessos dos *rock stars*.

Jones adorava os livros do Ursinho Pooh e os tinha apresentado a Jimi. Quando não estavam falando sobre Muddy Waters ou Elmore James, eles discutiam as aventuras daquele "urso de cérebro muito pequeno" e seus companheiros Cristóvão, Leitão e o jumento triste chamado Ió.

Jones estava cercado do mesmo tipo de gente bajuladora e golpista que Jimi, mas morreu sozinho em sua piscina aquecida, apesar de ser um nadador excepcional. Sua morte seria o maior mistério sem solução do rock pelos 14 meses seguintes.

Dois dias depois, em um "memorial" ao artista que havia fundado e dado o nome à banda, os Rolling Stones tocaram de graça para uma plateia de cerca de 250 mil pessoas no Hyde Park, em Londres. A performance de Mick Jagger, que usava um traje branco cheio de babados parecendo um vestido de festa de criança, começou com a leitura da elegia poética *Adonais*, de Percy Bysse Shelley, mas acabou com uma simulação de felação num microfone, o que alguns viram como mais uma tentativa de superar Jimi.

O próprio Jimi estava tentando limpar sua imagem pública ao aparecer nos dois principais programas de entrevista da TV americana. Em 7 de julho, foi entrevistado pelo apresentador atipicamente jovem, moderno e inteligente da ABC, Dick Cavett. Vestindo algo semelhante a um miniquimono azul celeste, Jimi parecia modesto e astuto.

"Consideram você um dos melhores guitarristas no mundo", Cavett começou. "Ah, não!", Jimi interrompeu. "Que tal um dos melhores sentados nesta cadeira?" Em seguida, ele tocou uma nova música, "Izabella", na qual houve uma breve aparição de Mitch Mitchell de volta à bateria.

No dia 10 de julho, era a vez de aparecer no *Johnny Carson Show*, da NBC, mas com um apresentador convidado, o comediante negro de stand-up Flip Wilson. Também contando com Nina Simone, Wilson Pickett e Joe Tex, era um grande avanço em um meio que sempre tinha se mostrado relutante a exibir músicos afro-americanos ao vivo. Em uma referência sarcástica à sua vitória, Wilson colocou uma melancia enorme na mesa do apresentador principal, Johnny Carson.

Dessa vez, Jimi falou sobre sua crença na música como "uma experiência religiosa" que valia mais que "políticos falando besteira sobre isso ou aquilo" e "toda essa violência... pessoas correndo pelas ruas. Eu entendo o que elas querem dizer, mas a música é como uma igreja, como ir a uma igreja evangélica...". Depois, ele apresentou "meu novo baixista, Billy Cox", e os antigos colegas do exército tocaram "Lover Man" em homenagem a Brian Jones.

Ele também estava evoluindo em outras áreas. No Scene, Devon Wilson o apresentou para duas jovens mulheres com roupas excêntricas, chamadas Colette Mimram e Stella Douglas, prestes a abrir uma boutique na East 9th Street, perto dali, na nova modalidade "unissex". Jimi, um pioneiro do unissex quando ainda era adolescente em Seattle, foi o primeiro cliente a entrar no lugar.

Colette tinha nascido em Casablanca, e sua boutique – que nunca recebeu um nome – se especializava em tecidos marroquinos, assim como importações *outré* de Londres e Paris. "Jimi amava nossas roupas, especialmente as coisas marroquinas, e vestia o mesmo tamanho que eu", ela recordou. "Ele vinha à loja todo dia para experimentar roupas ou só para conversar."

O marido de Stella, Alan Douglas, era um produtor de discos encarregado da divisão de jazz do selo United Artists, famoso por ter colocado Duke Ellington para tocar com Max Roach e Charles Mingus no disco *Money Jungle*, considerado um dos melhores trabalhos de trio para piano na história do jazz. Douglas era outra pessoa que enxergava a possibilidade de um gênio do bebop em Jimi e teria um papel importantíssimo na sua carreira de estúdio – infelizmente, apenas após sua morte.

Graças a Colette e Stella, ele também fez amizade com um jovem abastado de Manhattan chamado Deering Howe, que já tinha conhecido quando o iate de Howe foi alugado para uma viagem da Experience.

Colette, Stella e Deering "adotaram" Jimi, apresentando-o a restaurantes bons para substituir os infindáveis "*greasy spoons*" ["colheres engorduradas"] onde ele comia durante as turnês. Também o estimularam a conversar sobre assuntos que não fossem música, coisas que sempre o fascinaram, como arte e política. Depois de anos, foram as primeiras pessoas que ele conheceu que não estavam interessadas em explorá-lo ou enganá-lo.

Ele ficou muito próximo de Colette, mas nunca de um modo que a deixasse desconfortável ou chateada. "Ele era um perfeito cavalheiro", ela disse, "um doce."

Só agora, quando os anos 1960 estavam chegando ao fim, é que Mike Jeffery tinha começado a entrar no seu clima. O empresário costumava usar ternos azuis básicos e óculos escuros, mas passou a adotar camisas com golas enormes e calças boca de sino berrantes. Também deixou suas costeletas crescerem, começou a usar LSD e – com os fundos que sempre estavam imediatamente à sua disposição, embora nunca para seus clientes – até comprou uma casa em Woodstock.

Aquele refúgio tradicional para artistas e escritores, 160 km ao norte da cidade de Nova York, também tinha se tornado uma espécie de paraíso para a extrema elite do rock quando o empresário de Bob Dylan, Albert Grossman, mudou-se para a região. Dylan logo o seguiu, descobrindo que Woodstock oferecia a privacidade que ele tanto desejava, além de um estímulo para o novo som elétrico com uma pitada de country que tocava com a The Band, gravando as sessões que posteriormente seriam conhecidas como Basement Tapes. A The Band, por sua vez, tinha alugado uma casa comunitária cor-de-rosa, convertida em estúdio, na região vizinha de West Saugerties, e que deu nome ao seu disco de estreia: *Music from Big Pink*.

Na esperança de que Jimi se beneficiasse com aquela potente atmosfera criativa, Jeffery fez ele se mudar para Woodstock – que já havia se tornado um nome genérico para as aldeias próximas, além da cidade em si – para o processo de formar uma nova banda. Jimi não contestou, pois ainda reverenciava Dylan. E sua adoração só aumentou assim que recebeu uma privilegiada versão prévia das Basement Tapes, que só seriam reveladas ao público em 1975.

Jeffery não economizou com as acomodações, alugando para Jimi uma casa de pedra num terreno de quatro hectares no pequeno vilarejo de Shokan, com oito quartos, uma piscina, um estábulo e cavalos que ele poderia cavalgar se quisesse. Dylan vivia a apenas 400 metros dali, mas ainda se mantinha isolado após o acidente de moto ocorrido há três anos, fato que tinha aparentemente encerrado sua carreira como músico.

Billy Cox não foi o único amigo antigo e confiável que Jimi chamou até Shokan para a nova formação de sua banda. Ele também convidou Larry Lee, o grande e amável guitarrista base que tinha trabalhado tanto com Jimi quanto com Cox, muito tempo atrás, nos King Kasuals. Lee tinha acabado de completar seu serviço militar no Vietnã e estava prestes a se registrar na agência de desempregados mais próxima quando recebeu uma ligação de Billy. Os dois outros músicos recrutados refletiam a ideia que Jimi tinha de se libertar do formato "power trio" da Experience, pois ambos eram percussionistas – Juma Sultan na bateria e Gerardo Velez na conga.

Ele parecia ter absorvido o espírito de Woodstock por completo, comentando a um visitante que apenas queria compor músicas sobre "tranquilidade e coisas lindas". No entanto, após alguns dias, sem informar seus colegas músicos – e causando fúria em Jeffery –, ele desapareceu de lá, sem deixar vestígios.

Colette Mimran e Stella Douglas tinham ido ao Marrocos, terra natal de Colette, para comprar itens para sua boutique. Como Deering Howe iria se juntar à dupla, ele espontaneamente convidou Jimi para acompanhá-los. Eles tiveram de fazer planos às escuras, pois o julgamento por posse de drogas em Toronto ainda estava pendente, sendo preciso pedir permissão à Polícia Montada Real do Canadá para ir ao exterior.

Sua chegada foi igualmente surpreendente para Colette e Stella. “Estávamos no aeroporto para encontrar Deering”, Colette lembrou, “e as pessoas que saíam do avião nos perguntavam: ‘Vocês conhecem aquele cara esquisito que estava no nosso voo?’”.

Com a chegada de Jimi, a viagem de compras foi cancelada. Eles alugaram um antigo Chrysler sedã e dedicaram-se a entreter Jimi. Os nove dias seguintes foram as únicas férias que ele tirou em sua carreira e, sem dúvida, o período mais alegre da sua vida.

Brian Jones tinha descoberto o Marrocos antes dele e ficou encantado com os movimentados *souks* (mercados) que exibiam tapetes, cobre e latão de todos os tipos; com os tecidos, azulejos e cerâmicas brilhantes, sobretudo na cor “azul berbere”; com a influência duradoura de seus antigos colonizadores franceses; com o ar de mistério e intriga de suas figuras encapuzadas andando apressadamente, misturado à sensação de liberdade e permissividade que já marcavam os anos 1960 há tempos; com seu cuscuz, tagine e chá de menta em pequenos copos; e, acima de tudo, com a música ao vivo tocada nas ruas e praças em diversos tipos de instrumentos de cordas irreconhecíveis.

Para Jimi, só o fato de estar no norte da África, logo conectado ao continente, já ampliava e multiplicava seus prazeres, mesmo que não fosse o exato local de origem de seus antepassados. Ele ficou particularmente maravilhado com a cidade medieval de Essaouira (antes chamada de Mogador) na Costa Atlântica e com a torre de vigia em ruínas, a Borj El Baroud, num longo trecho de areia que ficava perto dali. Anos depois, uma ingênua lenda diria que veio dali sua inspiração para “Castles Made of Sand”.

Seu retorno relutante aos EUA no dia 6 de agosto não foi exatamente o fim da aventura. Enquanto esperava por um voo de conexão em Paris, ele encontrou Brigitte Bardot, a atriz de cinema francesa que era indiscutivelmente a mulher mais sexy do mundo na época em que Jimi era adolescente. Um caso de dois dias, completamente fora do radar, acrescentou Jimi a um elenco de conquistas de Bardot que já incluía seu primeiro fã francês, Johnny Hallyday.

Houve apenas um ponto negativo nas férias. “No Marrocos, levei Jimi para conhecer meu avô”, Colette recordou. “Ele era um francês à moda antiga e não aprovava nem um pouco o fato de eu andar com Jimi. Mas ele tinha recentemente iniciado um novo casamento, com uma mulher mais jovem, que era clarividente e logo fez um comentário sobre Jimi. ‘Ele é um gênio. Dá para perceber pela testa dele.’ Aí ela falou: ‘Daqui a um ano, vocês não serão mais amigos’. Presumi que ela estava dizendo que ele encontraria outra mulher, mas Jimi parecia ver outro significado.” Então ela fez uma leitura de cartas de tarot para tentar ver seu futuro – e a carta da Morte apareceu.

“Após voltarmos aos EUA, ele ficava dizendo para mim: ‘Só mais oito meses’, depois: ‘Só mais seis meses’. Perguntei o que ele queria dizer com aquilo, e ele respondeu: ‘Vou morrer antes dos 30’.”

14

"É SÓ UMA BANDA DE CIGANOS"

Após a leveza e a liberdade que Jimi sentiu no Marrocos – sem contar a cama de Brigitte Bardot –, parecia um trabalho enorme ter de voltar à região rural de Nova York, pedir desculpas à banda nova que havia deixado no limbo e continuar tentando transformá-la na sucessora da Jimi Hendrix Experience.

Ele tinha reunido seus quatro integrantes sem questionar se funcionariam como uma unidade. Billy Cox e Larry Lee, seus velhos amigos, eram músicos de R&B do Tennessee, enquanto Juma Sultan e Gerardo Velez vinham do sofisticado circuito de jazz-funk de Nova York (e ambos eram percussionistas). Um diretor musical linha-dura, como seu colega da Garfield High School, Quincy Jones, talvez conseguisse encaixar os elementos divergentes. Já Jimi, tranquilo e igualitário, jamais o faria.

A beleza e o isolamento da região de Woodstock também não promoveram a mesma criatividade percebida por Bob Dylan e pela The Band. Após ver Essaouira e a Costa do Atlântico, Jimi ficou ainda menos propenso a letras sobre o campo e a comunhão com a natureza. Mesmo assim, corajosamente tentou cavalgar um dos cavalos que faziam parte do terreno alugado em Shokan, conseguindo a proeza de ficar na sela. Jimi Hendrix andando a cavalo, com seus trajes típicos, devia ser uma cena tão memorável quanto patinando no gelo no Queensway Ice Rink, em Londres.

Mike Jeffery, cuja casa na Wiley Lane, em Woodstock, ficava a poucos quilômetros dali, estava constantemente de olho na situação. Ainda furioso com a escapada marroquina de Jimi, ele andava inquieto com a perda de sua renda de turnês e com a escolha dos músicos de apoio e sua óbvia falta de progresso.

Os novos músicos de apoio estavam desconfortavelmente cientes da atmosfera tensa entre Jimi e Jeffery. Com os pagamentos de shows suspensos, Jimi dependia totalmente de seu empresário para obter dinheiro. "A temperatura caía uns dez graus", Gerardo Velez recordou, "toda vez que Mike entrava lá". Claire Morice, uma cozinheira que trabalhava para Jimi e sua comitiva, posteriormente alegou que ele teria lhe contado que estava tentando se livrar de Jeffery como empresário.

Ao ouvir que Jimi estava lá, todos os músicos no distrito iam até sua casa na esperança de fazer uma *jam* com ele – e sempre conseguiam. Mas a residência Shokan acabaria não produzindo material equivalente ao que Bob Dylan fez com suas Basement Tapes. O mais perto que chegaram foi a gravação de um *bootleg,* feita pelo tecladista local Mike Ephron, creditada a "Jimi Hendrix, Juma, Mike e Amigos", e vendida por correspondência pelo preço de cinco dólares.

Assim como a esposa clarividente do avô de Colette Mimran no Marrocos, a namorada de Ephron teve uma premonição de que Jimi morreria antes de chegar aos 30 anos. Sentindo que ele precisava ser resgatado de Jeffery, o casal até considerou "sequestrá-lo" e levá-lo a um lugar seguro no distrito. Outras pessoas logo teriam a mesma ideia, porém sem a mesma intenção benigna.

Com Jimi ainda pensando que nome dar à nova banda, Jeffery já tinha agendado sua estreia ao vivo num evento convenientemente acessível. Seria o Woodstock Music and Art Fair, com início no dia 15 de agosto de 1969 e divulgado como "uma Exposição Aquariana", apesar de ser, na verdade, um festival pop de três dias, sem surpresas em relação aos outros que estavam acontecendo por todo o país. Ele representava o uso mais elástico do nome Woodstock até então, pois o local do festival ficava

70 km ao sudoeste, numa fazenda de laticínios de 240 hectares em White Lake, perto de Bethel.

Um de seus copromotores, o jovem Michael Lang, esteve envolvido na organização do Miami Pop Festival, onde Jimi tinha feito uma apresentação notável no ano anterior. Descobrir que ele estava tão próximo parecia um golpe de sorte para Lang, tanto que o promotor – com certa relutância – concordou com o preço de Jeffery: 32 mil dólares para o músico ser a atração principal e encerrar o último dia do festival.

Jimi ficou muito decepcionado ao saber que o residente musical mais famoso de Woodstock não faria parte do evento. Bob Dylan já tinha aceitado tocar com a The Band em um festival concorrente, o Isle of Wight, na Inglaterra. Mas mesmo sem aquela atração principal aparentemente lógica, Lang avisou às autoridades de Bethel que deveriam esperar uma multidão de até 50 mil pessoas.

No início de agosto, com o festival Woodstock se aproximando e a banda ainda tendo dificuldades, Jimi decidiu chamar Mitch Mitchell, que continuou a tocar com ele pouco depois da saída de Noel Redding, mas já tinha voltado à Inglaterra.

Ao chegar com sua namorada na casa em Shokan, que já estava lotada, Mitchell achou a nova formação "uma bagunça" e logo viu que aumentar o número de percussionistas para três, acrescentando seu rosto branco, não ajudaria muito. Após ensaiar com eles por dez dias, como lembrou na sua autobiografia, notou que eles eram "provavelmente a única banda com a qual me envolvi que não melhorou com o passar do tempo. Eu sentia que Jimi simplesmente queria fazer logo o show [em Woodstock] e começar de novo". Em certo ponto, ele ficou tão frustrado que arremessou sua guitarra.

Mas pelo menos agora a banda tinha um nome. Fazendo referência à sua crença de que a música era como "uma experiência religiosa", além do fato de sua casa ficar no topo de uma colina íngreme, Jimi escolheu Electric Sky Church. Logo depois, sem qualquer motivo especial, mudou para Gypsy Sun and Rainbows.

Al Hendrix com o menininho que sua mãe chamou de Johnny Allen e cujo nome seu pai mudou para James Marshall – mas foi conhecido durante toda sua infância como Buster. Mesmo nesta pose alegre de "pai e filho", Al está perceptivelmente desconfortável.

Little Richard, pioneiro do rock 'n' roll, foi a maior estrela que empregou "Jimmy" Hendrix como guitarrista de apoio em sua turnê pelo segregado Chitlin' Circuit na América. Quando Jimmy começou a chamar atenção com sua beleza e suas roupas extravagantes, Richard disse a ele: "Só *eu* tenho permissão para ser bonito!"

Jimmy (o segundo, da esquerda para a direita) com Curtis Knight and the Squires, vestindo camisas especiais para o Cheetah Club de Nova York; (*abaixo*) o Café Wha?, no Greenwich Village, onde ele finalmente se transformou em Jimi.

Jimi com suas
novas roupas da
Swinging London.

Jimi com seus novos amigos, The Who, cuja performance destruidora de guitarras ele logo iria deixar na poeira.

Jimi, com sua casaca de hussardo, no estúdio com Chas Chandler, que produzia seus discos e coadministrava sua carreira. Sua camaradagem inicial foi diminuindo conforme ele confiava menos em Chandler e mais em seus próprios instintos criativos (*à esquerda*). Linda Keith, a modelo e namorada de Keith Richards, que descobriu Jimi em Nova York e foi sua "irmã de sangue" para sempre (*à direita*).

A Jimi Hendrix Experience, com o baixista Noel Redding e o baterista Mitch Mitchell, combinando seus afros.

Jimi e a incineração ritualística de sua guitarra no festival de Monterey, em 1967, ofuscando os shows de Janis Joplin, Otis Redding e The Who.

Após o triunfo em Monterey, Jimi entrou em uma turnê com a banda pop The Monkees, onde ficou inaudível perante os gritos das adolescentes clamando por seu ídolo, Davy Jones.

Jimi com Noel, Mitch e sua guitarra “Flying V”. Ele sempre se sentiu mais próximo de Noel; no entanto, para a segunda formação da Jimi Hendrix Experience, apenas Mitch foi mantido na banda.

Dias felizes: Jimi e Kathy Etchingham, com quem ele morava em uma casa antiga na região de Mayfair, em Londres, que já tinha sido ocupada por Georg Friedrich Händel. Kathy aprendeu a fazer vista grossa para seus “flertes” incessantes.

Trajado em veludo azul: Jimi atipicamente relaxado.

Com Devon Wilson, a *supergroupie* que ele pegou de Mick Jagger – e cuja morte misteriosa ocorreu apenas um ano após a dele.

Esquerda: Jimi no festival Woodstock, em 1969: sua interpretação solo de "The Star-Spangled Banner" foi ouvida ao vivo por apenas algumas centenas de hippies enlameados – mas se tornou o momento definitivo da cultura do rock dos anos 1960.

Jimi no estúdio Electric Lady, ainda em construção, em Nova York, junho de 1970. Atrás dele, à esquerda, está seu fiel engenheiro de áudio, Eddie Kramer.

Monika Dannemann, a mulher alemã que já tinha sido campeã de patinação no gelo e que presenciou os últimos momentos de Jimi: ela viria a alterar seu relato da morte dele aproximadamente 14 vezes.

O irmão caçula de Jimi, Leon, para quem ele foi um pai substituto durante sua infância – mas que herdou apenas um Disco de Ouro de seu patrimônio.

Quando a maré ainda estava boa...

Enquanto isso, a programação do festival Woodstock tinha crescido para 32 artistas, incluindo Joan Baez, Arlo Guthrie, Richie Havens, Sly and the Family Stone, Tim Hardin, Canned Heat, Creedence Clearwater Revival, Grateful Dead, Janis Joplin, Jefferson Airplane, Santana, The Who, Jeff Beck Group, Blood Sweat and Tears, Joe Cocker, Crosby Stills and Nash, Iron Butterfly, Ten Years After, John Sebastian, Ravi Shankar, Paul Butterfield Blues Band e Johnny Winter. Os ingressos (sete dólares por dia ou 18 dólares pelos três dias) estavam sendo vendidos tão rapidamente que os organizadores já previam uma multidão de 100 mil pessoas.

No fim das contas, um número tão grande de hippies seguiu até o extenso pasto do fazendeiro Max Yasgur que os organizadores desistiram de tentar vender ingressos e declararam que o festival seria gratuito. A contagem final de pessoas estaria entre 400 mil e 500 mil, a maior plateia para um evento musical já registrada – e possivelmente a maior já reunida para qualquer propósito que não fosse o combate. As cercas limítrofes eram tão inadequadas que os organizadores se viram obrigados a liberar a entrada.

Apesar de realizado no fim do verão, uma época normalmente gloriosa naquelas partes, uma chuva pesada causou grandes atrasos na escalação, além de transformar o local num pântano que lembrava a Batalha do Somme durante a Primeira Guerra Mundial. Muito tempo antes das áreas VIP e dos acampamentos luxuosos ao estilo "*glamping*", a maioria dos participantes ficava em barracas rudimentares, dependendo de serviços simplórios para se alimentar e ir ao banheiro. Ainda assim, a atmosfera era de celebração e harmonia impermeável, não havendo um relato sequer de violência durante os três dias. O próprio fazendeiro Max Yasgur foi ao palco para admitir ter esperado ocorrer todo tipo de problema ao ceder seu pasto, mas acabou sentindo vergonha de seu preconceito com o evento. "Vocês provaram algo para o mundo", ele disse. "Que meio milhão de jovens conseguem se unir e passar três dias se divertindo e ouvindo música, com APENAS diversão e música. Que Deus os abençoe por isso."

O primeiro show do Gypsy Sun and Rainbows estava agendado para domingo, 17 de agosto, às 23h. Naquele terceiro dia, as estradas já estavam totalmente travadas com carros estacionados, de modo que os artistas eram levados à área do palco de helicóptero. Porém, nenhum helicóptero foi reservado para as atrações principais da noite, então Gerry Stickells recebeu a missão de roubar uma caminhonete das muitas opções disponíveis e fazer a jornada de horas pelo caos – miraculosamente ainda sem qualquer problema.

Jimi e sua comitiva chegaram aos bastidores e descobriram que as apresentações do festival estavam tão atrasadas que não havia esperança de que terminassem de acordo com a programação original. Michael Lang ofereceu a oportunidade de eles tocarem mais cedo, mas Mike Jeffery – mais agressivo do que o necessário, como de costume – insistiu que seu grupo seria o último a se apresentar, embora isso significasse esperar no local até a manhã seguinte. Como todos os trailers para artistas já estavam ocupados, Jimi e sua banda foram levados a um pequeno chalé "a cerca de três campos lamacentos dali", segundo Mitch Mitchell, e passaram o resto da noite lá, "congelando".

Eles finalmente subiram ao palco às 9h, na segunda-feira, um horário que seria considerado insultante até para a mais amadora das bandas de abertura. Àquela altura, o local já era um mar de lama, com a plateia de meio milhão de pessoas já reduzida a cerca de 30 mil. O documentário ganhador do Oscar *Woodstock*, dirigido por Michael Wadleigh, registra toda a incongruência do momento... Jimi vestindo uma jaqueta branca com franjas, feita por Colette Mimram, e uma bandana vermelha, com a mais recente de sua série de Stratocasters brancas desafortunadas... atrás dele, seis alto-falantes Marshalls em três colunas gigantescas... na frente, uma plateia cuja cor parecia lavada pelas tempestades de verão, tendo perdido o aspecto hippie e mais parecendo os "*mudlarks*" que vasculhavam a lama do Rio Tâmisa atrás de itens valiosos.

A apresentação não começou bem, pois o mestre de cerimônias anunciou o grupo como "The Jimi Hendrix Experience", levando Jimi a fazer um extenso discurso o corrigindo, o que não aumentou o ânimo da plateia. "Escutem, gostaríamos de deixar algo claro. Nós nos cansamos da

Experience e, às vezes, estávamos exagerando, então decidimos mudar as coisas e chamar a banda de Gypsy Sun and Rainbows, para resumir. É só uma '*Band of Gypsies*' ['Banda de Ciganos']."

Mesmo assim, durante o show de duas horas, quase metade das 18 músicas apresentadas era da Experience, aquelas que ele chamava de "Same Old Shit" – "Purple Haze", "Foxy Lady", "Castles Made of Sand", "Red House" e uma versão de 14 minutos de "Voodoo Child", sem melhorias perceptíveis da mudança para Gypsy Sun and Rainbows além de uma porção dupla de congas. Composições novas como "Stepping Stone", "Izabella", "Message to Love" e "Villanova Junction" naturalmente teriam o mesmo som que a Experience, porque a Experience era o som de Jimi.

Para deixar claro, *Woodstock* praticamente oculta a banda, filmando Jimi de perto e, na maior parte das vezes, de baixo – as franjas brancas estremecendo quando ele mexia na alavanca da guitarra; um rosto extasiado com uma faixa vermelha aparecia no quadro; ao fundo, um céu matutino de segunda-feira que ninguém iria querer beijar.

Igualmente uma celebração e uma demonstração de força da contracultura, o festival era um protesto contra a Guerra do Vietnã. Seus organizadores tinham anunciado que adquirir um ingresso automaticamente inscrevia seu comprador no movimento antiguerra. Vários de seus principais artistas também fizeram discursos emocionados sobre o assunto, mas o protesto musical mais explícito foi, sem dúvida, a música "I-Feel-Like-I'm-Fixin'-to-Die Rag", de Country Joe McDonald, que ironizava o recrutamento militar e foi cantada em massa pela plateia.

O fato de Jimi tocar "The Star-Spangled Banner" perto do fim de seu show não foi uma surpresa em si. Ele já tinha executado o hino diversas outras vezes em shows e fez um óbvio ensaio durante uma *jam* pré-festival no Tinker Street Cinema, em Woodstock, incluindo dois integrantes do grupo de Santana.

Mas ele nunca tinha o tocado como fez para aqueles hippies cansados e enlameados: lento em relação ao seu típico ritmo de marcha, pontuado por um vibrato extenso, ocasionalmente acelerado em dobro e com quedas longas que explodiam em uma cacofonia de *feedback* – sons que conseguiam, de alguma forma, imitar os sons da guerra, como hélices de helicópteros, bombas caindo, explosões de napalm e gritos de vítimas dilaceradas. O antigo soldado da divisão Aerotransportada também honrou os jovens recrutas sendo mortos aos milhares ao emendar o hino americano com a composição "Taps", normalmente executada na corneta sobre o túmulo de um soldado.

"Finalmente deu para ouvir do que a música se tratava", escreveu Al Aronowitz, colunista do *New York Post.* "A ideia de você amar seu país, mas odiar o governo."

Mantendo o espírito do evento, os aplausos para Jimi foram dispersos e esporádicos. No bis, ele começou outra música nova, "Valley of Neptune", mas esqueceu a letra, se desculpou e voltou para a "Same Old Shit", tocando "Hey Joe".

Seu arquivo no FBI o menciona de modo acusatório entre os personagens principais de Woodstock, detalha a quantidade de LSD utilizada no festival e divaga com deleite voyeurista sobre o poder da música em gerar "comportamentos desenfreados e lascivos" entre seus espectadores. Mas não faz menção a "The Star-Spangled Banner", possivelmente temendo causar uma apoplexia em J. Edgar Hoover.

Como Mitch Mitchell recordou, Jimi saiu do palco "com frio, cansado, faminto e infeliz com sua performance". Ele nunca saberia que tinha acabado de criar o momento definitivo de Woodstock – e, como muitas pessoas acreditam, de toda a década.

As duas parceiras regulares de Jimi – diferentes das incontáveis irregulares – continuavam sendo Devon Wilson e Carmen Borrero. Cada uma tinha seu papel específico e estava perfeitamente contente de dividi-lo com a outra.

Devon era mais como uma assistente pessoal, cujos deveres iam desde controlar as pessoas ao redor (embora não fosse muito eficaz) até conseguir as drogas de Jimi. Mais recentemente, ela o tinha convencido a experimentar heroína, na qual já era viciada há tempos, apesar de ele ainda estar esperando seu julgamento em Toronto por posse da droga, no qual se declarou inocente. Porém, sua fobia de agulhas o impediu de injetá-la, e ele nunca consumiu o suficiente em pó ou pílula para desenvolver um vício.

Carmen era sua namorada "pública" nas ocasiões em que ele precisava de uma, como na sua última viagem a Seattle. Ela era diferente da amável Devon em todos os aspectos, com um temperamento explosivo e uma propensão a libertar o lado mais sombrio de Jimi, sobretudo quando ele bebia uísque e ainda pior quando suspeitava que uma de "suas" mulheres estava sendo infiel. Uma combinação de ambos os fatores com Carmen o levou a repetir a violência que ela tinha sofrido em Los Angeles: primeiro ele tentou empurrá-la para fora de uma janela, depois a golpeou com uma garrafa.

Após seu retorno de Londres, o *ménage à trois* aumentou para *ménage à quatre*. Ele sempre manteve contato com Fayne Pridgon, sua amante e mentora durante seus primeiros dias de dureza em Nova York. Agora Fayne o recebia de volta à sua cama de forma tão indulgente quanto antes, porém surpresa com a mudança naquele rapaz com cabelo processado que costumava fazer tudo de um jeito simples. "Uma vez, lembro que acordei e vi Jimi... amarrando meu pé à cama", ela recordou em sua hipnotizante entrevista para a revista *Gallery*, em 1982. "A outra mão e o outro pé já estavam amarrados. De repente, ele era alguém que eu não reconhecia mais."

Apesar dessas preliminares um tanto assustadoras, o que veio em seguida não teve elementos de sadomasoquismo, mas depois "fiquei furiosa quando ficou claro que ele não tinha intenção de me soltar. Ele puxou os lençóis até a altura do meu pescoço, beijou a ponta do meu nariz e disse que estava indo para um ensaio".

Para Fayne, Jimi havia se tornado "um trem em alta velocidade, prestes a colidir com um muro. Ele sentia isso, todos nós sentíamos. Algo estava levando a um estrondo, uma grande explosão. Muitas vezes ele dizia que não sabia se chegaria aos 30".

Woodstock só tinha aumentado o desconforto de Jimi quanto a ficar em cima do muro com o Black Power. Apresentar-se para uma plateia tão grande e predominantemente branca logo atraiu críticas por parte dos Panteras Negras de que ele era um "Pai Tomás" – do mesmo modo que estava sendo ameaçado pelos caipiras brancos de levar uma surra caso corrompesse o hino nacional daquela forma outra vez.

A pressão era ainda maior porque seu novo músico de apoio, Juma Sultan, era ligado aos Panteras Negras, assim como Gerardo Velez tinha conexões com o movimento equivalente em Porto Rico, os Young Lords. Isso forçou Jimi a conceder uma entrevista na qual parecia aceitar o compromisso que os Panteras desejavam há tanto tempo. "Naturalmente me sinto como parte deles em certos aspectos, sabe", ele disse. "Mas todo mundo tem o seu jeito de fazer as coisas."

Ele também se incomodava por sua plateia negra ter uma dimensão muito menor que a branca, sobretudo em Nova York. Isso ficou dolorosamente claro num dia de extremo calor, logo após Woodstock, enquanto ele e Fayne dirigiam pelo Harlem no seu Corvette com a capota abaixada. "Umas crianças jogavam água de um hidrante, molhando todos os carros que passavam", Fayne recordou. "Falei para ele parar e dar meia-volta, mas ele disse: 'Não, não vão fazer isso comigo'. Eu rebati: 'Eles vão, eles não te conhecem'. Bem, eles nos encharcaram e encheram o Corvette de água. Ele ficou muito chocado ao notar que as crianças no Harlem não sabiam quem era Jimi Hendrix."

Em função disso, uma campanha estava em andamento para ajudar Hendrix a finalmente conquistar o Harlem. Sua força motriz era a dupla de gêmeos músicos TaharQa e Tunde Ra Aleem (nascidos Albert Raymond e Arthur Russell Allen). Certa vez, eles já tinham dividido um apartamento com Jimi, que foi quem lhes deu o nome artístico Ghetto Fighters.

O poder dos Aleems no Harlem ficou evidente quando certas figuras influentes passaram a divulgar um show de Jimi Hendrix que o próprio não havia agendado, sequer sabia da existência. Um dia, enquanto andava pela 125th Street com os gêmeos, viu um homem colando um pôster que divulgava a apresentação. Irritado, confrontou o tal homem, que imediatamente chamou pessoas para defendê-lo – e logo Jimi estava com uma arma apontada para sua cabeça. Quando TaharQa e Tunde Ra mencionaram seus contatos na vizinhança, os gângsteres se afastaram e nada mais foi dito sobre o suposto show. É uma pena que ele não pôde continuar usufruindo daquela proteção.

A primeira ideia dos gêmeos era que a Gypsy Sun and Rainbows tocasse no teatro Apollo – onde Jimi já havia ganho o concurso de talentos que ocorria nas noites de sexta-feira –, um show beneficente para as famílias afetadas pela fome no trágico e efêmero estado africano chamado Biafra. No entanto, o Apollo se recusou, temendo que o evento fosse invadido pelos fãs brancos de Hendrix do centro da cidade.

Decidiram então que o show seria feito em prol da United Block Association do Harlem, que tinha entre seus membros cerca de três mil jovens afro-americanos e porto-riquenhos, sintetizando o lado mais positivo voltado à comunidade do Black Power. Mike Jeffery ficou horrorizado ao descobrir que nenhum cachê viria da apresentação, mas o show era tão importante para Jimi que ele teve de concordar. Seria um evento ao ar livre, no dia 5 de setembro, incluindo artistas incontestavelmente amados no Harlem, como Sam and Dave, Big Maybelle e Maxine Brown.

Alguns dias antes, Jimi participou de uma coletiva de imprensa no Smalls Paradise, o clube noturno da 135th Street onde já tinha sofrido para ser ouvido. Ao invés de suas espalhafatosas roupas de cigano, ele usou uma jelaba trazida do Marrocos, o que o fazia parecer um monge beneditino. Inevitavelmente, apenas um aspecto interessava à imprensa: o evento seria um "Woodstock negro"? "Eu quero mostrar que a música é universal, que não há rock branco ou rock negro", ele falou ao *New York Times*.

Na tarde do show, ele dirigiu-se ao Harlem em seu Corvette, acompanhado de Carmen e Mitch Mitchell. Após estacionar o carro, eles foram dar um passeio e explorar o local, deixando a guitarra de Jimi no banco de trás. Eles só tinham andado um pouco quando um grupo de adolescentes arrombou o carro e levou a guitarra. Os contatos dos gêmeos Aleem tiveram de ser acionados mais uma vez para encontrar os ladrões e recuperar a guitarra antes do show.

O palco, estranhamente reduzido a apenas 1,20 m do chão, estava na West 139th defronte à Lenox Avenue, criando o maior espaço possível para a plateia ver o show de frente. Umas cinco mil pessoas apareceram, mas a atmosfera não era em nada similar a Woodstock; como a administração do Apollo havia previsto, muitos brancos do centro estavam lá, sem se dar conta de que pisavam num território delicado. Carmen, com seu cabelo tingido de loiro, acabou confundida com um dos intrusos, sem que percebessem que ela também era porto-riquenha. Jimi foi verbalmente agredido por trazer consigo "uma puta branca", que levou uma chuva de copos de papel e outros projéteis arremessados contra ela, além de ter sua blusa rasgada.

Ele começaria seu show à meia-noite, logo após Big Maybelle, que pesava 115 kg e tinha uma voz que podia quebrar uma taça de vidro a 15 metros de distância. As músicas "96 Tears" e "Whole Lotta Shakin' Goin' On" de Maybelle fizeram o povo dançar por toda a Lenox Avenue, assim como nas janelas dos prédios próximos. No entanto, quando ela se recusou a voltar para um bis, começaram a vaiar.

Infelizmente, o primeiro integrante do Gypsy Sun and Rainbows a surgir no palco foi Mitch Mitchell, cujo rosto branco multiplicou as vaias. Quando Jimi veio em seguida, até suas calças brancas viraram motivo de gritaria e provocações, como se ele tivesse escolhido a cor de propósito para mostrar de que lado estavam seus principais aliados. Ovos e uma garrafa foram jogados contra o palco, deixando os gêmeos

Aleem com um medo real de que sua tentativa de expor Jimi ao Harlem acabasse em arruaça.

A reação de Jimi foi esforçar-se tanto quanto o faria se aquela fosse uma noite de talentos no Apollo, o que garantiu que as músicas favoritas do seu público, como "Foxy Lady", "Red House" e "Fire", estivessem previstas. Ele incluiu "The Star-Spangled Banner", mas deliberadamente a ofuscou quando tocou uma versão de "Voodoo Child", apresentada como "Harlem's National Anthem" ["Hino Nacional do Harlem"]. Entretanto, a plateia na Lenox Avenue foi se dispersando ao longo do seu show até restarem somente umas 200 pessoas. A melhor analogia foi feita pelo percussionista Juma Sultan: era como um evento esportivo terminando em empate.

Jimi não teria outra chance de mudar o placar.

Em setembro de 1969, Linda Keith estava concentrada na batalha para superar seu vício em drogas, utilizando tanto terapia de eletrochoque quanto sonoterapia no hospital St. Thomas, em Londres. Mas, ao descobrir que Jimi se apresentaria na inauguração de um clube em Nova York chamado Salvation 2, deu alta a si própria e foi vê-lo. Como ela descreveu, aquele foi mais um de seus "pequenos casos românticos" que ocorriam de vez em quando, algo que não foi obstruído de maneira alguma por Devon Wilson, de quem ela continuava sendo "uma grande amiga".

Segundo Linda, Jimi parecia "deprimido e ansioso", mas não lhe contou a razão. "Era como se ele desejasse voltar no tempo, para quando tudo era mais simples."

Localizado ao norte da cidade, o Salvation 2 era uma nova versão de um clube da Sheridan Square, no Greenwich Village, onde Jimi costumava tocar e passar seu chapéu pela plateia, pedindo doações. Desde então, como muitos clubes da cidade, passou a ser controlado pela Máfia. Isso não era uma preocupação por si só, afinal muitos artistas trabalhavam em locais controlados pela Máfia – era quase impossível atuar em um que não fosse – e geralmente não sofriam com quaisquer efeitos negativos. O que deixava Jimi apreensivo era uma suspeita cada vez maior de que a Máfia também andava controlando seu empresário.

Dez dias após Woodstock, Mike Jeffery tinha aparecido na casa em Shokan numa limusine conduzida por um chofer, algo peculiar para alguém que se orgulhava de fazer tudo da forma mais barata possível. Ele tinha ido até lá para informar Jimi de que o Gypsy Sun and Rainbows se apresentaria na inauguração do Salvation 2. E, para indicar que a recusa não era uma opção, o chofer puxou um revólver carregado e começou a usá-lo contra uma árvore do quintal para treinar sua pontaria.

Apesar dessa coerção – e da performance indiferente do Gypsy Sun and Rainbows na inauguração –, Jimi foi bem tratado no Salvation 2. O clube logo se tornou mais um lugar para as *jam sessions* sem as quais ele não conseguia viver. Seu coadministrador, Bobby Woods, era seu principal traficante de cocaína, vendendo o estoque que a Máfia importava para Manhattan às toneladas.

Portanto, ele foi pego totalmente desprevenido quando saiu do clube a pé, numa certa noite, para comprar algo diferente do pó da casa. Durante sua curta jornada, Jimi foi abordado por quatro homens e forçado a entrar em um carro.

Para seu irmão Leon, o sequestro foi encenado por Mike Jeffery, com a ajuda de seus novos amigos da Máfia, para ser seguido por um "resgate" fajuto, deixando Jimi ainda mais preso ao empresário. Leon também acredita que Jimi mal notou o que estava ocorrendo. "Ele continuou fumando maconha, tocando guitarra e saindo por aí."

Já Trixi Sullivan, ainda assistente pessoal de Jeffery na época, afirmou que o sequestro foi completamente genuíno e que o empresário ficou tão chocado quanto qualquer outro. "Mike recebeu uma ligação numa tarde e ficou pasmo. Disse que tinham raptado Jimi e que um carro iria buscá-lo e levá-lo até onde ele estava.

“Mais tarde, ele me contou que foi levado a um lugar no meio do nada e depois dirigiram por mais um tempão. E que, atrás de várias árvores, dava para ver homens com metralhadoras.” As negociações foram feitas, e, após dois dias, Jimi foi devolvido ao seu lar em Shokan, ileso, porém “em choque”, como Trixi recordou.

O incidente nunca chegou aos jornais e continuou cercado de mistério até 2011, com a publicação de um livro chamado *American Desperado: My Life as a Cocaine Cowboy*, de Jon Roberts, um traficante de drogas condenado. Em 1969, conhecido por Riccobono, Roberts era um jovem “soldado” da Máfia que atuava no Salvation 2. Ele alegou que Jimi não tinha sido sequestrado por integrantes reais da Máfia, mas por “aspirantes a mafiosos” que queriam entrar na indústria musical, fosse usando a força para convencer seus empresários, fosse extraindo uma quantia financeira com o resgate.

De acordo com *American Desperado*, Roberts e um colega chamado Andy Benfante facilmente rastrearam os sequestradores e disseram a eles: “Ou vocês deixam Jimi ir ou estão mortos. Não toquem em um fio de cabelo do seu afro”. Quando ele foi liberado, os aspirantes a mafiosos levaram uma surra que os desencorajou de quaisquer tentativas futuras de entrar na indústria musical.

Os agentes do FBI que vigiavam Jimi naturalmente desenvolveram um forte interesse pelo Salvation 2, forçando Roberts a fugir para Miami, onde se envolveu com o cartel de Medellín, vindo a facilitar sua importação de 15 bilhões de dólares em cocaína para Nova York. Ele mudou seu sobrenome Riccobono para confundir os agentes federais quando surgiu a suspeita de que ele tinha matado o traficante de Jimi, Bobby Woods, encontrado com cinco tiros na cabeça em 1971.

Um pós-escrito surreal do livro *American Desperado* alega que, além do resgate do sequestro, o autor ainda teria sido responsável por um segundo salvamento do músico. Jimi tinha o hábito de frequentar a casa de Roberts na praia, em Fire Island, onde seu espírito de atleta escolar ressurgia e ele gostava de praticar esqui aquático por mais chapado que estivesse. Um dia, evidentemente alterado, caiu na água e teria se afogado não fosse a chegada de Roberts em uma lancha com uma corda.

Porém, como iniciante em sequestros, Roberts estaria apenas seguindo ordens superiores. Pelo que Jeffery contou a Trixi Sullivan, ela deduziu que a liberdade de Jimi tinha sido negociada por sua gravadora, a Warner/Reprise, pois ele era sua propriedade mais valiosa naquela época. E a ideia de que uma gravadora fundada por Frank Sinatra ainda teria conexão direta com chefes da Máfia não podia facilmente ser ignorada.

15

MILES E MILES

O Gypsy Sun and Rainbows mal durou um mês. Apesar de Jimi trabalhar em várias faixas com eles no Record Plant, nunca houve material concluído o suficiente para um disco de estreia. A única exposição nacional da banda aconteceu durante a segunda participação de Jimi no *Dick Cavett Show*, em 9 de setembro, quando o assunto do momento ainda era Woodstock e sua interpretação de "The Star-Spangled Banner", que ele descreveu como "linda" e Cavett concordou com um sorriso.

Em seguida, sem Gerardo Velez e Larry Lee na formação, ele tocou uma nova música chamada "Machine Gun". Era outra trilha sonora da Guerra do Vietnã, dessa vez sob o disfarce de um blues arrastado cujo impacto foi majoritariamente cortado com a redução da música para apenas dois minutos e meio de duração.

Talvez Mike Jeffery permitisse que a banda continuasse se eles mostrassem qualquer sinal de que conseguiriam ganhar dinheiro na estrada. Uma turnê nacional tinha sido planejada, prevista para começar em 18 de setembro em Boston. No entanto, alguns dias antes, Jimi cancelou o show, alegando que "não se sentia física ou mentalmente capaz de se apresentar". A empresa promotora Concert Ways exigiu receber uma multa de 25 mil dólares. Para Jeffery, aquilo foi a gota d'água.

Velez e Juma Sultan foram persuadidos a assinar contratos individuais com outra empresa de Jeffery (adequadamente chamada de Piranha Productions) cujo objetivo real era impedi-los de seguir trabalhando com Jimi. O guitarrista base Larry Lee decidiu sair por conta própria, uma vez que sempre se sentiu perdido naquele ambiente. Em seguida, foi a vez de Mitch Mitchell, que foi embora para passar mais tempo na sua nova casa na Inglaterra. Apenas Billy Cox se manteve em seu posto, como o antigo soldado que era, pronto para tocar baixo e fornecer mais reforços a Jimi sempre que necessário.

A propriedade alugada em Shokan foi desocupada e devolvida ao seu proprietário em condições não exatamente iguais como ele a tinha visto pela última vez. Um dos quartos havia sido todo pintado de preto, enquanto outro ganhou um mural de um disco voador acima de uma montanha, sem falar nas marcas de queimadura e cera de vela pingada por toda parte.

Jimi aceitou o fim da banda filosoficamente, mudando-se de volta para Nova York e alugando um apartamento por conta própria na West 12th Street, Greenwich Village. Após passar todos aqueles meses em Woodstock sem qualquer vislumbre de Bob Dylan, certo dia ele conseguiu ver o cantor no Village enquanto passeava pela 8th Street com seu amigo Deering Howe.

Por mais que fosse uma estrela de mesma grandeza naquele ponto, ele se apresentou como o mais humilde dos fãs: "Então, Sr. Dylan... Eu sou um cantor... Meu nome é Jimi Hendrix...". Dylan, que podia ser extremamente rabugento, o cumprimentou com amabilidade e elogiou suas versões *cover* de "Like a Rolling Stone" e "All Along the Watchtower", chegando inclusive a se lembrar do primeiro e breve encontro que tiveram anos antes, no café Kettle of Fish, também no Village. Como Deering Howe recordou, Jimi "ficou nas nuvens".

A notícia de que Jimi Hendrix estava procurando novos integrantes para sua banda logo se espalhou entre os melhores músicos, tanto americanos quanto britânicos, que constantemente passavam por Nova York e, sem exceção, consideravam um convite para uma *jam* com ele o ápice de suas carreiras. Rapidamente, surgiu o boato de que ele planejava fazer um supergrupo ao estilo do Cream, com Jack Casady, do Jefferson Airplane, e Steve Winwood, do Traffic.

Qualquer que fosse a nova configuração que ele adotasse no grupo, o óbvio favorito para a bateria era Buddy Miles, o gigante genial com o afro imenso que já tinha tocado com ele algumas vezes. Apesar de Miles agora ter sua própria banda, a Buddy Miles Express, Jimi manteve o contato, tendo escrito um texto para o encarte do álbum de estreia da Express, *Expressway to Your Skull*, e produzindo um lado do segundo disco, *Electric Church*.

No outono de 1969, porém, tudo isso teve de ser colocado em espera quando a carreira de Jimi teve um desvio totalmente inesperado, mas irresistível, com um outro homem chamado Miles.

O mais recente guitarrista britânico que parecia ter uma chance de roubar a coroa de Jimi era John McLaughlin, nascido em Yorkshire, um pioneiro das fusões entre rock, blues, jazz e música indiana clássica, que ficariam evidentes no grupo Mahavishnu Orchestra. Por acaso, McLaughlin tinha recentemente se mudado para Nova York, onde se uniu ao Lifetime, grupo de jazz-fusion de Tony Williams.

Mitch Mitchell, antigo amigo de McLaughlin, estava de volta à cidade e decidiu assistir ao show do Lifetime no Village Vanguard. Em seguida, Mitchell o convidou para "uma *jam* monumental" com Jimi no Electric Lady Studios (que ainda estava em construção), incluindo também Buddy Miles. De acordo com McLaughlin, Jimi "era uma das pessoas mais humildes e gentis que já conheci".

O brilhantismo eclético de McLaughlin também lhe deu uma chance de entrar para o círculo das bandas de jazz nova-iorquinas, onde ele foi direto ao topo tocando regularmente com Miles Davis.

Desde o fim dos anos 1950, Davis era para o jazz moderno o que Jimi passou a ser para o rock. Um estilista visionário que se recusava a ficar em apenas uma categoria, ele reconstruía totalmente seu gênero em intervalos regulares, com um estilo de trompete melancólico e vago que, assim como a guitarra de Jimi – ou as peças teatrais de Harold Pinter ou Samuel Beckett –, era todo baseado nas pausas e espaços. E nada que o rock arruaceiro fizesse conseguia reduzir seu status de personificação do *cool*.

Longe dos palcos, ele também rompia com as convenções do típico músico de jazz modesto e introvertido, com seu cabelo rebelde sem ser afro, um vestuário amplo e exótico, carros caros, seu desprezo notório por pessoas brancas, confessa misoginia e violência doméstica, além de uma ocasional carreira como cafetão para financiar seu vício em heroína.

Em 1969, Davis estava começando a fazer experimentos com rock e funk, enquanto os solos de Jimi estavam chegando cada vez mais perto do bebop ao estilo Charlie Parker. Percebendo a fusão genial que poderia estar ali, McLaughlin o levou para uma exibição de *Monterey Pop*. Na cena em que Jimi queimava a guitarra, Miles podia ser ouvido silenciosamente exclamando: “Droga!... Droga!”, o maior elogio que ele poderia dar, com uma pitada de arrependimento por nunca ter pensado em fazer algo parecido com seu trompete.

Jimi ficou muito emocionado ao conhecer Davis, cujas habilidades musicais ele admirava desde o seminal álbum *Kind of Blue*, de 1959, que era parte da zelosa coleção de discos do seu pai. Como John McLaughlin esperava, os dois começaram a fazer *jams* juntos, porém apenas nos seus respectivos apartamentos e de uma forma quase inaudível nos ambientes adjacentes.

Davis, que tinha sido aluno da Juilliard School of Music, ficou atônito com a completa ignorância de Jimi em relação à teoria musical. Em alguns de seus primeiros encontros, ele tentou lhe ensinar um pouco sobre o tema, mas logo desistiu, reconhecendo que as músicas de Jimi, “como aquela filha da puta da ‘Machine Gun’” (outro grande elogio, vindo de Miles Davis), estavam além de qualquer teoria.

O relacionamento não foi fácil, pois o abertamente preconceituoso Davis repudiava a grande rede de contato com músicos brancos de Jimi. Para Davis, eram uma espécie inferior, com raras exceções – como John McLaughlin. Um dia, quando o cantor britânico Terry Reid abriu a porta do apartamento de Jimi, Davis se recusou a entrar, rosnando: "Quero que a porra do Jimi Hendrix abra a porra da porta do Jimi Hendrix".

Os dois ocasionalmente saíam em encontros de casais – Jimi com Carmen Borrero, Davis com a mulher que estivesse sofrendo ao seu lado naquele momento. Em evidente contraste, o Harlem dava a Davis o tratamento real que ainda negava a Jimi. Quando foram ao Smalls Paradise, ele foi levado a uma mesa especial numa área fechada onde havia uma cortina para poderem fumar baseados sem serem observados.

A fusão entre Jimi e Miles funcionou melhor do que John McLaughlin ousou sonhar, de modo que eles começaram a fazer planos para gravar juntos, acompanhados do baterista Tony Williams. Para Jimi, o único baixista possível era alguém cuja habilidade no baixo tendia a ser ofuscada por sua voz e suas composições, além da dimensão de sua fama por ser um quarto da banda pop mais amada do mundo.

Em 21 de outubro de 1969, Davis, Williams e Jimi enviaram, juntos, um telegrama a Paul McCartney, em Londres, convidando-o para se unir ao trio em uma sessão de gravação, a ser produzida por Alan Douglas. O *timing* não poderia ter sido pior: a nomeação do novo empresário dos Beatles, Allen Klein, havia causado uma rusga entre McCartney e os outros integrantes, levando-o a um exílio autoimposto em sua fazenda na Escócia e a quase ter um colapso nervoso. A educada recusa do assistente dos Beatles, Peter Brown, disse que ele estava "de férias".

E as sessões nunca ocorreram sem ele, pois Miles Davis e Tony Williams, iludidos com vislumbres da riqueza do rock 'n' roll, exigiram 50 mil dólares adiantados, cada, e Douglas cancelou tudo. O único registro da colaboração entre Davis e Hendrix – a mais sublime fusão entre o jazz e o rock imaginável – está nas fitas gravadas no apartamento de Jimi, inéditas até hoje.

Jimi passou a noite de seu 27º aniversário, no dia 27 de outubro, assistindo a uma apresentação dos Rolling Stones no Madison Square Garden. O show fazia parte da turnê americana, que finalmente havia se tornado possível com a morte de Brian Jones e que agora tinha uma certa urgência, pois a saída de Allen Klein como empresário deixou os Stones devendo quantias enormes em impostos de renda no Reino Unido.

Como um convidado privilegiado nos bastidores do Garden, Jimi aparece brevemente em *Gimme Shelter*. O filme é conhecido por documentar uma jornada que acabaria dois meses depois com o infame show gratuito na Altamont Raceway, onde ocorreu o esfaqueamento fatal de um jovem negro na plateia por um membro dos Hell's Angels na frente da banda durante sua apresentação.

No meio da bagunça dos bastidores, ele pode ser visto conversando amigavelmente com Keith Richards. Enquanto isso, com sua aparência absurdamente jovem e inocente, Mick Taylor, o substituto de Brian Jones na guitarra solo, encara Jimi sem tentar esconder sua admiração.

Quanto ao show em si, ele recebeu um assento no palco, atrás do amplificador de Richards, e é possível que tenha esperado ser chamado para tocar com os Stones, especialmente por ser seu aniversário. Mas Jagger estava bem ciente do que Jimi fazia quando era convidado a tocar com alguém e preferiu não arriscar.

A festa pós-show foi organizada por Devon Wilson num luxuoso apartamento duplex que ela tinha conseguido emprestado para a ocasião. Embora fosse uma suposta festa de aniversário para Jimi, ela, na verdade, queria anunciar o sucesso na sua campanha para dormir com Jagger, que durou todo o tempo em que dormia com Jimi. Na festa, os dois astros foram juntos para uma sala vazia – pressupondo uma "briga" por Devon.

Na verdade, Jagger estava demonstrando a consideração da qual, vez ou outra, era capaz. Sete meses após Jimi ser preso com drogas no aeroporto de Toronto, seu julgamento finalmente começaria no dia 8 de

dezembro. Mick tentou reparar o dano causado com Devon ao fornecer conselhos sobre a audiência de Jimi, com base na experiência que ele e Keith tiveram em 1967. Jagger, no entanto, ainda não tinha a menor ideia de que havia sido observado pela unidade COINTELPRO do FBI aliada ao MI5, na Inglaterra, o que rendeu a ação policial responsável por colocar ambos na cadeia e deixar os Stones fora da América por três anos.

No caso de Jimi, apesar de estar sob a vigilância do COINTELPRO por mais de um ano, a apreensão foi realizada pela Polícia Montada Real do Canadá. Ainda assim, o FBI manteve contato próximo com as autoridades canadenses durante seu julgamento e fez planos de contingência com elas para o caso de um veredito insatisfatório. O arquivo de Jimi contém um memorando datado de 6 de novembro e, como de costume, foi enviado a J. Edgar Hoover, citando que "se o julgarem como inocente, a imigração canadense [sic] gostaria de deportá-lo, caso seja provado que ele tem condenações criminais nos EUA".

Ele se preparou para sua audiência com um corte de cabelo e, seguindo o conselho de um de seus advogados, Bob Levine, com um terno escuro e conservador. De acordo com Levine, a roupa fazia aquele estiloso cigano "parecer um caipira desconfortável que ficava tentando afrouxar a gravata".

Na limusine a caminho do aeroporto LaGuardia, onde pegariam o voo para Toronto, Levine ficou preocupado com alguns itens que Jimi estava colocando no *case* da guitarra, pois passaria pela mesma alfândega onde todo o problema começou. Mas ele insistiu que não havia nada "inadequado", acrescentando com muita fé na sua nova aparência de homem "respeitável": "Confie em mim, Bob. Não vão me reconhecer".

Mas claro que o reconheceram. O *case* da guitarra foi revistado, uma "cápsula de origem desconhecida" foi achada e, enquanto era analisada, Jimi passou a noite detido.

Suas testemunhas de defesa incluiriam a jornalista Sharon Lawrence, da United Press International, que tinha vindo de Los Angeles, apesar do aviso de alguém próximo a Mike Jeffery de que ele queria que o julgamento fosse "uma lição" para Jimi e que podia ser muito desagradável com qualquer pessoa que atrapalhasse tal plano. Como exemplo de alguém que poderia ajudar Jeffery a ser desagradável, ela recebeu um nome que, após investigações jornalísticas, descobriu ser de "um chefão do crime".

Ela encontrou Jimi liberado da detenção – a cápsula suspeita no seu *case* da guitarra era um remédio legal – e preocupado na sua suíte de luxo no Royal York Hotel. Antes de ela dizer qualquer coisa, ele a avisou que havia "dois caras [segundo ele, parceiros de Jeffery] escutando do outro lado daquela porta" e insistiu que conversassem no banheiro, onde ninguém os ouviria.

Jimi revelou a Sharon que tinha medo de que a acusação de posse de heroína resultasse numa sentença de prisão – pois "morreria em uma semana", conforme suas próprias palavras. Ao mesmo tempo, não resistiu em animadamente contar sobre como tinha encontrado Bob Dylan no Village um tempo atrás e o que Dylan tinha lhe dito.

Sua defesa durante os três dias de julgamento foi impressionante, mas Sharon nunca descobriu exatamente o quanto o ausente Jeffery tinha contribuído para seus custos – se é que contribuiu com algo. Na liderança da equipe para defender Jimi estava um dos principais advogados do Canadá, Henry Steingarten. Já para lidar com o inevitável escândalo que a mídia faria, foi trazido de Londres o veterano publicitário Les Perrin, que havia feito o mesmo serviço para Jagger e Richards após seu julgamento. Chas Chandler também se voluntariou para ser testemunha de defesa, em mais uma demonstração de sua generosidade humilhante.

A defesa não contestou o fato de que o haxixe e a heroína tinham sido encontrados na bagagem de Jimi; porém, para que o crime de "posse" fosse julgado, a acusação precisava provar que ele *sabia* que as drogas estavam ali. Sua explicação foi que, uns dias antes, em Beverly Hills, uma fã havia colocado algo na sua mala, o que ele acreditava ser um remédio para o estômago chamado Bromo-Seltzer. Foi apenas com os resultados do laboratório móvel no aeroporto de Toronto que ele descobriu a verdade. Sharon Lawrence e Chas Chandler confirmaram que os fãs sempre lhe davam presentes, como ursinhos de pelúcia, cachecóis e joias, para os quais ele mal dava atenção.

Sob interrogatório, Jimi não negou consumir drogas, mas se apresentou como um homem relativamente inocente. Ele afirmou que tinha utilizado cocaína apenas duas vezes e ácido somente cinco vezes – se acrescentasse "por dia", teria ficado um pouco mais perto da verdade.

Mostraram a ele o tubo de alumínio que continha o haxixe e perguntaram se ele sabia do que se tratava. "É uma zarabatana de brinquedo", ele sugeriu. Na acusação de posse de heroína, seus advogados destacaram o fato de que ele não estava carregando nenhum dos objetos necessários para injetar e que seus braços não demonstravam picadas de agulha.

Após deliberar por oito horas, o júri inteiramente masculino (e 100% branco) declarou que ele era inocente de ambas as acusações e o absolveu, o que gerou grande comoção entre os fãs que tinham lotado o tribunal. Aos repórteres que o esperavam, ele disse: "O Canadá me deu o melhor presente de Natal da minha vida".

Desde a ruptura do Gypsy Sun and Rainbows, ele tinha começado a ensaiar e fazer demos com Billy Cox e Buddy Miles, mais compatíveis com ele de todas as formas possíveis – inclusive porque Miles cantava além de tocar bateria e podia assumir alguns dos vocais, pois Jimi ainda se sentia desconfortável com a própria voz. Mas ele não planejava nenhuma revelação formal do trio até que alguém legalmente o obrigasse.

Após três anos, seus advogados ainda tentavam um acordo com Ed Chalpin, o proprietário do simplório selo PPX, em Nova York, que tinha assinado um contrato com Jimi pouco antes de ele ser descoberto por Chas Chandler e levado à Swinging London. Apesar de estar contratado por Chalpin sob o nome Jimmy James, o documento parecia ter posse absoluta sobre a maior parte do que Jimi Hendrix produzisse. Até então, Chalpin havia recusado todas as ofertas que lhe fizeram, enquanto esporadicamente lançava as faixas abaixo do padrão que Jimi tinha gravado como Jimmy para o PPX.

A mais recente tentativa de se livrar daquele antigo incômodo era oferecer a Chalpin todos os rendimentos de um disco ao vivo lançado por aquele trio que ainda não tinha nome, sem considerar se Jimi os achava prontos para um show ou não. Para aumentar a sensação de coerção, o álbum não seria lançado pelo selo Warner/Reprise, mas pelo Capitol, onde Chalpin despejava suas faixas inferiores do PPX.

Um local ideal para o show ser gravado ao vivo ficava a uma curta distância do novo apartamento de Jimi no Greenwich Village. Na esquina da Second Avenue com a East 6th Street, uma estrutura que antigamente abrigava um teatro ídiche agora era o Fillmore East, inaugurado um ano antes como uma casa extra ao famoso Fillmore de São Francisco, de Bill Graham. Não havia nenhum *promoter* que Jimi respeitasse e confiasse mais que Graham, assim como não havia músico que Graham admirasse mais.

Foi planejado que, com a abertura do grupo de canto gospel Voices of East Harlem, Jimi faria dois shows na véspera do Ano-Novo, em 1969 – nos quais o disco seria gravado –, e outros dois em 1º de janeiro, o que dava a ele, Miles e Cox apenas sete dias para ensaiar. Em uma referência à Gypsy Sun and Rainbows, o disco se chamaria *Band of Gypsys*, o que também batizaria o trio.

A maioria das pessoas que comprou ingressos não percebeu que a Jimi Hendrix Experience tinha acabado e ficou confusa ao ver nos pôsteres que a banda se chamava "Jimi Hendrix: A Band of Gypsies". No primeiro show, os nomes foram o de menos quando Jimi fez o que a *Rolling Stone* descreveu como "uma avalanche multicolorida de *feedback* chocante, *riffs* afiados, melodicismo [sic] cru e comovente e harmonias claras como a luz do sol que se arqueavam sobre a batida forte de Cox e Miles com uma elegância quase clássica".

A maior procura de ingressos era, obviamente, para o segundo show em 31 de dezembro. A banda subiu ao palco um pouco antes da meia-

-noite, com Jimi vestindo um terno de couro bege que trazia um bordado vermelho feito por Colette Mimram. Ele fez a contagem regressiva para os últimos segundos dos anos 1960 – e para o início do último ano de sua vida –, então tocou uma versão instrumental de "Auld Lang Syne" como um blues cheio de funk que faria até Robert Burns dançar. O show durou até as 5h30min da manhã.

Até então, aquela foi a ocasião em que ele se posicionou mais fortemente contra a Guerra do Vietnã e a favor do Black Power. Uma versão de 12 minutos e meio de "Machine Gun" foi dedicada à "situação chata que está rolando [ou seja, as questões raciais] e a todos os soldados [ou seja, os grupos militantes negros] que estão lutando em Chicago, Milwaukee e Nova York. Ah, sim, e aos soldados que lutam no Vietnã". "Voodoo Child" foi apresentada por ele como "o hino nacional dos Panteras Negras".

As apresentações no Fillmore East novamente demonstraram que Bill Graham era muito mais que um mero vendedor de ingressos e fornecedor de locais para shows. Ele sabia que um novo Hendrix estava se desenvolvendo – um que não tinha mais necessidade de fazer acrobacias no palco, mas ainda se prendia a elas como se fossem um cobertorzinho – e não teve vergonha de dizer isso na cara dele: "Você encoxou sua guitarra. Você a tocou com os dentes e atrás das costas. Você só se esqueceu de *tocar*".

Jimi voltou ao palco para fazer um show extasiante e isento de quaisquer truques, depois foi aos bastidores e colocou seu rosto suado na cara de Graham. "Tá bom agora, seu filho da puta?", ele disse. "Está bom o suficiente para você? Vai me deixar ir embora agora?"

Após o show final, ele foi entrevistado por Al Aronowitz, do *New York Post*, resumindo suas esperanças para 1970 em palavras que causam arrepio: "O chão, cara, o chão... Quero colocar os pés no chão. Quero voltar ao blues, cara, pois é isso que sou".

16

"PAI, MEU AMOR..."

A Band of Gypsys, como atração ao vivo, mal duraria um mês. Em 28 de janeiro, eles tocaram no Madison Square Garden, encabeçando o Winter Festival for Peace, que também contava com Harry Belafonte, Blood, Sweat & Tears, Dave Brubeck, Richie Havens e o elenco do musical *Hair*. O festival de cinco horas também servia como um pós-escrito para o evento de 1969 chamado Moratorium to End the War in Vietnam, no qual meio milhão de pessoas protestaram em frente à Casa Branca ocupada pelo presidente Richard Nixon.

O arquivo de Jimi no FBI mostrava seu nome no topo de uma lista de músicos "agendados" para se unir ao protesto. Nela também estavam Peter, Paul and Mary, Arlo Guthrie e o elenco do musical *Hair*. Mas ele não só não participou dessa manifestação, como aparentemente sequer considerou a possibilidade.

Entre as pessoas presentes nos bastidores do Winter Festival for Peace estava Johnny Winter – de todos os guitarristas, certamente o que tinha a aparência mais invernal, com seu cabelo branco na altura do ombro. Apesar de já estar familiarizado com os excessos do rock 'n' roll, Winter ficou chocado com a péssima aparência de Jimi e com as pessoas que estavam ao seu redor. "Foi uma das coisas mais horríveis que já vi na vida. Ele chegou com toda aquela comitiva e parecia que já estava morto."

No entanto, em meio a um pequeno grupo de pessoas que realmente queriam seu bem, Jimi encontrou Noel Redding, que não via desde o fim da Jimi Hendrix Experience, seis meses antes. O encontro foi amigável, com Redding até recebendo um assento privilegiado no palco ao lado de Mitch Mitchell, ambos esperando serem convidados para se apresentar com Jimi em alguma parte do show.

Como era comum na maioria dos festivais, o cronograma das apresentações estava muito atrasado, de modo que a Band of Gypsys só subiu ao palco às 3h da madrugada. Jimi mal conseguia se expressar, balbuciando obscenidades vagas sobre roupa íntima feminina e menstruação. Depois, no meio da segunda música, "Earth Blues", ele resmungou: "Isto é o que acontece quando a Terra fode com o espaço", então parou de tocar e sentou-se na frente de seus amplificadores. Durante as manobras para retirá-lo do palco, ele acabou tropeçando e caindo de sua beirada.

Apesar de frequentemente tocar sob o efeito de LSD, a droga nunca o tinha incapacitado a tal ponto. Além disso, algumas evidências apontavam para o fato de, naquele dia, ele ter sido drogado sem seu consentimento. O próprio Jimi suspeitou que Devon Wilson tinha lhe dado uma bebida batizada antes do show, em mais um dos jogos de controle que ela costumava fazer. Já Buddy Miles posteriormente alegou ter visto Mike Jeffery entregando-lhe dois tabletes de LSD "Owsley Purple" a caminho do palco. Noel Redding, em sua autobiografia *Are You Experienced*, também disse ter visto o mesmo de seu local privilegiado na lateral do palco, porém era apenas um tablete.

Na opinião de Miles, Jeffery tinha um motivo óbvio: sabotar sua nova banda, na qual ele via pouca possibilidade de ganhos financeiros, apesar de sua importância para Jimi em um momento em que os outros aspectos de sua vida começavam a desmoronar. "Se havia algo capaz de salvá-lo, era a Band of Gypsys", Miles refletiu nos anos 1980. "Porque aquilo o colocava numa direção que o levaria de volta às suas raízes, e era apenas isso que ele queria fazer. Mas aquelas pessoas não queriam que isso acontecesse. Queriam que ele fosse um palhaço."

Segundo Miles, durante os anos de estreita colaboração com Jimi, ele frequentemente o via sofrer momentos de desespero, chegando ao ápice de certa vez ter de convencê-lo a não se atirar do topo de um edifício. "Quando se tem o mesmo tipo de dedicação e amor que ele tinha pelo que fazia, você não acharia muito desagradável ver um cara assim jogar sua guitarra por uma janela e tentar se matar? Eu vi aquilo e não gostei. Não gostei de ter de puxar um homem do telhado de um prédio de 20 andares e tentar salvá-lo porque ele estava doente a esse ponto. E sentindo tão pouco amor."

Tivesse Jeffery orquestrado o fiasco no Madison Square Garden ou não, foi a desculpa de que ele precisava para dissolver a Band of Gypsys. Buddy Miles foi demitido e Billy Cox voltou para sua casa em Nashville, por conta própria, acreditando que seu tempo tocando com grandes artistas tinha terminado.

Durante meses, Jeffery pressionou Jimi a ser sensato, esquecer as improvisações e concordar em reunir a Jimi Hendrix Experience, para quem um público enorme e faminto ainda existia nos EUA. De repente, o conforto daquele cobertorzinho instrumental começou a parecer interessante e foi facilmente entregue: Mitch Mitchell sempre se manteve disponível enquanto tocava com o ex-baixista do Cream, Jack Bruce, e Noel Redding nunca conseguiu ganhar muito dinheiro com seu Fat Mattress.

Ambos assinaram contratos para uma turnê pelos EUA que começaria no fim de abril. Redding voltou para a Inglaterra durante o pouco tempo que tinha antes do começo dos ensaios, enquanto Mitchell ficou no Village com Jimi e Devon Wilson.

No entanto, durante a ausência de Redding, Jimi e Mitchell concordaram que, desta vez, a Jimi Hendrix Experience precisava de um baixista de nível mais alto. Quando Redding retornou a Nova York, esperando iniciar os ensaios, tentou contatar Jimi diversas vezes, mas era sempre impedido por Devon. Apesar da longa estrada que eles haviam compartilhado, Jimi não teve coragem de dizer pessoalmente que Redding tinha sido afastado da banda. Foi somente por intermédio de um advogado que ele soube que a nova Experience já estava ensaiando com Billy Cox, vindo de Nashville para voltar a tocar baixo com o grupo.

Além da enorme mágoa que Jimi lhe causou, Redding também teve uma perda financeira devastadora. Ele estava contando com a turnê para resolver suas pendências tributárias e atender às demandas de uma esposa grávida que tinha acabado de deixá-lo, alegando que ele era violento no lar e que não era o pai do bebê.

Em 25 de março, o selo Capitol lançou o disco ao vivo *Band of Gypsys*, cujo rendimento iria para Ed Chalpin. Por esse motivo, limitaram o lançamento a apenas seis faixas, duas das quais compostas e cantadas por Buddy Miles. Mas "Who Knows", "Message of Love" (posteriormente "Message to Love") e, especialmente, a versão de 12 minutos e meio de "Machine Gun" eram o suficiente para revelar a drástica mudança de estilo de Jimi. Após invadir o gênero hard rock, até então dominado por brancos, agora ele estava sendo o pioneiro de um novo funk negro.

Apesar da sua má qualidade de som, o álbum ao vivo chegou à quinta posição das paradas nos EUA. No Reino Unido (onde o selo Track Records utilizou uma capa estranha, com bonecos representando Jimi, Brian Jones, Bob Dylan e o DJ John Peel), ele chegou à oitava posição. O selo Warner/Reprise tentou lucrar um pouco ao lançar versões de estúdio de "Stepping Stone" e "Izabella" em um *single* creditado a Hendrix Band of Gypsys, mas nenhuma das faixas chegou às paradas.

As resenhas foram positivas, porém cautelosas. Chris Welch, do *Melody Maker*, um dos primeiros a defender Jimi na Inglaterra, achou que a música era mansa "em comparação às loucuras de hoje", mas também disse que seu "senso de drama e *timing*" ainda era imbatível. Na *Rolling Stone*, Loraine Alterman especulou que seu "suposto envolvimento com negros militantes" explicava tanto a configuração racial uniforme do grupo quanto seu novo estilo de tocar sem acrobacias.

"É como se Hendrix não quisesse se exibir para os branquelos", ela escreveu. "Parece que ele está mais interessado em tocar a guitarra em vez de se esforçar para fazer truques na frente da plateia... No fim das contas, ele é um músico, não um contorcionista ou malabarista." Em nenhum artigo midiático constava a informação de que a Band of Gypsys já tinha encerrado suas atividades.

Enquanto isso, em Londres, Kathy Etchingham já tinha desistido de esperar que Jimi voltasse à sua antiga vida com ela. Morando na Brook Street, ela não teve dificuldade em encontrar outra pessoa; não outro músico de sua vasta lista de contatos, mas um designer de interiores chamado Ray, que ela começou a namorar após "herdá-lo" de sua amiga Angie Burdon. No começo dos anos 1970, após já ter absorvido mais da Swinging London do que precisava – aliás, o próprio *swing* da cidade já não era mais o mesmo –, Kathy decidiu se casar com Ray, deixar os clubes e as discotecas para trás e comprar uma casa no subúrbio.

Pouco tempo depois daquele desastre no Madison Square, a notícia do casamento, de alguma forma, chegou a Jimi em Nova York. Ele então ligou para ela e perguntou se a informação era verdadeira. Quando Kathy admitiu que sim, ele anunciou que iria a Londres no fim de semana seguinte e pediu que ela reservasse uma limusine para encontrá-lo no aeroporto.

Ela estava aguardando quando ele chegou em um voo matutino, sem uma comitiva e parecendo "simplesmente um caco". "Eu fiquei surpresa de vê-lo sozinho porque, até onde eu sabia, ele sempre viajava com alguém."

Na limusine até a cidade, ele segurou sua mão, "claramente arrasado" com a notícia de seu casamento e tentando se reconfortar com a hipótese de que era "algo do momento" e "nada sério". "Ele não percebeu que tínhamos nos afastado. Ele ainda nos via como um casal e... não acreditava que eu tinha seguido em frente."

Quando ele revisitou o apartamento com painéis de madeira no número 23 da Brook Street, o local trazia os sinais da presença de um outro homem e já estava sendo limpo para a mudança de Kathy para a arbórea

Chiswick. Muitas de suas posses e itens decorativos ainda estavam evidentes, os quais ela o incentivou a levar embora, se quisesse. Nesse momento, como ela recordou, seus olhos se encheram de lágrimas. "'Eu não quero nada do apartamento', ele me disse. 'Eu quero *você*.'"

Hospedado no Londonderry Hotel, em Knightsbridge, Jimi passou os dias seguintes tentando convencê-la a voltar a Nova York com ele, garantindo que havia se livrado dos bajuladores e que tudo seria diferente dali em diante. Como ela ainda se lembrava da cocaína e da pistola no Hotel Pierre, não foi difícil recusar o convite.

Felizmente, Stephen Stills e Graham Nash, do Crosby, Stills & Nash, estavam na cidade para gravar um disco. Uma *jam* com eles no Island Studios foi o suficiente para melhorar o humor de Jimi e ajudá-lo a aceitar a situação com Kathy, de modo que os dois puderam passar mais tempo juntos, como amigos. Eles saíram para fazer compras, como antigamente, e ele comprou um par de botas de couro de cobra para ela.

Ele levou algumas coisas do apartamento consigo, enquanto Kathy levou outras para seu novo sobrado em Chiswick. Mas não havia espaço para ela levar o armário cheio de desenhos e poemas de Jimi, então os deixou para a coleta de lixo.

A Jimi Hendrix Experience iniciou sua "Cry of Love Tour" – uma das primeiras turnês a receber o nome de uma canção ou álbum – no Los Angeles Forum, em 25 de abril de 1970. Ela duraria muito mais do que os 34 shows previstos nos EUA e teria o pior dos finais para Jimi. Ainda assim, ironicamente, ele começou a turnê na companhia de pessoas que realmente o amavam e queriam protegê-lo.

Em primeiro e mais importante lugar, a Experience agora incluía Billy Cox, que cuidava dele tão devotamente quanto em seu tempo na 101ª Aerotransportada. Apesar da demissão abrupta de Buddy Miles da Band of Gypsys, Miles e Jimi continuaram amigos, e a refeita Buddy Miles Express foi chamada como banda de abertura da turnê. Outra banda de abertura, a Ballin' Jack, trazia dois músicos de Seattle, o vocalista Luther Rabb e o baterista Ronnie Hammon, ambos conhecidos de Jimi, sobretudo Rabb, que esteve em sua primeira banda, a Velvetones. Quem também os acompanhou em diversos shows foi Colette Mimram, a costureira marroquina que havia mostrado seu país a Jimi um ano antes e, nesse ponto, já tinha se tornado mais que amiga. Colette fez novas roupas para ele usar na turnê, e eles compraram muitas outras enquanto viajavam.

Jimi queria que a turnê revelasse seu novo repertório com um toque de funk. No entanto, as plateias continuavam pedindo "Purple Haze" e "Voodoo Child", e logo ele estava tocando a "Same Old Shit" com o mesmo auxílio de suas costas e seus dentes. Para aliviar a frustração, ele tocava blues em sessões privadas com a Ballin' Jack, chamando-as de "Seattle Special".

Ele ainda conseguia se elevar a gloriosas novas alturas, quase sempre com versões *cover*. Seu *setlist* agora contava com "Johnny B. Goode", de Chuck Berry, na qual até a melodia complexa de "duas guitarras" que Berry fazia foi virada do avesso. E as *jams* continuavam a gerar seus melhores momentos, como na versão improvisada de sete minutos de "Blue Suede Shoes", de Carl Perkins, um pouco antes de um show, diante de um teatro completamente vazio.

No dia 2 de maio, em Madison, Wisconsin, Jimi subiu ao palco embriagado, mas sem chegar ao colapso causado pelo LSD no Madison Square Garden. Ainda profundamente envergonhado pelo que ocorreu naquela noite, ele andava se esforçando para reduzir o uso de drogas, embora Devon Wilson continuasse incentivando seu consumo implacavelmente. Ele pegou uma gripe – algo particularmente deplorável para se lidar em viagens – e estava começando a demonstrar seus primeiros sinais religiosos, tanto tempo depois de ter visto, com seu irmão Leon, os sermões de Little Richard. Jimi passou a mencionar Jesus no palco, com a Bíblia se tornando um item comum em seus hotéis ou camarins, sempre aberta em uma página específica.

Em 30 de maio, ele chegou a Berkeley, Califórnia, onde havia morado em sua infância com uma gentil mãe social chamada Sra. Champ até ser levado embora por um soldado aterrorizante, o pai que ele nem conhecia. Agora, o campus da universidade local estava em revolta contra a Guerra do Vietnã, apesar do recado de tolerância zero dado por seu governador, Ronald Reagan, à Guarda Nacional: "Se precisarmos de uma chacina, então que aconteça de uma vez". Em seu show no Community Center Theater, Jimi dedicou "Machine Gun" a "todos os soldados [ou seja, estudantes] lutando em Berkeley" e "Voodoo Child" aos Panteras Negras, que foram fundados na cidade de Oakland, próxima dali.

Naqueles dias, ele parecia ser considerado um aliado e patrocinador de todos os grupos radicais que existiam. Antes de se apresentar como atração principal do New York Pop Festival, em 17 de julho, os Yippies, os Young Lords, os Panteras Negras e sua versão caucasiana, os Panteras Brancas, todos exigiram que seu cachê fosse integralmente revertido a eles.

Sua última performance na cidade onde tinha quase passado fome e desistido de tentar foi prejudicada por problemas técnicos e algumas pessoas hostis na plateia. Sua despedida da Big Apple foi: "Vão se foder e boa noite".

Quando Jimi voltou a Seattle para tocar no estádio Sick's, em 26 de julho, o grupo familiar que o recebeu tinha uma ausência peculiar. Seu irmão Leon, já fora do exército, estava cumprindo pena na penitenciária de Monroe, no estado de Washington.

Como soldado, Leon tinha sido infinitamente mais propenso à encrenca que Jimi, punido com frequência por traficar maconha ou ser "uma influência prejudicial" (a hostilidade de seus superiores foi redobrada após verem a "profanação" do hino nacional realizada por seu irmão em Woodstock). Como Jimi, ele foi poupado do Vietnã: sua unidade recebeu ordens para partir, porém foram canceladas no último minuto.

Em 1969, Leon não obteve permissão para assistir ao show de Jimi em Seattle, então desertou e não voltou ao seu serviço, passando vários meses esquivando-se da polícia do exército e traficando drogas pela cidade. No fim, foi a polícia regular que prendeu Leon e o levou de volta ao exército, que instantaneamente o dispensou e depois o devolveu às autoridades civis para ser julgado.

Segundo as memórias de Leon, durante todo esse tempo, Jimi o apoiou, mas manteve a distância necessária. "Ele queria fazer um show na penitenciária Monroe, como Johnny Cash tinha feito na Folsom Prison, mas Mike Jeffery não permitiu." Em vez disso, Jimi tentou guiar Leon e outros detentos a caminhos mais nobres do que fumar maconha contrabandeada e preparar álcool ilegal dentro da penitenciária. Ele enviou mil dólares a eles para que iniciassem um clube de cinema.

Não importava o que o "ousado" Leon fizesse, Al Hendrix nunca conseguia ficar muito bravo com ele. Porém, mesmo com seu status de estrela internacional, Jimi ainda tinha dificuldade em chamar a atenção do pai – e quanto mais ele tentava, menos impressionado Al parecia. "Quando Jimi comprou uma nova casa para o nosso pai, ele reclamou que sua caminhonete não cabia na garagem", Leon lembrou. "Então Jimi comprou outra casa para ele."

Jimi já havia desistido de tentar contar a Al tudo que acontecia com ele do outro lado do Atlântico e sobre quantos nomes famosos do pop eram seus fãs. Leon se lembrou de uma de suas viagens a Seattle, quando os três conversavam com a madrasta June, e o melhor que Al conseguiu dizer foi: "Então, como é o clima em Londres?".

"Jimi respondeu: 'É chuvoso... igual aqui. É por isso que eu gosto de lá'."

Para o show no estádio Sick's, Jimi fez seu maior gesto de apoio aos Panteras Negras até então, pedindo que fossem responsáveis pela segurança do local. A divisão dos Panteras em Seattle tinha se tornado particularmente forte e era uma das três que recebiam atenção especial do FBI, sob ordem pessoal do presidente Nixon. No ano anterior, o líder dos Panteras em Chicago, Fred Hampton, tinha sido assassinado, e houve um tiroteio de oito horas ao redor das instalações da divisão de Los Angeles. Um ataque similar contra os Panteras de Seattle estava sendo planejado, mas o jovem prefeito democrata da cidade, Wes Uhlman, se recusou a fornecer o apoio da polícia.

O pequeno e discreto grupo dos Panteras no estádio Sick's foi liderado por Aaron Dixon, um antigo colega de escola de Leon Hendrix que, aos 11 anos, tinha protestado junto ao Dr. Martin Luther King. Apesar de suas atividades estarem principalmente focadas em fornecer atendimento médico e remédios gratuitos, Dixon estava na lista pessoal do presidente de seus 100 maiores inimigos, estando, assim como Jimi, sob constante vigilância. Ele disse que "não há qualquer dúvida a respeito disso" ao se referir à possibilidade de o estádio estar cheio de agentes do FBI disfarçados.

Fiel à sua reputação, Seattle ajudou a prevenir qualquer problema ao jogar chuva sobre seu povo. No início da noite, a pior parte já havia passado, mas o palco cercado de lama continuava sendo um ambiente perigoso para pilhas de Marshalls. Jimi insistiu em se apresentar e, para começar, fez o melhor possível para animar aquele mar de guarda-chuvas, capas de chuva e ponchos diante dele. "Vocês não parecem muito felizes, vocês não soam felizes", disse, "mas vamos ver se conseguimos pintar alguns rostos aqui."

Infelizmente, ele tinha tomado uísque antes da apresentação (como costumava fazer com seu pai para mostrar que era homem "de verdade") e sofreu seu habitual efeito ruim. Jimi ficou com raiva quando alguém jogou um travesseiro no palco, com a intenção de que fosse autografado – ele achou que a pessoa que o arremessou estava insinuando que já tinha dormido com ele –, e seu humor não se recuperou. Em um ponto do show, ele mostrou o dedo médio para uma plateia que incluía sua própria família. Em outro momento, simplesmente saiu do palco. Jimi retornou para terminar o show, mas se recusou a fazer um bis.

A intenção da noite era que ele provasse seu valor, de uma vez por todas, para aquela criatura tão difícil de agradar – uma plateia em sua cidade natal – e deixar seu pai "duplamente orgulhoso". Aos seus próprios olhos, ele fracassou miseravelmente em sua missão, pois Al ainda não compreendia sua música. Quando retornaram à segunda (e cara) casa que Jimi comprou para ele, tiveram uma briga, como sempre, agravada pelo uísque Seagram's Seven.

Para as pessoas que passaram tempo com Jimi nessa visita, posteriormente pareceria que ela estava repleta de despedidas quase intencionais. Por exemplo, ele teve a ideia repentina de ligar para Betty-Jean Morgan, sua primeira namorada séria, apesar de não tê-la visto ou feito contato desde que ele saiu do exército. Betty-Jean tinha se casado e se divorciado, vivendo atualmente em Seattle com seus pais. Como ela não guardava mágoas de seu término abrupto em 1961, os dois tiveram uma conversa agradável sobre como ele tinha usado seu nome para sua primeira guitarra e como costumava pegar as blusas dela para tocar com os Rocking Kings.

Depois, uma jovem tímida se aproximou dele para pedir um autógrafo. Era niguém menos que sua irmã Pamela, uma das quatro crianças com problemas físicos que sua mãe, Lucille, deu à luz e foram levadas pela assistência social.

Jimi não via Pamela há cerca de 17 anos e lhe deu o mais caloroso dos abraços. Ficou muito feliz por ter tido aquela conexão com pelo menos um de seus outros irmãos desafortunados. Os outros eram Joe, Kathy e Al Junior.

Em seguida à festa pós-show da família, apesar do horário tardio, ele insistiu em visitar todos os lugares de Seattle que tinham significado para ele, apesar de poucos trazerem memórias felizes: a James A. Garfield High School; a casa de Betty-Jean; as ruas onde viveu com Al e Leon, sempre fugindo das autoridades de assistência social da cidade; e até o centro de detenção onde ficou preso por "passear em um carro roubado".

A parada mais emocional foi no Harborview Hospital, onde ele tinha nascido e visto sua mãe pela última vez, em uma cadeira de rodas – nas palavras de Leon, "branca e reluzente, como se estivesse flutuando". Após perder o enterro de Lucille devido à embriaguez de Al, ele nunca tinha visitado seu túmulo, então decidiu que deveria fazer isso agora, embora só se lembrasse de que ficava localizado na área semirrural de Renton Highlands. Ele procurou pelo local até o sol raiar, porém foi em vão.

Quando seu pai se despediu dele no aeroporto de Seattle – a última vez em que estariam juntos –, como de costume, não houve uma demonstração de afeto físico, apenas uma brusca interdição paterna: "Não se meta em encrenca". No entanto, quando estava no meio da rampa para embarcar em seu voo para o Havaí, Jimi parou de repente, voltou e encarou o rosto de Al. Ele fez a mesma coisa duas vezes, antes de avisarem que precisava embarcar imediatamente.

O único show agendado da nova Jimi Hendrix Experience nas ilhas havaianas era na Honolulu International Arena, em 1º de agosto. Mas Mike Jeffery já tinha outros planos.

Como alguém que recentemente havia pego gosto pelo LSD, Jeffery se viu atraído pela ilha de Maui, um local com uma próspera comunidade de hippies e surfistas da América continental que ainda não tinha sido explorado comercialmente. Jeffery planejava construir um estúdio de gravação lá, alojado em cúpulas geodésicas projetadas pelo arquiteto/místico Buckminster Fuller, o que transformaria o local em uma espécie de Woodstock com colares de flores e saias de grama.

Isso levou a um desejo de se envolver com a produção de filmes, área em que seu colega empresário Robert Stigwood estava tendo notável êxito. O sucesso de bilheteria do ano anterior tinha sido *Sem Destino*, de Dennis Hopper, uma mistura de sensibilidade hippie com hard rock, cuja produção tinha custado quase nada – não à toa, Hollywood estava ansiosa por mais contos similares da contracultura. Com base na força do nome de Jimi, Jeffery conseguiu um adiantamento de 450 mil dólares do selo Warner/Reprise e contratou um diretor chamado Chuck Wein, que já havia trabalhado com Andy Warhol, para criar uma máquina de dinheiro similar em Maui.

Inicialmente, Jimi não teve qualquer envolvimento com o filme – que se chamaria *Rainbow Bridge* –, mas tornou-se amigo de Chuck Wein, uma figura hippie completamente versada em todos os assuntos cerebrais que Jimi nunca conseguiu explorar com outros músicos. Wein lhe emprestou textos hippies fundamentais, como *O Livro Tibetano dos Mortos*, e eles ficavam muitas horas discutindo sonhos, ocultismo, viagens interplanetárias e óvnis, que Jimi alegava já ter visto, inclusive em Woodstock.

Essa imersão intensa na contracultura o fez perceber, pela primeira vez, o quanto ele tinha involuntariamente contribuído para ela. Por intermédio de Wein, Jimi conheceu uma mulher chamada apenas de Terrain, que carregava consigo um caderno com as canções dele, dizendo que ela decodificava "a estrutura molecular" de cada uma. Terrain criava "roupas" para cavalos, e, juntos, ela e Jimi compraram um puro-sangue inglês que chamaram de Axis Bold As Love – e que não poderia ser cavalgado por ninguém. O cavalo tinha "uma névoa púrpura como um terceiro olho" e, supostamente, respondia a cores em vez de sons.

A filmagem de *Rainbow Bridge* foi conduzida de acordo com as regras hippies – ou seja, nenhuma – e logo atrasou, com pouco material para justificar o investimento da gravadora Warner/Reprise. Para revigorá-lo, Jeffery pressionou Jimi a filmar uma performance ao ar livre com a Experience em Maui, dois dias antes do show em Honolulu.

Anunciado como "The Rainbow Bridge Vibratory Color/Sound Experience", a apresentação ocorreu perante uma plateia de 500 convidados, perto da cratera do vulcão Olowalu, 600 metros acima do nível do mar. O evento, planejado por Terrain, separou a plateia de acordo com seus signos astrológicos e começou com um longo canto de "Om" por um grupo de Hare Krishnas.

Vestindo uma "camisa medicinal" dos indígenas Hori, nas cores preta e turquesa com listras, Jimi tocou um *set* de dez músicas para uma plateia que, de modo geral, estava chapada demais para aplaudir ou ter qualquer reação. Então, se retirou para uma tenda sagrada Hopi, onde passou 45 minutos bebendo cerveja, fumando maconha e tocando, depois retornou para outro *set*. Esse segundo segmento pareceu ter um resultado melhor, auxiliado pela participação surpresa de um cachorro afetado por LSD que subiu ao palco e mordeu sua perna.

Ele também teve um papel com falas em *Rainbow Bridge*, como um dos exemplos em várias funções criativas – música, arte, surfe e yoga – que a personagem principal do filme, interpretada pela modelo Pat Hartley, encontrava em sua "jornada" ao estilo *Sem Destino*. Para tal, Jimi insistiu em ser filmado sem sua guitarra. Porém, toda vez que ficava sem ela, ansiosamente começava a procurar pelo instrumento.

Na ocasião, ele também ficou amigo da cenógrafa Melinda Merryweather e de seu namorado, o campeão de surfe Mike Hynson, que também aparecia no filme. Devon Wilson não tinha ido a Maui com Jimi, o que significava não haver heroína, e ele resistiu a todas as sugestões para mandar buscá-la. Certa noite, Melinda conseguiu que ele desabafasse sobre aquela codependência infinitamente estranha, na qual, em sua opinião, Devon parecia ser "a viúva negra" e Jimi "o néctar".

Ele gostou tanto de se abrir com Melinda que, em seu apartamento alugado, criou uma composição de 23 minutos chamada "Scorpio Woman", depois a gravou numa fita caseira e lhe deu. "Eu o amava", ela recordou. "Não tinha como *não* amá-lo."

A maior parte das filmagens foi realizada em um internato particular para garotas chamado Seabury Hall, cujas alunas estavam de férias. As conversas de Jimi com Hartley e Chuck Wein iam muito além do que o filme pedia, contrastando com aquele odor típico de escola que nem o fedor da maconha conseguia disfarçar.

Em uma série de monólogos progressivamente relaxados e expansivos, ele alegou ter vindo de "um asteroide da costa de Marte" e descreveu alguns dos sonhos vívidos que sempre tinha, agora chamados de "viagem astral". Em um deles, ele se encontrava em combate no Vietnã, cuidando de um soldado vietcongue ferido; em outro, teve um encontro sexual com a rainha Cleópatra, do Egito, que tentou apresentá-lo a alguns fetiches, então, depois, ele "se afogou no vinho". Todos os presentes viriam a relembrar esse último detalhe com calafrios.

Havia outros instantes em que ele parecia não apenas estar ciente do destino que se aproximava, mas se reconciliar com ele. No verdadeiro estilo hippie, cada dia de filmagem focava no membro do elenco que consideravam estar irradiando mais energia. Em uma manhã, o diretor de arte Steve Roby disse a Jimi que era sua vez e perguntou o que gostaria de filmar. "Vou morrer e ir embora daqui", foi sua resposta. Em outra ocasião, Roby ofereceu ajuda com a decoração do Electric Lady Studios, mas outros compromissos com o trabalho só permitiriam agenda para setembro. "Jimi falou: 'Não estarei aqui'", ele recordou. "Ele não disse 'Não estarei lá', mas 'Não estarei aqui'."

Uma pergunta casual de Wein sobre quando ele planejava voltar a Seattle resultou no caso mais arrepiante de sexto sentido. Jimi respondeu: "Na próxima vez em que eu for a Seattle, estarei em um caixão".

Ele gostou tanto de Maui que, após o show em Honolulu, quando a equipe técnica foi enviada aos EUA, ele voltou à ilha para acompanhar o encerramento dos trabalhos de *Rainbow Bridge*, ocupando inclusive uma sala na escola Seabury Hall, que ele chamava de "*The Cosmic Sandbox*" ["A Caixa de Areia Cósmica"].

Às convocações cada vez mais impacientes de Mike Jeffery, Jimi respondeu que tinha machucado seu pé em "um acidente praticando surfe" e que estava incapacitado de viajar. Na verdade, ele havia sofrido um leve corte ao bater seu pé num coral, mas a equipe do filme fez com que o ferimento parecesse muito pior, enfaixando-o dramaticamente. Para acrescentar verossimilhança, Jimi passou a mancar, apoiando-se num pedaço de madeira encontrado na praia, como um Long John Silver psicodélico.

Durante os dias maravilhosos e fora da programação que passou em Maui, antes que a máquina inexorável do fim da sua vida entrasse em ação, Jimi escreveu para seu pai, desculpando-se pela briga que tiveram. Começando com "Pai, meu amor...", ele admitiu que precisou beber muito antes de encontrar a coragem para colocar a caneta no papel e implorou a Al, que raramente tinha mais paciência do que a necessária para olhar a página de esportes do jornal, que lesse todas as palavras daquela "instantânea, porém eterna, carta de deslumbramento".

Divagante e repleta de baboseiras hippies, absorvidas de seus amigos do cinema, ainda assim é um verdadeiro "*cry of love*", cheio de respeito por Al e pesar por sua própria indignidade incurável. "Eu sou ralé, você sabe... Você é o que eu alegremente aceito como um anjo, um presente de Deus..."

A parte mais comovente é o seu apelo, mesmo tão próximo do fim, para que conversassem sobre o assunto que o assombrava desde seus 15 anos, mas que sempre permaneceu um livro culposamente fechado para Al.

Algum dia, ele imagina, quem sabe terá a permissão para fazer "perguntas de grande importância e experiência... sobre o passado e o estilo de vida ocultado da mãe que me carregou – a Sra. Lucille".

17

“EI, CARA, ME EMPRESTE SEU PENTE”

O Havaí deveria ter sido a última parada da “Cry of Love Tour”, dando a Jimi um tempo para relaxar antes de voltar ao Electric Lady Studios, como ele tanto desejava. No entanto, a 11 mil km dali, em outra ilha – com formato de diamante, na costa ao sul da Inglaterra –, Ronnie e Ray Foulk tinham outras ideias.

Os irmãos nascidos em Derbyshire se mudaram com a mãe viúva para a Ilha de Wight durante os anos 1950, quando era um lugar tranquilo, vivendo de seu passado como o refúgio de férias favorito da rainha Vitória. Naqueles dias, o único “rock” que fornecia era a rigidez dos tradicionais doces cor-de-rosa com a frase “A PRESENT FROM THE IOW” [“Um presente da Ilha de Wight”] em letras à prova de lambidas que permeavam o açúcar. Com a chegada dos anos 1960, os Foulks criariam *souvenirs* ainda mais duradouros do seu lar adotivo.

A dupla organizou o primeiro Isle of Wight Pop Festival em 1968, sem qualquer experiência anterior (Ronnie, de 24 anos, era um corretor de imóveis; Ray, aos 23, um aprendiz de impressor). Em comparação com o que estava por vir, a primeira edição do festival foi modesta, trazendo artistas como Jefferson Airplane, The Move e Fairport Convention, e transcorreu tão pacificamente que o resto da ilha nem percebeu. “Nosso irmão caçula, Bill [que estudava cinema na época], nos disse que deveríamos chamar o Jimi Hendrix”, Ronnie Foulk recordou. “Tentamos, mas ele não estava disponível.”

Para a sua segunda edição, no verão seguinte, os irmãos Foulk conseguiram a façanha surpreendente de trazer Bob Dylan à Ilha de Wight – na mesma época em que Jimi sonhava encontrá-lo em Woodstock –, utilizando a isca de que seu poeta favorito, Alfred Lord Tennyson, já tinha morado na ilha, perto da Freshwater Bay.

O problema do terceiro festival (que também seria o último) em agosto de 1970 era encontrar um artista principal capaz de trazer a mesma plateia de 150 mil pessoas que Bob Dylan tinha atraído para atravessar os dez quilômetros de água de Hampshire até lá. Com os Beatles à beira da separação e os Rolling Stones prestes a se exilarem na França devido a dívidas tributárias, Jimi era a primeira escolha óbvia, embora sua popularidade britânica tivesse caído um pouco durante seus longos períodos nos EUA.

"A ideia original era que todo o festival fosse produzido em torno de Jimi, como a edição de 1969 foi feita em torno de Bob Dylan", disse Ronnie Foulk. "Isso o levaria de volta aos holofotes da mesma forma que aconteceu com Dylan."

Dessa vez, com Jimi disponível, as negociações iniciaram-se entre Ronnie e Dick Katz, da agência Harold Davison, com ajuda extraoficial de Chas Chandler (agora em um ótimo momento com sua recente descoberta, Slade). Como o cachê de dez mil libras foi considerado insuficiente para levar Jimi ao outro lado do Atlântico – e como nenhum outro show no Reino Unido estava planejado –, uma nova série de apresentações foi marcada na Suécia, Dinamarca, Alemanha Ocidental, Holanda, Áustria e França. "Ainda fico assombrado com a ideia de que, se tivéssemos mantido meu plano original, talvez Jimi ainda estivesse conosco", Ronnie Foulk comentou. Nos dias seguintes, outras pessoas também diriam "se" com o mesmo arrependimento.

Acreditando que o negócio estava fechado, Foulk foi subitamente chamado a Londres para uma reunião com Mike Jeffery. "Eu estava um pouco apreensivo, pois Jeffery tinha uma reputação terrível. Mas ele só queria saber se Jimi receberia mais que os outros artistas. Nenhum outro aspecto do festival parecia interessá-lo."

Como sempre, o plano foi apresentado a Jimi como fato consumado. E como sempre, ele não reclamou, apesar de sua exaustão, seu mal-estar físico e seu desejo de voltar a trabalhar no Electric Lady Studios.

Os dois anos de construção do primeiro estúdio customizado da história não foram fáceis. Entre os muitos problemas encontrados por seu arquiteto, John Storyk, estava o fato de que o porão da 8th Street ficava diretamente acima de um rio subterrâneo, o Minetta Creek, cujo lençol freático instável exigia um sistema de bombeamento que funcionasse 24 horas por dia, tornando necessário um isolamento acústico completo para que o trabalho no estúdio não fosse perturbado.

Quando os crescentes custos utilizaram todo o investimento conjunto de Jimi e Mike Jeffery, uma quantia de 30 mil dólares teve de ser emprestada do selo Warner/Reprise. Já foi alegado que uma outra contribuição indeterminada teria sido feita pelos contatos de Jeffery na Máfia, algo que é impossível de provar, mas dificilmente implausível, dadas as incursões da Máfia na cultura do rock daquela época, com clubes em Manhattan como o Salvation 2.

Boa parte das despesas do Electric Lady decorreu do desejo de Jimi de que o estúdio superasse seu antigo local de gravação, o Record Plant, em termos de conforto para o músico. Com seu amor por decoração de interiores que tão raramente tinha uma oportunidade de ser expresso, ele mesmo aprovou suas paredes e sua mobília em tons pastéis suaves, além de seu carpete felpudo. Também exigiu que o console de gravação tivesse um tom de névoa púrpura e selecionou as várias obras de arte que ficariam expostas nas paredes, incluindo uma versão ampliada da capa de *Axis: Bold as Love* e um mural de Lance Jost, que fazia o *lobby* parecer a ponte de comando de uma nave espacial. Jimi estava igualmente interessado pelo aspecto técnico, passando horas ao telefone com Les Paul, o líder de sua profissão e decano das gravações de guitarra em múltiplas faixas, falando sobre o posicionamento de microfones.

Ele já tinha levado Mitch Mitchell e Billy Cox ao Electric Lady muito antes de sua inauguração oficial, trabalhando no estúdio A, já pronto, enquanto ainda terminavam o estúdio B. Apesar de seu objetivo imediato ser um quarto disco de estúdio da Jimi Hendrix Experience, com o título provisório de *First Rays of the New Rising Sun*, eles já tinham gravado faixas suficientes para cerca de quatro álbuns, como "Freedom", "Drifting", "Night Bird Flying", "Straight Ahead" e "Astro Man".

A partir de agora, não havia ninguém o observando com um cronômetro na mão ou insistindo que algo estava concluído quando ele achava que não. Foi assim que Jimi teve autonomia para gravar 19 *takes* de "Dolly Dagger", uma memória desagradável da época que Devon Wilson brevemente o trocou por Mick Jagger e não poupou esforços para servir à realeza do rock. Um dia, Jagger tinha cortado a mão, e, em vez de pegar um band-aid para ele, Devon lambeu seu sangue. Logo, a personagem Dolly Dagger era uma bruxa suprema que "*drinks the blood from the jagged edge... Her tongue can even scratch the soul out of the devil's wife*" ["bebe o sangue da lâmina dentada... Sua língua consegue até arrancar a alma da esposa do diabo"].

Agora que Mick estava em outra, como ele sempre fazia em questão de minutos, Devon havia voltado ao comando de Jimi, função que sempre exigia uma certa tolerância com suas outras parceiras. Isso foi comprovado mais uma vez quando ele anunciou que, quando passasse por Londres a caminho do Isle of Wight Festival, queria se encontrar com Linda Keith.

Desde que Linda o descobriu em 1966, ele nunca tinha deixado totalmente de vê-la, num relacionamento no qual a amizade platônica do princípio abriu caminho para explosões ocultas de paixão que nunca foram muito longe. Mas algo tinha ficado com Jimi: em janeiro de 1970, pouco tempo após seu último "pequeno interlúdio romântico", ele compôs uma canção chamada "Send My Love to Linda", cuja letra combinava um anseio com uma terrível profecia: "*She made the sun shine in my eye/ God, let me hold her once more before I die*" ["Ela fez o sol brilhar nos meus olhos/ Deus, me deixe abraçá-la mais uma vez antes de eu morrer"].

Em agosto de 1970, Linda tinha acabado de iniciar seu noivado com o advogado Lawrence Kershen e estava com ele quando recebeu uma ligação de Nova York. "Era Devon", ela recordou, "dizendo que Jimi queria falar comigo". Eles fizeram planos para se encontrar no mais recente clube da moda em Londres, o Tramp, logo antes de ele se apresentar no Isle of Wight Festival.

Para seus amigos de verdade, como os gêmeos Aleem e Juma Sultan, parecia estranho que Jimi iria desaparecer mais uma vez para o outro lado do oceano, especialmente agora que estava tão imerso nas suas gravações no Electric Lady, passando quatro ou cinco dias por semana lá, enquanto gravava seu próprio material e auxiliava outros artistas. "Faziam ele se sentir como se sempre estivesse devendo algo", Juma lembrou. "Então ele sempre tinha de ficar na ativa."

Os Aleems ficaram particularmente tristes porque Jimi havia proposto a eles começar uma editora juntos. "Ele contou que estava indo a um lugar chamado Ilha de Wight", TaharQa Aleem recordou. "Mas disse: 'Depois que eu voltar, encontro vocês em outra ilha, no sul do Pacífico'. Nós perguntamos: 'Qual o nome dela?'. 'Pago Pago', Jimi respondeu e nos deu um sorriso enorme."

A festa de inauguração do Electric Lady foi realizada em 26 de agosto e contou com celebridades entre seus convidados, como Yoko Ono, Mick Fleetwood e Johnny Rivers. Entre os VIPs menos famosos estava a futura estrela do punk chamada Patti Smith, que ainda não era a iconoclasta destemida que se tornaria. Tímida demais para se unir aos outros VIPs, ela ficou surpresa ao encontrar Jimi sentado sozinho na escadaria. Ele disse a ela que também se sentia assim em festas.

No dia seguinte, após passar a noite trabalhando numa faixa chamada "Slow Blues", ele partiu para Londres e nunca mais veria seu amado Electric Lady Studios.

Ele tinha convidado sua costureira e amiga marroquina Colette Mimram para ir com ele. Porém, ela ainda não havia renovado seu visto de residente nos EUA, o precioso Green Card, então temia que não permitissem seu retorno ao país.

Desde então, Colette passou a viver com mais um arrependido "se". "Eu sempre penso que, se eu tivesse ido com ele, o que aconteceu talvez não tivesse acontecido."

O Isle of Wight Festival traria a primeira apresentação ao vivo de Jimi na Inglaterra em 18 meses. A imprensa musical britânica obviamente correu em massa ao Londonderry Hotel, onde ele ocupava a luxuosa Park Suite.

Nenhum dos entrevistadores percebeu algo de errado com ele. Pelo contrário, Jimi parecia estar animado, cheio de confiança criativa e, como Roy Hollingworth, do *Melody Maker,* descreveu: "No sexto mês de gestação de diversas ideias".

"Eu queria uma grande banda", ele disse a Hollingworth. "Não digo três harpas e 14 violinos. Digo uma banda cheia de músicos competentes que eu possa conduzir e para os quais possa compor. E com a música vamos pintar telas da Terra e do espaço para que o ouvinte possa ser levado a outro lugar."

Jimi acrescentou: "Eu gosto de Strauss e Wagner – esses caras são bons e acho que vão formar a base das minhas novas músicas. Flutuando no céu acima de nós, estará o blues – eu ainda tenho bastante blues – e haverá um céu ocidental e um pouco de música para ópio – mas você vai ter de trazer seu próprio ópio".

No status de menos importante, o último na fila para falar com Jimi era Stephen Clackson, um jovem freelancer que tinha sido contratado para escrever um breve artigo de fofoca para a revista alemã *M.* Todos os figurões da imprensa tinham conduzido suas entrevistas sob os olhos atentos de um guarda-costas do escritório de Les Perrin. No entanto, quando finalmente chegou a vez de Clackson, o vigilante se afastou para encontrar uma namorada e deixou o jornalista a sós com Jimi.

Clackson gravou em áudio cerca de 20 minutos do "material mundano de fanzine" que seus editores alemães pediram. Quando ele terminou,

Jimi não teve pressa de se livrar de sua presença. Após o gravador ser desligado e um fotógrafo tirar uma foto deles juntos e partir, os dois iniciaram uma conversa que durou várias horas.

Na fita, Jimi expressou seu desejo de "ter alguém que escute tudo que tenho a dizer", o que justamente estava fazendo ali ao contar a Clackson que "ele não reconhecia aquele personagem descrito nos artigos, não sabia onde aquilo tudo estava indo, não confiava nas intenções das pessoas ao seu redor, nem em seu próprio pai, que [...] tinha comprado, ou queria comprar, uma casa no Havaí com o seu dinheiro, enquanto [Jimi] estava longe, tentando organizar seus pensamentos".

Surpreendentemente, Clackson lembrou: "Ele não podia fazer nada, não tinha para onde ir". O horário do jantar se aproximava e "só tínhamos comido amendoins salgados e bebido três ou quatro garrafas de [vinho] Blue Nun que pedimos pelo serviço de quarto. Sem drogas, baseados ou *groupies*, ele não parecia um selvagem do rock".

O jornalista o encontrou em um estado de espírito inusitadamente aberto e reflexivo. No entanto, graças ao alto nível permanente de narcóticos em seu sistema, suas mudanças de humor estavam se tornando cada vez mais repentinas e extremas.

Kathy Etchingham não tinha percebido que ele estava de volta a Londres até receber pela manhã um telefonema agitado de Angie Burdon, a ex-esposa de Eric. Angie estava no Londonderry, onde, disse misteriosamente, Jimi tinha "enlouquecido".

Ao chegar na Park Suite, Kathy viu a sala de estar, na qual ele tinha conversado de modo tão ponderado com Stephen Clackson, totalmente destruída. Angie e uma outra jovem estavam sentadas lá, de roupa íntima, claramente traumatizadas. Angie explicou que elas tinham encontrado Jimi no Speakeasy na noite anterior e concordaram em acompanhá-lo de volta ao hotel para um *ménage à trois*. Porém, quando acordaram na manhã seguinte, ele tinha "pirado", batendo suas cabeças uma na outra e se trancando no quarto, recusando-se a entregar suas roupas.

No quarto, ela encontrou todas as janelas fechadas, um aquecedor funcionando na potência máxima e Jimi deitado na cama, tremendo incontrolavelmente. Kathy mais tarde comentou sobre sua aparência "magra e cinzenta, como se ele estivesse sofrendo com sintomas de abstinência", além de parecer totalmente diferente "do Jimi que eu havia conhecido e me apaixonado quatro anos antes. Todo o carinho e a gentileza tinham desaparecido. As drogas e o estresse o deixaram irreconhecível". Uma garrafa vazia de Jack Daniel's agiu como prova adicional do vandalismo ocorrido na suíte.

Após o status de "pirado" se dissipar, ele cumprimentou Kathy normalmente, concordou em deixá-la devolver as roupas às mulheres e pediu que se livrasse das duas. Kathy colocou uma toalha molhada sobre sua testa febril e o deixou dormir, mais uma vez grata por ter deixado aquela vida para trás.

Quando o Londonderry descobriu os danos causados, Jimi foi forçado a sair de lá. Ele então hospedou-se no mais simplório Cumberland, perto do Marble Arch, um local popular para músicos de rock, que supostamente fornecia "todo tipo de prostituta".

Nenhum efeito colateral da confusão estava visível quando ele foi ao Tramp para seu encontro marcado com Linda Keith. Dessa vez não houve romantismo, pois Linda foi acompanhada de seu noivo, Lawrence, e Jimi chegou com sua namorada mais recente, uma modelo e atriz dinamarquesa de 24 anos chamada Kirsten Nefer.

De qualquer forma, ele não ocultou o lugar especial que Linda ocupava em seu coração, relembrando-a de como eles tinham jurado ser "irmãos de sangue" em um ritual que literalmente envolveu sangue. Ele também lhe deu uma de suas guitarras e, em mais um momento assustador de profecia, contou que tinha feito um testamento, no qual ela era mencionada. "Ele me disse que estava deixando suas posses para Kathy Etchingham, seus *royalties* para Fayne Pridgon e os direitos de suas músicas para mim."

No dia seguinte, Linda pegou a estrada com Lawrence, indo para o sul da França. Ela não poderia imaginar que notícia a aguardaria ao chegar a St. Tropez.

O "festival de Bob Dylan" na Ilha de Wight em 1969 foi realizado na costa ao norte do local, perto da vila de Wootton, consideravelmente grande, o que rendeu diversos protestos por conta do barulho e do suposto uso de drogas e imoralidade. Portanto, em 1970, os irmãos Foulk escolheram um local menos populoso, West Wight, onde rochedos viram penhascos tão claros e brancos quanto os mais famosos em Dover.

Em vez do "festival de Jimi Hendrix" que tinham originalmente planejado, os Foulks criaram uma programação do tamanho de Woodstock, cheia de talentos anglo-americanos para um evento de cinco dias. A outra atração principal (também recebendo o cachê de dez mil libras) seria o Doors, com o antigo rival de Jimi na categoria exageros no palco, Jim Morrison. Também haveria apresentações do Who, Joni Mitchell, Chicago, Joan Baez, Mungo Jerry, Emerson, Lake & Palmer, Moody Blues, John Sebastian, Leonard Cohen, Jethro Tull, Donovan, Kris Kristofferson, Supertramp, Hawkwind e vários outros artistas menos famosos. A rede dos irmãos conseguiu contratar inclusive Miles Davis, em sua nova encarnação de funk-rock.

Ronnie e Ray esperavam uma melhoria em relação à quantidade de público do ano anterior, mas nunca imaginaram que tantas pessoas atravessariam o estreito de Solent para acampar em Afton Down. Era como se todos os hippies do mundo reconhecessem aquele evento como a derradeira celebração da paz e do amor, da maconha sem culpa, de fazer amor sem proteção em barracas no meio da lama e de se divertir com espuma, determinados a extrair até a última gota de alegria disso.

Eles eram tantos que logo se tornou impossível contá-los, já que as colinas cobertas de grama em frente ao palco permitiam que milhares assistissem aos shows sem adquirir ingresso. A estimativa mais próxima é de

400 mil pessoas, chegando bem perto de Woodstock. Mas, ao contrário do festival americano, o clima deliciosamente ensolarado persistiu durante todos os dias, embora com a mesma total ausência de crimes ou violência.

Alguns anos antes, uma parede no norte de Londres declarava "CLAPTON IS GOD". Agora, em Afton Down, uma cerca de ferro ondulada – que acabaria caindo, pois os Foulks desistiram e declararam que o festival seria gratuito – trazia as palavras "HENDRIX FOR POPE" ["HENDRIX PARA PAPA"].

A performance de Jimi no Isle of Wight Festival se tornou lendária, mas seu aspecto mais extraordinário foi ter transcorrido sem qualquer problema. Ele chegou ao local do festival em 30 de agosto, com a nova Experience e sua pequena comitiva, no horário certo e aparentemente em pleno controle de suas faculdades mentais. Sua única exigência foi que sua namorada dinamarquesa, Kirsten Nefer, que chegaria em outro momento, tivesse permissão para assistir ao show do palco. Os Foulks e sua equipe de produção ficaram surpresos que Mike Jeffery não se deu ao trabalho de aparecer por lá.

Jimi esperava encontrar Miles Davis outra vez, mas Davis – que mais parecia um *rock star* em vez de um músico de jazz – havia se apresentado no dia anterior e partido. Ainda assim, houve um reencontro agradável com Richie Havens, o primeiro a levar Jimi ao Greenwich Village. Os dois foram vistos conversando, com Jimi reclamando dos problemas que andava tendo com seu empresário; Havens, por sua vez, recomendou seu próprio advogado para dar um jeito na situação.

Os visitantes no trailer camarim de Jimi incluíam a mãe de Noel Redding, Margaret, que o recebeu em sua casa no primeiro Natal que ele passou na Inglaterra. Apesar da demissão categórica de seu filho na Experience, Margaret tinha viajado de Kent para assistir ao show. "Jimi se levantou e me deu um beijão", ela recordou. "Ele era um homem muito agradável, tão querido."

Com tantos artistas e egos conflitantes, o cronograma do festival inevitavelmente atrasou, levando a Jimi Hendrix Experience a se apresentar só nas primeiras horas do domingo, 31 de agosto. Em meio ao significativo atraso antes do show, surgiu um boato na plateia de que Jimi estava em um jardim perto dali, "alucinando".

Na verdade, o que estava ocorrendo era uma cena absolutamente doméstica em seu trailer. Como as mangas largas da sua túnica "borboleta" encostavam nas cordas da guitarra, Margaret Redding e o mestre de cerimônias do festival, Jeff Dexter (que já tinha sido alfaiate), estavam ocupados com agulhas e fios, tentando deixá-las menores.

Quando ele finalmente subiu a rampa para o palco, Jim Morrison estava sentado na área de descanso dos artistas nas proximidades. O "político erótico" do Doors – recentemente o primeiro artista a ser acusado de atentado ao pudor – morreria dentro de 11 meses. "Ei, isto é lindo", ele gritou para Jimi. "É como um padre indo ao altar."

Uma jovem jornalista francesa apareceu subitamente e perguntou: "De onde você tira sua inspiração?".

"Das pessoas", Jimi respondeu.

Sob as luzes, enquanto incontáveis milhares de pessoas esperavam ansiosas, houve um momento de aparente confusão. Jeff Dexter perguntou a Jimi como ele deveria ser anunciado e foi informado: "The Wild Blue Angels".

Ele teve de pedir a Gerry Stickells para lhe conseguir uma palheta, depois disse ter esquecido como tocar "God Save the Queen", que decidiu executar ao mesmo estilo cheio de distorção de "The Star-Spangled Banner". Os britânicos, no entanto, não têm o mesmo apreço pelo seu hino nacional, como evidenciado naquela época pela pressa que tinham de sair do cinema antes que ele fosse tocado ao fim da programação noturna. A versão de Jimi não teve uma grande reação da plateia, fazendo-o logo partir para sua *cover* de "Sgt. Pepper's Lonely Hearts Club Band".

O show foi intermitentemente perturbado por interferências dos walkie-talkies dos seguranças e de transmissões de rádio nos amplificadores, mas nunca o suficiente para afetar o humor de Jimi. Apesar de ele dar o maior valor possível a cada música, Ray Foulk recordou que "havia uma fragilidade indiscutível nele. Era claro que estava física e mentalmente exausto".

Muitos de seus colegas da música também estavam presentes, nem todos em pontos de vista convencionais. Bert Jansch, o virtuoso guitarrista escocês, ficou deitado debaixo do palco, deixando que as vibrações monstruosas que vinham de cima passassem por seu corpo. David Gilmour, guitarrista do Pink Floyd, que havia ido até lá apenas como espectador, acabou ajudando a mixar o som do show.

Naquela noite, como nunca antes, Jimi deixou suas emoções tão aparentes quanto as cores da sua roupa. Ele dedicou "Foxy Lady" não apenas para sua nova namorada dinamarquesa, Kirsten Nefer, que o assistia do palco, mas também a Linda Keith, onde quer que ela estivesse.

Uma homenagem ainda mais óbvia aconteceu em "Red House", a memória daquele apartamento dourado e escarlate em Nova York onde ele e Linda tinha passado uma noite casta, apenas conversando, após se conhecerem. A música agora tinha um novo verso, com a mesma clarividência ansiosa de "Send My Love to Linda": "*Think I gotta get out of here because my Linda don't live here no more*" ["Acho que tenho de ir embora porque minha Linda não mora mais aqui"].

Após duas horas, ele largou sua guitarra e, com toda a sua antiga humildade e educação, agradeceu a plateia "por ser tão paciente... Quem sabe a gente faz isso de novo qualquer dia", acrescentou. "Espero que sim."

Enquanto os aplausos se espalhavam pelas colinas, alguém jogou algo que parecia um fogo de artifício aceso no palco. Na verdade, era um sinalizador de magnésio, tipicamente utilizado em alto mar para pedir socorro. Ele ficou preso na cobertura do palco, que imediatamente pegou fogo. "A banda já tinha partido e os equipamentos estavam sendo guardados", Ray Foulk recordou. "Mas uma lenda persiste de que Jimi tocou cercado de chamas."

Na equipe de apoio do festival estava John Pearse, o cofundador da boutique Granny Takes a Trip, que agora operava a empresa de fretamento que levava os artistas ao pequeno aeroporto em Bembridge. Os aviões Piper Aztec tinham uma aparência frágil e causavam apreensão em todos os músicos que se lembravam do que tinha acontecido com Buddy Holly e Patsy Cline – o avião que trouxe um integrante do grupo de Santana realmente teve um pouso de emergência em um campo perto dali.

Comparado ao que Pearse tinha visto em clubes londrinos como o Speakeasy e o Bag O'Nails, a apresentação de Jimi parecia "morosa... como uma longa improvisação. A última vez que eu o vi foi na pista do aeroporto em Bembridge. Ele estava com medo, achando que seu cabelo tinha começado a cair, e o ouvi dizendo para um de seus *roadies*: 'Ei, cara, me empresta seu pente'".

Da Ilha de Wight, ele voou direto para Estocolmo, na Suécia, para um show no palco do parque de diversões Grona Lund, às 21h. A partir dali, a ladeira abaixo foi frenética.

Os hotéis suecos relutaram em recebê-lo após seu comportamento no Opalen, em Gotemburgo, em janeiro de 1969. Houve discussões com *promoters* locais, sem a presença de um empresário disposto a representá-lo apropriadamente. Além disso, as entrevistas intrusivas com jornalistas escandinavos não acabavam nunca. Ele tolerou todas sem reclamar, mas muitas vezes mostrou estar com a fala arrastada, discursando inconsequentemente sobre a lua, as estrelas e o Ursinho Pooh, enquanto bebia uísque "como se fosse água", de acordo com o relato de um entrevistador.

Em Estocolmo, ele recebeu a visita da ex-estudante Eva Sundquist, que alegou ser ele o pai de seu filho, James Henrik Daniel, nascido exatamente nove meses após seu breve caso no começo de 1969. Embora Jimi não fizesse qualquer tentativa de negar a alegação, Eva só iniciaria o processo de paternidade um bom tempo após a morte dele, quando teria de lutar por um lugar na fila para conseguir algo.

Por acaso, Chas Chandler estava em Gotemburgo, na casa dos pais da sua agora esposa, Lotte, e foi ao show de Jimi no dia 1º de setembro, uma apresentação em que ele repetidamente esquecia que música estava tocando no meio dos seus solos e mudava para outra. "Ele parecia acabado... e foi terrível vê-lo assim", recordou o homem que sabia tão bem o quão diferente tudo aquilo podia ser. Quando eles se encontraram mais tarde, Chandler fez o esperado e não mediu palavras para descrever o que tinha visto. Jimi, por sua vez, mesmo sabendo que eram genuínos, não aceitou os comentários de bom grado, o que levou os dois a se despedirem com animosidade.

Para completar o desastre daquela noite, Billy Cox ingeriu, sem saber, um ponche batizado com LSD. Na parte mais intensa da sua primeira e involuntária viagem, toda a tranquilidade e o senso comum de que Jimi tanto dependia simplesmente desapareceram de Cox; ele estava certo de que alguém estava tentando matá-lo e se recusou a encostar em qualquer comida. Jimi então foi brevemente chamado à normalidade em seu esforço para tentar acalmar a paranoia do velho amigo.

Na Dinamarca, outro de seus resfriados crônicos se transformou numa febre. O agente que havia acertado a performance de Jimi para o dia 2 de setembro no Vejlby-Risskov Hallen, em Aarhus, ficou chocado ao encontrá-lo "tremendo e suando muito". Kirsten Nefer, recém-chegada de Londres, o encontrou aparentemente incapaz de afinar sua guitarra ou decidir o que vestir, inseguro com sua aparência ao extremo. Como ela mais tarde comentou, as primeiras palavras que ouviu dele foram: "Meu Deus, meu Deus, não, não, eu não quero que você me veja assim".

Na hora do show, sua condição estava tão precária que Kirsten teve de ajudá-lo a subir no palco. Ele só conseguiu tocar "Freedom" e "Message to Love" antes de a performance ser abruptamente encerrada e ele ser carregado de volta ao camarim. Seus seguranças pediram cocaína para tentar reanimá-lo, mas não havia nenhuma disponível.

Em Copenhague, havia um barulho alto de uma britadeira do lado de fora de seu hotel. Em vez de ter o trabalho de implorar para que outro local o hospedasse, Kirsten o levou para casa, onde ficou com seus pais. Jimi foi bem recebido por sua mãe, Birthe, como sempre ocorria com as mães, e teve sua primeira boa noite de sono em meses.

A mídia dinamarquesa logo disseminou boatos de que uma de suas grandes celebridades e "a maior personalidade do *beat*" estavam noivos. Em uma entrevista para a revista *Se og Hør* ["Veja e Ouça"], os dois comentaram que estavam "seriamente considerando o casamento... depois, iriam morar em Londres".

Esperando continuar a turnê com ele (e após provar como podia ser útil), Kirsten tirou um tempo de folga de um filme que estava gravando em Londres. Mas Jimi – para quem esse compromisso impulsivo estava longe de ser seu primeiro – logo pareceu infeliz com o plano, como sempre acontecia. Depois de uma briga, Kirsten retornou a Londres, porém ainda disposta a perdoá-lo.

Por coincidência, a repórter Sharon Lawrence, da United Press International, estava na Suécia cobrindo a turnê dos Rolling Stones que os tinha impedido de tocar no Isle of Wight Festival. Sharon conhecia o *promoter* dinamarquês responsável pelo desastroso show de Jimi em Aarhus – o mesmo que havia o levado a Copenhague. Como o *promoter* já tinha passado pela experiência de devolver o dinheiro a uma plateia, ele temia ir à falência se sua atração não conseguisse se apresentar outra vez.

Sharon reagiu não como uma jornalista diante da notícia bombástica, mas como uma amiga a quem Jimi frequentemente pedia ajuda em momentos difíceis. E a ansiedade dela foi compartilhada por alguém que já tinha demonstrado uma preocupação incomum pelo bem-estar de Jimi. Quando ela pediu permissão a Mick Jagger para brevemente se afastar do trabalho como jornalista e ver como Jimi estava em Copenhague, Jagger logo concordou, com os Stones cobrindo suas despesas.

Após todos os relatos preocupantes, ela o encontrou mais magro, mas suficientemente recuperado de sua gripe e de qualquer outra coisa que o estivesse afetando, tanto que conseguiu fazer uma boa performance no KB Hallen, em Copenhague. No dia seguinte, ela se sentiu segura o bastante para pegar um voo de volta para seu trabalho com os Stones, apesar de Jimi querer que ela fosse com ele para a Alemanha Ocidental. Sua despedida no aeroporto gerou um momento característico de Jimi. Ele estava deprimido ao ver seu passaporte sujo e excessivamente marcado por impressões digitais, então Sharon ensinou que ele poderia ser limpo com um pano macio, um pouco de sabonete para o rosto e um secador de cabelo.

Em 5 de setembro, ele seria a atração principal de um "festival de paz e amor" em uma ilha na costa do Mar Báltico chamada Fehmarn. Na esperança de pegar carona no evento dos irmãos Foulk, que já ganhava fama internacional, seus *promoters* o divulgaram como "Isle of Wight des Kontinents". Um paralelo mais próximo seria o infame festival Altamont, que ocorreu um ano antes, na Califórnia.

Na noite do dia 5, uma chuva torrencial e vendavais atacaram a ilha, e Gerry Stickells se recusou a deixar Jimi subir ao palco, apesar da enorme pressão dos *promoters*. Todos os músicos do festival, cerca de 200 pessoas, estavam alojados no mesmo hotel. Quando beberam tudo o que havia disponível no bar do estabelecimento, as brigas começaram. Era uma previsão muito precisa do que estava para acontecer.

Além da tropa de choque e seus cachorros, os Hell's Angels da Alemanha foram convocados para fornecer "segurança", da mesma forma que sua versão americana deveria ter feito para os Rolling Stones em Altamont. Fielmente emulando seus colegas americanos, agiram de forma desorganizada, arremessando placas de madeira com pregos de 15 centímetros – uma das quais atingiu Gerry Stickells –, batendo em hippies, incendiando a barraca da área da imprensa e até saqueando a bilheteria. Suas insígnias fascistas aterrorizaram Billy Cox, que ainda estava afetado pela paranoia do LSD e tinha certeza de que nunca sairia da ilha vivo, ou então seria "capturado pelos nazistas".

Quando Jimi finalmente subiu ao palco, às 13h, em 6 de setembro, ele foi vaiado por não ter tocado durante o minifuracão da noite anterior. "Não me importo se vocês vaiarem, desde que vaiem afinados com a música, seus putos", ele respondeu.

Apesar das fortes chuvas e da agressão dos Hell's Angels, ele conseguiu terminar seu *set* e transformar as vaias em aplausos abafados. Porém, uma recente erupção de violência perto dali o forçou a concluir sua última música, "Voodoo Child", na segunda estrofe, numa involuntária despedida aos milhões que logo ficariam de luto por ele: "*If I don't meet you no more in this world, well maybe I'll meet you in the next one*" ["Se eu não te encontrar mais neste mundo, quem sabe eu te encontre no próximo"].

O trio escapou do palco na hora certa, pois os Angels o invadiram e botaram fogo nele, além de atirar na perna de um *roadie* chamado Rocky enquanto ele tentava desmontar o equipamento.

18

"APENAS ME CHAME DE HÉLIO"

A parte mais impressionante disso tudo – e mais horripilante – era que Jimi morreria daquele jeito, cercado de tantas pessoas o tempo todo...

Depois do fiasco na ilha Fehmarn e da viagem de ácido desastrosa de Billy Cox, o show seguinte, no centro de convenções De Doelen, em Roterdã, foi cancelado. Mas Jimi ainda tinha a intenção de honrar as apresentações restantes do trio, em Paris, Viena e em mais um festival pop em Essen. Quando voltaram a Londres, em 7 de setembro, foi apenas para contratar um baixista substituto, já que Cox claramente não tinha condições de continuar.

Noel Redding foi convidado a voltar para sua antiga posição e magnanimamente aceitou – mas, por algum motivo, os planos não foram adiante. Quando uma abordagem a Rick Grech, do Blind Faith, também fracassou, os shows europeus restantes foram cancelados. A ironia terrível era que, *se* Jimi tivesse continuado na turnê que parecia estar matando-o, ele provavelmente teria sobrevivido.

Ele também tinha reatado com Kirsten Nefer após a briga sobre seu suposto noivado em Copenhague. Então, *se* ele ficasse com aquela jovem sensível e solidária por apenas mais uma semana, certamente teria sobrevivido.

Naquele momento, uma preocupação mais imediata que o atual estado físico de Jimi era a paranoia induzida por LSD de Billy Cox, que só piorava. Na primeira noite de volta a Londres, a coisa ficou tão ruim que

Jimi e Gerry Stickells precisaram levá-lo a um médico. No dia seguinte, enquanto Jimi estava no Cumberland Hotel com Kirsten, eles foram chamados ao hotel de Cox, o Airways, onde o encontraram em meio a outro ataque de pânico grave.

"Ah, Jimi", ele repetia, "eu vou morrer."

"Ninguém vai morrer", Jimi disse a ele.

A medicina e a solidariedade humana provaram ser igualmente ineficazes naquele caso, então a solução parecia ser colocá-lo em um avião para Pittsburgh para se recuperar no lar de seus respeitáveis pais de classe média. Mas, *se* Billy ainda estivesse lá, sóbrio e lúcido durante os dias seguintes, cuidando de Jimi como sempre fez...

Enquanto Kirsten estava por perto, Jimi podia fazer coisas normais – que, para ele, não eram nada normais –, como ir com ela e sua amiga Karen Davis a um cinema alternativo no West End para assistir a um filme "intelectual", *O Deserto Vermelho*, de Michelangelo Antonioni. Então depois discutir sobre o quanto ele o amou com alguém que, de fato, trabalhava "no ramo", pois Kirsten tinha pausado seu trabalho como modelo para gravar um filme em Londres.

Em 10 de setembro, com a intenção de se animar após a partida de Billy Cox, ele foi ao Inn On The Park para a festa de lançamento de um disco solo do ex-Monkee Mike Nesmith. Desde a combinação bizarra de turnê entre os Monkees e a Jimi Hendrix Experience em 1967, Nesmith era grato por Jimi motivá-lo a se livrar de seus laços com o pop chiclete e seguir em carreira solo como um cantor-compositor de country-rock.

Ele ficou surpreso diante da humildade com a qual "uma das forças musicais mais importantes a surgir em décadas" falava sobre "tentar fazer uns negócios diferentes com o R&B" e "buscar melhorar" aquele suposto calcanhar de Aquiles, seu vocal. "De repente, percebi que [Jimi] não tinha ideia de quem ele era ou onde se encaixava – que ele não conseguia enxergar o furacão porque estava sentado no olho dele."

No dia seguinte, Jimi concedeu aquela que seria sua última entrevista. Apropriadamente, foi com Keith Altham, o mesmo jornalista para quem Chas Chandler havia pedido conselhos quatro anos antes sobre lançar a carreira de Jimi em Londres e que tinha sugerido – ironicamente – que ele botasse fogo na sua guitarra. Altham também compartilhou muitos momentos com o Jimi fora dos palcos que espantariam os fãs do "homem selvagem" do rock. "Coisas como andar de kart. E jogar futebol na praia em Maiorca com ele e Georgie Best. Ele era terrível no futebol, então o colocamos no gol, já que tinha braços compridos."

Altham tinha saído da *New Musical Express* para seguir carreira de freelancer, e a entrevista seria para o programa *Scene and Heard*, da BBC Radio 2. Ela foi feita na suíte de Jimi no Cumberland, "com duas namoradas no quarto, a TV ligada, e muito vinho Mateus Rosé".

Jimi parecia estar animado enquanto falava sobre a turnê britânica que planejava para outubro com uma configuração de palco nova e expandida, incluindo um segundo guitarrista e um tecladista. Já bem mais confortável com sua postura radical, ele mencionou que os Panteras Negras lhe pediram para fazer um show beneficente.

Altham perguntou se seu público poderia esperar mais do "novo e moderado" Jimi Hendrix, livre de suas antigas acrobacias de palco, obtendo uma resposta aparentemente negativa. "A música está ficando pesada demais... quase insuportável. Eu tenho um ditado quando as coisas ficam pesadas demais: apenas me chame de hélio, o gás mais leve conhecido pelo homem."

Apesar de não mencionar seu suposto noivado com Kirsten Nefer, ele descreveu a casa dos sonhos que desejava ter algum dia, do mesmo jeito que um menino sonhador chamado Buster deve tê-la visualizado anos atrás, em Seattle. "Eu quero acordar de manhã, sair da minha cama direto para a piscina interna e nadar até a mesa onde está servido o café da manhã... depois de mergulhar, tomar um suco de laranja... aí pular na piscina de novo e nadar até o banheiro..."

Embora alegasse ser tão leve quanto o hélio, por dentro Jimi estava mais para chumbo. Retornar a Londres naquele momento significava enfrentar dois incômodos que faziam as datas canceladas da turnê parecerem problemas muito menores.

O primeiro desses entraves era Ed Chalpin, o produtor de discos de Nova York cujo contrato datado de 1965 com Jimi efetivamente invalidava o que ele havia assinado com Chas Chandler e Mike Jeffery alguns meses depois. Também anulava todos os contratos de gravação que Jimi assinou na Inglaterra e nos EUA desde então.

Após anos de litígio inconclusivo nos EUA, Chalpin entrou com um processo contra as empresas Track Records e Polydor, que logo seria analisado pela Alta Corte de Justiça de Londres. Já na cidade, ele requisitou uma pré-audiência, da qual Jimi – lembrando-se de como encontros pessoais com Chalpin sempre pareciam trazer mais encrenca – estava tentando escapar. O processo conseguiu trazer o esquivo Mike Jeffery a Londres para falar com representantes do selo Track, mas ele logo desapareceu para Maiorca outra vez, fortalecendo a determinação que Jimi tinha de se separar dele.

O segundo problema a ser enfrentado era o processo de paternidade da antiga namorada adolescente de Jimi, Diane Carpenter, a respeito de sua filha Tamika, que ele já parecia ter reconhecido como sua. Ele agora estava sob pressão para fazer o teste sanguíneo que liquidaria a dúvida, mas desviava dele tanto quanto evitava Ed Chalpin. Em 15 de setembro, Jimi tinha uma reunião marcada em Londres com seu advogado americano, Henry Steingarten, que certamente insistiria que ele fizesse o teste.

Como se isso não bastasse, Devon Wilson soube do "noivado" com Kirsten Nefer e decidiu que não deveria fazer sua típica vista grossa. Kirsten tinha ouvido uma ligação de Jimi com Devon, que estava em Nova York, na qual ele pedia com certa irritação para ela "largar do meu pé". Isso fez Devon voar até ele em 13 de setembro, trazendo dois bons amigos de Jimi. Uma era Stella Douglas, a parceira de Colette Mimram na sua boutique favorita do Greenwich Village; o outro era o marido dela, o produtor de discos Alan, que Jimi venerava por ser íntimo de mestres do jazz, como Ellington e Mingus e com quem esperava trabalhar na sua nova fase musical.

No caso, não seria Devon que separaria Kirsten e Jimi. O filme no qual Kirsten atuava tinha no elenco George Lazenby, então celebrado pela única vez que interpretou James Bond no cinema. Ele andava irritado com todo o tempo de folga que Kirsten tirava para ficar com Jimi. Como ela estava tentando zelar pela sua carreira, decidiu que não seria inteligente discutir com Lazenby, então passou a noite de domingo, 13 de setembro, com Jimi no Cumberland, voltando ao *set* de filmagem na manhã seguinte.

A noite que veio em seguida foi incomum para ele, pois não tinha companhia na cama. A maior parte das horas foi passada na casa do empresário do pop Tony Secunda, discutindo com ele e com Alan Douglas sobre como poderia se separar de Mike Jeffery, apesar de ainda não ter um sucessor em mente.

O contrato de Jeffery como empresário acabaria no mês de dezembro seguinte, mas vários acordos com o selo Warner/Reprise, sobretudo a respeito do filme *Rainbow Bridge*, deixavam Jimi vinculado a ele por mais dois anos. Alan Douglas sugeriu que Jeffery concordaria em se retirar antes de dezembro se Jimi continuasse pagando seus 20%, além de custear seu sucessor. Segundo Stella Douglas, Jimi e o marido dela consideravam uma possível parceria: "Não uma parceria de negócios, mas uma abordagem artística num novo tipo de música, com pessoas como John McLaughlin e Miles Davis".

Jimi logo ligou para seu irmão mais novo, que ainda estava preso no estado de Washington por tráfico de drogas, mas seria liberado em breve. De acordo com Leon Hendrix, ele disse que seu contrato com Jeffery "expiraria em duas semanas". "Iríamos nos encontrar em Nova York", Leon recordou. "Jimi falou para mim: 'Teremos o Electric Lady Studios. Quero que você administre a empresa e afaste os vigaristas. Eu não sou bom em afastar os vigaristas'."

Quando Kirsten, sob protestos de Jimi, saiu da sua cama no domingo de manhã, ele a fez prometer que ligaria depois. Ela ligou, mas ele não estava mais lá e o Cumberland não lhe entregou o recado dela. O resultado foi que a partir da terça-feira, 15 de setembro, ele passou os últimos três dias de sua vida com Monika Dannemann.

Se as pessoas ao redor de Jimi tivessem qualquer memória de Monika, seria como a mulher alemã com traços fortes, longos cabelos loiros e um histórico de patinação no gelo com quem ele passou uma noite em Düsseldorf em janeiro de 1969, seguida por outra em Londres alguns meses depois. Em outras palavras, apenas mais uma das centenas de *groupies* de Hendrix – talvez milhares naquele ponto.

Mas parecia que todo mundo estava errado. Em um relato na época em que tinha 25 anos, Monika contou que ela e Jimi se apaixonaram quando se conheceram no Rheinhalle, em Düsseldorf. Como prova, ela mais tarde apresentaria fotos coloridas do casal em um bar, com suas cabeças próximas numa conversa aparentemente íntima. Na verdade, as fotos originais exibiam um grupo bem maior, incluindo o Barão Reiner von der Osten-Sacken, com sua cartola e seu bigode enorme, mas foram recortadas para focar apenas Monika e Jimi.

Sua alegação mais alarmante era de que, entre seus dois breves encontros, em janeiro e abril de 1969, Jimi lhe havia feito um pedido de casamento e iniciado o noivado deles em segredo. O relato de Monika, porém, não incluía nada da típica hesitação dele que tanto tinha irritado Kirsten. Segundo ela, Jimi havia até conversado com sua mãe duas vezes ao telefone, sugerindo que o casamento ocorreria em outubro, durante a próxima passagem da sua turnê pela Alemanha, e que seria anunciado numa coletiva de imprensa. Essa ideia teria sido deixada de lado, pois o pai de Monika, que não era tão liberal e não sabia do relacionamento, tinha problemas cardíacos crônicos e poderia ter uma recaída ao imaginar sua filha se casando com um afro-americano.

Embora nenhuma nova data para o casamento fosse discutida, eles conversaram sobre onde deveriam morar em seguida (a Floresta Negra, na Alemanha, era uma possibilidade) e já planejavam ter um filho. Ela disse que Jimi queria um garoto que pudesse chamar de Wasformi, palavra indígena americana que significava trovão.

De acordo com Monika, Jimi havia pedido que ela o visitasse de novo em Londres. Ela estava lá desde o retorno dele da turnê europeia e tinha tentado ajudar durante a crise de Billy Cox – o que significava que, com Kirsten Nefer por perto, ele teria duas noivas na cidade ao mesmo tempo.

Monika estava hospedada no Samarkand Hotel, em Lansdowne Crescent, Notting Hill, área ainda longe de ser chique, com seus sobrados simplórios, quitinetes e alojamentos para hippies. O Samarkand mal se distinguia de uma casa particular relativamente grande, com o quarto em seu porão mais parecendo uma quitinete, cuja entrada era feita por uma escada caracol de ferro, diretamente da rua. Com o que parecia uma previsão astuta, ela também alugou um carro, um Opel GT coupé azul-claro.

No início, a maioria das pessoas próximas a Jimi não prestou muita atenção nela – algo que não parecia incomodá-lo de forma alguma. A única exceção era uma mulher afro-americana notável chamada Alvinia Bridges, integrante do grupo de moda de Stella Douglas e Colette Mimram e que posteriormente trabalharia na área de relações públicas para grandes artistas como os Rolling Stones. Alvinia gostou de Monika e viria a alegar que apresentou Jimi a ela.

Durante os três dias que Monika e Jimi passaram juntos, segundo a própria, ele ficou com ela na quitinete do porão do Samarkand, sendo que nem seus amigos e colegas da música mais próximos sabiam onde ele estava. Ele passou muito tempo lá, não apenas fazendo o que era esperado, mas também escrevendo poesia e desenhando. Além de patinadora no gelo, Monika era pintora e aspirante a fotógrafa. Ela relatou que Jimi – que também tinha carinho pela pintura – era um grande admirador de suas obras e a tinha persuadido a desistir da patinação no gelo para se concentrar na arte.

Entretanto, ele continuava hospedado no Cumberland para onde periodicamente retornava para fazer ligações, deixar novas roupas que tinha comprado ou usar o serviço de quarto – e onde Kirsten Nefer ainda deixava mensagens pedindo que ele ligasse para ela. O carro esportivo Opel que Monika tinha alugado agora se mostrava essencial: ele não só deixava Jimi dependente dela, como sua capacidade para apenas duas pessoas ajudava a afastar Devon Wilson e qualquer outra concorrência.

De acordo com Stella Douglas, porém, Jimi teria ficado com Alan e ela, além de continuar dormindo com Devon, que ainda compartilhava sua acomodação. Conforme a areia da ampulheta se esgotava cada vez mais, ele parecia estar em todos os lugares ao mesmo tempo, como se realmente fosse capaz de realizar "viagens astrais".

Por acaso, Sharon Lawrence também estava em Londres, voltando de sua turnê com os Rolling Stones a caminho de Los Angeles. Na noite de 15 de setembro, ela tomava um drinque com a atriz Judy Wong no clube de jazz Ronnie Scott's, na Frith Street, Soho, onde Eric Burdon iniciava uma semana de shows com a nova banda, War.

Enquanto Sharon estava no bar, Jimi chegou com uma loira que ela não conhecia e tão drogado que, a princípio, não reconheceu nem seus amigos mais próximos. Quando enfim notou quem estava lá, ele só balbuciou: "Estou quase partindo".

Ele tinha trazido sua guitarra com a intenção de fazer uma *jam* com o War, mas o *roadie* da banda o impediu. Até seu amigo Burdon teve de concordar que ele estava "bem alucinado" e "bambo demais para conseguir tocar".

Na manhã seguinte, quando Sharon ligou preocupada para o Cumberland, Jimi atendeu coerentemente, embora mais agitado do que ela jamais o tinha visto. Ele reclamou que não conseguia dormir nem se concentrar para compor músicas, principalmente por conta do processo com Ed Chalpin. Mike Jeffery tinha prometido cuidar disso, ele disse, "mas agora ele está se livrando de mim". E parecia que todos ao redor dele queriam algo, de Devon a Alan Douglas... Seu discurso foi pontuado por diversos usos da palavra "*fuck*", uma novidade para os ouvidos de Sharon, e ela ouviu barulhos na linha, como se ele estivesse jogando mobília pelo quarto.

Aquela quarta-feira, 16 de setembro, foi outro dia em que Jimi parecia estar por toda parte. Posteriormente, dezenas de pessoas compartilharam suas memórias indeléveis, porém muitas vezes conflitantes, dos eventos.

À tarde, ele foi à festa de aniversário da atriz Judy Wong, que estava em South Kensington, morando num apartamento pertencente a Pat Harley, atriz de *Rainbow Bridge*. Alvinia Bridges e Stella Douglas também estavam na festa, mas Alan já tinha voltado a Nova York.

Com todo seu charme e sua tranquilidade restaurados, Jimi deu um beijo na bochecha de Judy e cantou "Parabéns a Você". Depois veio o que parecia ser seu primeiro reconhecimento em público da alemã jovem e séria que muitos imaginavam ser apenas sua motorista. "Você sabe que Monika e eu vamos nos casar?", Judy Wong se lembrou de ele ter mencionado.

Quanto ao início da noite, há três relatos diferentes. De acordo com Chas Chandler, ele apareceu inesperadamente em seu apartamento e disse que estava ouvindo todo o trabalho que eles fizeram juntos nos primeiros e inebriantes dias da Jimi Hendrix Experience. "Ele ficou entrando e saindo do estúdio por um ano e não estava feliz com o que tinha gravado [e] perguntou se eu o produziria de novo. Ele queria gravar no Olympic Studios, onde tinha feito 90% do seu material antigo... porque ele realmente achava que aquela era a forma correta de gravá-lo."

A memória de Chandler parecia estar falha, pois ele já tinha contado a mesma história a uma publicação musical da Inglaterra alguns meses antes. No entanto, considerando o empresário que ele tinha sido, quem poderia impedi-lo de ter sua porcentagem das últimas horas de Jimi?

Aproximadamente nesse mesmo momento, segundo Eric Clapton, ele e Jimi estavam no Lyceum Ballroom, perto da Strand, para assistir a uma apresentação de Sly and the Family Stone. Clapton segurava uma Fender Stratocaster branca para canhoto que ele tinha visto em uma loja de guitarras do West End e comprado como um presente para seu "querido Jimi". Ele viu que Jimi estava em um camarote próximo ao dele, mas o lugar estava tão lotado que eles não conseguiram se encontrar.

O relato de Monika desse mesmo período não mencionou Chandler nem Clapton. Ela afirmou ter passado o dia inteiro com Jimi e que, no início da noite, estavam silenciosamente isolados em seu quarto no Samarkand Hotel antes de saírem para o clube Ronnie Scott's. Ela aproveitou a oportunidade para escrever para seu irmão, Klaus Peter, um cartão postal ao qual Jimi acrescentou uma mensagem similar ao que alguém diria se estivesse prestes a entrar para uma nova família: "Hey! Se lembra de mim? Amor e felicidade para você... diga para sua mãe e seu pai ficarem bem".

O que se sabe ao certo é que ele conseguiu enfim tocar com Eric Burdon e seu War no Ronnie Scott's. Só durante duas de suas músicas, "Mother Earth" e "Tobacco Road", e sem chamar atenção para si próprio de qualquer forma: o músico de apoio discreto, que ele sempre teve um certo desejo de ser, na última performance de sua vida.

Naquela época, Londres estava passando pela rara experiência de um veranico espetacular. Quinta-feira, 17 de setembro, foi outro dia de tempo inacreditável, com sol brilhante e céu limpo acima dos tons outonais que tingiam os parques.

No Samarkand, Jimi e Monika só saíram da cama no início da tarde. Ela pegou uma câmera e levou-o ao jardim que o hotel compartilhava com as casas vizinhas. Além de ser sua noiva, motorista e assistente, ela tinha assumido o papel de fotógrafa particular e designer de capas de disco.

Foram registradas 29 fotos coloridas, todas capturadas no jardim e de qualidade inquestionavelmente profissional. Seu propósito, como Monika mais tarde descreveu, era mostrar o verdadeiro Jimi Hendrix, alguém diferente do homem selvagem criado para a divulgação na imprensa. Infelizmente, eles conseguiram, pois Jimi foi retratado com uma aparência esquelética e desconfortável, vestindo seu casaco Beau Brummel azul-claro e um cachecol azul e branco com um nó frouxo em seu pescoço; vez ou outra, o sol batia em seus olhos, fazendo-o deixar escapar um de seus antigos meio-sorrisos discretamente arrogantes.

Em algumas das fotos, ele aparece em uma pose desconfortável no meio dos arbustos, empunhando sua Fender Stratocaster favorita, que chamava de Black Beauty. Em outras, está segurando uma cesta de palha com ramos de plantas, como se estivesse trabalhando em um jardim com seu pai. Também há as imagens em que ele está sentado em frente a uma mesa de ferro chique, servindo chá de um bule de porcelana, como um símbolo da cultura britânica que ele adotou tão carinhosamente.

Por volta das 15h, Monika levou Jimi de carro ao banco Martins, na Edgware Road, para sacar um pouco de dinheiro. Depois foram ao Kensington Antique Market, que vendia roupas e antiguidades e que ele agora chamava de "High Street Ken".

No local, enquanto provava roupas ainda mais exóticas, ele avistou Kathy Etchingham. Ela não tinha visto Jimi, nem recebido qualquer notícia dele desde que o colocou para dormir após o tumulto no Londonderry Hotel, duas semanas antes. Ela ficou surpresa quando ele chegou por trás e lhe deu um grande abraço.

A surpresa logo se transformou em choque ao ver sua aparência. "Ele parecia ter envelhecido uns dez anos", ela recordou. "Seu cabelo estava quebradiço e ficava caindo. Toda a sua alegria e bom humor tinham sumido." Ele disse que estava no Cumberland e, com um toque de sua antiga imprudência, sugeriu que Kathy deveria visitá-lo.

Seu desejo por roupas novas ainda era insaciável, então Monika o levou ao Chelsea Antique Market. Eles pararam ainda na Chelsea Drug Store, um local famoso do fim dos anos 1960 que continha diversas lojas, onde ele comprou um jornal e um bloco de notas. Voltando pela King's Road, viu Devon Wilson e Stella Douglas, que também estavam fazendo compras. Monika parou o carro para que ele falasse com as duas, que o convidaram para uma festa que aconteceria naquela noite na casa de um conhecido em comum, o produtor musical Pete Kameron. Naquele Opel GT coupé, é claro, não havia qualquer chance de oferecer uma carona a Devon e Stella.

Mesmo assim, o momento particular dos dois logo seria interrompido. Como todo mundo fazia naquela época, eles estavam dirigindo com a capota abaixada e, no caminho de volta ao Cumberland, ficaram presos em um engarrafamento na Park Lane. Ao lado, estava um Ford Mustang também de capota abaixada, conduzido por um rapaz bonito, acompanhado de duas jovens atraentes ao seu lado.

O motorista do Mustang era Philip Harvey, que trabalhava como segurador da Lloyd's Insurance Company – um cargo que exige consideráveis recursos financeiros – e era filho de um membro conservador do Parlamento do Reino Unido, Sir Arthur Vere Harvey. Suas acompanhantes eram uma cantora de folk canadense chamada Anne Day e uma estudante de 16 anos, Penny Ravenhill.

Ao ver Jimi Hendrix em um carro aberto a apenas alguns metros de distância, outras pessoas apenas teriam sorrido e acenado, mas Harvey, com a confiança que sua fortuna e seu status social forneciam, pediu que Penny lhe estendesse um convite para um chá em sua casa. Jimi, que já estava de olho nas duas jovens, respondeu que adoraria, mas primeiro precisava ir ao Cumberland pegar os seus recados. O Mustang o seguiu até lá e ficou por perto para mostrar o caminho depois.

No Cumberland, ele deixou as roupas que tinha comprado e fez duas ligações. A primeira para o produtor Eddie Kramer sobre sua próxima sessão de gravação em Nova York; a segunda para seu advogado, Henry Steingarten, mas não para discutir seu teste sanguíneo no caso de paternidade com Diane Carpenter. Ele pediu que Steingarten pesquisasse maneiras de separá-lo de Mike Jeffery antes de dezembro.

Philip Harvey morava na parte mais elegante de Marylebone, numa casa de elite repleta de mobília antiga e decoração cara, que provocaram em Jimi, apaixonado por design de interiores, uma inveja imediata. O chá foi seguido por vinho e baseados, e, mais tarde, Anne Day e Penny Ravenhill cozinharam uma refeição com vegetais e arroz.

As duas presumiram que Monika era apenas a motorista de Jimi, e, durante boa parte do tempo, ela não deu qualquer sinal de que fosse outra coisa. "Ela era muito fria e distante", Penny lembrou. "Não parecia haver qualquer relacionamento entre eles."

No entanto, à medida que suas duas anfitriãs flertavam cada vez mais – e ele respondia cada vez mais –, tudo mudou subitamente. Quando Jimi foi ao banheiro, Monika foi atrás e gritou insultos contra ele, chegando a chamá-lo de "porco maldito".

"Jimi a seguiu até a área externa, e [ela] gritou com ele na rua por vários minutos... e [ele] não respondia", Penny mencionou. "Philip pediu que eu fosse lá fora e acalmasse a situação, pois ele não queria perturbar os vizinhos... mas ela ficou agressiva comigo, então voltei para dentro.

"Após um tempo, Jimi voltou para a casa, se desculpou e se despediu... muito constrangido com o comportamento de Monika. Então foi embora."

Sharon Lawrence não falava com ele desde seu telefonema na manhã de quarta-feira, quando o ouviu dizendo palavrões e jogando mobília pelo quarto. Na noite de quinta-feira, estava tão preocupada que ligou para o Cumberland, temendo que Jimi tivesse feito consigo algo pior que os golpes desferidos contra os objetos do quarto.

A telefonista do hotel não era a típica funcionária no piloto automático, mas uma mulher com voz maternal que Jimi claramente tinha encantado. Ela disse a Sharon que também estava preocupada com ele; por exemplo, houve o caso em que ele agendou um telefonema para os EUA, depois se recusou a fazê-lo. O *concierge* foi verificar sua suíte, mas descobriu que estava perfeitamente em ordem – e vazia.

Para finalizar o elenco aparentemente infindável, Mitch Mitchell também estava em Londres na noite de 17 de setembro. Ele tinha há pouco se tornado pai e tirou algumas horas de folga da paternidade para dirigir de sua casa em Sussex e fazer uma visita a Gerry Stickells. O *roadie* morava em Elgin Crescent, a poucas quadras do Samarkand, mas não fazia ideia de que Jimi estava tão perto. Naquele dia, eles tinham discutido negócios pelo telefone, com Stickells tendo a impressão de que Jimi estava no Cumberland. Posteriormente, ele se lembraria de que Jimi parecia "de bom humor".

Mais adiante, naquela noite, Mitchell combinou com o ex-baterista do Cream, Ginger Baker, de dar uma carona a Sly Stone até o Speakeasy. Mitchell sabia que Jimi gostaria de ver Stone, seu principal marca-passo no mundo do funk, e participar da *jam* que certamente viria a seguir. Ele então usou o telefone de Stickells para ligar para o Cumberland. Como não obteve resposta da suíte de Jimi, deixou um recado, esperando vê-lo mais tarde no palco com Sly.

Mitchell esperou por ele no Speakeasy até as 4h da madrugada, em vão.

Os relatos de Monika sobre o que houve naquela noite e na manhã seguinte não apenas não se encaixavam, como várias vezes se contradiziam. Só eram consistentes ao não registrar qualquer atrito entre Jimi e ela, fosse na casa de Philip Harvey ou em qualquer outro lugar, e em retratar um idílio romântico e intensamente privado até o fim.

De acordo com Monika, eles retornaram da casa de Harvey e foram para seu quarto no Samarkand por volta das 20h30min, onde ela cozinhou espaguete (às vezes, ela relata que eram palitos de peixe com batata frita). Jimi tinha comprado uma garrafa de vinho tinto e outra de vinho branco; ele experimentou um pouco do tinto, depois mudou para o branco, mas também só bebeu um pouco.

Em seguida, ele tomou um banho e lavou o cabelo. Enquanto era a vez de Monika lavar o dela, Jimi usou um caderno que eles compartilhavam para escrever um poema chamado "The Story of Life", que ele dedicou a ela. Ele terminava da seguinte forma: "*The story of life is quicker than the wink of an eye/ The story of love is hello and goodbye until we meet again*" ["A história da vida é mais rápida que um piscar de olhos/ A história do amor é olá e adeus até nos encontrarmos de novo"].

Ela se lembraria dos telefonemas que recebeu à noite de Chas Chandler e Mitch Mitchell (apesar de Mitchell posteriormente alegar que não tinha o número de telefone do Samarkand e que havia ligado para o

Cumberland para sugerir o encontro com Jimi no Speakeasy). Mas Jimi não queria falar com nenhum deles e tentava fazer Monika rir com suas caretas enquanto ela se livrava de ambos ao telefone.

Por volta da 1h45min da madrugada, ainda com seu cabelo molhado, Monika o levou à festa na casa de Pete Kameron, para a qual Devon Wilson e Stella Douglas o tinham convidado naquela tarde. Ela queria ir com Jimi, mas ele a dissuadiu, dizendo que os prováveis convidados no local não seriam "pessoas legais" e que ele só ficaria lá por meia hora. Na verdade, sua intenção era confrontar Devon e falar, de uma vez por todas, que ela precisava parar de tentar controlar sua vida.

Monika o deixou no apartamento de Pete Kameron – que, por acaso, ficava no Great Cumberland Place, a poucos metros do Cumberland Hotel – depois voltou ao Samarkand para terminar de secar seu cabelo.

Kameron era um produtor musical americano de 49 anos que também atuava como empresário de artistas, tendo um envolvimento próximo com a fundação do selo musical Track. Além de Devon e Stella, os convidados da festa incluíam muitos outros conhecidos de Jimi, como Mike Nesmith e Angie Burdon, ex-esposa do ex-vocalista dos Animals, que dramaticamente entraria para a história algumas horas depois.

Angie mais tarde comentou que, quando Jimi chegou à festa, parecia "tenso e nervoso". Ele comeu um pouco de comida chinesa e bebeu quase nada. Kameron sempre tinha muitas drogas disponíveis – de fato, Devon já estava alterada demais para conseguir ter qualquer tipo de diálogo sério –, Jimi, no entanto, tomou apenas uma anfetamina Durophet, também conhecida como "*black bomber*".

Monika voltou para buscá-lo meia hora depois, conforme combinado, mas ele parecia não estar disposto a ir embora, nem mesmo permitir que ela entrasse lá. Jimi pediu que Stella Douglas a enrolasse pelo interfone e, de acordo com Angie, outras pessoas apareceram na janela e gritaram para a rua: "Por que você não vaza daqui e o deixa em paz?". Pouco depois das 3h da madrugada, ele partiu abruptamente, sem se despedir – um lapso inédito em seus típicos bons modos.

Voltando à narrativa (ou às narrativas) de Monika: quando eles retornaram ao Samarkand, apesar das duas refeições que Jimi já tinha comido naquela noite, estava faminto outra vez, então ela lhe fez dois sanduíches de atum. Ele só deu uma mordida em um deles, depois se esticou na cama, sem trocar de roupa. Jimi tinha certeza de que não conseguiria dormir, como tantas vezes acontecia, mas não havia nenhum *roadie* por perto para lhe fornecer um "calmante", então perguntou a Monika se tinha "algo" que ele pudesse tomar.

Tinha. Era um poderoso comprimido para dormir fabricado na Alemanha chamado Vesparax, do qual ela mantinha um estoque devido à dor residual da lesão que encerrou sua carreira na patinação. Cada comprimido trazia uma dose dupla, portanto precisava ser quebrado ao meio. A metade de um comprimido seria mais do que o suficiente para um homem do tamanho de Jimi, induzindo até oito horas de sono.

Monika alegaria que primeiro tentou persuadir Jimi a dormir de modo natural. Eles ficaram deitados conversando, com Jimi lhe prometendo seu amor eterno, até por volta das 7h15min. Então ela tomou um comprimido inteiro de Vesparax – ou seja, uma dose dupla – e dormiu imediatamente.

Quando ela acordou – por volta das 9h, de acordo com uma declaração; pouco antes das 11h, segundo outra –, Jimi estava ao seu lado, aparentemente dormindo em paz, então ela decidiu sair para comprar cigarros na Portobello Road, perto dali. Monika disse que teve muito cuidado para não acordá-lo, pois ele não gostava que ela saísse sozinha "por causa de Mike Jeffery e tal". Ficou implícito que Jimi tinha medo de Jeffery e acreditava que o empresário talvez quisesse prejudicar alguém próximo a ele.

Landsdowne Crescent não fica em uma área comercial, de modo que a fonte mais próxima de cigarros seria o bar Finch's, cerca de dez minutos a pé dali. Quando Monika voltou, Jimi ainda parecia estar dormindo, mas tinha mudado de posição na cama. Ao chegar mais perto, viu "um fio de alguma coisa" sair da sua boca, então percebeu que havia pisado em uma cartela de Vesparax de dez comprimidos. Um dos remédios foi encontrado debaixo da cama mais tarde. Aparentemente, Jimi tinha tomado os outros nove – dezoito vezes a dose recomendada.

O instinto imediato de Monika, conforme a própria, foi de ligar para o médico de Jimi, mas ela só sabia que ele se chamava Robertson e tinha um consultório na Harley Street. Então pensou em contatar Alvinia Bridges, a única pessoa próxima de Jimi que era amigável com ela, na esperança de que tivesse o telefone do médico.

Alvinia morava com Judy Wong em South Kensington, mas, como Judy informou a Monika, não estava no momento. Tinha ido ao Ronnie Scott's assistir a Eric Burdon com o War e depois passaria a noite com ele no Hotel Russell, em Bloomsbury.

Na autobiografia de Burdon lançada em 1986, *I Used to Be an Animal but I'm All Right Now*, ele recorda o momento em que estava no quarto do hotel e vagamente notou que Monika estava ao telefone com Alvinia, dizendo: "Jimi está tão chapado que não consegue acordar". Para Burdon, não parecia uma situação incomum ou perigosa, então impacientemente sugeriu o remédio de sempre: "café preto e um tapa na cara".

No entanto, quando ele se acomodou para dormir, alarmes começaram a tocar na sua cabeça. Ele logo telefonou para Monika e pediu que chamasse uma ambulância imediatamente. Ela reclamou que não podia "receber pessoas aqui... tem muitas coisas [ou seja, drogas] no lugar". Burdon disse para jogar tudo na privada, puxar a descarga e chamar a ambulância de qualquer jeito.

Alvinia recordou que seus próprios alarmes também começaram a tocar na hora. "Monika estava histérica, dizendo que [Jimi] estava vomitando, regurgitando por todo o lugar. E eu gritei enquanto colocava meus sapatos... disse: 'vire ele de lado, vire ele de lado'. Mas obviamente ela estava em pânico e não o virou de lado."

Alvinia pegou um táxi e foi ao Samarkand, sendo seguida por Burdon depois. De acordo com seu relato, quando ela chegou lá, a ambulância tinha levado Jimi, e Monika já tinha partido, deixando a porta do porão aberta. "Tive a sorte de pedir para o taxista esperar. Eu perguntei: 'Qual é o hospital mais próximo?', e ele disse: 'St. Mary Abbots'." Ela então pediu que ele a levasse direto até lá.

A autobiografia de Burdon conta uma história diferente, de como ele chegou à Lansdowne Crescent em um minitáxi "a tempo de ver as luzes azuis da ambulância piscando enquanto virava a esquina" do outro lado. Em sua memória, o quarto não estava vazio; Alvinia estava lá, tentando confortar a desamparada Monika, e "eu conseguia ver a marca de onde Jimi esteve deitado na cama".

Monika – em seu relato inicial – seguiu a ambulância com seu carro alugado até o hospital St. Mary Abbots, na Marloes Road, Kensington, chegando lá por volta das 11h45min da manhã. No departamento de emergência, ela conseguiu ver Jimi apenas por um breve momento, "sentado em uma cadeira como se fosse no dentista" enquanto os médicos tentavam reanimá-lo, mas ela logo foi retirada do local.

Posteriormente, ela alegou que ninguém no hospital o reconheceu e que "não deram a mínima" quando ela tentou explicar quem ele era e que deveria ter um tratamento VIP. Ela também percebeu "um certo sentimento racial" quando a equipe do hospital viu que eles estavam em um relacionamento.

Alvinia chegou pouco tempo depois, assim como Gerry Stickells e seu colega *roadie*, Eric Barrett. Inicialmente, Stickells foi apenas informado sobre "um problema com Jimi no hotel". Presumindo que ele tinha sido preso por posse de drogas, naturalmente foi correndo ao Cumberland.

Monika tentou ver Jimi mais duas vezes, em vão. Ela contou que, em um certo ponto, uma enfermeira foi à sala de espera e disse que o coração dele tinha parado, mas a equipe de reanimação estava trabalhando e logo ele ficaria bem. Depois outra enfermeira chegou e disse que ele não estava bem.

Seu óbito foi declarado às 12h45min, sendo Gerry Stickells o responsável pela identificação formal. Monika não conseguiria tolerar o procedimento sinistro após seu último vislumbre de Jimi, deitado lá com um sorriso no rosto, "como se estivesse apenas dormindo e tendo um sonho lindo", disse.

Pelo menos essa parte da sua história não seria questionada por ninguém.

19

"BOA NOITE, DOCE PRÍNCIPE NEGRO"

"A Jimi Hendrix Experience acabou", anunciou o noticiário da ABC no seu boletim do final de tarde em 18 de setembro de 1970. "O músico de acid rock morreu hoje em um hospital de Londres, aparentemente de uma *overdose* de drogas. Durante sua curta carreira, Hendrix tocou sua guitarra com energia e criou alguns dos sons mais incomuns de um gênero musical igualmente incomum."

Enquanto exibiam filmagens de Jimi no palco e fora dele, o repórter Gregory Jackson o chamou de "um dos artistas mais conhecidos e bem-pagos na história da música gravada, cujos movimentos no palco podiam fazer Elvis Presley parecer um professor de Educação Física. Em festivais de rock, Hendrix recebia 50 mil dólares por uma performance, enquanto seus álbuns vendiam milhões de cópias".

"Ele deveria ter sido um milionário", Jackson acrescentou com um profético tom de ceticismo. "Não se sabe se ele economizou seu dinheiro. Mas se sabe que hoje Jimi Hendrix está morto... Ele tinha 28 anos [sic]."

A imprensa musical britânica entrou em luto unânime, cujo paradoxo foi resumido na manchete da *Disc and Music Echo*: "CAVALHEIRO JIM – INVENTOR DO POP PSICODÉLICO". Michael Lydon, do *New York Times*, foi um dos poucos obituaristas a ir além do clichê do "homem selvagem", referindo-se a Jimi como "um músico negro genial, um guitarrista, cantor e compositor de poder brilhantemente dramático [que] se comunicava com gestos tão grandes quanto podia imaginar e criar".

No entanto, para a maior parte da mídia mundial, a notícia era apenas de um *rock star* que se destruiu de uma forma que estava se tornando familiar, dessa vez mais distante do que nunca da sociedade normal. Várias reportagens falsamente alegaram que ele morreu por causa de uma *overdose* de heroína, criando um sentimento generalizado de que teria recebido nada além do que merecia.

Em Londres, o confiável Les Perrin foi mobilizado para trabalhar na importantíssima nota à imprensa. O anúncio da *overdose* de drogas veio diretamente do hospital, mas Perrin se recusou a confirmá-lo até que fossem concluídos a autópsia e o inevitável inquérito que viria em seguida. O publicitário linha-dura ficou profundamente afetado pela morte de Hendrix, dizendo aos repórteres que ao longo de quatro anos ele nunca havia causado problema algum e que, apesar da sua aparência "exótica e extrovertida", era "um homem muito acolhedor e simpático com um maravilhoso senso de humor. Eu o amava tremendamente".

Leon Hendrix estava em sua cela na penitenciária Monroe, esperando para começar seu turno de trabalho na cozinha, quando outro preso gritou para ele que seu irmão tinha morrido. Então veio um chamado no alto-falante pedindo que o prisioneiro 156724 se apresentasse no escritório do capelão.

Foi lá que seu pai lhe deu a notícia, por telefone, após recebê-la do advogado de Jimi, Henry Steingarten. "Mas não se preocupe", disse um choroso Al – que raramente lidava bem com emoções –, acrescentando, de forma confusa: "Ele vai ficar bem". Ao invés da terapia que receberia hoje em dia, Leon foi trancado na sua cela pelas 72 horas seguintes para evitar que sua angústia perturbasse a rotina da penitenciária.

Mike Jeffery estava em Maiorca, na casa de sua antiga assistente pessoal, Trixi Sullivan, que agora morava na ilha. Segundo Trixi, Jeffery tinha convidado Jimi para ir até lá e tirar uma folga "porque as coisas pareciam estar dando errado para ele em Londres". Um dia antes da sua morte, ele tentou ligar para Jeffery no Sgt. Pepper's (o clube que tinha feito ele vir especialmente dos EUA para inaugurar), mas não conseguiu contatá-lo. Jeffery tentou ligar de volta, mas foi impedido por uma tempestade que temporariamente bloqueou as comunicações telefônicas com o Reino Unido.

"Quando Mike ficou sabendo o que tinha acontecido, voou direto para Londres para lidar com a situação", Trixi recordou. "Eu me ofereci para ir junto, mas ele disse que não, que seria melhor ir por conta própria porque rolaria muita merda."

Kathy Etchingham estava em casa, em Chiswick, no começo da tarde, quando sua amiga Madeline Bell ligou para contar que tinha ouvido sobre a morte de Jimi no rádio. Kathy saiu correndo para comprar um jornal, mas não encontrou nenhuma menção à notícia. O vendedor então lhe disse que outra tiragem do jornal estava para sair às 15h. Nessa edição, era a matéria da capa.

Fayne Pridgon já havia se mudado do Harlem para o Brooklyn. Como tinha amigos na polícia, uma viatura parou em frente à sua casa para relatar o que os policiais tinham acabado de ouvir no rádio. Um deles lhe deu um pacote com drogas, dizendo que ela iria precisar delas. Ela ficou atordoada, mas não surpresa, lembrando como "Jimi sempre achava que um dia iria simplesmente se deitar e morrer".

Após Jimi não aparecer no Speakeasy, Mitch Mitchell dirigiu de volta para sua casa em East Sussex e ainda não tinha ido dormir quando o *roadie* Eric Barrett ligou para ele. A sensação, segundo Mitchell, foi "como a vez em que Jimi bateu seu carro no Benedict Canyon, voltou e me contou o que tinha acontecido. 'Será que sonhei isso?'".

Noel Redding recebeu a ligação enquanto estava deitado na sua cama, num hotel de Nova York, após uma noite de bebedeira. Imaginando ser um trote, Redding desligou na cara da pessoa. Ele percebeu seu erro quando uma sucessão de mulheres enlutadas veio bater à sua porta, perguntando se podiam cometer suicídio da janela de seu quarto.

Foi uma perda especialmente grave para alguém cujo status de *rock star* parecia tão incongruente quanto seu afro volumoso e para quem Jimi tinha sido "a primeira pessoa de quem fiquei próximo". Redding escreveria em sua autobiografia sobre como ele encontrou conforto no último lugar em que esperava – numa igreja.

Eric Clapton estava em sua casa de campo em Surrey quando descobriu que não tinha mais um rival que poderia arrancá-lo de qualquer palco, nem um amigo que nunca tinha parado de admirá-lo ou de aceitar suas sugestões. Jimi iria visitá-lo com mais algumas pessoas dali a alguns dias. Clapton, que costumava ser frio, posteriormente confessou: "Fui até o jardim e chorei o dia todo". Como alguém que, com frequência, estava à beira do suicídio, ele ficava perguntando retoricamente como Jimi podia ter partido "e não me levado com ele".

Dentre os colegas musicais de Jimi, outros corações notoriamente frios também ficaram emocionados. Bob Dylan chorou. A manchete de uma entrevista com Mick Jagger dizia: "ESTOU ARRASADO".

Keith Altham, que havia conduzido a última entrevista formal com Jimi, teve a conversa da BBC Radio 2 reproduzida no *Record Mirror*, o que acabou se tornando uma retrospectiva inédita. O freelancer Stephen Clackson também descobriu que tinha uma propriedade valiosa na conversa extraoficial que teve com Jimi três semanas antes, quando ele falou de forma tão aberta e parecia estar tão oprimido, infeliz e solitário.

Clackson levou a matéria ao *Sunday Mirror*, que o recompensou suntuosamente e lhe forneceu um carro e um motorista para mantê-lo protegido enquanto os segredos de Jimi eram inseridos no tabloide. Infelizmente, uma greve dos funcionários da gráfica iniciou-se na noite de sábado, impedindo que o jornal fosse impresso.

A edição seguinte da *Billboard* continha duas páginas com bordas pretas e uma despedida dos organizadores do Monterey International Pop Festival, no qual o nome de Jimi sempre seria escrito com fogo. A primeira página dizia:

*Para um **gato** negro cigano*
*que abalou o **mundo***
*quando ele precisava ser **abalado**.*
Durma bem.

Outra publicação simplesmente dizia:

Boa noite, Doce Príncipe Negro.

Sabendo que um escândalo logo surgiria na mídia, Gerry Stickells não perdeu tempo e afastou Monika Dannemann do hospital St. Mary Abbots. Ela relutou em partir, dizendo que Jimi sempre temia ser dado como morto por engano enquanto estava apenas "numa viagem astral". Segundo Monika, ele a fez prometer que, se ocorresse um caso assim, ela ficaria com ele por três dias e três noites para garantir que não seria enterrado vivo.

Naquela tarde, dois policiais foram ao Samarkand Hotel para colher o depoimento de Monika. Atualmente, a cena de qualquer morte em condições incomuns seria isolada com uma fita azul e branca pelas autoridades, mas, em 1970, o quarto no porão foi deixado exatamente como estava na noite anterior, com a porta que dava para a rua destrancada, pela qual visitantes podiam entrar e sair como bem desejassem.

Durante um exame superficial do quarto, um policial pegou um caderno que continha o poema "The Story of Life" de Jimi – como ele havia pedido, Monika ainda não o tinha lido. Ela temia que o caderno seria levado como prova, mas o policial só olhou para os desenhos que ela havia feito nas páginas anteriores, depois o largou.

Ela afirmou que Stickells e Eric Barrett também foram ao quarto naquela tarde e "levaram algumas coisas do Jimi", aparentemente menos atraídos por itens como roupas e mais interessados nos "recados que [ele] tinha recebido" – na época anterior aos telefones celulares ou secretárias eletrônicas, tudo estaria anotado em papel. Quando a Stratocaster "Black Beauty" foi adicionada à pilha, Monika alegou que Jimi havia prometido a guitarra para ela, então Stickells a deixou lá.

Mais tarde, ela foi fotografada sendo escoltada do quarto por ambos os *roadies*. Já que claramente não podia passar a noite lá, foi feita uma reserva para ela no mesmo hotel onde Eric Burdon estava, o Lincoln House, em Marylebone. Naquela noite, ela, Alvinia e Judy Wong – que atendera sua primeira ligação em pânico ao ver o estado de Jimi – foram ao Ronnie Scott's novamente para ver Burdon se apresentar com o War. De acordo com Judy, "parecia mais um velório".

Na pressa de sair do Samarkand, Monika esqueceu-se do caderno contendo "The Story of Life". Os *roadies* a informaram que ela só deveria voltar lá na manhã seguinte, antes das outras pessoas acordarem, e assim ela o fez.

Sharon Lawrence soube da morte de Jimi por meio de um noticiário na Bond Street. Mas, naquele momento, o trabalho de uma repórter de entretenimento da United Press International precisava ficar à frente de seus sentimentos pessoais. No sábado, 19 de setembro, ela conversou com Eric Burdon em seu quarto no Lincoln House. Na ocasião, Burdon lhe apresentou Monika como "uma velha amiga especial de Jimi".

A astuta Sharon não gostou muito da "boneca loira, vestida de preto da cabeça aos pés" que estranhamente não chorava nem demonstrava qualquer sinal de luto. "Eu sentia que era uma pessoa que ansiava por atenção." Questioná-la sobre a noite de quinta e a manhã de sexta-feira se mostrou um trabalho árduo, pois Monika ficava mudando de assunto e falando sobre sua própria arte e como ela sentia que agora tinha a missão de "pintar tudo em escala real para Jimi e fazer exposições no mundo todo".

"Ela estava confusa, com sua mente parecendo estar mais focada em sua carreira de principiante... e no que Jimi tinha dito sobre seu trabalho." No fim da entrevista, a abstração profissional de Sharon já estava se esvaindo. "Eu não ligava para as malditas pinturas dela. Ele estava morto e eu queria saber como e por quê."

Mais tarde, quando Monika saiu do Lincoln House, ocorreu uma situação desconfortável: ela não havia trazido dinheiro, Eric Burdon se recusou a pagar pela hospedagem dela e um recepcionista pouco gentil ameaçou apreender sua bagagem. Um jornalista alemão que estava por perto veio em seu auxílio com aparente cavalheirismo e ofereceu-se para chamar um táxi para ela. Aliviada de poder falar sua língua nativa, Monika não reclamou quando ele se sentou no banco de trás com ela.

O jornalista era da publicação *Bild-Zeitung*, extremamente popular e sensacionalista. Durante o trajeto, Monika falou muito sobre Jimi, mas, como ele não fez anotações, a jovem não tinha ideia de que a conversa estava sendo tratada como uma entrevista. A *Bild* prontamente publicou uma matéria de primeira página, com o título "EU DEI OS COMPRIMIDOS PARA JIMI" e citando Monika com as palavras: "As intrigas das pessoas com quem ele trabalhava acabaram com ele".

Eric Burdon hesitou em colocar sua mão no bolso, mas ainda sentia uma certa responsabilidade com Monika e com a amiga que se envolveu na morte de Jimi, Alvinia Bridges. Para poupá-las dos assédios da imprensa durante o restante do fim de semana, ele sugeriu que as duas o acompanhassem até sua cidade natal, Newcastle upon Tyne, onde sua banda faria o próximo show.

Como a imprensa ficou sabendo da viagem, os fotógrafos se estapearam na plataforma da estação King's Cross. Enquanto isso, Monika (com um lençol sobre sua cabeça) e Alvinia embarcavam em sua jornada de 320 km ao norte, onde receberiam a hospitalidade gratuita da mãe de Burdon.

Na segunda-feira, 21 de setembro, uma autópsia do corpo de Jimi foi realizada pelo professor Robert Teare, assessor de patologia e professor de Medicina Legal no curso de Medicina do Charing Cross Hospital.

Naquela noite, o principal noticiário da BBC-TV, *24 Hours*, incluiu uma matéria sobre estrelas do pop e drogas, na qual Eric Burdon – que já tinha retornado de Newcastle – concordou em participar. Para o entrevistador mais duro do programa, Kenneth Allsop, ele falou principalmente sobre suas próprias atitudes, mas a morte de Jimi, é claro, veio à tona. Foi quando Burdon, muito emocionado, deixou implícito que havia sido um suicídio. "Ele ficou feliz em morrer. Ele morreu feliz e usou a droga para se remover da realidade e ir para outro lugar."

Posteriormente, Burdon admitiu que estava chapado durante a entrevista e que Allsop "me pegou de jeito, acabou comigo". Quando ele saiu do estúdio, encontrou-se com um executivo da Polydor, primeiro selo de Jimi no Reino Unido, que desagradavelmente o informou que ele nunca mais trabalharia na Inglaterra após dizer aquelas palavras.

Dois dias depois, Gavin Thurston, o médico legista da região Inner West de Londres, deu início ao inquérito sobre a morte de Jimi no Westminster Coroner's Court. Thurston já estava acostumado a mortes repentinas de celebridades, pois também conduziu o inquérito do empresário dos Beatles, Brian Epstein, devido a uma *overdose* de álcool e barbitúricos em 1967.

Antes do processo ser instaurado, já havia um depoimento de Monika e outro de Gerry Stickells, que foi quem identificou o corpo de Jimi. O relato de Monika – que se descreveu como uma "artista" e não mencionou em qualquer momento seu noivado com Jimi – dizia que, até o momento de sua morte, ele estava "muito feliz" e "nunca tinha falado em se matar". Quanto ao instante em que percebeu que havia algo de errado com ele, esse primeiro relato oficial não citava nada sobre ela ter saído para comprar cigarros pouco antes do óbito.

O depoimento de Stickells era totalmente fictício, alegando que Jimi "às vezes tomava comprimidos para dormir e anfetaminas", mas que ele nunca o tinha visto usando drogas mais pesadas, sequer fumando maconha. O *roadie* ainda fantasiou que, nas últimas três semanas, Jimi se mostrava "perfeitamente capaz de trabalhar quando precisava, exceto por um dia em que estava cansado e com um resfriado".

Após evidências de rotina de uma testemunha da polícia, o processo foi suspenso por sete dias, até 28 de setembro, enquanto os resultados de outros testes forenses eram aguardados. No dia seguinte, Monika voou para sua casa, em Düsseldorf, onde fez um ensaio fotográfico para a imprensa, posando ao lado de algumas de suas obras de arte, mais uma vez com uma linguagem corporal particularmente insensível ao luto.

Quando o processo foi retomado, o professor Robert Teare expôs suas descobertas durante a autópsia: Jimi tinha morrido devido à "inalação de vômito causada por intoxicação de barbitúricos". Em seu estômago, havia uma refeição parcialmente digerida, incluindo grãos inteiros de arroz – presume-se que eram da comida chinesa que ele ingeriu na festa de Pete Kameron. Teare encontrou apenas um nível baixo de álcool em seu sangue e nenhum sinal visível de dependência química (como marcas de agulhas nos braços).

As únicas outras pessoas a fornecerem provas foram Stickells, que simplesmente repetiu o depoimento dado antes da audiência, e Monika, que mudou sua história – algo que viria a fazer mais 14 vezes, aproximadamente. No assento dedicado às testemunhas, ela alegou ter acordado ao lado de Jimi às 10h20min da manhã, não por volta das 11h, como tinha dito antes, e acrescentou o detalhe de ter saído para comprar cigarros.

Estranhamente, Eric Burdon e Alvinia Bridges não foram chamados para dar seus importantes relatos. Caso o tivessem feito, uma inconsistência gritante seria revelada entre suas versões dos eventos da noite e a história contada por Monika.

Em diversas declarações, ela afirmaria ter percebido que Jimi não estava respondendo a estímulos durante a manhã – os horários variavam, mas nunca eram antes das 9h. Enquanto isso, Burdon recordou que o SOS de Monika para Alvinia ocorreu "assim que o sol raiou" e que os dois pegaram seus respectivos táxis para o Samarkand Hotel poucos minutos depois. Ainda assim, a ambulância havia sido chamada para o Samarkand às 11h18min, fato comprovado pelo registro do operador do serviço. Isso sugere que muitas horas tinham se passado, durante as quais Jimi desesperadamente precisava de ajuda, mas não recebeu nenhuma.

O médico legista, Gavin Thurston, parecia estar preocupado apenas com a hipótese de suicídio que deixou os jornais tão obcecados após o comentário de Burdon no *24 Hours*. De fato, o inquérito aparentava ser pouco mais que uma formalidade. Thurston declarou que havia provas insuficientes de que Jimi tinha uma "intenção consciente" de se matar, então registrou um veredito em aberto – ou seja, sua morte era suspeita, mas não era possível chegar a uma conclusão firme.

O *Daily Mirror* da manhã seguinte trazia uma matéria de duas páginas com a manchete: "A ÚLTIMA MENSAGEM DE JIMI PARA MONIKA". Abaixo, uma citação de seu poema "The Story of Life": "Olá e adeus até nos encontrarmos de novo".

Em conformidade ao veredito do inquérito, o *Mirror* disse que o texto não se tratava de uma carta de suicídio, mas a expressão de um relacionamento vivo, revelando que aquele "homem selvagem do pop" e "artista frenético" era, na verdade, "delicado, quieto e particularmente reservado". Sua "namorada [não noiva] alemã" tinha consentido em compartilhar apenas aquele trecho do poema – apesar de obviamente ser o mais comovente e comercial.

Na entrevista que acompanhava o texto, Monika afirmou que Jimi não tinha "nenhuma preocupação" nem comunicava de qualquer forma que sua vida não valia mais a pena. Ela achava que ele tinha tomado a dose fatal de Vesparax enquanto ela estava começando a dormir, pois os comprimidos não estavam na cabeceira, mas em um armário, e ele teria de se levantar da cama para pegá-los.

Quanto aos cigarros, nesse relato, ela disse que queria sair para comprá-los, mas ainda não o tinha feito quando percebeu que ele estava "mal".

Logo após a morte de Jimi, Mike Jeffery tornou-se invisível como nunca antes havia ficado. Quando um empresário perde um cliente importante de forma tão súbita, o normal é emitir um comunicado pessoal e emocionado à sua vida, tanto como artista quanto como amigo, além de conceder entrevistas a todo mundo que esteja interessado, talvez até dando uma palavra de consolo para os fãs desolados. Mas Jeffery não fez nada disso.

Seus sócios profissionais – os gestores das gravadoras e *promoters* de shows cuja fonte de renda tinha se incinerado tão rápido quanto uma Stratocaster nas mãos de Jimi – tentaram marcar reuniões e teleconferências urgentes com Jeffery, em vão. Ronnie Foulk, que ainda tinha assuntos pendentes com ele a respeito do Isle of Wight Pop Festival, recordou que "por cerca de quatro dias, ele simplesmente desapareceu". Dick Katz, da agência de eventos Harold Davidson, outro empresário das antigas que passou a gostar pessoalmente de Jimi, ficou furioso com esse comportamento e disse a várias pessoas que Jeffery estava usando esse tempo para "manipular o dinheiro de Jimi". "A palavra 'Máfia' também foi mencionada", Foulk lembrou.

Não encontraram qualquer vestígio do testamento no qual Jimi havia prometido os direitos de suas canções a Linda Keith, suas posses a Kathy Etchingham e seus *royalties* a Fayne Pridgon. Ele foi declarado morto sem deixar testamento, o que significava que, sob as leis do estado de Nova York, seu domicílio oficial, tudo iria para o pai que nunca tinha demonstrado qualquer compreensão ou respeito por sua música.

Linda Keith só ficou sabendo da morte de Jimi quando ela e seu noivo, Lawrence, chegaram a St. Tropez, em sua viagem pela França, durante a qual não viram qualquer noticiário britânico. Em St. Tropez, ela ficou surpresa ao encontrar seus amigos de Nova York, Roberta Goldstein e Mark Hoffman, com quem ela estava quatro anos antes, na primeira vez em que viu Jimi tocar no Cheetah Club. E Hoffman era o dono do apartamento escarlate – o "Red House", como Jimi o chamava –, onde ele e Linda passaram a noite conversando. Agora, na gloriosa "St. Trop.", Roberta lhe contou sobre o que havia sido manchete em ambos os lados do Atlântico dez dias antes.

"Roberta e Mark estavam com alguns amigos nas colinas atrás da cidade, e Lawrence e eu passamos uma noite tranquila com eles por lá", Linda recordou. Apesar de estar com o homem que se tornaria seu primeiro marido, ela não conseguia reprimir "uma sensação enorme de decepção. Eu nunca parei de pensar que Jimi e eu ficaríamos juntos algum dia, quando sua vida se acalmasse – talvez até quando fôssemos idosos. Agora, aquilo nunca mais aconteceria".

Al Hendrix decidiu que o velório aconteceria em Seattle, algo que desagradou amigos como Sharon Lawrence e Eric Burdon, que muitas vezes ouviram Jimi dizer que gostaria de ser enterrado em Londres. Sharon ligou para Al e implorou por uma cerimônia discreta em alguma capela da cidade, mas não conseguiu nada. Ele ainda interrompeu: "Por acaso você sabe me dizer quanto dinheiro tem?".

A tarefa de transportar o corpo de Jimi até sua cidade natal ficou a cargo de Pat O'Day, o DJ e *promoter* de Seattle que tinha organizado sua visita desastrosa a James A. Garfield High School dois anos antes. Depois que as roupas sujas nas quais ele tinha morrido tiveram de ser descartadas, Jimi ainda estava com a vestimenta básica fornecida pelo agente funerário, uma camisa ao estilo lenhador e calças jeans. Após todos os trajes fenomenais que ele amou vestir em sua vida, aquele era o insulto final.

Organizar o funeral era uma tarefa tão assustadora para Al que ele cedeu a maior parte do seu planejamento para uma amiga da família chamada Freddie Mae Gautier, que conhecia Jimi desde bebê. Diversas celebridades expressaram seu interesse em participar da cerimônia, entre elas um músico que havia empregado Jimi, Little Richard, cuja proposta de organizar todo o show precisou ser firmemente recusada.

O funeral ocorreu em 1º de outubro na capela batista Dunlap, tendo a presença do dinâmico prefeito de Seattle, Wes Ulhman. Além dele, compareceram cerca de 200 convidados, enquanto centenas de pessoas participavam passivamente do lado de fora, honrando Jimi como a cidade nunca o tinha feito durante sua vida.

Para muitos interessados, também foi o momento em que Mike Jeffery ressurgiu publicamente, apesar de sua única contribuição para as exéquias ser uma coroa de flores enorme no formato de um violão.

Um empresário mais atencioso, é claro, teria encomendado uma coroa no formato de uma Fender Stratocaster.

Leon Hendrix recebeu autorização para se ausentar da penitenciária Monroe por um dia e ir ao funeral, desde que seu pai pagasse os custos de três agentes do governo americano para escoltá-lo. Embora tenha chegado com algemas, um oficial as removeu enquanto ele acompanhava o funeral. Em meio à congregação, havia uma quantidade generosa das antigas amigas de Jimi, como Melinda Merriweather, do Havaí, e Devon Wilson, que Al nunca tinha visto antes, mas que o deixou perplexo ao informar que ela e Jimi estavam planejando se casar.

O grande contingente de músicos incluía Mitch Mitchell, Noel Redding, Johnny Winter, Buddy Miles, John Hammond Jr. e Miles Davis (normalmente tão frio que nem foi ao enterro da própria mãe). Já Eric Burdon preferiu se ausentar, em protesto. Para Mitchell e Redding, esperando que Gerry Stickells os chamasse diante da multidão, parecia estranhamente um show nos velhos tempos com a Jimi Hendrix Experience.

Um dos responsáveis por carregar o caixão foi James Thomas, ex-empresário da primeira banda séria de Jimi, os Rocking Kings. O velório ocorreu de caixão aberto, onde era possível ver Jimi vestindo o terno preto e formal que havia comprado para seu julgamento por posse de drogas em Toronto. Seu pai demonstrou o amor que reteve durante toda sua vida, passando a mão sobre sua testa e lamentando: “Meu filho!”.

Era de se esperar que seu empresário fizesse um discurso, ou então que um dos melhores guitarristas do mundo dissesse algo, mas quem acabou falando foi a amiga da família, Freddie Mae. Em seu discurso, ela citou um trecho da música “Angel”, outra aparente referência à mãe de Jimi, Lucille: “*Fly away my sweet angel/ Tomorrow I’ll be by your side*” [“Voe, meu doce anjo/ Amanhã estarei ao seu lado”]. Leon leu um poema que tinha escrito, dizendo que Jimi e Lucille estavam juntos agora.

O cortejo fúnebre de 24 limusines foi até o Greenwood Memorial Cemetery, onde Jimi foi sepultado ao lado de sua avó, Zenora. Lucille estava no mesmo cemitério, mas Al não se lembrava exatamente onde.

(Na verdade, ela estava a poucos metros dali, então o poema de Leon tinha acertado.)

Em fila, os enlutados passaram ao lado do túmulo, jogando bilhetes e palhetas de guitarra – todos, exceto Mike Jeffery, que permaneceu em sua limusine, escondendo qualquer emoção que tivesse por trás das janelas escurecidas do veículo. Devon Wilson chorou histericamente e tentou se jogar no caixão quando a terra começou a cair sobre ele. Leon pretendia usar este momento, quando os três oficiais estivessem distraídos, para tentar fugir, tendo inclusive comparsas esperando perto dali com um carro de fuga. Ao invés disso, apenas sinalizou para que fossem embora, pois se despedir apropriadamente de seu irmão era mais importante do que sua fuga.

Certa vez, Jimi disse: "Quando eu morrer, não quero um funeral, quero uma *jam session.* E sabendo como eu sou, provavelmente vou ser preso no meu próprio funeral". Mais tarde, naquele mesmo dia, Mitchell, Redding, Johnny Winter e a Buddy Miles Express se uniram para um "velório musical" que deveria ter sido espetacular. Mas não parecia uma *jam* de verdade sem a presença de Jimi.

20

"UM ANJO DA GUARDA NEGRO E ALTO COM UM CHAPÉU"

Não permitiram que Jimi descansasse em paz. Nas décadas seguintes, sua morte seria incansavelmente revisitada, com tantas variações e improvisações quanto seus solos de guitarra.

Naquela época, entretanto, ela logo sumiu das manchetes, pois o Clube dos 27 ganhou mais dois integrantes numa rápida sucessão. Um mês depois, em Los Angeles, Janis Joplin sofreu uma *overdose* de heroína; em julho de 1971, Jim Morrison, que não era mais a criatura mítica e angelical que liderava os Doors, mas um americano barbudo e obeso que morava em Paris, sofreu um ataque cardíaco fatal em sua banheira.

Até então, o Clube também tinha silenciado uma testemunha essencial dos últimos dias de Jimi: Devon Wilson faleceu em uma misteriosa queda do nono andar do Hotel Chelsea, um local propenso a fatalidades. A única pista era um recente aumento no seu uso de heroína, aparentemente causado pelo luto por Jimi. Pouco tempo antes disso, ela havia dito a Sharon Lawrence o quanto se arrependia de todas as artimanhas que tinha utilizado para explorá-lo e atormentá-lo.

Sharon nunca teve qualquer dúvida de que ele tinha tomado a *overdose* de Vesparax intencionalmente e que "The Story of Life" (que Monika Dannemann tinha mostrado a ela) era muito mais que o simples poema ou letra de música que tantos acreditavam ser. "Aquelas páginas não eram... nada que Hendrix fosse divulgar publicamente", ela recordou. "Eram as palavras de um homem cansado e perturbado. Ele tirou sua própria vida – tenho certeza disso."

Chas Chandler, que entendia o temperamento de Jimi tão bem quanto qualquer um, estava igualmente convencido do oposto. "Eu não acredito nem por um segundo que ele tenha se matado", Chandler disse e continuou repetindo até sua própria morte prematura. "Isso é algo fora de questão."

Mas nada surgiu das pessoas que tinham compartilhado as últimas horas e minutos de Jimi para apoiar qualquer um dos dois pontos de vista. Presumia-se que Monika, após seu tempo sob os holofotes dos tabloides, tinha voltado para Düsseldorf e seus alunos de patinação; Eric Burdon, o primeiro a sugerir a ideia de suicídio (e trazer consequências tão adversas para si próprio), optou por se isolar e não comentar mais o assunto; Gerry Stickells manteve a discrição absoluta que se espera de um *roadie*, comparável ao sigilo de um mordomo em uma mansão vitoriana.

Uma porção substancial e reveladora do último dia de Jimi nunca foi bem esclarecida: seu encontro ao acaso com o jovem segurador da Lloyd, Philip Harvey, assim como o chá acompanhado de baseados com Harvey, Penny Ravenhill e Anne Day, que havia dado uma perspectiva tão diferente de seu relacionamento com Monika.

Pouco tempo depois, o pai de Harvey, político conservador, foi promovido à Casa dos Lordes como Lorde Harvey de Prestbury. Temendo que sua conexão a um *rock star* drogado e morto pudesse constranger seu pai recentemente enobrecido, Harvey fez as duas mulheres jurarem segredo sobre tudo que tinha ocorrido na ocasião.

Desde o princípio, havia a suspeita de que Mike Jeffery talvez tivesse alguma influência na morte de Jimi, mas isso surgiu do desgosto e da falta de confiança que a maioria das pessoas tinha por Jeffery ao invés de qualquer prova concreta. Ninguém da mídia tinha a menor ideia de seu passado como um agente da inteligência britânica, com licença para matar, nem de suas ligações com a Máfia que ele já havia utilizado quando aqueles dois "aspirantes a mafiosos" sequestraram Jimi um ano antes.

Claramente ciente do que as pessoas estavam dizendo e pensando, Jeffery quebrou sua regra da invisibilidade e concedeu uma entrevista à *Rolling Stone*, refutando a ideia de que "The Story of Life" indicava um suicídio. "Estou revisando uma pilha de documentos, poemas e músicas que Jimi tinha feito", ele comentou, "e posso te mostrar 20 exemplos que poderiam ser interpretados como cartas de suicídio".

Ele acrescentou que Jimi nunca disse nada a ele sobre querer trocar de empresário. O que poderia parecer um conflito entre eles havia surgido principalmente da "genialidade incrível" de Jimi. "A coisa em comum entre os artistas desse calibre é que eles estão constantemente frustrados com sua arte." Ele soava como um empresário sábio e compreensivo, como os melhores de seu ramo.

Os benefícios da morte de Jimi para Jeffery foram imediatos. *Rainbow Bridge*, o filme que ele coproduziu, foi ridicularizado em seu lançamento, em 1971, por sua incoerência e autoindulgência hippie. Mesmo assim, as pessoas foram vê-lo por conta dos 17 minutos em que Jimi aparecia tocando próximo ao vulcão Olowahu, em Maui.

Jeffery também controlava os direitos de *Jimi Plays Berkeley*, um documentário sobre sua apresentação no Berkeley Community Center, em maio de 1970. Q filme entrou em uma espécie de turnê pelos cinemas, contendo apresentações ao vivo dos artistas recentemente contratados por Jeffery, Cat Mother e Jimmie & Vella.

Em termos imobiliários, os benefícios foram ainda maiores. Jeffery comprou a cota de 50% que Jimi tinha do Electric Lady Studios por 240 mil dólares e devolveu os 30 mil dólares que tinha emprestado da Warner Brothers para inteirar a cota, ganhando assim o controle total do que havia sido o maior sonho de Jimi. Nos anos seguintes, o Electric Lady se tornaria um sucesso enorme, sendo utilizado por David Bowie, os Rolling Stones e Patti Smith, entre outros – apesar de Jeffery não estar lá para ver isso.

Algumas semanas após o funeral de Jimi, Sharon Lawrence estava em Nova York realizando um trabalho para a United Press International. Ela então foi até o Greenwich Village para ver o antigo prédio dele na West 12th Street. Quando um porteiro amigável a deixou entrar no apartamento, ela descobriu que não estavam mais lá as guitarras, o equipamento de som, os discos, nem mesmo seus adorados tapetes e almofadas do Marrocos. O porteiro a informou que tudo tinha sido levado por "pessoas do escritório".

Al Hendrix posteriormente recordou que poucos dos bens de Jimi chegaram até ele – e os que chegaram eram de pouco valor. De acordo com seu irmão, Leon, todos os itens que receberam cabiam tranquilamente debaixo da mesa de ping-pong da família.

Depois da 12th Street, Sharon continuou andando algumas quadras até o Electric Lady, onde encontrou Mike Jeffery do lado de fora. Ela ficou surpresa ao receber um abraço de Jeffery, que chorava de forma aparentemente genuína. Ele lhe perguntou: "Por que ele fez isso? Ele tinha todos os motivos para viver".

Já fazia muito tempo que Jeffery tinha abandonado sua aparência de *Carter, o Vingador*, com terno azul-marinho, bigode ferradura e óculos escuros, tanto em lugares abertos quanto fechados. Imagens dele continuavam uma raridade, mas uma foto que deu a Trixi Sullivan em 1973 – a última tirada dele – o exibia em um visual praieiro, vestindo uma camisa florida, chapéu de palha de aba larga e jeans Levis desbotados.

Sua principal esfera de negócios ainda estava em Maiorca, onde, além dos clubes noturnos, ele pretendia abrir um estúdio de gravação como o planejado para Maui, que nunca passou da fase de projeto. A ideia era comprar uma *finca* (um imóvel) em um trecho isolado do litoral, no qual músicos pudessem trabalhar sem distrações e ainda se hospedar, evitando desperdiçar dinheiro nos hotéis para turistas da ilha. “Eu tinha acabado de fazer minhas viagens pela Europa”, Trixi recordou, “recebendo as pilhas de dinheiro que eram devidas a Mike para que ele pudesse financiar o estúdio.”

Em fevereiro de 1973, o processo de Ed Chalpin, que tinha sido adiado pela morte de Jimi, finalmente foi julgado pela Alta Corte de Justiça de Londres. A questão era se a validade do contrato no valor de um dólar que Jimi tinha assinado com o selo PPX em 1965 – e depois violado ao assinar outro documento com Chas Chandler e Jeffery – poderia dar a Chalpin uma parcela perpétua de seus rendimentos. Durante os anos de litígio, uma grande proporção de seus *royalties* de discos tinha sido retida enquanto o fim do julgamento era aguardado, da qual agora Jeffery era o único empresário a receber qualquer percentual.

A Alta Corte rejeitou as alegações de Chalpin e exigiu que ele arcasse com as despesas processuais. Como uma leve compensação, teve a permissão para manter os álbuns com a participação de Jimi que o selo PPX já tinha lançado. Antes do veredito, houve um toque de drama: um mandado de prisão fez com que a polícia prendesse Jeffery por ele não comparecer a uma audiência de instância inferior para responder uma acusação de posse de drogas, pela qual estava em liberdade provisória sob fiança.

A liberdade provisória lhe foi concedida novamente desde que ele cedesse seu passaporte às autoridades. Porém, seu advogado argumentou, com sucesso, que a posse do documento era necessária para seu retorno a Maiorca no fim de semana seguinte.

Em 5 de março, Jeffery embarcou num voo da empresa Iberia, de Palma a Londres, para a última audiência do processo de Chalpin. A viagem incluía um trecho pelo espaço aéreo francês. No dia, os controladores de tráfego aéreo da França estavam em uma de suas frequentes greves, sendo substituídos por militares em suas funções.

Enquanto o Iberia DC9 voava por nuvem densa no noroeste da França, colidiu com um voo fretado que vinha de Madri, também em direção a Londres. O avião fretado sofreu uma leve avaria, mas o DC9 foi arrebentado ao meio, matando todas as 68 pessoas a bordo, entre tripulantes e passageiros. Alguns dos corpos congelaram no ar e caíram sobre a pequena cidade de La Planche.

O corpo de Jeffery estava desfigurado e irreconhecível, mas Gerry Stickells – voltando à função que exerceu no hospital St. Mary Abbots, em Kensington – conseguiu identificar algumas de suas joias pessoais.

A administração de seu patrimônio foi repassada à sua esposa, Gillian, que já estava há tempos afastada dele. Em seguida, um depoimento às autoridades fiscais do Reino Unido afirmou que, após a quitação de todos os empréstimos e dívidas pendentes, o valor dos bens de Jeffery seria "nulo". Muitos dos jovens músicos que tinham passado por suas mãos, incluindo Noel Redding, acreditavam que ele havia forjado sua morte e fugido para algum paraíso tropical com todo o dinheiro que deveria ter sido deles.

E esse não foi exatamente o fim do mistério de Mike Jeffery. Em 1981, seus restos mortais foram exumados no cemitério Hither Green, no sudeste de Londres, seguindo uma ordem especial do Ministério do Interior, por motivos que nunca foram explicados. Em seguida, a pedido de seu pai, ocorreu uma cremação.

Obcecado em sempre esconder seus rastros onde quer que fosse, ele levou seus segredos para o túmulo – duas vezes, como se quisesse garantir que ficassem lá.

Após quatro anos de turnês incessantes e sucessos gigantescos, Jimi Hendrix morreu praticamente falido. Ele não tinha casa própria, não havia feito qualquer investimento e, após a retirada furtiva dos bens de seu apartamento, sequer deixou muitas guitarras para trás. Os jornais estimaram que seu patrimônio era avaliado em meros 400 mil dólares; na verdade, era só 23 mil dólares, sendo a maior parte desse dinheiro destinado aos impostos nos EUA.

Seu patrimônio estava nas mãos de um pai cuja única experiência com negócios vinha dos seus 20 anos como paisagista e jardineiro independente. Ele não tinha a menor ideia de como administrar seu legado, se é que haveria um legado. No entanto, logo ficou claro que muitas pessoas estavam mais que dispostas a ajudar.

Pouco depois da morte de Jimi, Al Hendrix foi abordado por um consórcio de advogados e empresários de Seattle. Eles buscavam sua aprovação para a Jimi Hendrix Memorial Foundation, uma organização sem fins lucrativos dedicada a fornecer à jovem população afro-americana da cidade os meios e as oportunidades que tanto faltaram a Jimi em sua juventude.

O consórcio alegou ter adquirido um terreno de 59 hectares nos arredores de Seattle, a ser convertido numa combinação de local para shows e acampamento. Após três anos, o lugar seria batizado de Jimi Hendrix Memorial Park e doado à cidade. Em troca da autorização do uso do nome de Jimi e de sua imagem em itens para divulgar a organização e angariar fundos, Al receberia o cargo de vice-presidente e um salário.

Al consentiu de bom grado, e, a princípio, parecia que tudo corria bem. A fundação alugou um conjunto impressionante de escritórios no centro de Seattle, com 15 linhas telefônicas para dar conta da enchente de doações que esperavam, nos valores de 10 ou 20 dólares cada. A tia extraoficial de Jimi, Freddie Mae Gautier, se tornou diretora; e também acharam uma função para seu irmão, Leon, recentemente liberado da penitenciária Monroe e precisando de uma alternativa ao tráfico de drogas.

As duas primeiras apresentações em tributo a Jimi foram bem-sucedidas, mas feitas em casas de shows da cidade em vez do terreno de 59 hectares que o consórcio dizia ter adquirido. Al foi convidado ao palco e apresentado à plateia, realizando o sonho de estrelato que tinha enterrado com suas mudas e sementes tanto tempo atrás.

Foi então que um artigo no *Seattle Post-Intelligencer*, assinado pelo repórter investigativo Walter Wright, revelou alguns fatos avassaladores sobre a fundação. Ao invés de trabalhar de graça, como seria requerido pelo seu status de organização sem fins lucrativos, os funcionários estavam vendendo itens relacionados a Jimi e recebendo comissões. Além disso, um de seus executivos já tinha sido condenado em um processo criminal por comercializar passagens aéreas furtadas.

Al retirou seu apoio, levando a cidade a cancelar a licença da fundação. Em sua próxima visita ao escritório, descobriu que o lugar estava deserto e que todos os itens com a imagem e o nome de Jimi tinham sumido, até os carimbos com uma miniatura de seu rosto que eram utilizados nas mãos de quem ia aos shows.

Não encontraram qualquer vestígio dos milhares de dólares que tinham passado pela fundação – nem do terreno de 59 hectares que supostamente seria o local do Jimi Hendrix Memorial Park. Um dos "empresários" do consórcio foi posteriormente acusado de estar ligado a oito assaltos a mão armada e cometeu suicídio; outro deles foi assassinado a tiros por sua esposa.

Estava claro que alguém precisava proteger o ingênuo Al de situações similares, mas não seria o advogado de Jimi, Henry Steingarten, pois ele pertencia à mesma firma que o advogado de Mike Jeffery, Mike Weiss. Isso não foi um problema enquanto Jimi e Jeffery estavam vivos e seus interesses basicamente coincidiam, mas era inaceitável após suas respectivas mortes.

No lugar de Steingarten, Al contratou Leo Branton, um afro-americano de Los Angeles – embora de pele tão clara que muitos achavam que ele era branco –, veterano da Segunda Guerra Mundial. A essas credenciais impecáveis aos olhos de Al, Branton acrescentou uma aparente empatia total com Jimi: ele não apenas representava estrelas da música negra, como Nat King Cole e Dorothy Dandridge, mas também atuava na defesa dos Panteras Negras e de outros dissidentes sob ataque do governo dos EUA. Quando Al o conheceu, ele defendia a feminista radical Angela Davis no julgamento dela como cúmplice no sequestro e homicídio de um juiz, garantindo sua absolvição.

A primeira tarefa de Branton foi determinar o quanto dos rendimentos de Jimi havia sido desviado por Mike Jeffery e onde estava esse dinheiro. Logo descobriram que a quantia era considerável. Yameta, a empresa criada por Jeffery nas Bahamas para obter proteção fiscal para seus artistas pop e para si próprio, tinha recebido cerca de um milhão de dólares gerados por Jimi, incluindo 250 mil dólares da época em que ele assinou seu contrato com o selo Warner/Reprise.

De modo pragmático, Brandon decidiu que desvendar tudo por trás da Yameta levaria tempo demais, mesmo para um possível resultado milionário. De qualquer forma, numa entrevista publicada só depois da sua morte, Jeffery alegou ter percebido que a Yameta lhe estava sendo desfavorável e que tinha parado de utilizá-la em 1968.

Branton organizou de forma vigorosa, às vezes até implacável, todos os negócios referentes a Jimi. Mitch Mitchell e Noel Redding – que não tinham atingido grande sucesso após a Jimi Hendrix Experience – foram persuadidos a abrir mão de seus direitos aos *royalties* futuros do trio em troca dos montantes únicos de 325 mil libras e 175 mil libras, respectivamente (Mitchell recebeu mais por ter tocado com Jimi nas duas bandas que vieram em seguida). Mas não havia nada para o segundo baixista da Experience, Billy Cox, apesar do colapso nervoso que sofreu na segunda turnê europeia, nem para Buddy Miles, que sempre viu Jimi como um parceiro na Band of Gypsys.

Enquanto isso, os dois casos de paternidade, que poderiam ter dado a Jimi herdeiros no lugar de Al Hendrix, acabaram se resolvendo por conta própria. O pedido de Diane Carpenter a respeito de sua filha, Tamika, fracassou em 1972 porque Jimi morreu antes de poder fornecer o essencial teste sanguíneo. Em 1975, um tribunal sueco declarou que ele era o pai de James Daniel, filho de seis anos de Eva Sundquist, como resultado de "duas relações sexuais", mas a decisão não tinha qualquer validade nos EUA, onde realmente importava.

O que finalmente despertou um interesse sério nas circunstâncias da morte de Jimi foi o escândalo Watergate, nos EUA, que se iniciou em 1971 e revelou que alguns dos oficiais mais poderosos do país eram apenas bandidos vingativos. O caso acabou levando à renúncia do presidente Richard Nixon a tempo de evitar seu *impeachment*.

No ano do clímax do escândalo Watergate, 1974, surgiu a informação de que a paranoia presidencial não era exclusividade de Nixon. Um artigo de Seymour M. Hersh no *New York Times* expôs um programa de vigilância doméstica da CIA, codinome MHCHAOS, criado por Lyndon Johnson, antecessor de Nixon – mas amplamente expandido por ele –, cuja escala ia muito além do COINTELPRO do FBI.

Operando totalmente fora da lei, o MHCHAOS tinha espionado 7.200 organizações e indivíduos considerados como ameaça à segurança nacional dos EUA, além de compilar uma lista de mais 30 mil elementos potencialmente subversivos. Entre os alvos óbvios, como os Panteras Negras e manifestantes antiguerra, estavam escolhas surpreendentes, como o movimento de libertação das mulheres e a organização educacional judaica B'nai B'rith. A agência chegou ao ponto de adquirir uma empresa de coleta de lixo para obter itens descartados por seus suspeitos sem chamar atenção.

Em 1979, o jornal estudantil da Santa Barbara University – uma das antigas paradas da Jimi Hendrix Experience – usou o Freedom of Information Act (lei que garante a liberdade de informação nos EUA) para obter acesso ao que o MHCHAOS tinha registrado sobre Jimi. A CIA entregou seis páginas datilografadas, com diversos trechos removidos no tocante a interesses contínuos e não especificados da segurança nacional. Quando os estudantes de jornalismo requisitaram mais informações, receberam outras sete páginas com um número similar de trechos removidos. Mesmo assim encontraram o nome de Jimi registrado como alguém que, caso o governo decidisse declarar uma emergência nacional, seria preso e colocado em um "campo de detenção". De acordo com seu irmão, Leon, ele era considerado uma ameaça pública no mesmo nível de Osama Bin Laden após os ataques de 11 de setembro.

Daí a crença duradoura de que o ocorrido no quarto do porão do Samarkand Hotel teria sido um assassinato político – e ela não pode ser dispensada como uma mera teoria da conspiração. Enquanto o serviço de inteligência dos EUA agia sem limites, um jovem negro que era ouvido por milhares de brancos poderia facilmente se colocar em um risco extremo ao tocar "The Star-Spangled Banner" com distorção. No entanto, mesmo com todos os informantes da CIA que surgiram desde aquela época, nunca houve a mínima indicação de uma narrativa de assassinato dentro da organização.

"É engraçado como a maioria das pessoas ama os mortos", Jimi comentou ao ser entrevistado pelo *Melody Maker* em 1969. "Quando você morre, você ganha a vida. Você tem de morrer antes de acharem que vale alguma coisa."

Apesar de ninguém precisar ser convencido de que ele valia alguma coisa, os dois discos de Jimi lançados em 1971 aproveitaram o aumento no número de vendas que sempre acompanha a morte de um músico famoso. *The Cry of Love* foi lançado em abril, contendo dez das faixas que Jimi pretendia colocar em um disco duplo, incluindo "Angel" e "Astro Man", e contando com músicos convidados como Stephen Stills, Steve Winwood e Buddy Miles. Seu engenheiro de longa data, Eddie Kramer, e Mitch Mitchell selecionaram as faixas, com a contribuição de Mike Jeffery no papel de "produtor executivo". O disco chegou à segunda posição das paradas no Reino Unido e à terceira nos EUA, vendendo meio milhão de cópias em um mês. Mais adiante, atingiu o status de disco de platina ao vender mais de um milhão de cópias.

Rainbow Bridge foi lançado em outubro, divulgado como "a trilha sonora do filme", mas continha mais faixas gravadas no Electric Lady que Jimi consideraria inacabadas, incluindo uma primeira versão de estúdio de "The Star-Spangled Banner". Quando esse disco chegou apenas à 15ª posição das paradas no Reino Unido e à 16ª nos EUA, Mo Ostin, presidente do selo Warner/Reprise, declarou que a vida de Jimi nos discos estava "essencialmente... encerrada".

Entretanto, ainda havia um estoque de gravações de estúdio com dezenas de canções de Jimi que ele tinha deixado em diversos estágios de desenvolvimento. Seu novo advogado, Leo Branton, tomou posse dessas gravações em nome de Al Hendrix e as entregou para Alan Douglas, o produtor de jazz com quem Jimi esperava colaborar, para ver o que poderia ser resgatado e elevado a um nível digno de lançamento oficial.

Isso gerou mais dois discos em 1975, *Midnight Lightning* e *Crash Landing* – o primeiro chegou à quinta posição nos EUA e ganhou o disco de ouro. Douglas atraiu críticas severas por ter eliminado boa parte da instrumentação original gravada com Jimi, optando por contratar novos músicos e cantores de apoio para as canções, mas Mitch Mitchell alegou que as fitas estavam inutilizáveis em sua forma original. Um fato mais difícil de se defender foi que Douglas se apropriou de 50% dos créditos autorais e seus respectivos *royalties* em cinco faixas de *Midnight Lightning*.

Para um disco que saiu em 1982, *The Jimi Hendrix Concerts*, Douglas terceirizou o trabalho de mixagem para um jovem músico e produtor britânico chamado John Porter. Por estranha coincidência, ele já havia sido DJ no Club A' Go Go de Mike Jeffery em Newcastle. De fato, Porter atuava lá quando Chas Chandler levou Jimi à Inglaterra, recém-chegado de Nova York e ansioso para conhecer Eric Clapton.

Ele se lembra da atmosfera misteriosa que permeava seu trabalho em *The Jimi Hendrix Concerts*. "As fitas foram enviadas para mim em envelopes pardos simples, sem qualquer indicação nos rolos. Quando se tratava de Jimi, ninguém parecia ser honesto. Obviamente tinha muita merda acontecendo ali."

Uma coincidência ainda mais estranha foi que, no ano seguinte, Porter se casou com Linda Keith, a mulher que tinha um certo direito de dizer ser o amor da vida de Jimi e que agora se sentiria como se ele nunca a tivesse deixado de verdade.

O desejo de Linda por se tornar mãe a levou a abandonar as drogas de uma vez por todas. Para tal, ela consultou um curandeiro chamado E.

G. Fricker, que também atuava como clarividente. "Ele me disse que um anjo da guarda negro e alto com um chapéu estava cuidando de mim e que eu teria duas crianças."

Após o nascimento de sua filha, Chloe, Jimi apareceu para ela em um sonho, mas apenas por um momento e com uma frase enigmática: "Ainda não terminou". Seu significado ficou claro quando ela ficou grávida de sua segunda filha, Fleur.

21

"COM LICENÇA, VOU BEIJAR MINHA FATIA"

Para Kathy Etchingham, a vida pós-Jimi tinha levado algum tempo para se acalmar. Depois da morte dele, ela aceitou uma oferta para vender a história dos dois anos e meio que passaram juntos ao *News of the World*. Em sua inocência, presumiu que as informações fornecidas ao jornalista aparentemente simpático constariam no jornal. Ao invés disso, viu-se retratada para todos os seis milhões de leitores dominicais da publicação como "uma *groupie* burra, tarada e drogada", em suas próprias palavras.

Seu primeiro casamento havia sido um regresso ao mundo que ela achava ter deixado para trás ao romper com Jimi. Seu marido, Ray, que era um decorador de interiores quando se conheceram, passou a trabalhar para o famoso traficante de drogas britânico Howard Marks, enviando contrabando pelo mundo inteiro dentro de amplificadores de bandas de rock. Kathy chegou a ser considerada suspeita pelas autoridades alfandegárias da Inglaterra até que uma oportuna sentença de quatro anos de reclusão para Ray acabou facilitando o divórcio.

Depois de algum tempo, ela encontrou a normalidade graças a um médico, ainda em fase de formação, que atuava em um hospital e tinha um impressionante histórico estudantil procedente de escolas públicas e de Cambridge. Após o casamento em 1977, ele se tornou clínico geral e Kathy passou a trabalhar como corretora de imóveis. Eles tiveram dois filhos e foram morar na região suburbana de Ealing, no oeste londrino.

A única amiga mais íntima que ela mantinha dos anos 1960 era uma triste prova da sua sorte ao sair ilesa desse período. Kathy permaneceu próxima a Angie Burdon, ex-esposa de Eric e que tinha sido sua colega de quarto na casa de Zoot Money, apesar de Angie irreversivelmente se perder no alcoolismo e no vício em heroína.

Em 1981, Kathy foi alertada sobre a iminente publicação de *Scuse Me While I Kiss the Sky*, uma biografia de Jimi escrita pelo poeta afro-americano David Henderson, que já havia sido lançada nos EUA, com outro título, três anos antes. O livro sugeria que, durante seu tempo juntos, Kathy tinha apresentado o álcool a Jimi e que ele vivia numa infindável viagem de LSD. "'Ácido e álcool', Henderson escreveu, 'levaram Jimi a outro plano'", dizia a autobiografia dela. "Com isso, presumo que [Henderson] quis dizer que [ácido e álcool] 'o mataram'."

Henderson também alegou que, na época da Jimi Hendrix Experience, a banda que supostamente era um grande exemplo de integração e igualdade, Noel Redding e Mitch Mitchell de vez em quando falavam "insultos raciais" na frente de Jimi. Eles diziam '*nigger*' e '*coon*'[9] de brincadeira, mas devia ter algum efeito em Jimi.

Kathy ainda mantinha contato com Redding e Mitchell, que ficaram revoltados com as alegações a respeito deles e concordaram em agir em conjunto contra o livro de Henderson. Ela também decidiu envolver Monika Dannemann, de cuja existência desconhecia até a morte de Jimi. Como Kathy não sabia o paradeiro atual de Monika, só lhe restou colocar um anúncio no jornal londrino *Evening Standard*, pedindo que ela entrasse em contato. Dentro de algumas horas, uma firma de advogados de Londres respondeu em seu nome.

---

9 Os termos '*nigger*' e '*coon*' eram, e ainda são, formas extremamente pejorativas e de cunho racista de se referir a pessoas de ascendência africana. O termo em português que mais se aproximaria de '*nigger*' seria 'crioulo'. Enquanto '*coon*' é uma abreviação da palavra '*raccoon*' (guaxinim) e faz referência ao personagem de espetáculos de menestréis chamado Zip Coon, que trazia severos estereótipos racistas. (N. do T.)

Após a notoriedade fúnebre de setembro de 1970 se encerrar, Monika não voltou ao seu lar em Düsseldorf, mas passou a morar na Inglaterra, trazendo consigo sua mãe viúva. Pouco se sabia dela além da entrevista que concedeu ao escritor americano Caesar Glebbeek no quinto aniversário da morte de Jimi, em 1975, quando declarou que ele havia sido assassinado pela Máfia, mas que ela teve medo de dizer isso na época.

Assim que Monika prontamente concordou em se unir a Kathy, Redding e Mitchell contra a biografia de David Henderson, uma reunião foi convocada na casa de Kathy em Ealing. De acordo com ela, Monika era "a pessoa mais magra que já vi na vida... vestia um pastiche extraordinário do estilo de Jimi – calça boca de sino de veludo amassado, cinto exagerado e camisa com babados".

Além da informação bombástica envolvendo a Máfia, o relato de Monika sobre a morte de Jimi já tinha passado por diversas outras modificações cruciais. Ao invés de tentar impedir que ele tomasse os comprimidos Vesparax, como já havia afirmado, agora ela admitia ter dado alguns a ele, mas não tinham funcionado, então deu alguns a mais "porque eram muito fracos".

E diferente de seu relato anterior, no qual dizia ter seguido a ambulância até o hospital St. Mary Abbots com seu carro, ela agora contava ter ido dentro da ambulância com Jimi, testemunhando um sério erro por parte da equipe, que o colocou numa cadeira "com sua cabeça pendendo para frente" – a pior postura possível para alguém em crise respiratória. Quando ela reclamou, dizendo que ele deveria ficar deitado, garantiram que ele ficaria bem e que ambos estariam "rindo disso tudo" naquela tarde. Então, quando chegaram ao hospital, Jimi recebeu cuidados inadequados e apáticos por conta da cor da sua pele.

Seguindo a iniciativa de Kathy em 1981, a publicação britânica de *Scuse Me While I Kiss the Sky* foi cancelada. Quando finalmente ressurgiu, vários anos depois, as referências a ela quanto ao álcool e ao LSD tinham sido removidas – mas não as acusações dos supostos insultos raciais de Noel Redding e Mitch Mitchell. Embora Monika não tenha sido a autora formal da queixa, Kathy lembrou, ela reivindicou o crédito pela vitória legal.

As relações amistosas entre as duas ex-namoradas de Jimi continuaram, pois Monika vivia em Seaford, Sussex, não muito longe da casa dos sogros de Kathy. Num final de semana, ela e o marido receberam um convite para visitar Monika, ocasião em que perceberam que todas as paredes da pequena casa dela eram cobertas com pinturas de Jimi. Quando o casal partiu, Monika pediu que mantivessem contato, exceto durante a lua cheia, "pois é a época que Jimi e eu nos comunicamos. Viajamos no plano astral".

Em 1990, Redding e Mitchell (nenhum dos quais tendo ficado notavelmente rico) publicaram suas autobiografias. Certa noite, Kathy recebeu uma ligação de Redding, de sua casa na Irlanda, "em péssimo estado e em lágrimas". Ele disse que Monika estava processando-o devido a um trecho de seu livro, *Are You Experienced*, que falava sobre sua saída do Samarkand Hotel para comprar cigarros logo antes de perceber que tinha algo de errado com Jimi. Apesar de ela mesma já ter relatado esses fatos, tanto no inquérito quanto para outras pessoas, ela alegou que Redding a estava acusando de negligência.

O processo de calúnia que Monika iniciou contra Redding foi adiante, mas acabou sendo descartado por um juiz que a descreveu como uma mulher "paranoica" e "vexatória". O fato levou Kathy a refletir sobre o quão importante era o testemunho de Monika para o relatório oficial da morte de Jimi e começou a questionar, como poucos tinham feito até então, sua confiabilidade. Com o tanto que ela conhecia de Jimi, sentia que ele estava sendo mal representado na morte, assim como tinha sido em vida.

Ela então decidiu investigar por si mesma os eventos de 18 de setembro de 1970. E o primeiro passo seria falar com as várias testemunhas oculares que inexplicavelmente não tinham sido chamadas para depor no inquérito.

Agindo por conta própria, ela não tinha ideia de como ou por onde começar. Mas, por acaso, na festa de lançamento do livro de Mitch Mitchell, *The Hendrix Experience*, descobriu que a namorada de Mitchell, Dee, tinha as mesmas dúvidas quanto a Monika. Dee já havia trabalhado para a BBC como pesquisadora e concordou em se unir a Kathy em sua missão.

Dee encontrou os dois homens que trabalhavam na ambulância e atenderam ao chamado do Samarkand Hotel. Suas memórias do episódio eram nítidas 11 anos depois.

O primeiro, Reg Jones, recordou que, quando chegaram, não precisaram tocar a campainha ou bater, pois a porta para o quarto do porão já estava aberta e "não havia mais ninguém por perto". Jimi – que não foi reconhecido por Jones nem por seu colega, John Saua – estava deitado "com vômito cobrindo seu corpo e seu travesseiro... seco, como se já estivesse lá há um bom tempo", e claramente não havia mais como salvá-lo.

Após eles chamarem a polícia pelo rádio da ambulância, dois jovens policiais chegaram em seguida, sem reconhecer Jimi. Normalmente, quando um corpo é encontrado nessas circunstâncias, os oficiais à paisana do CID ("Criminal Investigation Department") são acionados. Mas os policiais, achando que ele era só mais um dos vários negros viciados em drogas que habitavam Notting Hill – e ansiosos para repassar a parte burocrática do trabalho a outra pessoa –, mandaram que ele fosse levado diretamente ao hospital.

Jones insistiu que não havia encontrado mais ninguém no apartamento do porão, que nenhuma pessoa tinha ido com Jimi na ambulância para o St. Mary Abbots e que ele visivelmente já estava morto ao chegar lá. Quando Kathy e Dee conversaram com John Saua, parceiro de Jones naquela noite, ele corroborou tudo que o colega havia dito.

O professor Robert Teare, patologista responsável pela autópsia de Jimi, já tinha falecido, mas seu sucessor no curso de Medicina do Charing Cross Hospital, Rufus Crompton, que havia trabalhado para Teare, concordou em revisar seu relatório. Ele concluiu que a quantidade de Vesparax que Jimi consumiu seria o suficiente para matá-lo, independentemente do vômito. Um toxicologista que trabalhava com ele confirmou que apenas quatro comprimidos, cada um carregando sua dose dupla, poderiam ser fatais para alguém na condição física de Jimi.

Crompton ressaltou outro detalhe que havia sido ignorado em 1970: Jimi não tinha como estar respirando quando chegou ao St. Mary Abbots, pois "seus pulmões estavam cheios de líquido, sendo mais de 280 ml em um deles".

A amizade de Jimi com Eric Burdon deu a Kathy acesso fácil a uma das testemunhas mais cruciais, porém reticentes, do caso. Segundo a autobiografia que Burdon lançou em 1986, ele só tinha chegado ao apartamento depois que a ambulância partiu e teria visto apenas a "impressão" de Jimi na roupa de cama. Desde sua prejudicial aparição na TV, sugerindo que a morte tinha sido um suicídio, Burdon evitou fazer mais declarações públicas.

Agora, em uma conversa por telefone gravada por Kathy, ele admitiu que, ao chegar ao local, ainda parcialmente chapado após a noite no Ronnie Scott's, achou que Jimi ainda estava no quarto, mas não quis olhar diretamente para a cama "por conta da bagunça [ou seja, o vômito]". Outro personagem entrou na história graças à revelação de Burdon de que, antes de a ambulância chegar, ele e seu empresário pessoal, Terry Slater – também conhecido como "Terry the Pill" –, tinham removido as drogas dali. Foi então que viu o poema de Jimi, "The Story of Life", o interpretando como uma carta suicida.

Após meses de pesquisa digna de uma jornalista investigativa, Kathy compilou um dossiê que contradizia a versão de Monika – ou melhor, as versões – dos eventos em quase todas as etapas. O ponto principal era a estranha discrepância nos horários relacionados à morte de Jimi. Monika dizia ter descoberto que não conseguia acordá-lo por volta das 11h, já o registro da ambulância afirmava que a chamada ocorreu às 11h18min. Enquanto isso, Burdon e Alvinia Bridges eram inflexíveis ao afirmar que, quando responderam ao SOS de Monika no Samarkand, era tão cedo que os carros estacionados na Lansdowne Crescent ainda estavam cobertos de orvalho. O que ocorreu durante essas horas sem registro? Era possível que Jimi tivesse ficado lá, com a possibilidade de ser reanimado, enquanto as pessoas ao seu redor entravam em pânico, discutiam e futilmente davam a descarga em drogas?

Kathy enviou seu arquivo ao procurador-geral, que o levou a sério a ponto de instruir a Promotoria da Coroa a reabrir o caso Jimi Hendrix. O trabalho ficou a cargo da unidade especial de investigação da Scotland Yard, chamada de SO1 e comandada por um oficial de alta patente, o detetive superintendente Douglas Campbell.

Campbell, um homem de aparência paterna com quem Kathy desenvolveu uma relação de confiança, parecia verdadeiramente comprometido com a tarefa de desvendar a verdade sobre Jimi. Todavia, ele e sua equipe composta apenas por homens, apoiados por todos os recursos tecnológicos da Scotland Yard, não conseguiram levar a investigação muito além do que Kathy já tinha feito.

Uma fonte essencial de informações seria Angie Burdon, que estava na festa de Pete Kameron quando Jimi chegou lá, algumas horas antes de sua morte. Ela se lembrava de outros convidados gritando pela janela, pedindo para Monika "vazar daqui e deixar Jimi em paz". Apesar da névoa de heroína e álcool em que Angie vivia na época, aquela memória se mantinha clara. Mas antes de seu depoimento ser gravado, ela apontou uma faca para o homem com quem estava saindo naquele momento; ele puxou outra e desferiu um golpe fatal contra o peito dela.

Outras testemunhas oculares da última noite de Jimi não estavam sob qualquer obrigação legal de responder perguntas nem sob juramento quando o fizeram. Eric Burdon e Alvinia Bridges estavam nos EUA, de modo que o detetive Campbell transferiu a tarefa de entrevistá-los ao FBI. É fácil de se imaginar o zelo do FBI ao investigar a morte de uma pessoa que aparecia tão proeminentemente em seus arquivos.

Gerry Stickells disse que não havia mais nada a acrescentar às suas declarações anteriores, ficando por isso mesmo. Apenas Terry "the Pill" Slater colaborou de algum modo, afirmando ter chegado ao hotel quando a ambulância estava partindo (embora antes tivesse dito a Kathy que viu Jimi deitado na cama, com uma aparência "acabada").

Terry the Pill admitiu que tinha tirado as drogas do apartamento e enterrado algumas no jardim comunitário da Lansdowne Crescent no outro lado da rua (sem mencionar que voltou no dia seguinte para recuperá-las, mas descobriu que tinham sumido). Ele ficou surpreso ao ver que seus interrogadores tinham uma foto do momento em que ele enterrava as drogas. A polícia estava à espreita, aparentemente com a expectativa de que tudo aquilo acabaria com Jimi sendo preso.

A investigação pôs fim a qualquer tipo de relacionamento amigável que existisse entre Kathy e Monika, que em alguns momentos disse que recebia o questionamento de braços abertos, mas em outros protestou furiosamente que estava sendo acusada de mentir e que Kathy estava tentando "reinventar" a morte de Jimi. De fato, a equipe de Campbell parecia ter destruído a versão de Monika sobre o trajeto de ambulância que Jimi fez até o hospital St. Mary Abbots com ela ao seu lado e o que veio em seguida. Constataram que ele não havia sido transportado sentado em uma cadeira, apenas levado para fora do apartamento em uma porque era impossível utilizar uma maca na escada caracol que subia até a rua. Todos os funcionários do hospital tinham se comportado de forma apropriada e, de qualquer modo, Jimi já estava morto antes de chegar lá, provavelmente antes mesmo de ser colocado na ambulância.

"[A equipe do detetive Campbell] me falou que eles achavam que Monika estava doida", Kathy escreveu posteriormente, "mas ela tinha sua história tão bem definida, após 20 anos, que não podiam fazer muito a respeito... Um deles disse que achava que todas as malditas testemunhas estavam mentindo, cada uma por um motivo diferente".

Após um ano, a Scotland Yard decidiu que havia uma quantidade insuficiente de provas novas para justificar a reabertura do inquérito, encerrando assim a investigação. A pedido do pai de Jimi, uma averiguação particular foi feita por Dennis Care, um antigo superintendente da polícia, mas, pouco tempo depois, chegou ao mesmo impasse.

O serviço de ambulâncias de Londres havia feito sua própria investigação interna e, em janeiro de 1992, emitiu uma declaração que enfraquecia ainda mais a credibilidade de Monika: a equipe da ambulância tinha agido "da maneira correta e profissional... Quando chegaram, a única pessoa no quarto era o falecido, e ninguém o acompanhou na ambulância até o St. Mary Abbots Hospital".

Mesmo assim, existia um rastro da discriminação que Jimi raramente sofria em Londres. Ele claramente teria sido tratado de maneira diferente se fosse encontrado em sua suíte no Cumberland Hotel, cuja diária custava 112 libras, em vez da quitinete na região precária e repleta de tensões raciais que era Notting Hill, onde ele poderia ser rotulado como "só mais um negro viciado".

"Chegaram a me dizer que ele teve sorte de obter uma autópsia", Kathy lembrou.

Em 1992, a Jimi Hendrix Experience foi tardiamente incluída no Rock & Roll Hall of Fame. O discurso de Neil Young, em seu típico estilo de caipira acanhado, contou a invariável história de como ele, como guitarrista, ficou simultaneamente hipnotizado, perplexo e motivado por Jimi, enquanto reconhecia que nunca conseguiria ser mais do que um mero seguidor.

"Não havia técnica para tentar replicar... nenhum acorde que eu reconhecesse... eu não sabia nada daquilo... eu só olhava e ouvia e sentia e queria fazer aquilo, então dizia para mim mesmo que quem sabe algum dia eu chegaria perto."

Mitch Mitchell e Noel Redding, dois elfos envelhecidos com seus colarinhos salientes, receberam devidamente dois terços do crédito pelo terremoto que ajudaram a criar. Al Hendrix foi trazido ao palco, vestindo um smoking, e recebeu muitos aplausos por presumivelmente ser o primeiro homem a perceber a genialidade de seu filho e colocá-lo no caminho da fama.

Al parecia que ia chorar. "Eu fico muito emocionado com estas coisas", ele murmurou, passando um lenço sobre seus olhos. "Só fico grato por todos vocês se lembrarem de Jimi, e isto é o melhor que posso dizer."

No palco, estavam muitos dos maiores guitarristas do rock, tanto do passado quanto do presente – Jimmy Page, Carlos Santana, Keith Richards, Steve Cropper e The Edge, do U2 –, acompanhados de Redding, Mitchell e uma dúzia de outros músicos de primeira linha, que tocaram "All Along the Watchtower" com o vocal de Neil Young. Foi o tipo de *jam* que Jimi teria adorado. Mas naquela música em particular, nem mesmo aquele grupo de mestres conseguia se igualar ao que ele fazia sozinho.

No início dos anos 1990, seu patrimônio, em grande parte composto por direitos autorais de músicas e *royalties* de discos, foi estimado em cerca de 80 milhões de dólares, rendendo três milhões ao ano. Mas seu único herdeiro ainda morava de forma modesta em Seattle e seguia trabalhando como paisagista e jardineiro. Em 1993, quando Al processou seu advogado e empresário Leo Branton, muitos se perguntaram por que ele havia demorado tanto.

Em 1974, após conseguir recuperar os direitos autorais das músicas de Jimi de diversas fontes, em nome de Al, Branton atribuiu os direitos mundiais dessas composições a uma empresa do Panamá chamada Presentaciones Musicales SA, um abrigo fiscal criado por ele para outro de seus clientes, Nat King Cole. Como a PMSA não podia fazer negócios em território americano, uma companhia chamada Japage gerenciava questões domésticas, como as negociações com o selo Warner/Reprise e a contratação de Alan Douglas para produzir os discos póstumos de Jimi. Al tinha garantida uma renda de 50 mil dólares por ano (depois aumentada para 100 mil), que, na época, lhe parecia generosa.

Em 1993, foi anunciado que o catálogo de canções de Jimi seria vendido à gigante corporação americana MCA pelas duas outras empresas *offshore* que agora controlavam seus direitos nos EUA e na Europa, respectivamente. O consentimento de Al não foi necessário, já que ele tinha vendido seus direitos às canções ao invés de apenas alugá-los às empresas, como tinha presumido. Seu processo contra Branton alegava que, durante os últimos 20 anos, enquanto o patrimônio de Jimi se expandia para 80 milhões de dólares, ele tinha recebido apenas cerca de dois milhões. Alan Douglas também foi citado no processo, assim como várias outras empresas que haviam lucrado com Jimi desde 1974.

Al acusou Branton de fraude, não apenas pelo pagamento gritantemente baixo feito a ele, mas pela forma como representou ambos os lados na negociação de acordos que exploravam a obra de Jimi. Branton negou veementemente quaisquer irregularidades e iniciou um processo de reconvenção, alegando difamação por parte de Al. Como a família Hendrix não podia arcar com os enormes custos judiciais, receberam um empréstimo de cerca de quatro milhões de dólares de Paul Allen, cofundador da Microsoft e fanático por Jimi.

Após dois anos, o caso chegou a um acordo extrajudicial sem uma vitória definitiva para qualquer um dos lados. Al recuperou os direitos autorais de Jimi e aproximadamente um milhão de dólares, enquanto Branton e os outros réus do processo receberam pagamentos indenizatórios com o passar do tempo, cujos valores não foram declarados à mídia, mas presume-se que foi algo entre cinco e dez milhões de dólares.

Na Inglaterra, a manchete do *Independent* sobre o acordo parafraseou "Purple Haze": "COM LICENÇA, VOU BEIJAR MINHA FATIA".

O Clube dos 27 continuou recebendo novos integrantes como se não houvesse amanhã – e para eles não havia mesmo.

Pete Ham, cantor e compositor do Badfinger, grupo considerado um sucessor natural dos Beatles, enforcou-se em 1975; o artista e músico Jean-Michel Basquiat teve uma *overdose* de heroína em 1988; Kurt Cobain, vocalista do Nirvana, a segunda maior banda do estado de Washington, disparou uma espingarda contra si próprio em Seattle, em 1994; Richey James Edwards, guitarrista base e letrista do Manic Street Preachers, desapareceu sem deixar rastros em 1995; Amy Winehouse, a cantora mais empolgante desde Aretha Franklin, sucumbiu a uma "intoxicação alcoólica acidental" em 2011.

Porém, da mesma forma que os guitarristas contemporâneos de Jimi, nenhum desses diversos símbolos do talento cruelmente cerceado poderiam se comparar a ele.

Em meados dos anos 1990, um fã britânico de Hendrix chamado Tony Brown começou a montar o que viria a ser a cronologia mais detalhada de seus últimos dias. Ele trabalhava como encanador e abordou a tarefa de forma similar ao que faria se precisasse liberar um cano há muito tempo entupido.

Como Kathy Etchingham tinha feito antes dele, Brown falou com a equipe da ambulância que foi ao Samarkand Hotel – Reg Jones e John Saua. Ambos reiteraram que a porta do quarto do porão estava aberta quando chegaram, que não reconheceram a vítima que foram resgatar, que ninguém estava lá para recebê-los e que nenhuma outra pessoa os acompanhou ao St. Mary Abbots Hospital.

Conforme citado por Brown, o testemunho deles recriou toda a atmosfera macabra da cena – as cortinas fechadas; a lareira a gás ligada, sugando todo o oxigênio do ar; aquela pessoa totalmente vestida que estava deitada na cama de casal, de barriga para cima. "Se ele estivesse deitado de lado, talvez sobrevivesse", John Saua disse.

Brown também entrevistou os dois médicos que estavam trabalhando no departamento de emergências naquela manhã, o cirurgião John Bannister e o médico Martin Siefert, ambos em treinamento de especialização e sem ter ideia de quem Jimi era quando chegou lá. Bannister, que era australiano mas atuava há anos em Londres, recordou como eles precisaram fazer o procedimento de reanimação, apesar de Jimi já estar morto – claramente há algum tempo, "horas, não minutos".

Um trecho da entrevista de Bannister deu à história uma reviravolta nova e surpreendente. Ele disse que os esforços para reanimar Jimi foram atrapalhados pela "grande quantidade de vinho tinto que saía de seu estômago" – apesar de a autópsia encontrar pouco álcool em sua corrente sanguínea e, de acordo com Monika Dannemann, ele só ter tomado um gole de vinho tinto naquela noite. "Na minha opinião", Bannister afirmou a Tony Brown, "não havia dúvida de que [ele] tinha se afogado. Se não foi em casa, então certamente no caminho até o hospital".

Em outra entrevista para o *The Times,* em Londres, Bannister novamente descreveu a "grande quantidade de vinho tinto saindo do nariz e da boca [de Jimi]" que chegou a manchar seu cabelo. Os dois médicos tinham usado um dispositivo de sucção para tentar desobstruir suas vias aéreas, mas ele se enchia toda vez que tentavam. "Era horroroso. Lembro-me da cena vividamente, porque não é sempre que você vê pessoas se afogarem no próprio vinho tinto."

Brown teve uma longa conversa com Monika, por quem sentia profunda compaixão apesar das diversas brechas em seu relato sobre a morte de Jimi e do número de vezes que ela o modificou. Ela recentemente havia feito outra alteração em uma entrevista ao antigo mentor de Jimi em Nova York, Curtis Knight, que escrevia um livro sobre o tempo que passaram juntos nos Squires. Até esse ponto, ela alegava ter tentado convencer Jimi a não tomar o Vesparax para dormir, mas agora dizia como tinha o visto com vários comprimidos em sua mão aberta e os estapeado, derrubando-os no chão.

Nos anos 1980, ela se casou com o guitarrista alemão de hard rock Uli John Roth, que gostava tanto dela que aceitou que sempre haveria uma terceira pessoa de cabelo afro no relacionamento deles. Os dois ficaram juntos por 17 anos, com Monika responsável pela direção de arte das capas de Roth, do mesmo jeito que pretendia fazer para Jimi, além de colaborar na composição de algumas de suas canções.

Monika ainda tinha a Fender Stratocaster "Black Beauty" de Jimi que seus *roadies* entregaram a ela no dia que ele morreu. Roth às vezes a tocava em apresentações com sua banda, o Scorpions, mas se sentia intimidado pelo fato de que ainda trazia as mesmas cordas que Jimi usava. Monika nunca consideraria vendê-la, apesar das múltiplas ofertas que recebeu.

Roth recordou que uma delas era no valor de um milhão de dólares, feita pelo cofundador da Microsoft, Paul Allen; outra foi no valor de "sete, oito, nove milhões de dólares, de algum negociante de arte árabe".

Desde a investigação da Scotland Yard, ela tinha ficado intensamente hostil com Kathy Etchingham, não mais a vendo como uma aliada, mas como uma rival. Em 1994, Kathy teve acesso ao manuscrito de um livro que Monika estava tentando vender a editoras britânicas – era basicamente uma declaração de guerra. A obra alegava que Jimi tinha a avisado para tomar cuidado com Kathy, pois ela era uma mentirosa, uma trapaceira e tinha roubado todas as suas posses.

Kathy a processou por difamação, e o caso foi levado à Alta Corte de Justiça de Londres. Porém, chegaram a um acordo quando Monika concordou em se desculpar, prometeu não repetir suas acusações falsas e pagou uma indenização de mil libras.

Em 1995, ela lançou um outro livro, chamado *The Inner World of Jimi Hendrix*, com o objetivo de revelar "sua essência pessoal e espiritual". Publicado pela respeitada Bloomsbury, era uma obra lustrosa, contendo as fotos em cores que ela havia tirado de Jimi no jardim do Samarkand Hotel em seu último dia vivo, assim como retratos que pintou dele após sua morte. O livro trazia os endossos calorosos de Al Hendrix, sua esposa, June, e sua filha adotada, Janie. Monika chegou a ir a Seattle para visitar Janie, que comprava a ideia de que ela tinha sido mesmo noiva de Jimi.

Havia muita tristeza nas fotos dele com apenas algumas horas restantes. Ele parecia exausto e um pouco perdido enquanto fazia poses com sua Black Beauty, parcialmente escondido pela folhagem ou enquanto servia chá de um bule de porcelana. E as telas traziam uma semelhança notável, boas o suficiente para qualquer capa de disco. A maioria exibia Jimi em diversos estágios de êxtase performático, mas o quadro azul em que ele aparece abraçando Monika de forma protetora, com os cabelos loiros dela sobre seu peito, finalmente rendeu a ela um pouco da compaixão que até então não tinha recebido de ninguém.

O texto evidentemente tinha sido escrito por outra pessoa e estava dividido entre comentários a respeito das pinturas, com observações sobre os poderes de Jimi como "um viajante do tempo e do espaço", e um catálogo de todas as vitimizações que Monika alegava ter sofrido, culminando com a investigação da Scotland Yard sobre a morte dele. Kathy não teve seu nome citado, mas sua caracterização ridícula como "uma fã ao estilo Miss Marple" – referência à solteirona idosa que agia como detetive amadora nos romances de Agatha Christie – era imediatamente reconhecível, e o dossiê que ela utilizou para iniciar a investigação foi dispensado como um texto "fantasioso".

Claramente era uma violação da promessa que Monika fez perante o tribunal de que não faria mais alegações prejudiciais a Kathy. No entanto, em vez de retornar ao processo, Kathy concedeu uma entrevista à revista americana *Musician*, o que levou seu editor, Bob Doerschuk, a conduzir sua própria investigação sobre Monika.

A matéria de capa concluiu que seu relacionamento com Jimi não ia muito além daquele que músicos tipicamente tinham com *groupies*, longe do romance poético que ela descrevia. Doerschuk conseguiu até localizar Philip Harvey, o jovem segurador da Lloyd's que a viu brigando com um constrangido Jimi poucas horas antes de sua morte.

Quando o artigo foi publicado, Kathy não ouviu nada de Monika. Então descobriu que alguém andava espalhando uma história maliciosa que envolvia não só ela, mas seu esposo, que trabalhava como médico. A tal narrativa dizia que ele tinha se casado com Kathy após salvar sua vida quando foi encontrada na rua, sofrendo uma *overdose* de heroína. Não havia dúvida de que Monika era responsável pela história, deixando Kathy sem outra alternativa senão acionar a Alta Corte de Justiça outra vez.

Naquela época, a mídia britânica podia contentemente rotular o caso como uma "briguinha" entre duas ex-namoradas de Jimi. Antes da audiência, Monika parecia exalar confiança, fazendo poses para fotos na revista *Hello!* e apoiada por ninguém menos que o pai de Jimi.

Mas, no tribunal, a história foi outra. "O contraste entre as duas mulheres não poderia ser mais drástico", comentou o *Independent*. "Dannemann estava com sua franja ao estilo Marianne Faithfull, uma antiquada garota do rock, enquanto Etchingham apareceu com seu bob elegante dos anos 1990 e seu terno executivo. A vida de Dannemann tinha se congelado no dia em que Jimi morreu, mas Kathy, mãe de duas crianças, teve o bom senso de deixar os anos 1960 para trás."

Os esforços de Monika para agradar o juiz, incluindo uma cópia de seu livro de presente, foram em vão. Ela foi considerada culpada por seu desacato ao tribunal e saiu da Alta Corte com seus últimos fragmentos de credibilidade destruídos.

No dia seguinte, 1º de maio de 1996, ela foi até sua garagem, conectou duas mangueiras ao escapamento duplo de seu novo Mercedes e as passou pelas janelas da frente do carro. Então entrou nele, ligou o motor e esperou que o monóxido de carbono a matasse, talvez confortada pelas imagens de Jimi como um viajante espacial e um anjo e de seus braços ao redor dela, com a cabeça apoiada em seu peito azul como o céu.

Ela tinha 50 anos.

EPÍLOGO
OBRIGADO, JIMI

Em 2002, Al Hendrix faleceu devido a uma parada cardíaca, aos 86, após sua saúde se deteriorar por anos. Como sua segunda esposa, June, tinha morrido antes dele, a maior parte do patrimônio que havia herdado de Jimi, agora valendo muito mais que 80 milhões de dólares, ficou para a filha de June, Janie, que Al tinha adotado e que efetivamente tomou conta de sua gestão.

Outros 11 integrantes da família, incluindo os quatro irmãos e irmãs de Janie, receberam pequenas heranças. Entretanto, o principal parente consanguíneo de Jimi que ainda estava vivo, Leon, não recebeu nada. Bem, não exatamente nada: ele recebeu um dos discos de ouro, escolhido especialmente para ele por não ser um dos mais significativos. Foi ainda mais doloroso por causa da atitude que Jimi costumava ter com esses prêmios. "Ele só jogava os discos de ouro no fundo de um armário", Leon recordou. "Ou usava-os [como apoio] para dichavar maconha."

De acordo com Leon, Al sempre prometeu que ele herdaria um quarto do patrimônio em um fundo fiduciário chamado "Bodacious" – a palavra que seu pai usava para descrever sua natureza ousada –, a fim de beneficiar seus seis filhos. Mas foi descoberto que, em 1998, Al havia feito um novo testamento sem essa cláusula.

O resultado disso foi um tumulto generalizado entre a família Hendrix. Leon processou Janie e seu primo Bobby Hendrix, que ajudava a gerir o patrimônio, por exercer "influência indevida" sobre seu pai enfermo com a intenção de que ele o deserdasse. O processo também mencionava outros sete membros da família, incluindo a irmã de Janie, Linda, que ficaram insatisfeitos com suas heranças.

Janie e Bobby responderam que o testamento foi tão surpreendente para eles quanto tinha sido para Leon, mas que Al estava em plenas faculdades mentais quando alterou o documento. Também mencionaram que, antes da morte de Al, os dois estavam "afastados" devido ao uso de drogas de Leon e suas constantes demandas por dinheiro.

Quando o caso chegou à Suprema Corte do estado de Washington, em 2004, havia mais um requerente atrás de uma parcela da fortuna póstuma de Jimi. Era Joseph Hendrix, o primeiro dos quatro filhos em sequência com sérios problemas congênitos que a primeira esposa de Al, Lucille, deu à luz após Jimi e Leon. Joe tinha sido o único dos quatro que passou algum tempo em casa, em vez de ser imediatamente levado pela assistência social quando bebê – Jimi nunca esqueceu a angústia de vê-lo sendo afastado quando seus cuidados ficaram onerosos demais para Al.

Apesar da óbvia semelhança entre Joe e Al, o juiz solicitou um teste de DNA para estabelecer seu parentesco com certeza absoluta. Como Al já tinha falecido, a única forma de comparar seu DNA ao de Joe era por meio de uma amostra que ele havia dado alguns anos antes em um caso de paternidade (sugerindo que ele e Jimi tinham pelo menos uma coisa em comum). Com o resultado negativo, seu pedido foi negado, causando uma indignação audível entre os membros da família presentes no tribunal.

Quanto ao testamento em si, a principal testemunha da parte requerente era a temível tia Delores, que havia sido uma grande aliada de Jimi e Leon quando eram pequenos e que se beneficiou tão pouco de seu sobrinho famoso, que agora, aos 84 anos, se sustentava da previdência social. Ela testemunhou que Al lhe havia dito diretamente que Leon seria bem cuidado, e, como todos os seus parentes consaguíneos, reiterou o quanto Jimi gostaria disso.

O juiz aceitou que Janie tinha exercido uma certa influência sobre Al e afirmou que a decisão dele talvez tivesse sido causada pelo histórico de

Leon com drogas e suas exigências financeiras. Porém, só o que importava de fato para a corte era a validade do testamento – ou seja, se Al tinha realmente entendido o que estava fazendo e desfazendo quando o assinou. O veredito foi que ele estava apto, o que indeferiu o pedido de Leon.

O advento dos testes de DNA foi incapaz de ajudar uma pessoa cuja possível reivindicação do patrimônio de Jimi poderia suplantar até os direitos de Al – James Henrik Daniel Sundquist, o garoto que a estudante sueca Eva Sundquist deu à luz em 1969 e que posteriormente foi declarado por uma corte sueca como o único filho de Jimi Hendrix. De fato, ele tinha uma semelhança surpreendente com Jimi em sua boca e seus olhos, mas nenhum talento discernível com a guitarra ou qualquer outro instrumento.

Embora a decisão da corte sueca em 1975 não tivesse qualquer valor nos EUA, Al Hendrix conheceu James quando ele tinha sete anos e, por meio de Leo Branton, que ainda era seu advogado na época, concordou em dar-lhe quatro milhões de coroas suecas – aproximadamente um milhão de dólares. Mas, em 1994, então com 24 anos e rebatizado como Jimi Hendrix Junior, ele processou Al em Los Angeles, acusando seu suposto avô de ter ocultado a verdadeira dimensão do patrimônio de Jimi. Ele disse à *Rolling Stone* que, para convencer as cortes americanas de sua legitimidade, buscaria um teste de DNA, mesmo que isso resultasse na exumação dos restos mortais de Jimi.

Entretanto, o processo não foi levado adiante. Segundo relatos, ele atualmente tem uma vida discreta em Estocolmo, sob o nome Sasha James Henrik Daniel Hendrix.

O novo século continuou regurgitando documentários de TV e artigos sobre a morte de Jimi. Todos se vangloriando das "revelações" que raras vezes resistiam a uma análise mais séria e nos quais, invariavelmente, desenhavam Mike Jeffery como o arqui-inimigo de Jimi, já que ele estava morto e incapaz de mover um processo por difamação.

Em 2004, surgiu um documentário televisivo americano chamado *Jimi Hendrix: The Last 24 Hours*, dirigido por Mike Parkinson, com contribuições de Steve Roby, Chuck Wein e Melinda Merryweather, que tinham trabalhado com Jimi em *Rainbow Bridge*. O filme "revelava" que Jeffery tinha um histórico na inteligência militar britânica e estava roubando quase todo o dinheiro de Hendrix. Acrescentava, no entanto, o novo detalhe de que ele tinha deliberadamente sabotado a carreira de Jimi – incluindo ter plantado a heroína encontrada com ele em Toronto – com a intenção de frustrar a nova direção experimental de sua música e levá-lo de volta ao som que os fãs queriam.

O documentário trazia várias sugestões de que a morte de Jimi tinha sido "um assassinato político" cometido pelo FBI devido ao seu apoio aos Panteras Negras, ou então que era parte do programa MHCHAOS da CIA, ou que era uma vingança de Jeffery por sua deserção. O que ele certamente *não trazia*: fatos sobre as últimas 24 horas de Jimi, demonstradas apenas por meio de "reconstituições" borradas com atores interpretando Jimi, Monika Dannemann (sem qualquer sotaque alemão), os funcionários da ambulância e os médicos que tentaram reanimá-lo no hospital St. Mary Abbots.

Em 2009, o livro de memórias do antigo *roadie* dos Animals, James "Tappy" Wright, que também vinha de Tyneside, fez acusações mais específicas contra Mike Jeffery. Quando Jimi morreu, de acordo com Wright, Jeffery estava desesperado para conseguir mais dinheiro, pois já tinha feito um empréstimo de 30 mil dólares da Máfia para pagar seus impostos, "então [a Máfia] queria 45 mil dólares de volta". Jimi havia recentemente feito um seguro de vida no valor de dois milhões de dólares, "o que significava que, para Mike, ele valia mais morto do que vivo".

Jimi Hendrix: The Last 24 Hours também se aproveitou dessa ideia, mas era uma falácia. As seguradoras rotineiramente faziam seguros para grandes *rock stars* – como o seguro de um milhão de dólares para as mãos de Jimi –, mas seus beneficiários eram as gravadoras, não os empresários.

Em uma entrevista com o autor britânico Harry Shapiro para a revista *Classic Rock*, Tappy Wright alegou ter recebido uma confissão embriagada de Mike Jeffery, pouco tempo antes de sua morte violenta, alegando que tinha assassinado Jimi. "Eu não tive nenhuma porra de escolha", ele supostamente confidenciou. "Era isso – ou eu ficava quebrado ou morto."

Como ocorreu em muitos outros momentos da carreira de Jeffery, havia um eco daquele filme *cult* sobre as gangues de Newcastle que acabava com Jack Carter, interpretado por Michael Caine, forçando o uísque de uma garrafa diretamente na garganta de uma de suas vítimas antes de espancá-la até a morte. "Era como aquela cena em *Carter, o Vingador*", Wright disse a Shapiro. "Alguns vilões do Norte... e bebida garganta abaixo." Ele afirmou que não tinha dito nada antes porque temia que algo igualmente desagradável acontecesse com ele.

É de se imaginar que não haveria fonte mais confiável que essa, mas há dois detalhes que o colocam em xeque. Primeiro, Tappy estava divulgando seu livro. Segundo, ele também recontou o mito que Jeffery tinha "fingido" o sequestro de Jimi em Nova York, em 1969, quando, na verdade, o evento foi perigosamente real.

Noel Redding morreu em 2003, aos 57 anos, devido a complicações de uma cirrose hepática. Sua mãe, Margaret, que tanto adorava Jimi, havia morrido apenas três semanas antes. Sua vida é celebrada com uma placa na vila irlandesa de Ardfield, perto de onde foi sua última casa; com uma praça que recebeu seu nome em sua cidade natal, Folkestone; e com uma edição especial do baixo Fender Jazz. Quando faleceu, ele se preparava para processar o patrimônio de Jimi no valor de 3,26 milhões de libras por supostos "rendimentos perdidos" do tempo que passou com a Jimi Hendrix Experience.

Mitch Mitchell continuou tocando bateria para Jimi até o fim, nos shows de "tributo" feitos em sua homenagem da mesma forma que já fizeram para Frank Sinatra, Michael Jackson e o Queen sem Freddie Mercury.

Os últimos anos da vida de Mitchell foram marcados pela ansiedade financeira. Em 1994, ele processou os editores britânicos de uma nova edição da biografia escrita por David Henderson, *Scuse Me While I Kiss the Sky*, por alegar que Redding e ele tinham proferido insultos raciais na frente de Jimi. Em uma decisão que seria inimaginável hoje, o tribunal declarou que aqueles comentários eram aceitáveis nos anos 1960. Mitchell perdeu sua ação de difamação e o recurso que interpôs em seguida, tendo de arcar com custos de aproximadamente 100 mil libras.

Em 2008, ele morreu enquanto dormia em Portland, Oregon, após o último show de uma turnê em tributo a Jimi que passou por 18 cidades e que também contava com Billy Cox e Buddy Guy. Aos 61 anos, ele foi um dos raros músicos do rock cuja morte foi atribuída a causas naturais.

Muitas outras figuras essenciais desta história não estão mais aqui para fornecer mais detalhes: Chas Chandler, Gerry Stickells, Devon Wilson, Buddy Miles, Angie Burdon, Bill Graham, Mike Nesmith, Philip Harvey, Curtis Knight e Gavin Thurston, o médico legista cujo inquérito sobre a morte de Jimi foi tão risivelmente inadequado que fez surgir todo tipo de teoria.

Um dos dois médicos do hospital que tentaram reanimar Jimi, Martin Siefert, já faleceu, mas o outro, John Bannister, ganhou sua própria biografia. Voltando à Austrália, sua terra natal, em 1972, Bannister deixou a Medicina para virar incorporador imobiliário em Sydney e Perth. Aos 67 anos, fundou uma empresa chamada Macquarie Medico Legal, oferecendo assistência financeira para pareceres médicos em casos de danos corporais; ele vendeu a empresa em 2016 por 20 milhões de dólares australianos.

Bannister vividamente recordou aquele fim de manhã no qual um jovem negro, que nem ele nem Martin Siefert reconheciam, foi trazido ao departamento de emergências do St. Mary Abbots, "com pele bem azulada e muito frio, com toda a parte superior do corpo coberta de vômito", já morto, de acordo com a estimativa aproximada de Bannister, "há duas ou três horas... certamente antes de ser colocado na ambulância".

Ele também reiterou sua declaração de quatro décadas antes – que "cerca de uma garrafa de vinho tinto" parecia ter sido jogada sobre Jimi, já que seu cabelo estava manchado de vinho, e que, em vez de se afogar com a quantidade imensa de vômito, ele tinha "se afogado com vinho".

Ironicamente, o jovem médico que precisou perguntar aos seus colegas "Quem é Jimi Hendrix?" se tornaria mais tarde um admirador apaixonado por sua música. "Tantos anos depois, eu ainda recebo ligações de fãs que conseguiram me encontrar de alguma forma e querem ouvir a história diretamente de mim."

Leon Hendrix está com 70 e poucos anos, mas com uma aparência de 50. É uma pessoa baixa e magra com um rabo de cavalo (visivelmente grisalho), óculos de sol e uma barba desgrenhada típica do rock 'n' roll. Sua total falta de semelhança com Jimi é intensificada pela estampa da camiseta que ele veste debaixo de sua jaqueta de cetim preto, com o rosto de seu irmão num afro que parece uma auréola.

Ele recorda como, quando tinha 13 anos e imitava o Jimi de 18 anos em tudo que fazia, pediu a seu pai que também comprasse uma guitarra para ele. Al se recusou, "porque não queria ter dois idiotas na família".

Quando Leon tinha 20 anos, Jimi deu uma de suas próprias guitarras a ele e se ofereceu para ensiná-lo a tocar. Mas Leon perdeu interesse na ideia ("Eu descobri que conseguia pegar mulheres sem tocar música"), então deixou o presente num canto e esqueceu-se dele durante suas carreiras seguintes – projetista na fábrica da Boeing, paisagista, agente de shows e traficante de crack.

Foi só aos 50 anos e no fundo do poço que, segundo o próprio, ele recebeu um alerta fraterno do Além. Uma noite, enquanto estava deitado em sua cama num estupor drogado, viu a guitarra que Jimi tinha lhe dado começar a vibrar num canto, como se estivesse fisicamente se livrando dos anos de negligência. Uma chama púrpura iluminou o quarto ("púrpura é a cor da realeza no mundo dos espíritos") e ele pareceu ouvir a voz de Jimi em sua cabeça. "O que você quer fazer, Leon? Já passou tempo suficiente, está na hora de você pegar aquela guitarra. É só o que te resta."

No que ele começou a aprender a tocar, veio a motivação para se livrar do seu duradouro vício em cocaína. "Eu me livrei das drogas por completo... fui ao Crossroads Centre do Eric Clapton, em Antígua. Noel Redding estava lá ao mesmo tempo que eu."

Nada que se aproximasse da genialidade de Jimi recaiu sobre ele naquele estágio tardio, mas desde então ele ganha a vida compondo, gravando e se apresentando. Leon faz turnês frequentes pela Inglaterra, porém em casas de shows relativamente pequenas e distantes, como em Hunstanton (Norfolk) e Eastleigh (Hampshire), onde o nome Hendrix nunca deixa de atrair a devida quantidade de homens grisalhos e curvados, com suas camisas polo em tons pastéis, que antigamente eram hippies vestindo caftãs.

Ao longo desses anos, ele testemunhou a Experience Hendrix, a corporação comandada por sua irmã adotiva, Janie, que engloba *royalties* de discos, direitos autorais, itens de *merchandising* e as diversas outras fontes de renda geradas pelo "nome e imagem" de Jimi, crescer e se tornar o quinto mais rentável patrimônio de um astro falecido – as primeiras posições são ocupadas pelos espólios de Elvis Presley, John Lennon, George Harrison e Bob Marley.

A porcentagem que Leon tem de tudo isso é zero. "Mas, por mim, tudo bem", ele insiste, talvez até com frequência excessiva. "A vida é curta demais para guardar rancor. Sou um cara alegre."

Ele sempre teve certeza de que a morte de Jimi não foi acidental. "A música nos anos 1960 era como o velho oeste – armas, maletas cheias de dinheiro, a Máfia. Não tenho dúvida de que meu irmão foi assassinado. Eu só queria saber quem fez isso."

Os típicos suspeitos são apresentados para seu desfile de identidades: Mike Jeffery se vingando pela deserção de Jimi... a Máfia, porque ele pertencia a eles e estava saindo da linha... o FBI ou a CIA, pela execução de "The Star-Spangled Banner" em Woodstock. Apesar de nenhuma prova contra qualquer um deles ter surgido, Leon aceita a versão do *roadie* Tappy Wright de que foi um assassinato encomendado, reforçado pelo depoimento de John Bannister de que "Jimi se afogou com vinho" e pela revelação das técnicas de "interrogatório potencializado" durante a Guerra do Iraque. "Acredito que ele não se engasgou com seu próprio vômito, cara, como disseram durante todos esses anos. Fizeram um *waterboard* [afogamento simulado] nele."

De acordo com Leon, o espírito de Jimi não se limitou àquela visita púrpura e tem cuidado dele desde então, do mesmo modo que fazia quando eram crianças. E as visões não são limitadas a ele, nem puramente supervisoras. "Eu já parei de beber, as mulheres são meu único prazer. Mas ainda não consigo competir com meu irmão. Algumas namoradas me contam que Jimi as visitou em sonho e fez amor com elas.

"Sou um bluetooth para o wifi de Jimi. Às vezes, estou no palco tocando e fico perdido com um acorde, aí pergunto para ele: 'O que eu faço agora?'. E ele sempre me diz: 'Vai com tudo'."

É claro que ainda resta uma pessoa que poderia fornecer uma versão definitiva do que aconteceu naquele sufocante porão em Notting Hill em torno da silhueta solitária esticada na cama de casal. Mas ele ainda não o fez, nem para o parente mais próximo de Jimi. "Eu nunca recebi uma resposta clara de Eric Burdon", Leon Hendrix disse.

Burdon se negou a ser entrevistado sobre o assunto para este livro, pois estava trabalhando em "sua própria história de Hendrix". Talvez isso finalmente elucide as horas "perdidas" entre o momento em que Monika Dannemann percebeu que algo estava errado com Jimi e sua remoção para o hospital St. Mary Abbots.

Kathy, que não é mais Etchingham, mora na Austrália com seu marido. Recentemente, quando seus netos adolescentes descobriram a música de Jimi, ela não revelou já ter morado com ele e mudou de assunto, sugerindo que ouvissem os Beatles.

Mas ela ainda tem a nítida memória do cara tímido, engraçado, exigente, caótico, atencioso e desinibido com quem passou dois anos e meio tumultuosos. Também tem a lembrança infeliz da lastimável sombra que ele tinha se tornado quando o encontrou no Kensington Antique Market, na última tarde de sua vida. "Eu me senti mal por não ter aceitado seu convite para visitá-lo no Cumberland", ela recordou. "Mas se eu tivesse feito isso, não o encontraria lá."

Ela continua convicta de que Jimi nunca teve a intenção de passar a noite entre 17 e 18 de fevereiro com Monika em seu quarto.

"Eu acho que ele só foi até lá para pegar sua guitarra, depois voltaria à festa da qual tinha acabado de sair. Mas ela deve ter implorado para ele ficar lá, e Jimi não sabia dizer 'não'.

"O fato é que eles se encontraram na terça-feira, sendo que sexta-feira ele estava morto. Não sei se Monika deu os comprimidos de Vesparax para ele ou se ele tomou demais por acidente [talvez em seu estado confuso, tenha achado que era um relativamente inofensivo Mandrax]. Mas aquilo nunca teria acontecido se ele não estivesse nas garras de uma fã louca e se sua resistência física não estivesse tão baixa ao ponto de apenas alguns comprimidos o matarem.

"Em 1970, não sabíamos nada sobre pessoas que perseguiam celebridades, podendo ser tanto mulheres quanto homens, fantasiando que as estrelas que perseguiam estavam tremendamente apaixonadas por elas."

Ela lembrou como, na época que as duas ainda estavam em bons termos, Monika a chamou para um canto e a interrogou para descobrir informações pessoais a respeito de Jimi, o que mais tarde pareceu uma forma de melhorar sua credibilidade no papel de noiva dele. Mas um detalhe que se manteve constante em todas as suas versões das últimas horas de Jimi convenceu Kathy de que ela nunca tinha o conhecido bem.

"Foi quando ela disse ter feito dois sanduíches de atum para Jimi – uma das coisas que eu sei que ele jamais pediria ou comeria. Ele odiava atum. Nós odiávamos."

Com o passar dos anos, Jimi deu à montanhosa e chuvosa Seattle um pouco do glamour que Presley deu a Memphis e que os Beatles deram a Liverpool, transformando a cidade em um destino turístico similar. O centro coberto pelo monotrilho agora ostenta um museu financiado por seu maior fã no ramo empresarial – Paul Allen, o cofundador da Microsoft –, dedicado à sua música e à ficção científica que ele tanto amava, instalado em um edifício projetado por Frank Gehry que representa uma guitarra quebrada. Há também a Hendrix Music Academy, gerenciada por sua sobrinha, Tina, que oferece aulas, instrumentos, mentoria e até comida de graça para jovens talentos que talvez nunca fossem aproveitados, como quase aconteceu com Jimi.

Em 1970, ele foi sepultado no Greenwood Memorial Park, sob uma lápide modesta, com os dizeres "*Forever In Our Hearts*" ["Eternamente em Nossos Corações"]. Entretanto, conforme seu valor póstumo crescia, seus restos mortais foram realocados para uma posição mais ilustre – debaixo de um gazebo com um domo de nove metros de altura, apoiado por três colunas de mármore "arco-íris" entalhado com imagens de seu rosto e trechos de suas letras, um lugar que atualmente atrai cerca de 60 mil visitantes por ano.

Uma fileira de lápides celebra seu pai, sua madrasta nipo-americana, June, e sua avó, Zenora. Mas sua mãe, Lucille, foi deixada em seu túmulo simplório, com o sobrenome de seu segundo marido, Mitchell. Só isso já seria motivo suficiente para imaginar que Jimi talvez nunca descanse plenamente em paz.

Outros monumentos estão aleatoriamente espalhados pela cidade e seus arredores: uma estátua em escala real de bronze, com Jimi tocando guitarra ajoelhado, no distrito de Capitol Hill; um busto na biblioteca da James A. Garfield High School; uma "pedra memorial" no Woodland Park Zoo; uma unidade do Serviço Postal dos Estados Unidos renomeada para James Marshall "Jimi" Hendrix Post Office Building, no subúrbio de Renton.

Um empreendedor local chamado Pete Sukov alegou ter identificado a casa exata, no antigo Central District, em que Jimi morou dos 10 aos 13 anos de idade e onde tocou pela primeira vez o ukulele de uma corda resgatado de uma pilha de descarte. Quando a casa estava prestes a ser demolida para abrir espaço a um novo prédio de apartamentos, Sukov a comprou e a transportou por completo até um estacionamento de trailers adquirido para esse propósito específico, perto do cemitério Greenwood.

Ela ficou se deteriorando lá, até as autoridades locais declararem que era uma "vista desagradável" e ordenarem que fosse demolida. Mas Sukov resgatou alguns fragmentos que talvez fossem apreciados por alguém – armários de cozinha, uma banheira com pés de garra e a porta dos fundos.

Quanto a outros lugares do mundo: existe um Jimi Hendrix Hotel em Essaouira, no Marrocos, onde ele passou as únicas férias de verdade da sua vida. Perto da Grafton Street, em Dublin, há a estátua de um homem com um afro tocando guitarra que muitos acreditam ser Jimi – na verdade, é Phil Lynott, do Thin Lizzy.

Todo 1º de maio na praça central de Wrocław, na Polônia – a cidade que se autointitulou como o "Coração das Guitarras da Europa" –, um evento conhecido como Thanks Jimi Festival sempre tenta superar o seu recorde do ano anterior de quantos músicos, tanto profissionais quanto amadores, além de convidados especiais como Leon Hendrix, conseguem se unir e tocar "Hey Joe". Desde a primeira "floresta de guitarras" de 2003, o número subiu de 588 para 7.411.

Já em Londres, a cidade que primeiro glorificou e depois destruiu Jimi, ele se tornou uma atração turística como o Big Ben, como os guardas da cavalaria britânica com seus capacetes plumados e couraças ou como os Yeomen Warders do Palácio Real. Em 1997, Kathy Etchingham convenceu a organização English Heritage a reconhecer o número 23 da Brook Street com uma placa especial azul, pois era o lar de James Marshall Hendrix, "guitarrista e compositor, 1942-1970", perto da placa que honrava Georg Friedrich Händel, "compositor, 1685-1759", na casa vizinha, número 25.

Dali em diante, as duas casas e seus ex-habitantes musicais passaram a ser amalgamados em um museu compartilhado com coleções de instrumentos do século XVIII nos primeiros andares e uma recriação do lar em que Jimi e Kathy moravam no último andar. O lugar é conhecido como Handel and Hendrix in London, evocando a imagem de uma dose dupla – cabelo afro e peruca na altura do ombro, bocas de sino de veludo amassado e calças de montaria, uma guitarra inflamada e *Water Music*.

No Marble Arch, o Cumberland Hotel passou a se chamar Hard Rock Hotel após ser adquirido pela franquia americana de restaurantes em 2018. Com seu neon abundante e suas paredes repletas de *memorabilia*, é uma espécie de Hall da Fama alternativo para seus antigos hóspedes musicais, desde Buddy Holly and the Crickets até Bob Dylan, Stevie Wonder e Diana Ross. Mas o maior legado deixado pelo Cumberland é, de longe, o fato de ter sido o hotel favorito de Jimi, constando inclusive como seu "endereço habitual" em seu atestado de óbito.

Infelizmente, o mais relevante dos locais que Jimi frequentava em seus últimos dias em Londres não quer ser associado a ele. Notting Hill agora é uma área absurdamente chique, com o Samarkand ainda funcionando como hotel, mas ao estilo americano, de apartamentos individuais que abrigam principalmente estudantes de outros países e grupos em reuniões, cujas reservas só podem ser feitas on-line. Sua fachada dupla e arborizada na Lansdowne Crescent não traz qualquer nome ou placa que indique que é possível se hospedar ali. Além de sua porta principal, que fica trancada, uma pequena placa de latão informa: "HOTEL PRIVADO, FECHADO AO PÚBLICO. POR FAVOR, NÃO INSISTA".

O acesso ao quarto do porão não mudou desde a época em que Jimi e Monika o frequentavam – a mesma escada caracol de ferro leva a uma porta branca com uma aparência de pastiche vitoriano. Um portão fechado com cadeado no início da escada evita que qualquer pessoa investigue de perto.

O hotel tem o mesmo proprietário desde 1970, Henry Danvers Hall, mais conhecido como "Danny". E logo fica claro que tipo de "insistência" ele quer evitar. De acordo com a zeladora da casa ao lado, a morte de Jimi no hotel se tornou um tabu para Danny Hall, pois 50 anos depois, ele ainda se recusa a falar sobre o ocorrido – às vezes nem admite que aconteceu –, aparentemente considerando o fato como uma maldição ao invés de uma grande oportunidade comercial. (Pense em quanto dinheiro algumas pessoas pagariam para passar uma noite no quarto em que Jimi Hendrix morreu.)

Por muito tempo, a zeladora da casa ao lado ficou perplexa ao ver os ônibus de turistas que regularmente paravam na frente do Samarkand e os buquês de flores que eram deixados no portão trancado que levava ao seu porão. Finalmente, um dos funcionários do hotel do Sr. Hall deixou escapar o motivo para aquilo tudo, mas ela nunca ousou comentar o assunto com ele.

Meu telefonema para o Samarkand foi atendido pelo próprio Sr. Hall. Talvez imaginando que eu fosse um possível hóspede, ele iniciou a conversa em um tom educado, até divertido. Porém, ao ouvir o nome de Jimi, gritou "Não estou interessado!" e ameaçou chamar a polícia se eu não parasse de importuná-lo, batendo o telefone.

O mais surpreendente – e encantador – dos monumentos a Jimi pode ser encontrado na Ilha de Wight, um lugar que ele visitou apenas uma vez, por algumas horas, em 1970, para ser uma das atrações principais do gigantesco festival pop dos irmãos Foulk, 18 dias antes de sua morte.

É uma estátua de bronze em escala real, reconhecível em todos os seus detalhes, desde sua Fender Stratocaster até suas mangas largas. A peça foi feita pelo escultor John Swindells, sob encomenda de John Giddings, cujos festivais modernos continuaram a trazer grandes nomes musicais à ilha, porém não na escala épica dos irmãos Foulk.

Originalmente, Giddings esperava que a estátua ficasse em Afton Down, o local do festival de 1970. Ele argumentou que Jimi era tão importante para a cultura da ilha quanto o seu poeta residente mais famoso,

Alfred Lord Tennyson, cujo monumento fica no cume do Tennyson Down, ao sul de Totland. Mas o National Trust, que tem a posse de toda aquela pradaria franzida por ventos fortes, rejeitou a criação de uma versão litorânea de Handel and Hendrix in London... "Tennyson and Hendrix in Wight"?

Em vez disso, a estátua encontrou seu lar no jardim do Dimbola Lodge, em Freshwater Bay, uma casa que já tinha sido propriedade da grande retratista vitoriana Julia Margaret Cameron. Alguns de seus residentes acharam que era uma decisão inadequada – mas Jimi certamente ficaria muito bem em um retrato de Cameron. E sua casaca de hussardo seria familiar para ela.

Na base de sua estátua, há uma vista magnífica de Afton, suas colinas brancas e a costa rochosa abaixo que inspirou a pequena obra-prima de Tennyson, *The Eagle*:

. . . Close to the sun in lonely lands
Ring'd with the azure world he stands.
The wrinkled sea beneath him crawls.
He watches from his mountain walls . . .

[...Perto do sol em terras solitárias,
Anelado com o mundo azul celeste, se levanta.
O mar enrugado debaixo dele rasteja.
Ele observa do alto das muralhas da
montanha...]

O cenário perfeito para uma versão em *air guitar* marítimo de "All Along the Watchtower".

NOTAS DE FONTES

Capítulo 1: "Ele ouvia a música, mas não tinha um instrumento para trazê-la à Terra"

Entrevistas com Leon Hendrix. Documentário *Voodoo Child*, dirigido por Bob Smeaton, 2010. *Jimi Hendrix: Starting at Zero, His Own Story* [*Jimi Hendrix por ele mesmo*], editado por Alan Douglas e Peter Neal, Bloomsbury, 2013. *Room Full of Mirrors: a Biography of Jimi Hendrix* [*Jimi Hendrix – Uma sala cheia de espelhos: a verdadeira história por trás do mito do maior guitarrista de todos os tempos*], por Charles R. Cross, Sceptre, 2006. *My Son Jimi*, por James A. Hendrix, Aljas Enterprises, 1999.

Capítulo 2: "Jimmy era um hippie antes de alguém sequer saber o que um hippie era"

Paul McCartney: the Biography [*Paul McCartney – a Biografia*], por Philip Norman, Weidenfeld & Nicolson, 2016. *Slowhand: the Life and Music of Eric Clapton*, por Philip Norman, Weidenfeld & Nicolson, 2018. Depoimento de Jimi à polícia de Seattle, 1961. Documentário *Voodoo Child*. *Starting at Zero*, Alan Douglas e Peter Neal. Trecho do registro de serviço militar de Jimmy, 1961. Entrevistas com Leon Hendrix e Billy Cox.

Capítulo 3: "Ainda tenho minha guitarra e meu amplificador; enquanto tiver isso, nenhum otário pode me impedir de viver"

Conversa com Billy Cox. *Room Full of Mirrors*, Charles R. Cross. Vídeo no YouTube de Larry Lee. "Black Gold: the Secret of the Motown Millions", por Philip Norman, *Sunday Times Magazine*, 1970. Conversa com Wilson Pickett, 1973. "Harlem's Cool Side: the Apollo Theatre", por Philip Norman, *Sunday Times Magazine*, 1968. *Showman, the Life of David O. Selznick* (episódio de Hattie McDaniel), Andre Deutsch, 1993. Entrevista com Fayne Pridgon na revista *Gallery*, 1981. Vídeo no YouTube dos Isley Brothers.

Capítulo 4: "Tudo está mais ou menos nesta cidade grande e desajeitada que é Nova York"

Entrevista com Leon Hendrix. *My Son Jimi*, James A. Hendrix. Artigo sobre a Stax Records por Philip Norman, *Sunday Times Magazine*, 1973. Entrevistas com Little Richard, 1985 e 1996. *Room Full of Mirrors*, Charles R. Cross. Vídeo no YouTube de Joey Dee.

Capítulo 5: "Eu conheço a pessoa perfeita para você"

The Stones, por Philip Norman. Entrevistas com Linda Porter, anteriormente conhecida como Linda Keith. *No Direction Home: the Life and Music of Bob Dylan* [*No direction home – a vida e a música de Bob Dylan*], por Robert Shelton, Omnibus Press, 1986. *Stoned*, por Andrew Loog Oldham, Vintage, 2003. Entrevista on-line com Robbie Robertson. Entrevista com Trixi Sullivan. *I Used to Be an Animal but I'm All Right Now*, por Eric Burdon, Faber & Faber, 1986. *The Life and Times of Little Richard: the Quasar of Rock*, por Charles White, Harmony, 1984.

Capítulo 6: "Sinceramente, Chas... Ele é quase bom demais"

Entrevistas com Linda Porter, Trixi Sullivan, Rod Harrod, Zoot Money, Kathy Etchingham e Keith Altham. E-mail de Vic Briggs a Peter Trollope. Trecho do *Newcastle Journal*. *The Profession of Violence*, por John Pearson, 1972. *Slowhand*, Philip Norman. *Stone Free: Jimi Hendrix in London September 1966-June 1967*, por Jas Obrecht, University of North Carolina Press, 2018. Vídeo no YouTube de Brian Auger. Memória compartilhada on-line por Terry Reid.

Capítulo 7: "Meu Deus, eu não sou mais Deus"

Through Gypsy Eyes: My Life, the Sixties and Jimi Hendrix, por Kathy Etchingham, Gollancz, 1998. *Eric Clapton: the Autobiography*, Arrow, 2008. *Are You Experienced: the Inside Story of the Jimi Hendrix Experience*, por Noel Redding e Carol Appleby, Fourth Estate, 1990. *The Hendrix Experience*, por Mitch Mitchell, Mitchell Beazley, 1990. *My Son Jimi*, James A. Hendrix. Entrevistas com Trixi Sullivan. Vídeo no YouTube de Chris Squire.

Capítulo 8: "Vá lá e compre uma lata de fluido de isqueiro para nós"

Entrevistas com Keith Altham e Kathy Etchingham. *Through Gypsy Eyes*, Kathy Etchingham. *Slowhand*, Philip Norman. Vídeos no YouTube de Eddie Kramer e Roger Mayer. *Are You Experienced*, Noel Redding e Carol Appleby. *The Hendrix Experience*, Mitch Mitchell. *On Ilkley Moor: the Story of an English Town*, por Tim Binding, Picador, 2001. *Stone Free: Jimi Hendrix in London*, Jas Obrecht. *Jimi Hendrix: the Final Days*, por Tony Brown, Omnibus Press, 1997.

Capítulo 9: "Não na minha emissora"

Slowhand, Philip Norman. *Eric Clapton: Life in 12 Bars*, documentário dirigido por Lili Fini Zanuck, 2017. *Sunday Mirror*, agosto de 1967. *Who I Am: the Autobiography of Pete Townshend*, HarperCollins, 2012. Revista *Rhytmi* (Finlândia), julho de 1967. *The Stones*, Philip Norman. Documentário *Monterey Pop*, dirigido por D. A. Pennebaker, 1967. *Are You Experienced*, Noel Redding e Carol Appleby. *Paul McCartney: the Biography*, Philip Norman.

Capítulo 10: "De boato a lenda"

Entrevistas com Linda Porter, Trixi Sullivan, Keith Altham, Zoot Money e Kathy Etchingham. Revista *Gallery*, 1981, entrevista com Fayne Pridgon. *Through Gypsy Eyes*, Kathy Etchingham. *Los Angeles Times* e revista *Esquire*, junho-julho de 1967. Vídeo no YouTube de Mickey Dolenz. *Bill*

Graham Presents: My Life Inside Rock and Out, por Bill Graham com Robert Greenfield, Da Capo Press, 2004.

Capítulo 11: "Ele nos salvou"

Entrevistas com Trixi Sullivan, Neville Chesters, Robert Wyatt, Sharon Lawrence e Leon Hendrix. *Jimi Hendrix: a Brother's Story*, por Leon Hendrix com Adam Mitchell, Thomas Dunne Books, 2012. Matéria do *Seattle Post-Intelligencer* sobre Pat O'Day. Entrevista com "Cynthia Plaster Caster" no site BraveWords. *Room Full of Mirrors*, Charles R. Cross. *Jimi Hendrix: the Man, the Magic, the Truth*, por Sharon Lawrence, Sidgwick & Jackson, 2005. *Are You Experienced*, Noel Redding e Carol Appleby.

Capítulo 12: Damas Elétricas

Entrevistas com Trixi Sullivan, Kathy Etchingham, Neville Chesters e Linda Porter. Trecho da BBC-TV de *A Happening for Lulu*, janeiro de 1969. *John Lennon: the Life*, *The Stones* e *Slowhand*, Philip Norman. *Through Gypsy Eyes*, Kathy Etchingham. *The Hendrix Experience*, Mitch Mitchell. *Are You Experienced*, Noel Redding e Carol Appleby. *Handel in London*, por Jane Glover, Macmillan, 2018.

Capítulo 13: "Vou morrer antes dos 30"

Entrevistas com Leon Hendrix, Kathy Etchingham, Colette Harron (anteriormente Mimram) e Sharon Lawrence. *The Stones*, Philip Norman. *Small Town Talk: Bob Dylan, The Band, Van Morrison, Janis Joplin, Jimi Hendrix & Friends in the Wild Years of Woodstock*, por Barney Hoskyns, Faber & Faber, 2016.

Capítulo 14: "É só uma banda de ciganos"

Entrevistas com Linda Porter e Trixi Sullivan. Documentário *Woodstock*, dirigido por Michael Wadleigh, 1970. *Small Town Talk*, por Barney Hoskyns. Artigos do *New York Post* por Al Aronowitz. *The Hendrix Experience*, Mitch Mitchell. Revista *Gallery*, entrevista com Fayne Pridgon.

American Desperado: My Life as a Cocaine Cowboy, por John Roberts e Evan Wright, Crown, 2011.

Capítulo 15: Miles e Miles

Entrevistas com John McLaughlin e Sharon Lawrence. *Dick Cavett Show*, ABC-TV, 9 de setembro de 1969. *Paul McCartney: the Biography* e *Mick Jagger*, Philip Norman. *The Hendrix Experience,* Mitch Mitchell. *Miles: the Autobiography* [*Miles Davis – a autobiografia*], por Miles Davis, Picador, 1987. *Bill Graham Presents,* por Bill Graham e Robert Greenfield. *Small Town Talk*, por Barney Hoskyns. Artigo de Al Aranowitz, site Rock's Backpages.

Capítulo 16: "Pai, meu amor..."

Entrevista com Aaron Dixon. Arquivo de Jimi no FBI. *Jimi Hendrix: a Brother's Story*, Leon Hendrix. *Through Gypsy Eyes*, Kathy Etchingham. *Are You Experienced*, Noel Redding e Carol Appleby. *The Hendrix Experience*, Mitch Mitchell. *Room Full of Mirrors*, Charles R. Cross. Filme *Rainbow Bridge*, dirigido por Chuck Wein, 1971. Trechos de entrevistas com Wein e Melinda Merryweather. Artigo on-line de Steve Roby.

Capítulo 17: "Ei, cara, me empreste seu pente"

Entrevistas com Linda Porter, Kathy Etchingham, Colette Mimram, Stephen Clackson, Keith Altham, Ronnie e Ray Foulk e Sharon Lawrence. Documentário *Message to Love* sobre o festival Isle of Wight, dirigido por Murray Lerner, 1997. *The Final Days of Jimi Hendrix*, por Tony Brown, Omnibus Press, 1997.

Capítulo 18: "Apenas me chame de hélio"

Entrevistas com Stephen Clackson, Keith Altham, Sharon Lawrence, Kathy Etchingham, Leon Hendrix, John Pearse e Eve Slater (viúva de "Terry the Pill"). Vídeo no YouTube de Alvinia Bridges. *The Hendrix Experience*, Mitch Mitchell. *Slowhand*, Philip Norman. *The Final Days of*

Jimi Hendrix, Tony Brown. *Until We Meet Again: the Last Weeks of Jimi Hendrix*, por Caesar Glebbeek, UniVibes, 2011.

Capítulo 19: "Boa noite, doce príncipe negro"

Noticiário da ABC anunciando a morte de Jimi. Entrevistas com Leon Hendrix, Kathy Etchingham, Trixi Sullivan, Ronnie Foulk, Keith Altham, Sharon Lawrence e Linda Porter. *Jimi Hendrix: the Man, the Magic, the Truth*, Sharon Lawrence. Programa *Scene and Heard* na BBC Radio 2. *Wonderful Tonight: George Harrison, Eric Clapton and Me*, por Pattie Boyd com Penny Junor, Three Rivers Press, 2007. *The Final Days of Jimi Hendrix*, Tony Brown. Vídeo de Alvinia Bridges no YouTube. *I Used to Be an Animal but I'm All Right Now*, Eric Burdon. *The Hendrix Experience*, Mitch Mitchell. *Are You Experienced*, Noel Redding e Carol Appleby. Cobertura do funeral realizada pelo *Seattle Post-Intelligencer*. *Jimi Hendrix: a Brother's Story*, Leon Hendrix.

Capítulo 20: "Um anjo da guarda negro e alto com um chapéu"

Entrevistas com Linda Porter, John Porter e Trixi Sullivan. *Jimi Hendrix: the Music, the Magic, the Truth*, Sharon Lawrence. Artigos por Seymour M. Hersh sobre o MHCHAOS, *New York Times*, dezembro de 1974. Artigo sobre as dificuldades relacionadas ao patrimônio de Jimi, "A Piece of Jimi Hendrix's Rainbow", por Jerry Hopkins, *Rolling Stone*, dezembro de 1976.

Capítulo 21: "Com licença, vou beijar minha fatia"

Entrevista com Kathy Etchingham e Leon Hendrix. *Through Gypsy Eyes*, Kathy Etchingham. Entrevista com Monika Dannemann realizada por Caesar Glebbeek, 1975. Acordo resultado do processo contra Leo Branton, *Washington Post*, julho de 1995. *The Inner World of Jimi Hendrix*, por Monika Dannemann, Bloomsbury, 1995. Entrevista com o Dr. John Bannister sobre o momento em que Jimi veio a óbito.

Epílogo: Obrigado, Jimi

Entrevistas com Leon Hendrix. "Jimi's Swedish-born son, Jimi Hendrix Junior fails to win share of his estate", *Rolling Stone*, 1994. Documentário *Jimi Hendrix: the Last 24 Hours*, dirigido por Mike Parkinson, 2004. "Leon Hendrix claim on brother's estate is rejected", *New Musical Express*, setembro de 2004. Entrevista com Tappy Wright realizada por Caesar Glebeek, *Classic Rock*, 2009.

AGRADECIMENTOS

Este livro se beneficiou imensamente das entrevistas extensas e detalhadas que o irmão de Jimi, Leon, concedeu a mim durante sua turnê britânica em junho de 2018. Devo gratidão similar às duas mulheres mais importantes da vida de Jimi, Kathy Etchingham e Linda Keith (que mudaram seus sobrenomes), além de Trixi Sullivan (que também mudou o sobrenome) por suas observações ímpares a respeito do empresário de Jimi, Mike Jeffery.

Agradecimentos especiais ao meu sócio de pesquisa, Peter Trollope, que foi o primeiro a me alertar sobre o 50º aniversário da morte de Jimi e demonstrou sua costumeira excelência em localizar fontes. Também sou grato aos dois maiores especialistas em Hendrix do Reino Unido, David Stubbs e Roger Smith, pela checagem de fatos do manuscrito, e a Diana Donovan por permitir que o suntuoso retrato de Jimi feito pelo falecido Terence Donovan aparecesse na capa da edição britânica.

Também agradeço a Alan Samson, que encomendou o livro; Peter Matson, meu agente e amigo de longa data em Nova York; Lucinda McNeile, minha editora que tanto me apoia; Fiona Petheram, Jonathan Sissons e Tim Bindings, da Peters, Fraser & Dunlop; Felicity Price por seus serviços legais empáticos; Cathy Dunn por sua dedicada pesquisa de imagens muito além do necessário; e Susan Howe, diretora de direitos autorais na Orion.

Minha gratidão mais sincera pelo auxílio inestimável que tive de Keith Altham, Dr. John Bannister, Carole Bedford, Pattie Boyd, Vic Briggs (ou Antion Vikram Singh), Alexandra Burkholder, Chris Charlesworth, Neville Chesters, Stephen Clackson, Billy Cox, Brenda Cox, Aaron Dixon, Magdalena Fijalkowska, Ray Foulk, Ronald Foulk, Brian Fraser, Natasha Fraser-Cavassoni, Rod Harrod, Nicky Hayward, Sharon Lawrence, Tom McGuinness, Zoot Money, John Pearse, Ron Pluckrose, John Porter, Gail Rebuck, Karl Simpson, o falecido Chris Stamp, Chris Welch e Robert Wyatt.

Dedicado a Sue e Jessica, como sempre, e à memória de Michael Sissons.

Philip Norman,
Londres, 2020.

CRÉDITOS DAS IMAGENS

O autor e a editora expressam sua gratidão às seguintes pessoas e entidades pela permissão para reproduzir fotos:

pág. 1 (acima) Getty/Hulton Archive; (abaixo) Getty/Estate of David Gahr; pág. 2 (acima) Getty/Giles Petard; (abaixo) Getty/Estate of David Gahr; pág. 3 Getty/Michael Ochs Archives; págs. 4 e 5 Shutterstock/ Barry Peake; pág. 6 (acima, à esquerda) Getty/Jan Olofsson; (acima, à direita) Alamy/Trinity Mirror/Mirrorpix; (abaixo) Shutterstock/Polak; pág. 7 Getty/Ed Caraeff/ Morgan Media; pág. 8 Getty/GAB Archive; pág. 9 (acima) Getty/Rolls Press/Popperfoto; (abaixo) Alamy/Trinity Mirror/Mirrorpix; pág.10 Getty/Hulton Archive; pág. 11 Getty/Fred W. McDarrah; pág. 12 Getty/Corbis Premium Historical; pág. 13 Getty/Fred W. McDarrah; pág. 14 Getty/William Vanderson; pág. 15 Shutterstock/ Jon Freeman; pág. 16 Getty/Michael Ochs Archives.

Este livro foi composto em Charis e impresso em papel pólen natural 70 g pela gráfica Viena em julho de 2023.

JIMI HENDRIX